GEERT CAPPELAERE
ANNE GRANDJEAN

ENFANTS PRIVÉS DE LIBERTÉ

DROITS ET RÉALITÉS

Editions Jeunesse et Droit

L'auteur du dessin de couverture est **Tevin Veal**. Tevin, qui vit à Atlanta (USA), avait six ans lors qu'il a peint cette œuvre. Il l'a appelée «***Man in Chains***» (homme enchaîné). Le dessin fait partie d'une exposition sur les droits de l'enfant à la *Youth Art Gallery* d'Atlanta (pour plus d'informations sur l'exposition : Youth Art Connection, Mme Rebecca Des Marais, 63 Auburn Avenue, NE Atlanta, GA 303303, USA). Nous remercions vivement Tevin, ses parents et la galerie d'art de nous avoir cédé ce dessin à titre gracieux.

ISBN 2-930176-29-6

16, Passage Gatbois, F-75012 Paris
16, rue Charles Steenebruggen, B-4020 Liège

A Hélène et Loulou

«Je t'ai suppliée de me laisser mettre autre chose,
mais tu as été inébranlable.
Visiter la statue de la Liberté, ce n'est pas comme jouer dans le jardin, m'as-tu dit.
Elle est le symbole de notre pays, et nous devons lui témoigner le respect approprié.
Même alors, l'ironie de la situation ne m'a pas échappé.
Nous nous préparions à rendre hommage au concept de liberté, et moi j'étais dans les chaînes.
Je vivais sous une dictature absolue, et aussi loin que remontent mes souvenirs, mes droits avaient été piétinés...»

(Extrait de «Léviathan» de Paul AUSTER. Traduit de l'américain par Christine Le Boeuf. Paris, Editions Action Sud/Babel, 1993, 64)

AVANT-PROPOS

Face à la multitude des causes de ce que l'on qualifie de délinquance juvénile et aux nombreuses formes qu'elle peut prendre, force est de constater que, partout, un usage excessif est fait de la privation de liberté. L'absence de données statistiques fiables dans de nombreux pays ne permet, comme le relève ce livre, qu'une première évaluation de 1 million d'enfants en établissement fermé de par le monde. L'analyse de la situation fait cependant craindre qu'un plus grand nombre ne soit concerné.

Bien trop souvent, les enfants sont privés de liberté pour des infractions mineures ou même sans avoir enfreint la loi, comme cela peut être le cas par exemple des enfants de la rue ou de ceux détenus dans le contexte des lois sur l'immigration. Dans le cadre du système judiciaire dit formel, des solutions autres que la privation de liberté n'existent pas toujours ou, si elles existent, sont méconnues ou peu mises à la disposition des autorités responsables.

Pourtant la communauté internationale s'est dotée d'instruments importants en cette matière. Référence doit être faite aux normes des Nations Unies dans le domaine de l'administration de la justice pour mineurs et de la privation de liberté et, bien sûr, à la Convention relative aux droits de l'enfant à ce jour ratifiée par 191 pays, soit l'ensemble des pays à l'exception de deux - Les États Unis et la Somalie. La Convention, qui entend par enfant tout être humain âgé de moins de 18 ans, pose clairement le principe selon lequel l'arrestation, la détention ou l'emprisonnement d'un enfant doit être en conformité avec la loi, n'être qu'une mesure de dernier ressort, et être d'une durée aussi brève que possible. Le raisonnement est le suivant: c'est l'intérêt supérieur de l'enfant qui doit être au centre de toute action au sein d'un système de justice pour mineurs. Il faut mettre l'accent sur la réintégration sociale de l'enfant plutôt que sur la répression par l'enfermement.

La Convention pose encore plusieurs autres garanties spécifiques pour le traitement des enfants contrevenant à la loi. Elle prévoit entre autres que tout enfant doit être présumé innocent jusqu'à ce que sa culpabilité ait été légalement établie, qu'il doit bénéficier d'une assistance juridique appropriée, et que sa cause soit entendue sans retard par une autorité judiciaire compétente, impartiale et indépendante. Elle stipule que tout enfant soupçonné, accusé ou convaincu d'infraction à loi pénale a droit à un traitement de nature à favoriser son sens de la dignité et de la valeur personnelle et lui faire assumer un rôle constructif au sein de la société. Elle interdit les peines ou traitements cruels, la peine capitale et l'emprisonnement à vie sans possibilité de libération.

Malgré l'engagement pris par les États lors de la ratification de cet instrument, la réalité se découvre sous un jour différent. Les conditions dans lesquelles les enfants sont pour la plupart détenus sont bien loin de répondre aux normes érigées au plan international. Comme le montre entre autres l'examen des rapports de mise en œuvre soumis au Comité des droits de l'enfant des Nations Unies, les mineurs privés de liberté n'ont souvent pas accès à l'éducation ou à des activités de formation, à des soins de santé primaires, à une alimentation adéquate. Leur droit à la liberté d'expression ou à la participation est fréquemment bafoué. Les risques engendrés par leur placement fréquent avec des adultes ne sont plus à démontrer.

Le message de ce livre est simple: les enfants privés de liberté ont aussi des droits. Le lecteur découvrira au fil des pages que les reconnaître et les mettre en œuvre est bien la réponse la plus appropriée à apporter. Comme le démontre le livre, ceci implique avant tout, la recherche de solutions alternatives, non-privatives de liberté.

Marta Santos Pais

Directrice, Division de
l'Evaluation, de la Politique
et de la Planification,
UNICEF, New York

INTRODUCTION GÉNÉRALE

Nous entendons tous parler de temps à autre d'enfants et de jeunes que l'on prive de leur liberté. Peut-être avons nous même perçu, ne fût ce que brièvement et pour certains d'entre eux, l'enfermement comme une solution appropriée aux difficultés qu'ils posent et rencontrent.

Mais que connaissons-nous de ces enfants ? Que savons-nous du respect de leurs droits d'êtres humains lorsqu'ils sont enfermés ?

La privation de liberté

Comment définir la privation de liberté d'enfants ? Dans une interprétation très large, on pourrait penser à toute situation dans laquelle l'enfant est empêché de faire ce qu'il ou elle désire. Cette interprétation comprendrait alors un large éventail de situations quotidiennes telles que manger des sucreries ou préférer jouer plutôt que d'aller à l'école. Dans ce contexte, il serait intéressant de discuter des limites de l'autorité parentale et de celles de l'autonomie des mineurs. Une telle discussion serait extrêmement utile, nécessaire même, en particulier dans le contexte de la promotion et de la protection des droits des enfants à la participation, reconnus dans la Convention relative aux droits de l'enfant des Nations Unies (1989) (ci-après la Convention).

Cependant, s'il est vrai que nous tenterons de ne pas négliger ces questions de fond, l'objet de ce livre est plus limité. Par privation de liberté, nous entendons uniquement les cas dans lesquels un enfant est placé par une autorité judiciaire ou administrative dans un établissement fermé. Bien que le placement en milieu ouvert n'exclue pas a priori les situations problématiques, notre attention sera surtout concentrée sur les enfants placés dans un établissement fermé duquel ils ne peuvent sortir de leur plein gré, suite à une mesure contraignante.

Les établissements fermés varient grandement, entre autres par leur dénomination, leur aménagement, leur niveau de sécurité ou par la priorité de leurs objectifs. Pour ce qui est des établissements à prendre en compte dans cet ouvrage, il nous a paru capital de considérer avant tout la perspective de l'enfant. Il est important en effet de garder à l'esprit que pour l'enfant qui s'y trouve, un «*centre de rééducation*» avec les plus beaux objectifs éducatifs, repeint de frais et sans barreaux aux fenêtres, peut être une véritable prison.

Bien que nous soyons convaincus de l'importance de la procédure en particulier dans le rôle qu'elle peut jouer pour diminuer le recours aux mesures privatives de liberté, nous avons choisi de nous concentrer dans les trois premières parties du livre sur la période de privation de liberté en elle-même et non pas sur le chemin y conduisant. Dans la quatrième partie cependant, nous signalerons plusieurs éléments procéduraux pouvant contribuer à un recours accru aux alternatives à la privation de liberté.

Une attention particulière pour la justice (pénale)[1] pour mineurs

Même si, comme nous allons le voir, les enfants peuvent être privés de liberté par différentes voies, le livre se concentre plus spécifiquement sur celle de la justice (pénale) pour mineurs. Ce choix ne veut pas dire que les conditions d'enfermement seraient différentes pour ces enfants. Au contraire, quelle que soit la «*porte*» par laquelle ils sont entrés, la situation des enfants à l'intérieur des établissements fermés peut être de manière générale la même pour tous.

---

1 Nous allons utiliser tout au long de ce livre le terme de justice (pénale) pour mineurs. Nous voulons ainsi couvrir à la fois les situations dans lesquelles un enfant en conflit avec la loi est traité par la justice pénale ordinaire et celles dans lesquelles, pour le même motif, il serait traduit devant une justice spécialisée pour mineurs. Comme nous le verrons plus tard (3e chapitre de la première partie), la référence au pénal reste justifiée même lorsque le système est spécialisé. Ceci est dû à ses origines et au fait que même au sein d'un système spécialisé des liens subsistent le plus souvent avec le système purement pénal.

Mettre l'accent sur la justice (pénale) pour mineurs présente un intérêt pour plusieurs raisons. Tout d'abord, nous le verrons, une partie importante des enfants en établissement fermé s'y trouvent après une intervention dans le cadre de ce système. Ensuite, et surtout dans le contexte d'administrations spécialisées dans la justice pour mineurs, la privation de liberté est assez souvent «*justifiée*» par ce qui est considéré comme relevant de l'intérêt de l'enfant lui-même. Enfin, c'est dans ce domaine que l'on entend, dans le monde entier et de manière de plus en plus ferme, des appels à la création d'institutions sécuritaires pour enfants.

Ces appels sont surprenants à une époque où l'attention pour les droits et le respect des enfants est plus importante que jamais. Cette observation nous mène au défi central que ce livre veut tenter de relever : parler de la privation de liberté des mineurs en partant d'une perspective des droits de l'enfant, afin que le mouvement en faveur de la défense des droits de l'enfant ne laisse pas de côté les plus vulnérables d'entre eux.

Pourquoi partir d'une perspective des droits de l'enfant ?

La réalité à laquelle les enfants en général doivent faire face aujourd'hui est à la fois sombre et pleine de promesses. Sombre d'une part, parce que la reconnaissance de leurs droits permet de dévoiler peu à peu à quel point les enfants en tant que groupe social et l'enfant en tant qu'individu sont encore trop peu respectés et leurs droits trop souvent violés. Pleine de promesse d'autre part, parce que les droits de l'enfant offrent un outil contraignant à la société en général, et aux enfants en particulier, afin de mieux prévenir et changer cet état de fait.

Dix ans après l'adoption de la Convention des Nations Unies relative aux droits de l'enfant par l'Assemblée Générale des Nations Unies (1989) et face à la ratification quasi-universelle de cet instrument, il est intéressant de faire le point sur la réalité - ou une partie de la réalité - que vivent les enfants privés de liberté dans le monde.

Il ne serait pas juste de prétendre que la situation de ces enfants a été ignorée jusqu'à maintenant. Avant 1989 déjà, le thème de la privation de liberté d'enfants était discuté aux niveaux national et international. L'aspect problématique de leur situation se cristallisait alors surtout autour de leur présence dans des prisons pour adultes.

La problématique n'a cependant été que très peu abordée d'une perspective des droits de l'enfant - qui prenne en compte *tous* les droits de l'enfant - et ce même après l'adoption de la Convention. Cette perspective vaut pourtant tout autant dans l'examen de la situation des enfants privés de liberté que dans celle des autres enfants, dès lors que l'on reconnaît qu'ils ont les mêmes droits.

Les droits énoncés dans la Convention peuvent aider à mieux analyser et évaluer l'ensemble de la situation des mineurs privés de liberté. Il s'agit de plus, vu le caractère contraignant de ces droits, d'instruments utiles et appropriés pour agir sur les décisions qui sont prises «*dans l'intérêt de l'enfant*» telles que celle de le priver de liberté ou de mettre en place certaines conditions de détention. La présence de ces droits peut aussi être utile pour modifier les conditions qui mettent un enfant (et sa famille) dans des situations susceptibles de conduire à un enfermement.

Une approche constructive

Nous avons choisi dans ce livre d'adopter une approche positive et constructive et ce pour quatre raisons principales.

Premièrement, la situation des enfants privés de liberté à travers le monde a déjà été dénoncée dans de nombreuses études par des organisations expérimentées dans ce genre de démarche – très utile au demeurant - et donc mieux placées que nous pour le faire. Nous pensons par exemple à l'étude de l'Observatoire International des Prisons (1998) et à la campagne d'Amnesty International en novembre 1998.

Deuxièmement, nous avons choisi dans ce livre d'aborder le problème de la privation de liberté des enfants de manière universelle afin de présenter un éventail aussi large que possible des expressions du problème. De cette manière, nous voyons que les mêmes difficultés se retrouvent dans plusieurs pays, voire même dans certains cas dans tous ceux examinés. Nous nous concentrons donc avant tout sur les expressions du problème plutôt que sur le(s) pays dans lequel/lesquels elles sont constatées et dès lors que les observations faites tout au long du livre peuvent concerner tous les États, il n'y a pas lieu de dénoncer l'un plus que l'autre. Le respect des droits des enfants privés de liberté est un défi universel, qui nous concerne tous. Il faut donc éviter de ne voir le problème que principalement ou uniquement chez les autres. L'observation d'une situation dans un lieu donné peut de plus relever du hasard ou d'une attitude particulièrement ouverte et coopératrice du pays concerné dans l'évocation des problèmes qu'il rencontre. Pour de telles raisons précisément, et pour ne pas décourager cette ouverture, nous avons préféré ne pas mentionner les noms des pays. La même remarque vaut également pour les exemples positifs que l'on retrouve partout et pour lesquels il ne serait donc pas justifié de mentionner un pays plus qu'un autre.

Troisièmement, l'approche positive est aussi motivée par les efforts qui sont faits partout pour alléger les difficultés rencontrées par les enfants privés de liberté. Ce livre voudrait contribuer à soutenir cette volonté d'améliorer la situation plutôt que dénoncer ou culpabiliser. Nous avons pour cette raison également cherché à faire part de contributions positives avec des exemples constructifs identifiés dans le monde entier.

Enfin, il est important selon nous de considérer les jeunes – indépendamment de leurs actes - comme des êtres humains à respecter et de se concentrer sur leur potentiel et leurs capacités plutôt que sur leurs faiblesses. Nous pensons qu'il est au moins aussi efficace de leur proposer un rôle de partenaires à part entière dans la recherche de solutions constructives et humaines et de ne pas les considérer uniquement comme des «semeurs de trouble» pour qui un emprisonnement est une mesure encore trop gentille. La reconnaissance et le respect de leurs droits est déjà un pas important dans cette direction.

Cette approche constructive ne doit cependant pas être interprétée comme une volonté de masquer certaines réalités ou de nier ou sous-estimer les difficultés que peuvent poser les enfants et les jeunes.

Plan du livre

Le livre est composé de quatre parties. La première contient une introduction au thème de la privation de liberté d'enfants. Le lecteur y trouvera, entre autres, une description détaillée des «*catégories*» d'enfants que l'on rencontre dans des établissements fermés dans le monde. De même, il trouvera une introduction sur la justice (pénale) pour mineurs – responsable de la privation de liberté d'une importante proportion d'enfants - ainsi que sur le pouvoir mystificateur de ce système.

La deuxième partie est consacrée à une description détaillée du cadre normatif international concernant les droits des enfants privés de liberté. Dans les premiers chapitres, nous tentons principalement de répondre à la question capitale de savoir si légalement un enfant privé de liberté a des droits.

La troisième partie dresse un état des lieux du respect des droits des enfants privés de liberté en établissement fermé à travers le monde, au moyen d'un passage en revue de divers rapports et études existant en la matière, d'une analyse des travaux du Comité des droits de l'enfant des Nations Unies, ainsi que par le biais de nos propres études dans une vingtaine de pays. L'objectif principal de cette partie est de donner une description générale de la situation depuis l'adoption de la Convention en 1989.

L'article 37 de la Convention, mais d'autres normes internationales également, présente la privation de liberté comme une mesure de dernier recours. Respecter les droits de l'enfant invite donc tout d'abord à chercher à éviter la privation de liberté ou à la remplacer le plus tôt possible par des alternatives. Cette question constitue la quatrième et dernière partie du livre.

Un livre de plus ?

A la lecture du livre, le lecteur pourrait de temps à autre avoir un sentiment de déjà-vu. Ne répétons-nous pas parfois des informations déjà connues ? Il est possible en effet que les informations que nous donnons, en particulier en ce qui concerne les conditions de privation de liberté et les alternatives, ne soient pas totalement nouvelles pour certains. Ceci ne serait pas étonnant puisqu'elles proviennent principalement d'une synthèse d'un grand nombre d'études et de recherches déjà menées sur le sujet.

Cependant, même si certaines informations sont familières pour certains, il nous semble important d'y revenir tant que le problème subsiste. Dans cette perspective, les droits de l'homme en général et ceux de l'enfant en particulier ne sont jamais trop souvent répétés. En outre, l'un des intérêts particuliers du livre réside dans son approche globale et dans le fait qu'il rassemble des informations dispersées jusque là.

A notre sens cependant, le présent ouvrage est important et innovateur dans sa tentative d'aborder la problématique de la privation de liberté d'enfants en partant de la perspective des droits de l'enfant et en tentant de relever les différents défis que cette perspective implique. La démarche qui consiste à utiliser les droits de l'enfant comme référence permanente et à porter une attention constante aux expériences positives et constructives en la matière éclaire le sujet d'une lumière nouvelle et mène à des constatations surprenantes. Nous espérons que cette démarche aidera à revitaliser ou à provoquer le débat et à favoriser les efforts visant à améliorer la situation des enfants privés de liberté.

Dans un souci de simplifier la construction des phrases, nous avons décidé de n'utiliser que le masculin en faisant référence aux enfants privés de liberté. Il est clair cependant que, à moins que le contraire ne soit explicitement précisé, les informations données concernent les enfants des deux sexes.

Remerciements

Nous tenons à remercier toutes les personnes qui ont compté dans la préparation de ce livre et, parmi elles Jean-Pierre Bartholomé, Nigel Cantwell, Claudia Demaerschalk, Marie-Françoise Lücker-Babel, Guillemette Meunier, Marta Santos Pais, Paul Rietjens, André Roberfroid, Frans Spiesschaert, Ray Virgilio Torres, Philip Van Haecke et Benoît Van Keirsbilck. Une mention particulière s'adresse à nos partenaires nationaux, ainsi qu'à Caroline Bourquin pour son importante contribution.

Ce livre a pu être réalisé grâce au soutien financier du Fonds des Nations Unies pour l'enfance (UNICEF) et du Ministère des Affaires Etrangères de Belgique. Le contenu de cet ouvrage ne reflète cependant que l'opinion des auteurs.

Anne Grandjean/Geert Cappelaere

4 mars 1999

PREMIÈRE PARTIE

DES ENFANTS PRIVÉS DE LIBERTÉ DANS LE MONDE ENTIER

Introduction

L'avis selon lequel la privation de liberté est une mesure appropriée pour les jeunes coupables de crimes violents, voire peut-être même la seule envisageable, est assez répandu. Le pas consistant à considérer tous les enfants privés de liberté comme de dangereux criminels est même, dans certains cas, rapidement franchi. La problématique de la privation de liberté d'enfants se limite-t-elle cependant véritablement aux jeunes incarcérés pour avoir commis des délits extrêmes ? La perception selon laquelle les enfants privés de liberté sont tous de «*grands délinquants*» est-elle correcte ?

Voilà des questions auxquelles nous allons essayer de répondre dans la première partie du livre, plus particulièrement dans le deuxième chapitre.

Le premier chapitre contient quant à lui une définition de ce que nous entendons par «*privation de liberté*». Nous nous sommes basés pour l'établir sur les Règles des Nations Unies pour la protection des mineurs privés de liberté (1990).

La justice (pénale) pour mineurs, convertie en un système particulier ou faisant partie intégrante de la justice pénale, est à juste titre perçue comme l'un des plus importants pourvoyeurs d'enfants privés de liberté.

Cette observation nous a incités à nous concentrer plus particulièrement sur cette partie de la réalité, qui peut être considérée comme exemplaire.

Dans le troisième chapitre, nous nous sommes donc attelés à expliquer - sommairement au regard de la complexité du sujet - ce qu'est la justice (pénale) pour mineurs, quelles sont ses origines et quels peuvent être ses pièges.

Chapitre 1. - La privation de liberté : une tentative de définition

1. Les enfants[2] et la liberté

L'article 9 du Pacte international relatif aux droits civils et politiques reconnaît dans le chef de chaque personne le droit à la liberté. Les enfants ne sont pas exclus de ce droit et cet article s'applique donc à chacun d'entre eux[3].

Dans le contexte de ce livre cependant, la privation de liberté ne couvre pas les nombreuses situations dans lesquelles un enfant peut être privé de la faculté de pouvoir choisir ou agir sans contrainte (la définition de la liberté, selon Larousse). L'objet ici est beaucoup plus limité. Mais la position sociale et juridique des enfants en général et donc les limites de fait dans le respect de leur liberté ne doivent en aucune manière être négligées lorsque l'on cherche à établir si les enfants placés en établissement fermé ont des droits, ainsi que lors de l'analyse du respect de ces droits.

---

2 Le terme d'enfant recouvre tout être humain de moins de 18 ans, sauf si la majorité est atteinte plus tôt en vertu de la législation qui lui est applicable (Article 1 de la Convention des Nations Unies relative aux droits de l'enfant et Règle 11 des Règles des Nations Unies pour la protection des mineurs privés de liberté).

3 Ce droit essentiel n'est pas explicitement confirmé dans la Convention relative aux droits de l'enfant. Le droit de l'enfant à la liberté doit être déduit de l'article 37 de la Convention.

2. Les enfants et le placement dans un établissement fermé

L'article 11 des Règles des Nations Unies pour la protection des mineurs privés de liberté définit la privation de liberté comme toute forme de détention, d'emprisonnement ou de placement d'une personne dans un établissement public ou privé dont elle n'est pas autorisée à sortir à son gré, ordonnée par une autorité judiciaire, administrative ou autre.

C'est cette définition que nous utiliserons par la suite afin de circonscrire l'objet de ce livre.

Nous nous limiterons donc aux situations dans lesquelles l'enfant est placé dans un établissement fermé (dont il n'est pas autorisé à sortir de son gré). Il est cependant aisé de comprendre que, de la perspective des enfants eux-mêmes, les établissements fermés ne sont pas nécessairement les seuls dans lesquels ils puissent se sentir privés de leur liberté. Nous avons tout de même choisi de nous limiter au cadre des établissements légalement définis comme tels.

Dans les cas où l'information dont nous disposions ne précisait pas le caractère ouvert ou fermé de l'établissement sur lequel elle portait, nous l'avons tout de même retenue. Ce choix se justifie par l'objectif du livre qui est l'évaluation du respect des droits des enfants et par la remarque faite précédemment selon laquelle la différence entre un lieu ouvert ou fermé n'est pas forcément perçue par les enfants concernés.

De manière générale, notre analyse du respect des droits de l'enfant placé en établissement fermé peut s'appliquer également aux établissements ouverts.

3. La grande variété des établissements fermés

L'article 11 des Règles des Nations Unies pour la protection des mineurs privés de liberté peut couvrir différents établissements correspondant au caractère fermé décrit précédemment. C'est à tous ces lieux que nous faisons référence lorsque nous parlons des établissements fermés :

- Des cellules d'arrestation : le terme «*arrestation*» s'entend de l'acte qui consiste à appréhender une personne du chef d'une prétendue infraction ou par le fait d'une autorité quelconque[4]. Des cellules

---

4 Ensemble de principes pour la protection de toutes les personnes soumises à une forme quelconque de détention ou d'emprisonnement, adopté par

d'arrestation sont donc généralement des lieux dans lesquels des personnes sont privées de liberté, principalement au sein des services de police, avant qu'un mandat d'arrêt ou qu'une mesure provisoire ne soit délivré(e) par une autorité judiciaire ou autre[5].

- Des centres de détention : le terme «*personne détenue*» s'entend de toute personne privée de la liberté individuelle sauf à la suite d'une condamnation pour infraction[6]. Des centres de détention sont généralement des lieux dans lesquels des personnes sont privées de liberté après qu'un mandat d'arrêt ou une mesure provisoire ait été délivré(e) par une autorité judiciaire ou autre, mais avant qu'un jugement sur le fond de l'affaire n'ait été prononcé.
- Des prisons : le terme «*personne emprisonnée*» s'entend de toute personne privée de la liberté individuelle à la suite d'une condamnation pour infraction[7]. Des prisons sont généralement des institutions dans lesquelles des personnes sont placées après qu'un jugement sur le fond de l'affaire ait été prononcé.
- D'autres institutions fermées : il s'agit généralement de toute autre institution, publique ou privée, dans laquelle des personnes sont placées sur ordre d'une autorité judiciaire ou autre et de laquelle elles ne peuvent sortir de leur gré. Des exemples de ces autres institutions peuvent être : des centres de rééducation, des centres de réhabilitation, des institutions psychiatriques, des établissements pour handicapés, des centres d'accueil pour personnes immigrées en situation illégale, etc.

Les établissements fermés dans lesquels sont placés les enfants peuvent aussi bien être des lieux réservés à leur attention que des établissements pour adultes, comportant ou non une section distincte pour mineurs[8]. L'éventail des établissements fermés peut donc être très large.

Les distinctions entre établissements ne doivent cependant pas être considérées de manière trop absolue. Ces établissements ne sont par exemple

---

l'Assemblée générale des Nations Unies dans sa résolution 43/173 du 9 décembre 1988.

5 L'expression «une autorité judiciaire ou autre» s'entend d'une autorité judiciaire ou autre habilitée par la loi et dont le statut et la durée du mandat offrent les garanties les plus solides possibles de compétence, d'impartialité et d'indépendance (Voir Ensemble de principes pour la protection…, op.cit.).

6 Voir Ensemble de principes pour la protection…, op.cit.

7 Voir Ensemble de principes pour la protection…, op.cit.

8 La question du placement des mineurs avec les adultes est traitée dans la troisième partie, au chapitre 10.

pas toujours utilisés dans l'objectif pour lequel ils ont été construits. On peut en effet rencontrer des enfants purgeant leur peine dans un commissariat de police ou, à l'inverse, en prison alors qu'ils sont en attente de jugement ou n'ont commis aucun délit. Certains bâtiments ont été conçus spécialement pour accueillir des enfants mais il se peut aussi qu'un centre de rééducation pour mineurs soit installé dans une ancienne prison sans que les moindres modifications n'aient été apportées à l'aménagement des lieux pour tenir compte de l'âge et des besoins spécifiques de l'enfant. Prisons, centres pour mineurs ou autres établissements ne sont donc pas forcément très différents.

Il n'y a par conséquent pas toujours lieu de faire une distinction entre les différents établissements fermés, car sous des noms divers ils peuvent cacher la même réalité.

Chapitre 2. - Les nombreuses facettes de la privation de liberté d'enfants

Introduction

Les termes «*enfant privé de liberté*» n'évoquent certainement pas chez tout le monde la même réalité. Il est probable que la vision de certains soit déformée par l'image véhiculée par les médias ou certaines autorités politiques qui en font parfois un argument électoral : cette image est celle de l'adolescent violent et dangereux qu'il n'est pas possible de raisonner autrement qu'en l'isolant de la société pour protéger cette dernière.

Quelles sont les causes qui peuvent mener un enfant à être privé de sa liberté ? Quel âge ont ces enfants ? Combien de temps restent-ils enfermés ?

Afin de saisir au mieux qui sont les enfants privés de liberté, nous sommes partis des hypothèses suivantes :

- des enfants peuvent être privés de liberté pour n'importe quelle raison;
- ils peuvent être privés de liberté dans tous types d'établissements;
- ils peuvent être privés de liberté par une variété d'autorités;
- ils peuvent être privés de liberté pendant de très longues périodes;
- ils peuvent être privés de liberté à n'importe quel âge.

Le nombre des enfants privés de liberté dans le monde est très élevé

Avant tout, il faut dire que nous avons été confrontés à la difficulté de trouver des informations systématiques sur le sujet. Le nombre des pays pour lesquels il est possible d'obtenir dans un relativement bref délai des données sur le nombre d'enfants privés de liberté, les motifs, les âges et les durées est très limité. L'information à disposition est par ailleurs souvent peu détaillée. Par exemple, il peut être dans certains cas très difficile d'avoir des renseignements sur le sexe des enfants ou leur degré de scolarité. Le lecteur trouvera une description des sources consultées et de la méthodologie utilisée dans le premier chapitre de la troisième partie du livre.

Ces observations préliminaires sont importantes en particulier à cause de leur influence sur la qualité de l'information qui suit. Elles sont inquiétantes car elles font craindre que cette catégorie d'enfants soit fréquemment oubliée lors de la collecte d'information. La présence d'une information systématique, permanente et centralisée est pourtant une condition nécessaire pour mener une politique qui tienne compte de la perspective des enfants concernés.

1. Des enfants peuvent être privés de liberté pour n'importe quelle raison

Introduction

Les motifs invoqués pour priver un enfant de sa liberté sont très nombreux. Tous les mineurs détenus et incarcérés ne sont pas des criminels, loin de là. Beaucoup n'ont même pas commis d'infraction.

Nous avons distingué les catégories de motifs suivantes :

- la délinquance;
- les «*status offences*» (délits en rapport avec le statut de l'enfant);
- les enfants en situation de risque de par l'environnement dans lequel ils vivent;
- les enfants présentant des troubles physiques ou psychiques;
- les enfants privés de liberté avec leurs parents;
- d'autres motifs.

Une autre distinction aurait pu être faite en partant des intérêts en jeu lors d'une privation de liberté. Les enfants peuvent se trouver placés dans les établissements fermés :

- dans leur propre intérêt;
- dans l'intérêt de la société;
- dans l'intérêt des établissements.

Cette dernière possibilité peut étonner. Elle est cependant bien réelle. Elle apparaît par exemple lorsque des efforts de désinstitutionalisation se heurtent aux intérêts du personnel ou à ceux des groupes, publics ou privés et souvent puissants d'un point de vue politique, qui possèdent et gèrent les institutions. En outre, dans la plupart des pays, les établissements fermés sont financés avant tout sur la base du nombre d'enfants détenus. Ni leurs responsables ni les membres du personnel n'ont donc vraiment intérêt à ce que le nombre des mesures privatives de liberté soit réduit, et ce surtout dans le cas où aucune mesure de reconversion n'est prévue à leur égard. Il est extrêmement important de tenir compte de cette donnée dans le développement de politiques visant la promotion d'alternatives à la privation de liberté.

Il est utile de mentionner aussi que chaque motif en soi peut être suffisant pour une mesure de privation de liberté mais que l'un d'entre eux peut également mener à la découverte d'autres problèmes et que c'est alors l'ensemble de la situation de l'enfant qui mène à la décision de le priver de sa liberté.

1.1. La délinquance

a. Les délits[9] menant à une privation de liberté

La grande majorité des délits commis par des enfants, dans toutes les régions du monde, concernent des atteintes à la propriété d'autrui telles que le vol, souvent mineur. La plupart des mineurs privés de liberté après avoir commis un délit le sont également pour ce motif. Les crimes graves - et a fortiori le meurtre - représentent un pourcentage minime. Différentes sources nous apprennent que seuls 5 à 10% des enfants privés de liberté le sont pour des délits graves.

Voici quelques exemples qui illustrent à quel point les délits conduisant à la privation de liberté d'un mineur peuvent être minimes :

- voyager sans titres de transport ou papiers d'identité;
- s'adonner au harcèlement téléphonique (même après un appel seulement);
- proférer des menaces à l'encontre d'un professeur;

9 Nous utilisons dans le texte plusieurs dénominateurs pour les actes délinquants, tels que les mots «*crimes*», «*infractions*», «*délits*». Nous utilisons ces termes dans un sens générique sans tenir compte des gradations dans la gravité de l'acte que ces termes peuvent exprimer, conformément au droit pénal.

- participer à des bagarres, relativement peu violentes, dans l'enceinte de l'école;
- dessiner des graffiti.

L'immense majorité des jeunes privés de liberté (jusqu'à plus de 90% dans certains pays) se trouvent en détention préventive. Pour preuve que la privation de liberté n'était pas nécessaire pour la plupart d'entre eux, l'on constate, d'après différentes sources, qu'un nombre important est acquitté après jugement (jusqu'à 90% dans certains pays). De plus, lorsque le tribunal inflige une peine à l'enfant, celle-ci n'implique le plus souvent pas de privation de liberté. Pour justifier leur décision de recourir à la préventive, les magistrats invoquent par exemple les besoins de l'enquête, le risque d'évasion, de récidive, de collusion ou la gravité des faits.

Il est important de relever ici que les enfants peuvent non seulement être enfermés après avoir commis un délit mais également pour uniquement en avoir eu l'intention.

b. Criminels ou victimes?

Des enfants sont privés de liberté pour avoir commis des délits pour lesquels leur responsabilité peut sérieusement être remise en question. Ils sont par exemple utilisés par des adultes dans des activités criminelles (par exemple, le trafic de drogue ou l'espionnage). Nous avons nous-mêmes rencontré un garçon de sept ans détenu avec des adultes et accusé d'avoir été engagé par des rebelles pour démonter les fusils de l'armée régulière.

Des jeunes filles qui ont été violées sont condamnées pour adultère. D'autres, après un avortement volontaire, peuvent voir la qualification de l'infraction érigée en infanticide. On peut comprendre dans cette catégorie également les enfants prostitués ou les enfants travailleurs (de rue) que l'on prive de leur liberté.

1.2. Les «status offences»

Des enfants sont privés de liberté pour des actes qui ne seraient pas considérés comme des infractions s'ils étaient commis par des adultes. Entrent sous cette dénomination de «*status offences*» des actes tels que la violation du couvre-feu imposé aux mineurs, la fugue, l'absentéisme scolaire à répétition, le manque de respect aux autorités, le mariage avant l'âge légal permettant de le faire, la consommation d'alcool ou de cigarettes, la désobéissance ou les atteintes à la «*préservation morale*» telles que la fréquentation, sans être accompagné par un adulte, d'endroits servant de l'alcool ou de lieux de prostitution ou de paris. Les enfants dont la conduite est qualifiée d'incontrôlable, d'indisciplinée, de déviante ou d'antisociale sont aussi privés de liberté sans que des faits précis leur soient reprochés, à la demande des parents, du tuteur ou de l'institution dans laquelle ils vivent.

Un exemple extrême, mais pas unique, porté à notre attention est celui d'une adolescente de seize ans privée de liberté pour ne pas avoir respecté les règles établies par son père, avoir jeté des objets à travers sa chambre et manqué l'école.

1.3. Les enfants en situation de risque de par l'environnement dans lequel ils vivent

a. Le vagabondage

Un motif de privation de liberté qui revient souvent, surtout dans les pays en voie de développement, est le «*vagabondage*». Il se peut par exemple qu'un enfant qui ne peut fournir l'adresse de son domicile ou qui se trouve dans un lieu considéré comme dangereux à une heure jugée inappropriée (par exemple à un terminus d'autobus ou dans les environs d'une maison de prostitution) soit arrêté par la police. Les enfants des rues, qu'ils y vivent ou non, sont les cibles toutes désignées de ce type d'arrestations. Faute d'établissements aptes à les accueillir, ils sont régulièrement placés en prison ou dans des centres pour délinquants. Le cas d'un enfant de treize ans retrouvé en train de dormir dans un parc et emprisonné pour une année suite à cette arrestation est à nouveau un exemple extrême mais pas isolé.

b. Les enfants en danger

Des enfants sont aussi privés de liberté sans que rien ne leur soit reproché mais parce qu'ils ont besoin de protection et d'assistance. Ils sont orphelins, ont été maltraités, violés, sous-alimentés, abandonnés ou enlevés. Leurs parents sont en prison, ont disparus ou sont considérés incapables de s'occuper d'eux. Plus simplement, leurs parents - ou l'un d'eux - sont au chômage, sont séparés ou ont un revenu jugé trop bas.

Ces mineurs que l'on regroupe parfois sous les termes relativement vagues d'enfants «*en danger*», «*en situation irrégulière*», «*en situation d'éducation problématique*» ou encore «à risque» sont souvent placés dans les mêmes établissements que ceux accusés d'une infraction à la loi. Ils peuvent constituer une large proportion de ces mineurs privés de liberté. La raison de ce mélange est souvent qu'il n'existe pas d'autres lieux pour les accueillir. Dans certains pays, ils risquent d'être envoyés dans des hôpitaux psychiatriques.

La privation de liberté peut aussi être motivée par des raisons de sécurité. Par exemple, des jeunes filles peuvent être enfermées, après avoir été violées, par mesure de protection contre leur propre famille qui menace de les tuer.

Il en va de même pour les enfants soupçonnés d'avoir participé à un génocide et privés de liberté pour être mis à l'écart de mouvements de haine sociale, ou pour les enfants réfugiés non accompagnés que l'on veut protéger contre toute forme d'exploitation, y compris la vente.

1.4. Les enfants présentant des troubles physiques ou psychiques

Des enfants sont privés de liberté pour des raisons médicales. Il peut s'agir d'enfants handicapés, de patients psychiatriques ou simplement de jeunes considérés comme «*inadaptés*», «*déséquilibrés*» ou «*désorientés*». C'est le cas également de toxicomanes en cure de désintoxication.

Ces enfants peuvent être privés de liberté dans des prisons, des centres pour mineurs ou être internés dans des institutions médicales. Mentionnons par exemple à cet égard le cas d'un adolescent sourd-muet arrêté alors qu'il errait dans les rues, selon l'une de nos sources, et gardé indéfiniment dans un établissement pour mineurs.

Plus généralement, il arrive que des enfants un peu différents des autres - par exemple affectés par des problèmes orthopédiques ou des difficultés d'élocution - soient considérés comme anormaux et placés dans des internats pour malades mentaux. Ainsi, certains de ceux internés dans des hôpitaux psychiatriques ou des centres pour handicapés mentaux ne souffrent d'aucun handicap.

1.5. Les enfants privés de liberté avec leurs parents

Des enfants très jeunes - dès la naissance - sont privés de liberté parce qu'ils accompagnent leur mère ou, plus rarement, leur père dans l'établissement. Dans certaines prisons, la mère et les enfants rejoignent le père qui s'y trouve. Ceci peut avoir des conséquences extrêmes telles que le cas d'une jeune fille arrivée en prison avec sa mère et restée sur place après le décès de celle-ci.

De l'avis de certains, ces petits enfants ne peuvent pas être considérés comme véritablement privés de liberté parce qu'ils ne le sont pas en leur nom propre. Cependant, en partant de la perspective de l'enfant - l'approche qui nous intéresse ici - il est clair que cette situation constitue une privation de liberté comme une autre.

1.6. L'immigration (illégale)

On trouve, dans des établissements fermés du pays dans lequel ils arrivent ou dans lequel ils vivent illégalement, des enfants détenus en vertu des lois sur l'immigration, dans l'attente qu'une décision soit prise à leur égard. Ils peuvent se trouver aussi bien dans des centres fermés réservés à leur attention que dans des prisons pour adultes ou des établissements fermés pour mineurs.

1.7. D'autres motifs

a. Les mesures disciplinaires

La privation de liberté peut être utilisée à titre de mesure disciplinaire pour les jeunes qui accomplissent leur service militaire ou pour ceux en foyer ouvert dont on juge le comportement trop difficile, par exemple.

b. Les raisons politiques

Dans de nombreux pays, des mineurs sont privés de liberté pour des raisons politiques. Il peut s'agir alors de sympathisants ou membres de groupes d'opposition ou d'organisations interdites ou de mineurs ayant pris part à des manifestations pacifiques ou à des mouvements de grève. Ils peuvent alors par exemple être enfermés pour «*non-respect de la sécurité de l'État*», «*incitation à la haine envers le gouvernement*» ou conspiration. Il en va de même pour toute activité d'opposition au régime telle que l'inscription de graffiti, la distribution de propagande, la transmission d'informations sur la situation du pays à l'extérieur ou le port des couleurs du drapeau d'une minorité. Certains pays pratiquent ainsi des vagues d'arrestation de manifestants mineurs, puis leur détention «*incommunicado*».

On peut mentionner ici l'exemple donné par l'une de nos source d'un enfant de quatorze ans condamné à treize ans de prison pour avoir collé des affiches «*antigouvernementales*» dans son école.

Dans certaines situations d'urgence et de crise, des jeunes peuvent être arrêtés pour des actes terroristes plus ou moins graves mais aussi pour avoir porté des armes ou simplement brûlé des pneus.

c. Les menaces et l'exploitation de la part des autorités

Les enfants de la rue sont parfois arrêtés par des policiers dont l'objectif est de leur extorquer de l'argent ou d'obtenir des faveurs sexuelles en échange de leur libération. Les enfants qui ont un domicile mais travaillent dans la rue ou se livrent à la prostitution peuvent d'ailleurs aussi subir ce genre de traitement.

Dans le même ordre d'idée, des sources citent les cas de jeunes arrêtés et détenus dans des postes de police après s'être disputés avec le fils d'un policier ou parce qu'ils ont refusé de cirer gratuitement les chaussures des forces de l'ordre. On les arrête aussi pour les empêcher de porter plainte lorsqu'ils savent ou ont vu quelque chose de compromettant.

d. Le «*nettoyage social*»

Les enfants des rues sont régulièrement victimes de rafles dans le cadre de campagnes de «*nettoyage social*» organisées généralement à l'approche d'une fête ou de la saison touristique ou à l'annonce de la visite d'une personnalité étrangère.

e. Des enfants pris comme boucs émissaires

Certains enfants sont volontairement accusés à tort afin de protéger des adultes ou pour couvrir une arrestation ou une détention illégales. Les enfants des rues peuvent aussi être victimes d'arrestations en masse lorsqu'un crime a été commis et qu'il faut à tout prix trouver un coupable ou par mesure de protection des citoyens vis-à-vis de ces jeunes considérés comme «*ayant de mauvaises distractions*».

f. Des enfants otages

Certains enfants sont détenus ou incarcérés comme otages, par exemple afin qu'un ou plusieurs membres de leur famille se rendent au poste de police ou au tribunal, ou dans le but d'intimider leurs parents lorsque ceux-ci sont des opposants au régime ou militent en faveur des droits de l'homme. Certains mineurs sont même arrêtés par des policiers qui cherchent simplement à gagner de l'argent avec une rançon. En période de conflit, des jeunes sont arrêtés pour être échangés par la suite contre des prisonniers de guerre ou une rançon.

g. Divers motifs supplémentaires

Certains enfants sont encore privés de liberté parce que :

- ils sont témoins lors d'un procès;
- ils étaient soldats et ont été démobilisés;
- ils sont indigènes, étrangers ou appartiennent à une minorité ethnique, religieuse ou linguistique;
- ils ne communiquent pas dans la langue du pays.

Des enfants sont même privés de liberté en l'absence d'une autre solution plus appropriée.

2. Des enfants peuvent être privés de liberté dans tous types d'établissement

Considérant la multitude des motifs pouvant mener à priver un enfant de sa liberté, on comprend que les établissements dans lesquels on les trouve peuvent également être très variés.

Partout, des enfants sont privés de liberté dans des postes de police, des centres de détention, des prisons et d'autres types d'établissements. Partout, ils peuvent être placés dans des établissements réservés en principe aux majeurs. Certains le sont dans des quartiers distincts, d'autres partagent leur cellule avec des adultes.

Les centres réservés aux mineurs peuvent être désignés par de nombreuses dénominations en référence aux différents objectifs qu'ils poursuivent ou prétendent poursuivre. Ce sont des centres de sécurité, de correction, de redressement, de rééducation, d'éducation surveillée, d'action éducative, d'éducation par le travail, de réhabilitation, d'évaluation, d'observation, de diagnostique, d'orientation, de tri, de classification, de réception, d'accueil, de sauvegarde, de placement, d'internement, de thérapie, de soins, de traitement, etc.

Des mineurs peuvent aussi se trouver dans des camps de travail, des internats, des colonies pénitentiaires, des écoles (techniques) spécialisées, des camps militaires, des écoles religieuses. D'autres lieux de toutes sortes peuvent encore enfermer des enfants : des zones de transit d'aéroport, des centres de détention pour immigrés, des établissements psychiatriques, des hôpitaux, des orphelinats, des institutions pour handicapés physiques ou mentaux, des centres de défense sociale pour personnes considérées comme «*anormales*». Bien sûr, cette liste n'est pas exhaustive.

Les conditions de vie des enfants privés de liberté et le respect de leurs droits ne dépendent pas de manière préétablie et clairement définie du genre d'établissement dans lequel ils se trouvent. Par exemple, un centre de rééducation pour mineurs n'est pas forcément préférable à la section réservée d'une prison pour adultes. Que les établissements soient nommés centre de rééducation, maison de redressement, prison, commissariat ou école technique, ils peuvent tous désigner une seule et même réalité. Rien ne garantit a priori qu'un centre de rééducation offre des programmes plus éducatifs qu'une prison ou qu'un lieu de réhabilitation soit davantage favorable à la réintégration du jeune qu'une maison de redressement.

Il est donc utile d'être vigilant quant à la terminologie utilisée : elle peut induire en erreur et évoquer des conditions de vie bien différentes de ce qu'elles sont en réalité. De plus, de la perspective des enfants eux-mêmes, une privation de liberté reste une privation de liberté quel que soit le lieu. «*Ici, c'est plus une prison qu'un orphelinat*» les entend-on par exemple dire.

Ces différents établissements peuvent accueillir de manière générale les mêmes enfants, indépendamment des motifs de la privation de liberté. Cette constatation signifie qu'au niveau global une prison peut tout autant héberger des jeunes délinquants que des enfants «*en danger*» ayant dû être retirés à leur foyer, des enfants des rues n'ayant commis aucun délit ou des mineurs étrangers en situation irrégulière.

Souvent, ces enfants ne sont pas séparés selon le motif de la privation de liberté. Cela créée des situations aussi absurdes que la cohabitation dans une même cellule d'un enfant de huit ans victime d'un viol et d'un adolescent âgé de dix-sept ans accusé de cette infraction.

3. Des enfants peuvent être privés de liberté par une variété d'autorités

Selon l'article 11 des *Règles pour la protection des mineurs privés de liberté*, le placement en établissement fermé peut être ordonné par des autorités judiciaires, administratives ou autres.

L'on retrouve effectivement ces diverses possibilités dans la réalité. En ce qui concerne les autorités judiciaires, la privation de liberté d'un enfant peut être décidée par exemple par des juges, des tribunaux ou des cours dans le cadre de la justice (pénale) pour mineurs. Nous reviendrons plus en détail sur la justice (pénale) pour mineurs dans le troisième chapitre de cette première partie. D'autres autorités judiciaires aptes à décider une mesure privative de liberté sont par exemple la justice de paix, le tribunal tutélaire ou un tribunal militaire.

Les autorités administratives pouvant décider de la privation de liberté d'un enfant sont variées : il peut s'agir de la police, des autorités politiques locales, de services d'immigration, de services médicaux ou sociaux, d'un médecin, de conseils ou commissions de santé mentale, de conseils ou commissions administratives pour la justice (pénale) pour mineurs ou la protection de la jeunesse ou même des responsables de l'établissement (par exemple pour le transfert d'un mineur d'un établissement à un autre).

Des autorités militaires ou même les parents ou toute autre personne qui a la garde des enfants peuvent également être responsables de la privation de liberté d'un enfant[10]. Il est possible aussi que ce soit le ministre compétent qui prenne la décision.

4. Des enfants peuvent être privés de liberté pendant de très longues périodes

La période passée par un enfant en établissement fermé peut être très longue. Il est impossible de savoir combien de temps en moyenne les jeunes y restent de manière générale mais des périodes de un, deux, trois ou quatre ans sont régulièrement mentionnées dans les différentes sources. Plusieurs d'entre elles rapportent même des durées encore supérieures à celles-ci : certains mineurs passent dix ou vingt ans enfermés. Ils ne sont pas forcément libérés à leur majorité civile.

Les plus vulnérables à cet égard sont les jeunes ayant commis des délits graves, ceux dont on estime qu'ils ont des troubles mentaux ou ceux pour lesquels il n'existe pas d'assistance appropriée.

La durée de privation de liberté d'un enfant peut même être indéterminée. Il s'agit dans ce cas en général de peines de rééducation ou d'internement. La rééducation du mineur ou sa guérison sont les «*critères*» - excessivement subjectifs et donc ouverts aux abus - desquels dépend sa libération. Les mineurs sont alors généralement relâchés à leur majorité. Dans certains pays, les juges peuvent pratiquer la privation de liberté «*au plaisir de Sa Majesté*» (ou à celui d'autres dirigeants, tels que le Gouverneur par exemple). Parfois, lorsque la loi n'autorise pas l'emprisonnement à perpétuité pour les mineurs[11], cette notion est utilisée pour détenir indéfiniment les jeunes condamnés. Certains de nos partenaires nationaux font état de cas de détenus ayant passé vingt ou trente ans dans des prisons pour adultes dans de telles conditions pour des délits commis lorsqu'ils étaient mineurs. En outre, certains pays pratiquent encore la détention à perpétuité pour les mineurs. Si l'on met ces longues périodes de privation de liberté en rapport avec les motifs pour lesquels les enfants sont souvent détenus, l'on peut conclure

10 Il est intéressant de voir que la Cour européenne des droits de l'homme ne considère pas le placement d'un enfant dans un établissement fermé, en l'occurence un établissement psychiatrique sécuritaire, sur l'initiative d'un parent comme une privation de liberté (Cour européenne des droits de l'homme, jugement du 28.11.88; rapport du 11.3.87).

11 La détention à perpétuité est interdite par la Convention relative aux droits de l'enfant – voir partie 2.

qu'elles peuvent être excessivement longues et disproportionnées. Des enfants n'ayant commis aucun délit peuvent passer plusieurs années en prison ou en centre spécialisé.

5. Des enfants peuvent être privés de liberté à n'importe quel âge

L'on n'est jamais trop jeune pour être privé de liberté. Qu'ils accompagnent leur(s) parent(s) dès la naissance ou soient enfermés à des fins d'assistance ou pour infraction à la loi, des enfants de tous âges se trouvent dans des établissements fermés. Il serait d'ailleurs faux de croire que les enfants les plus jeunes sont toujours placés dans les lieux les moins durs. Il n'est en effet pas rare dans nombre de pays de trouver des enfants de sept ou dix ans dans des prisons pour adultes pour des motifs aussi mineurs que d'avoir dessiné des graffiti, par exemple.

Nous estimons que la plupart des enfants se trouvant dans des établissements fermés ont de manière générale entre quatorze et dix-huit ans. Ceci nous mène à la question de savoir combien d'enfants sont enfermés dans des établissements fermés à travers le monde.

6. Le nombre des enfants privés de liberté dans le monde est très élevé

Il est quasiment impossible d'avoir une idée du nombre plus ou moins exact des enfants privés de liberté dans le monde. Ces données sont en effet souvent difficiles à se procurer : elles ne sont pas communiquées par les autorités ou tout simplement inexistantes. Il se peut aussi que les données disponibles ne couvrent pas la totalité des établissements fermés dans un pays donné.

Selon les documents consultés, les chiffres peuvent varier par exemple entre plus de 80 000 mineurs privés de liberté dans un pays à une centaine dans un autre. Entre en compte bien sûr la question de la taille du pays et de sa population mineure mais aussi la définition utilisée par les statisticiens ou les chercheurs lorsqu'ils parlent de privation de liberté. Il n'est pas sûr - voire même peu probable - que d'un pays à l'autre les statistiques recouvrent exactement les mêmes catégories d'enfants (par exemple, certains prennent en compte le nombre d'enfants concernés en général, d'autres se limitent aux jeunes dans les prisons pour adultes, etc.). Les données sont donc difficilement comparables d'un pays à l'autre.

A titre indicatif et selon les chiffres disponibles dans nos sources, la proportion de mineurs dans la population carcérale totale varie entre 0,5% à 30% selon les pays. Un pourcentage élevé peut s'expliquer en partie par la proportion de mineurs dans la population en général. Dans certains pays, cette proportion représente par exemple la moitié de la population.

Le nombre de mineurs en établissement fermé, d'après les différentes sources, peut être en diminution ou en augmentation, selon les pays et les périodes considérées. Pour les cas dans lesquels ce nombre est en baisse, il faut cependant être attentif à ce que la diminution ne concerne pas uniquement les expressions les plus extrêmes de la privation de liberté, telles que l'emprisonnement, mais bien toutes les situations d'enfermement. Il arrive en effet que certains pays fassent des efforts pour diminuer l'emprisonnement tout en maintenant cependant des enfants enfermés dans d'autres types d'établissements tout aussi fermés que des prisons, mais pas forcément perçus comme tels.

Au total, considérant les informations à notre disposition, nous estimons le nombre des enfants privés de liberté dans des établissements fermés dans le monde à plus de un million.

Conclusion

Le problème des enfants privés de liberté est universel. La Convention des Nations Unies relative aux droits de l'enfant reconnaît cette problématique et contraint les États parties, dans son article 37.b, à ce que «*nul enfant ne soit privé de liberté de façon illégale ou arbitraire. L'arrestation, la détention ou l'emprisonnement d'un enfant doit être en conformité avec la loi, n'être qu'une mesure de dernier ressort et être d'une durée aussi brève que possible*».

Malheureusement, nous devons constater que cette ambition internationale est encore loin d'être une réalité. Comme nous avons pu le voir ensemble, la multitude de motifs, d'établissements fermés et de procédures possibles mènent à un nombre très élevé d'enfants privés de liberté.

Une constatation très importante est que l'image de grand criminel que peut avoir dans certains cas l'enfant privé de liberté n'est la plupart du temps nullement justifiée. Une partie de ces enfants seulement - et une partie relativement peu importante – est enfermée pour avoir commis des actes de délinquance grave. Lorsqu'il y a eu délit, il est le plus souvent mineur. Une proportion au moins aussi importante des enfants privés de liberté l'est à cause de «*status offences*» ou sur la base de notions assez floues comme «*être en danger*», «*être en situation irrégulière*» ou encore «*être en situation d'éducation problématique*».

Nous arrivons à la conclusion que la justice (pénale) pour mineurs est l'une des voies principales par laquelle les enfants sont privés de liberté. En effet, les notions floues mentionnées ci-dessus ainsi que celles de «*status offences*» ont été inventées et sont utilisées surtout dans le contexte de systèmes spécialisés de justice (pénale) pour mineurs, cherchant à prévenir et à répondre d'une façon adaptée à la délinquance juvénile. L'une des particularités de cette nouvelle approche a été dès le départ l'attention particulière portée aux situations pouvant conduire à la délinquance et à tout comportement «*prédélinquant*» : la justice (pénale) pour mineurs ne se limite pas à intervenir à l'égard des jeunes délinquants mais, dans une optique préventive, agit également en amont envers plusieurs autres situations jugées problématiques. Cette attention supplémentaire présente certes des avantages mais une intervention par le biais du système de justice (pénale) pour mineurs n'est peut-être pas la plus appropriée. La présence dans des établissements fermés de ces enfants en situation difficile en est une preuve.

Nous avons décidé de nous concentrer dans le reste du livre surtout sur les enfants privés de liberté dans le contexte de la justice (pénale) pour mineurs. Leur nombre d'un côté, mais aussi l'exemplarité de cette voie de privation de liberté de l'autre, motivent cette décision.

A ce stade, nous allons décrire dans ses lignes principales ce qu'est la justice (pénale) pour mineurs et quelles sont les raisons de son exemplarité.

Chapitre 3. - La privation de liberté d'enfants et la justice (pénale) pour mineurs [12]

Introduction

De nombreuses sources - pour ne pas dire toutes celles que nous avons étudiées - confirment qu'une grande partie des mineurs sont privés de liberté parce qu'ils dérangent ou parce que l'on craint qu'ils dérangent un jour. Nombre de ces enfants sont considérés comme des délinquants ou des jeunes en situation irrégulière. Ils sont «*en conflit avec la loi*» et peuvent être amenés devant la justice.

Selon les pays, ces enfants seront alors pris en charge soit par un système de justice pénale ordinaire, avec un traitement distinct de celui des adultes ou non, soit par un système spécifiquement réservé aux mineurs.

Les enfants ayant commis des délits sont en effet parfois traités de la même façon que les adultes, c'est-à-dire tout aussi sévèrement. Par exemple, des enfants sont aujourd'hui encore condamnés à mort, aussi bien dans des

12 Rappelons que nous utilisons le terme de justice (pénale) pour mineurs afin de couvrir à la fois les situations dans lesquelles un enfant en conflit avec la loi est traité par la justice pénale ordinaire et celles dans lesquelles, pour le même motif, il est traduit devant une justice spécialisée pour mineurs. La référence au pénal reste justifiée même lorsque le système est spécialisé. Ceci est dû à ses origines et au fait que même au sein d'un système spécialisé des liens subsistent le plus souvent avec le système purement pénal.

pays en voie de développement que dans des pays industrialisés. Dans d'autres cas, toujours dans le cadre de la justice pénale, ils bénéficient par contre un traitement différent de celui des adultes. Ils reçoivent par exemple une punition inférieure à celle d'une personne majeure qui aurait commis les mêmes actes et certaines peines sont interdites à leur égard, comme par exemple la peine de mort ou l'emprisonnement à vie.

Un grand nombre de pays cependant, majoritairement depuis le début du XXème siècle, ont adopté un système de justice spécial pour les mineurs. Le concept de justice (pénale) pour mineurs s'est développé d'abord dans les pays industrialisés à la fin du IXXème siècle, pour s'étendre par la suite à toutes les régions du monde. Les enfants dits en conflit avec la loi comparaissent dès lors devant une juridiction ou une administration spécialisée chargée de leur sort et parfois également de celui de leur famille. La justice (pénale) pour mineurs ne se limite pas à intervenir suite à des actes de délinquance; elle peut le faire pour tout problème auquel un enfant et sa famille sont confrontés.

L'observation faite à la fin du chapitre précédent selon laquelle la justice (pénale) pour mineurs est l'une des voies principales par laquelle les enfants sont privés de liberté peut dès lors sembler en contradiction, du moins en partie, avec le respect et la protection de l'intérêt de l'enfant qui se veut la raison d'être de la justice (pénale) pour mineurs. Nous abordons cet aspect plus en détail dans les points suivants.

1. Un bref aperçu de la justice (pénale) pour mineurs

Introduction

Les termes de justice (pénale) pour mineurs désignent des réalités et des systèmes différents. «*La*» justice (pénale) pour mineurs n'existe pas. Les motifs d'intervention, les tranches d'âges prises en considération, les intervenants, les réactions, l'organisation, etc. peuvent varier d'une façon substantielle d'un pays à l'autre.

Il est donc impossible de donner une description uniforme de ce qu'est la justice (pénale) pour mineurs dans les différents pays du monde. Pour cette raison, nous nous limitons ici à quelques éléments que l'on peut retrouver dans les différents systèmes en place.

L'un des points communs des systèmes de justice (pénale) pour mineurs est qu'ils trouvent tous leur origine principalement dans le système pénal ou système de contrôle social, c'est-à-dire le système formel existant dans toutes les cultures pour faire respecter les normes et règles sociales. Cette origine répressive est cependant souvent oubliée ou négligée. Elle est fréquemment masquée par des aspirations bien différentes, telles que l'assistance et l'aide aux enfants et aux familles en situation problématique.

1.1. Les motifs d'intervention

La justice (pénale) pour mineurs est souvent perçue comme un système spécialisé ayant comme seul objet d'intervention les crimes commis par les enfants. Ce n'est cependant pas toujours le cas et son origine peut expliquer ce malentendu.

Nous pouvons en fait distinguer trois principales catégories de comportements ou de situations pouvant conduire à une intervention du système de justice (pénale) pour mineurs :

- la délinquance juvénile;
- les enfants en danger de par leur propre comportement/les «*status offences*»;
- les enfants en danger de par l'environnement dans lequel ils vivent.

Les définitions de crime, de situation irrégulière ou de danger ne sont pas forcément les mêmes d'un pays à l'autre. Les deux dernières catégories sont particulièrement vagues et permettent un certain nombre d'interprétations divergentes. En exagérant et omettant les nuances, l'on pourrait dire qu'elles permettent une intervention pour n'importe quelle raison à l'égard de n'importe quel enfant ou de n'importe quelle famille.

Le problème se pose particulièrement à l'égard de ceux qui ne font pas partie des classes dirigeantes ou de celles ayant le pouvoir décisionnel en la matière.

Le recours à des catégories si larges peut s'expliquer par la volonté de garantir une protection à tous les enfants qui en ont besoin, aussi bien les délinquants que ceux qui risquent de le devenir. Mais ce flou comporte également des risques comme par exemple, dans le contexte qui nous intéresse ici, celui de priver de leur liberté un plus grand nombre d'enfants.

Un membre du Comité des droits de l'enfant, en charge au sein des Nations Unies de la surveillance de l'application de la Convention relative aux droits de l'enfant, relève également le caractère subjectif des interventions à l'égard des enfants dans le cadre de la justice (pénale) pour mineurs et met en garde contre le fait qu'en pratique elles ont tendance à ouvrir la voie de la privation de liberté aux enfants pauvres et à ceux en situation particulièrement difficile, tout en limitant son accès à ceux provenant des classes favorisées de la population.[13]

On trouve un avertissement semblable dans le rapport initial présenté par l'Australie au Comité des droits de l'enfant dans lequel est souligné le risque que les interprétations de ce que sont des situations irrégulière et de danger, et la privation de liberté qui en résulte, soient basées à la fois sur le passé et la culture, sur les préjugés et l'ignorance, ainsi que sur le manque de ressources sociales et financières que la famille possède pour affronter le système de justice (pénale) pour mineurs. Cette observation était plus particulièrement faite au sujet des enfants aborigènes et autres enfants désavantagés. [14]

1.2. Les objectifs de l'intervention

«*La justice pour mineurs fait partie intégrante du processus de développement national de chaque pays, dans le cadre général de la justice sociale pour tous les jeunes, contribuant ainsi, en même temps, à la protection des jeunes et au maintien de la paix et de l'ordre dans la société*».[15]

Cet article des Règles de Beijing exprime clairement le double objectif que la justice des mineurs devrait poursuivre : la protection des jeunes et le maintien de la paix et de l'ordre dans la société. On trouve un bon exemple de la coexistence de ces deux intérêts dans le rapport pour le Comité des droits de l'enfant soumis par Trinidad et Tobago : «*[l']orsqu'un mineur est arrêté et qu'il n'est pas possible de le déférer immédiatement à un juge, l'agent responsable du commissariat concerné est tenu de le remettre en liberté (*intérêt de l'enfant*) sous réserve d'un cautionnement suffisant (*intérêt de la société*) à moins qu'il ne soit inculpé d'homicide ou de crime grave (*intérêt de la société*). L'agent a également la faculté de décider de ne pas*

---

13 Traduction libre. Version originale: «*In practice, it tended to open the way for the deprivation of liberty for poor and needy children and those in particularly difficult circumstances, while closing the doors to detention for children in the higher-income sectors of the population (...)*» CRC/C/SR 54

14 Traduction libre. Version originale: «*Aboriginal juveniles and other disadvantaged children can be seen to derive this status (being deprived of their liberty much more than other children) from a combination of history and culture, prejudice and ignorance, and lack of family resources (social and financial) to negotiate the juvenile justice system.*» CRC/C/8/Add. 31

15 Règles minima des Nations Unies concernant l'administration de la justice pour mineurs (ou Règles de Beijing)(1985), article 1.4.

*le libérer si l'intérêt du mineur est d'être tenu à l'écart de la fréquentation d'un malfaiteur signalé (*intérêt de l'enfant*) ou si l'agent a des raisons de croire que sa remise en liberté irait à l'encontre des buts de la justice (*intérêt de la société*)».[16]

Si ces deux objectifs cohabitent, cela est dû au fait, dont nous parlions plus haut, que même les origines de la justice pour mineurs se trouvent dans le système pénal et qu'elle fait donc, malgré ses autres objectifs, toujours partie du système de maintien de l'ordre public.

Avec la création d'une justice (pénale) particulière pour mineurs, l'on tente d'adapter ce contrôle social aux besoins de l'enfant. Conformément à l'article 3[17] de la Convention relative aux droits de l'enfant, l'intérêt supérieur de l'enfant doit être une considération primordiale dans les décisions qui le concerne. Sa rééducation et l'assistance à son égard doivent être une priorité. Autrement dit, l'intérêt de la société et celui de la victime, qui sont les premières préoccupations dans le droit pénal traditionnel, doivent également laisser dans le contexte de la justice (pénale) pour mineurs une place principale à l'intérêt de l'enfant lors de chaque intervention judiciaire et/ou administrative. Il est clair que la Convention ne dit nulle part que l'intérêt de l'enfant doit être le seul intérêt à considérer dans ce contexte. Il s'agit d'*une* considération parmi d'autres mais elle est *primordiale*, c'est-à-dire de première importance.

Dans la réalité cependant, plusieurs raisons, parmi lesquelles le recours fréquent à la privation de liberté des enfants, permettent de douter de la volonté de réellement considérer l'intérêt de l'enfant comme primordial. Il se peut aussi que l'on ne prenne en compte l'intérêt de l'enfant que lorsque cet intérêt coïncide avec celui de la société. Une autre raison pour douter est qu'il est dans certains cas possible de renvoyer le dossier d'un mineur délinquant du système de justice pour mineurs au système pénal pour adultes, et ce dans l'intérêt de la société. Une disposition canadienne mentionnée dans le rapport initial de l'État au Comité des droits de l'enfant parle d'elle-même : «*[a]ux termes du paragraphe 16 (1.1) de la Loi sur les Jeunes Contrevenants, un adolescent de plus de 14 ans à qui est imputée une infraction grave sera renvoyé devant un tribunal pour adultes si le fait de*

---

16 CRC/C/11/Add. 10. Les parties non en italique ont été ajoutées par les auteurs.

17 «*Dans toutes les décisions qui concernent les enfants, qu'elles soient le fait des institutions publiques ou privées de protection sociale, des tribunaux, des autorités administratives ou des organes législatifs, l'intérêt de l'enfant doit être une considération primordiale.*» (CDE, article 3.1)

laisser la jeune personne dans le système pour juvéniles ne peut concilier les deux objectifs de la protection du public et de la réinsertion sociale; la protection du public prévaut».[18]

1.3. Un système spécialisé

La justice (pénale) pour mineurs est un système spécialisé pour le «*traitement*» de certains groupes d'enfants. Des différences importantes peuvent exister dans le degré de spécialisation du système. Nous pouvons distinguer des spécialisations sur plusieurs plans : la législation, les intervenants, l'organisation, les mesures, l'implication de la famille ou d'autres personnes.

a. La législation

Un cadre légal concernant exclusivement les enfants peut être en vigueur. Une telle législation peut comprendre trois volets :

- un volet «*pénal*» relatif aux interventions à l'égard des jeunes délinquants (y compris les actes punissables pour les enfants qui ne le sont pas pour des adultes : les «*status offences*») ou des jeunes en situation irrégulière;
- un volet social relatif aux interventions volontaires et/ou contraignantes à l'égard des enfants en danger ou en situation d'éducation problématique. Ces interventions peuvent viser les enfants aussi bien que les parents;
- un volet civil relatif aux interventions spécialisées qui concernent le mineur dans des affaires civiles, telles que l'adoption, la déchéance de l'autorité parentale ou les discussions sur le droit de garde ou de visite des enfants après un divorce. Le travail en matière civile ne sera pas traité dans le cadre de ce livre.

Dans certains pays, la législation relevant de la justice (pénale) pour mineurs peut couvrir les trois volets et, dans d'autres, se limiter au volet «*pénal*». Elle se substitue alors uniquement, conformément à ses origines (voir plus haut), au droit pénal et au droit de procédure pénale purs et simples.

b. Les intervenants

Dans certains pays, le système de justice (pénale) pour mineurs est opérationnel grâce à l'appui d'intervenants spécialisés tels que des magistrats

---

18 CRC/C/11/Add.3

de la jeunesse, des brigades pour mineurs au sein de la police, des services sociaux, des comités ou des commissions de protection de la jeunesse, des éducateurs spécialisés, des centres psycho-médicaux, etc. Dans d'autres, malgré éventuellement un cadre légal adapté, il se peut que les magistrats et les fonctionnaires n'aient aucune formation particulière dans l'approche et le traitement des enfants.

La situation inverse, bien qu'exceptionnelle, peut également être vraie : une législation qui ne soit pas (encore) adaptée mais des intervenants ayant une spécialisation dans le traitement des cas d'enfants dans le cadre du système pénal, par exemple.

c. L'organisation : un système administratif et/ou un système judiciaire

Parce qu'ils peuvent couvrir en réalité un ensemble d'interventions qui ne soient pas uniquement judiciaires, les termes de «*justice pour mineurs*» peuvent être trompeurs.

Dans certains pays, la justice (pénale) pour mineurs est même principalement organisée en dehors du système judiciaire. Des comités, commissions ou conseils administratifs, tels que les comités de protection de la jeunesse, sont alors en charge du suivi des problèmes auxquels les enfants sont confrontés, y compris leur comportement délinquant. Il est cependant rare que les systèmes administratifs puissent infliger des mesures contraignantes aux enfants ayant commis des crimes.

Ils travaillent surtout dans les cas où l'enfant reconnaît les faits et donne son accord pour suivre le processus extrajudiciaire ou dans des situations d'enfants en danger. Ils n'interviennent très souvent qu'avec l'accord des parents bien que dans certains cas celui des enfants soit aussi nécessaire. L'intervention d'un système administratif comporte donc fréquemment un caractère volontaire.

La référence faite à la justice s'explique par le fait que, dans un nombre important de pays, la justice (pénale) pour mineurs est une prérogative exclusive du système judiciaire. Il se peut, selon les pays, que des systèmes spécialisés - des tribunaux pour enfants – soient mis en place ou que le système judiciaire pénal soit en charge des mineurs, leur cas pouvant alors dans certains cas être traités par des intervenants spéciaux tels qu'un juge de la jeunesse ou un juge pour enfants.

Dans la plupart des pays cependant, le système en vigueur est mixte (administratif et judiciaire) avec souvent des possibilités de passer de l'un à l'autre.

Il est important de souligner que les mesures prises par les systèmes administratifs ou judiciaires peuvent être similaires. La privation de liberté d'enfants par exemple sera, le plus souvent, possible dans les deux systèmes.

Les deux types d'intervention pourraient se distinguer par le caractère contraignant de l'un (intervention judiciaire) et le caractère volontaire de l'autre (intervention administrative). La distinction n'est cependant pas toujours si claire. En effet, dans le contexte de systèmes mixtes, un placement «*volontaire*» par le système administratif peut, par exemple, être effectué suite à des menaces d'une intervention judiciaire - plus sévère encore - à l'égard de l'enfant et de ses parents. L'existence d'une véritable possibilité de choisir dans de tels cas peut alors être remise en question.

d. Des mesures spéciales et adaptées aux enfants

Au sein du système de justice (pénale) pour mineurs, des mesures appropriées à l'âge et à la situation de l'enfant peuvent être prises à son égard. Des services spécialisés ainsi qu'un cadre institutionnel, y compris des institutions réservées aux enfants ou des sections distinctes dans des établissements pour adultes, peuvent être mis en place pour permettre l'application de ces mesures.

Ces mesures sont par exemple :

- la liberté surveillée;
- l'obligation d'accomplir certains devoirs;
- l'interdiction de fréquenter certains lieux ou certaines personnes;
- le placement dans une famille d'accueil;
- le placement dans des foyers familiaux;
- le placement dans des établissements ouverts;
- le placement dans des établissements fermés;
- l'assistance éducative;
- des traitements et thérapies spécialisés;
- la réprimande.

e. L'implication de la famille et d'autres personnes proches de l'enfant

Quand l'État intervient pour punir, rééduquer ou assister un enfant, il intervient très souvent également, directement ou indirectement, dans la vie de la famille. Cela peut être le cas d'une intervention dans le cadre de la justice (pénale) pour mineurs où en effet, souvent, l'enfant n'est pas le seul objet d'attention. Tout son environnement social (y compris l'école) et sa famille en particulier peuvent être pris en considération. Avant qu'une décision soit prise, les points positifs (par exemple le potentiel de la famille pour résoudre les problèmes de l'enfant) autant que négatifs (par exemple le rôle de la famille dans ses problèmes) peuvent être passés en revue.

Dans certains pays, la justice (pénale) pour mineurs permet que les parents soient tenus pénalement responsables pour les actes commis par leurs enfants et punis pour le comportement délinquant de ceux-ci. Ils risquent même dans certains cas d'être déchus de leur autorité parentale, ce qui peut avoir des conséquences non négligeables pour l'enfant, telles que le placement.

Mais la famille ou d'autres personnes proches de l'enfant peuvent également être impliquées d'une façon plus positive dans la réaction sociale à la délinquance ou dans des situations de danger. La famille peut être un soutien très important pour l'enfant et contribuer d'une manière substantielle à la mise en œuvre d'une réaction constructive et humaine. Elle peut aussi faire à part entière partie de l'intervention, par exemple lorsque celle-ci est une assistance éducative (c'est-à-dire une intervention au sein de la famille pour la soutenir dans ses tâches).

1.4. La protection juridique

Dans le cadre de la justice (pénale) pour mineurs, la protection juridique n'est pas nécessairement une préoccupation prioritaire. L'objectif de défense de l'intérêt supérieur de l'enfant poursuivi dans ce contexte-là est souvent utilisé pour justifier l'absence d'un conseil ou d'une assistance juridique à ses côtés au cours des différentes procédures. En effet, tous les intervenants étant sensés agir dans l'intérêt de l'enfant, la présence d'un avocat ou autre conseiller juridique est dans certains cas jugée superflue. Une défense juridique est parfois même perçue dans ce contexte comme comportant un risque d'hypothéquer le processus de resocialisation. Selon ce point de vue, un avocat plaiderait par exemple pour une mesure minimale, motivée par exemple par le caractère mineur et primaire du crime, alors que les psychologues, travailleurs sociaux ou éducateurs réclameraient peut-être pour le même fait une longue période de privation de liberté dans le but de garantir la resocialisation dont l'enfant a besoin à leur sens, puisqu'il ne respecte pas la loi.

Les objectifs de rééducation et de réintégration sociale peuvent également être utilisés pour justifier un large pouvoir discrétionnaire des autorités qui doivent prendre des mesures à l'égard des enfants ou pour justifier le fait que les mesures soient parfois indéterminées dans le temps. Ce pouvoir discrétionnaire implique un risque d'arbitraire qui rend la protection juridique de l'enfant d'autant plus importante.

Dans le contexte de la justice (pénale) pour mineurs, ce pouvoir est préféré à une rigidité juridique qui déterminerait à l'avance une réaction précise à un problème donné : le système, la procédure et les mesures doivent être flexibles et pouvoir s'adapter aux besoins du mineur. Le caractère indéterminé des mesures est dans ce contexte dû au fait que l'on ignore quand la rééducation sera totalement achevée.

L'absence d'une protection juridique suffisante est surtout problématique au moment où le système de justice (pénale) pour mineur, censé agir dans l'intérêt de l'enfant, prouve en réalité qu'il sert d'abord d'autres objectifs et qu'il peut avoir des conséquences négatives pour l'enfant, telles que l'élargissement du contrôle social et l'augmentation des mesures privatives de liberté.

2. La justice (pénale) pour mineurs et l'élargissement du contrôle social sur tous les enfants et toutes les familles

La justice (pénale) pour mineurs a donc un champ d'intervention qui peut dépasser largement la délinquance.

Comme nous venons de le voir, la définition de la délinquance juvénile peut, dans un souci de prévention, couvrir davantage que les actes qui sont légalement, selon le droit pénal, considérés comme des crimes. Elle englobe également ceux ne pouvant être poursuivis que lorsqu'ils sont commis par des enfants : les «*status offences*».

En fait, toute situation jugée problématique pour les enfants et leur famille peut dans certains pays être suffisante pour justifier une intervention du système de justice (pénale) pour mineurs. L'intervention est alors motivée par la crainte que certains comportements et/ou certaines situations ne conduisent à la criminalité (juvénile).

Dans ce contexte, tout enfant ou toute famille court le risque d'une intervention à son égard. Une disposition légale australienne va dans ce sens : elle autorise un policier à retirer d'un lieu public une personne dont il a des raisons raisonnables de croire qu'elle a moins de quinze ans et n'est pas supervisée ou contrôlée par un adulte responsable, et ce lorsque le policier considère que par cet acte la probabilité qu'un crime soit commis ou que l'enfant soit exposé à un danger sera réduite. Le policier devra alors accompagner l'enfant à la résidence d'un parent ou dans un lieu de refuge.[19]

Historiquement, cet élargissement du contrôle social aux situations irrégulières, «*status offences*» ou enfants mis en danger par leur environnement s'explique par une volonté de mieux protéger l'enfant dans les cas où les services (sociaux) sont soit inefficaces ou inadaptés, soit trop peu nombreux. Il naît donc d'une bonne intention. Dans la réalité cependant, il ne s'est pas vraiment montré utile pour offrir une protection accrue à un plus grand nombre d'enfants. Les problèmes auxquels les enfants font face n'ont pas diminué et un nombre croissant d'entre eux, ainsi que leurs familles, est confronté à ce système de contrôle social.

L'un des effets pervers de cet élargissement du contrôle social est que les enfants et les familles qui entrent en contact avec la justice (pénale) pour mineurs pour des problèmes autres que la délinquance se voient tout de même associés à cette dernière par l'opinion publique. Autre conséquence négative de cet élargissement, les services sociaux ordinaires sont partiellement ou totalement déresponsabilisés dans leurs obligations envers les enfants et leur famille puisque la justice (pénale) pour mineurs s'en occupe. En outre, pour les mêmes raisons, cet élargissement risque aussi de décourager les interventions structurelles qui pourraient viser à prévenir les situations à risque pour les enfants en tant que groupe social.

Les critiques sur la doctrine de la «*situation irrégulière*»[20] sont à cet égard intéressantes et exemplaires. «*La doctrine de la «situation irrégulière» est un héritage de l'obsession de la répression (...). Dans ce contexte, chaque problème social a une structure de détention correspondante. Les mineurs ne font pas exception. Les actes «antisociaux» qu'ils commettent sont perçus comme les expressions incontestables d'inclinations pathologiques. Il s'agit sans aucun doute d'une culture de «compassion-répression» qui n'est pas disposée à protéger le groupe social le plus vulnérable sans le stigmatiser et le condamner préalablement à une détention institutionnelle, incapable*

---

19 Traduction libre. Version originale: «*Part 3 of the Children (Parental Responsibilities) Act 1994 enables a police officer to remove from a public place a person whom the police officer believes on reasonable grounds to be under the age of 15 years and not subject to the supervision or control of a responsible adult, where the officer considers that to take that action would reduce the likelihood of a crime being committed or the child being exposed to some risk. The officer will escort the child to the residence of a parent or a carer or to a place of refuge.*» CRC/C/8/Add. 31

20 La doctrine de la situation irrégulière explique les motifs justifiant l'intervention du système de justice (pénale) pour mineurs dans des situations autres que les crimes définis par le droit pénal. La notion de situation irrégulière est souvent utilisée en Amérique latine et couvre les situations qualifiées de prélinquance ou d'enfants en danger dans d'autres régions . Pour plus d'information sur cette doctrine voir E. G. Mendez, 1998.

de le faire ou ignorante de la manière de procéder. Ceci explique largement l'usage exagéré et disproportionné à la privation de liberté».[21]

La présence d'un système de justice (pénale) pour mineurs ne doit pas faire oublier que les problèmes sociaux, dont l'une des expressions sont les situations irrégulières ou de risque pour les enfants, sont à considérer dans le contexte d'une politique sociale pro-active ou d'une politique d'aide sociale. La justice (pénale) pour mineurs, qui devait être le tout dernier moyen «*de sauvetage*» à la fin de la chaîne des réactions possibles, peut trop souvent devenir le seul secours pour beaucoup d'enfants en détresse ou en risque de le devenir.

3. La justice (pénale) pour mineurs et la privation de liberté

S'il est vrai que les lois dans le cadre de la justice (pénale) pour mineurs mettent en avant l'intérêt supérieur de l'enfant et que les intervenants prétendent généralement travailler dans ce sens, il n'est pas garanti que cela se passe de cette manière dans la réalité. La mise en place de systèmes particuliers pour la protection des jeunes délinquants et jeunes en danger peut avoir, au-delà de l'élargissement du contrôle social dont nous venons de parler, encore d'autres effets négatifs. Rappelons par exemple l'une de nos conclusions précédentes selon laquelle la justice (pénale) pour mineurs est l'un des principaux pourvoyeurs d'enfants privés de liberté.

Un inconvénient supplémentaire dû à la présence d'un système spécialisé est le suivant : la justice (pénale) pour mineurs comporte un certain risque de «*mystification par la parole*». En effet, on joue sur les termes : les enfants ne sont plus «*emprisonnés*» mais «*placés en établissement fermé*»; l'objectif annoncé n'est plus la vengeance, l'exclusion ou la répression mais le traitement et la rééducation. Avec un système de justice pour mineurs les mots changent mais, de la perspective des enfants, les conditions de privation

---

21 Traduction libre. Version originale: «*The «irregular situation» doctrine is a legacy of the correctional obsession (...). In this context, every social problem has a corresponding detention structure. «Minors»are no exception. «Antisocial» acts committed by «minors»are perceived as clear manifestations of pathological inclinations. This is definitely a culture of «compassion-repression» which is unwilling, unable or ignorant of how to protect the most vulnerable group in society without first stigmatizing and condemning them to some sort of institutional confinement. This largely explains the exaggerated and disproportionate use of deprivation of liberty.* » Garcia Mendez, E.; 1995, p. 99

de liberté restent souvent les mêmes.

«*En ligne avec l'hypocrisie de la doctrine de la situation irrégulière, la privation de liberté a été camouflée par des euphémismes tels que la «détention», «l'institutionnalisation» et le «placement institutionnel». Cependant, cette subtilité en apparence sémantique avait des conséquences très réelles. Lorsque quelqu'un est privé de liberté, la loi et la culture veillent à ce que qu'il ou elle ne soit pas détenu(e) au-delà de la période prévue par la loi. Lorsque quelqu'un est «placé en institution', la préoccupation face à ce qu'il ou elle endure diminue ou disparaît complètement.*»[22]

Parce que les termes utilisés risquent de nous aveugler ou de nous tromper, cette mystification par la parole peut faire craindre que les conditions de vie des enfants privés de liberté deviennent de moins en moins sujet de discussion et de préoccupation. Il est plus facile de mobiliser l'attention publique sur la présence d'enfants dans des prisons pour adultes que sur la situation de ceux placés à des fins de rééducation. Pourtant, comme nous tenons à le répéter, ces deux situations à première vue différentes peuvent être vécues de la même manière par les enfants concernés.

La possibilité d'une mystification par la parole s'ajoute donc aux autres potentiels effets pervers d'un système spécialisé de justice (pénale) pour mineurs que nous avons mentionnés plus haut : l'élargissement du contrôle social et le risque accru de privation de liberté.

Ces deux effets peuvent se renforcer mutuellement comme l'illustre un extrait du rapport initial de la Croatie soumis au Comité des droits de l'enfant des Nations Unies, en motivant l'emprisonnement de mineurs entre autres par l'objectif de «*dissuader [ceux] qui n'ont pas enfreint la loi de devenir des délinquants*»[23]

Enfin, n'oublions pas que la protection juridique de l'enfant est souvent défaillante dans le cadre de la justice (pénale) pour mineurs. Le recours excessif à la privation de liberté et sa durée indéterminée, ainsi que l'effet de mystification par la parole, sont pour cette raison d'autant plus inquiétants.

---

22 Traduction libre. Version originale: «*In keeping with the hypocrisy of the «irregular situation» doctrine, deprivation of liberty was camouflaged by euphemisms such as «detention', «institutionalization» and «institutional placement». However, this ostensibly semantic subtlety had very real consequences. When someone is deprived of their liberty, the law and culture see to it that they are detained no longer than the amount of time stipulated by law. When someone is «placed in an institution», concern over their particular plight abates or disappears entirely.*» Garcia Mendez, E.; 1995, p. 95

23 CRC/C/8/Add. 19

4. Les âges de la responsabilité pénale, de la majorité pénale et de la «*majorité institutionnelle*»

Introduction

La mise en place d'un système particulier de justice (pénale) pour mineurs est rendue possible légalement par la reconnaissance dans quasiment tous les pays du principe d'irresponsabilité du mineur d'âge ou du moins de sa responsabilité réduite.

Aux côtés de l'âge de la majorité civile (qui distingue légalement l'adulte capable de l'enfant «*incapable*»), il existe très souvent dans la réaction pénale à la délinquance un seuil d'âge séparant l'approche à l'égard des adultes de celle à l'égard des enfants. L'âge de la majorité civile et l'âge de la majorité pénale ne sont pas nécessairement les mêmes et l'écart entre les deux peut étonner. En effet, l'enfant est très souvent considéré responsable pour ce qu'il fait de mal bien avant d'être jugé capable de s'épanouir de façon indépendante. Un jeune de quatorze ans n'a généralement pas la capacité légale d'acheter une mobylette seul mais, si il en vole une, il peut être tenu responsable pour cette infraction et même condamné.

L'article 40.3 de la Convention relative aux droits de l'enfant invite les États parties à «*établir un âge minimum au-dessous duquel les enfants seront présumés n'avoir pas la capacité d'enfreindre la loi pénale*». L'article 4 des Règles minima des Nations Unies pour l'administration de la justice pour mineurs demande de ne pas fixer l'âge de la responsabilité pénale trop bas eu égard aux problèmes de maturité affective, psychologique et intellectuelle.

L'exigence d'établir un âge minimum est respectée dans la plupart des pays mais ne donne cependant pas en soi la garantie suffisante d'une justice «*à la taille de l'enfant*», ni a fortiori une garantie contre la privation de liberté. Il vaut en effet la peine de se poser la question de savoir si l'importance donnée à cet artefact juridiquen'est pas exagérée. La présence d'un âge minimum n'est en aucune manière une «*baguette magique*» qui ferait disparaître les difficultés. Le fait qu'elle ne diminue en rien le recours à la privation de liberté, l'effet de stigmatisation et la difficulté de se réinsérer dans la société en est une illustration.[24]

---

24 Les seuils d'âges de responsabilité et de majorité pénales sont des constructions juridiques artificielles qui ne correspondent pas nécessairement à un stade dans le processus de développement

Il faut veiller à ce que la discussion sur la majorité et la responsabilité pénales des enfants ne mène pas - en s'attardant sur ce qui ne relève que d'une importance relative - à passer à côté des véritables problèmes. En effet, en concentrant le débat sur la recherche de l'âge minimum le plus approprié, nous risquons d'oublier que la vraie question à résoudre est celle d'une réaction humaine et constructive à la délinquance juvénile.

Pour commencer, il est important de clarifier la terminologie utilisée.

4.1. La terminologie

Nous allons distinguer dans ce qui suit les âges de la majorité pénale, de la responsabilité pénale et de la «*majorité institutionnelle*», notions complexes qui prêtent facilement à confusion. Le terme de majorité institutionnelle est nouveau et n'existe pas en tant que tel dans les lois ou la jurisprudence.

a. L'âge de la responsabilité pénale

L'âge de la responsabilité pénale fait référence à l'âge à partir duquel une personne est considérée capable de discernement (la capacité de distinguer le bien du mal) et donc de porter la responsabilité de ses actes délictueux. Il s'agit de l'âge à partir duquel l'enfant est jugé capable d'enfreindre la loi pénale.

Il peut y avoir différents seuils d'âge de responsabilité pénale dans un même pays. Souvent, ces différences s'expliquent par la gravité de l'acte : l'âge minimum diminue lorsque la gravité des faits augmente, et ce dans l'intérêt de la société (avant celui de l'enfant).

Que se passe-t-il lorsqu'un enfant en dessous de l'âge de la responsabilité pénale commet un acte de délinquance ?

La présence d'un âge minimum de la responsabilité pénale ne signifie pas nécessairement qu'en dessous de cet âge un acte délinquant n'occasionnera pas de réaction formelle de la part des autorités. En effet, la création d'un système spécial de justice (pénale) pour mineurs visant à rééduquer plutôt qu'à punir le jeune délinquant peut impliquer qu'il ne soit pas nécessaire d'évoquer la question de la responsabilité. Savoir si un enfant est responsable ou non de ses actes n'est dans ce contexte pas une question prioritaire : il s'agit plutôt de connaître ses besoins de rééducation et d'intégration.

---

cognitif et moral des enfants en général et encore moins de chaque enfant particulier. On devient pénalement majeur sans que l'on s'en rende compte soi-même : ce n'est qu'à travers la réaction pénale, après avoir commis un délit, que l'on s'en aperçoit.

L'intervention aura donc lieu, quel que soit l'âge de l'enfant. Avec la justice (pénale) pour mineurs et sa logique et philosophie différentes de celles du système pénal (l'objectif principal de la répression est par exemple remplacé par celui de la réhabilitation), la question de la responsabilité est neutralisée.

b. L'âge de la majorité pénale

L'âge de la majorité pénale correspond à l'âge à partir duquel une personne sera poursuivie d'office devant un tribunal pénal réservé aux adultes. L'âge de la responsabilité pénale et celui de la majorité pénale ne coïncident pas forcément, ce qui peut provoquer une confusion.

Augmentant encore le manque de clarté, il est possible qu'un enfant n'ayant pas encore atteint l'âge de la majorité pénale puisse malgré tout être poursuivi (exceptionnellement) devant un tribunal pénal pour adultes. Ceci est le cas par exemple en Belgique où la question de la responsabilité pénale est en principe neutralisée jusqu'à l'âge de dix-huit ans puisqu'un système de justice (pénale) pour mineurs prend en charge les jeunes jusqu'à cet âge-là. La majorité pénale est fixée à dix-huit ans mais la loi prévoit tout de même la possibilité pour le juge de la jeunesse de se désaisir du dossier et de le transférer au tribunal pénal compétent dans des situations particulières – par exemple lorsque l'enfant a commis un meurtre et qu'une enquête psycho-médico-sociale prouve sa «*maturité*»- et à condition qu'il ait atteint l'âge de seize ans.

c. L'âge de la «*majorité institutionnelle*»

L'article 11.a des Règles des Nations Unies pour la protection des mineurs privés de liberté demande à ce que «*[l]'âge au-dessous duquel il est interdit de priver un enfant de liberté [soit] fixé par la loi.*»

Pour cette raison, nous introduisons ici le terme de «*majorité institutionnelle*» qui détermine l'âge à partir duquel un enfant peut être privé de sa liberté dans un établissement fermé, public ou privé. A notre connaissance, aucun pays à ce jour ne semble prévoir légalement un âge minimum pour la privation de liberté en général. On pourrait donc conclure que la «*majorité institutionnelle*» est atteinte dès la naissance.

Certains pays disposent cependant d'un dispositif légal qui fixe un seuil d'âge pour la privation de liberté dans certains établissements bien définis, tels que les prisons ou les centres de détention par exemple. Mais, puisque la présence de ces seuils n'empêche pas l'enfermement d'enfants dans d'autres établissements que ceux concernés par les limites d'âge, ils ne constituent pas un obstacle à la privation de liberté en général.

4.2. Pourquoi ces seuils d'âge ?

Le but de l'introduction d'un seuil d'âge était avant tout d'éviter aux jeunes un contact avec le système pénal, jugé dévastateur pour l'harmonie de leur épanouissement. L'approche et la philosophie répressives devaient être remplacées par une autre approche et une autre philosophie, basées sur la réhabilitation et la rééducation. Le délit devait être considéré comme l'expression d'un problème personnel, familial et/ou social, et la réaction sociale à la délinquance se devait de remédier au problème plutôt que de punir.

L'introduction d'âges minima de majorité et de responsabilité pénales relève donc davantage d'une volonté de mettre en place une réaction sociale respectueuse de l'être humain qu'est l'enfant que d'un jugement sur ses capacités (par exemple sa capacité de discerner le bien du mal).

Cette même observation vaut pour l'âge de la «*majorité institutionnelle*». La mise en place d'un âge minimum pour l'enfermement dans tel ou tel établissement révèle une préoccupation quant aux dangers que représentent les conditions de détention, raison pour laquelle l'âge de la «*majorité institutionnelle*» est le plus souvent appliqué aux prisons. Dans un tel cas, nous l'avons dit, les enfants pourront cependant toujours être enfermés dans d'autres établissements fermés.

4.3. Les seuils d'âge et la privation de liberté

Ni l'introduction de l'âge de responsabilité pénale, ni celle de celui de la majorité pénale ne sont donc suffisantes pour empêcher la privation de liberté d'enfants. Au contraire, ces artefacts juridiques contribuent à la mystification par la parole qui entoure la problématique : ils peuvent laisser penser que la privation de liberté ne concerne que les enfants au-dessus d'un certain âge et que les autres bénéficient forcément d'un traitement adéquat. Il faut savoir que, malgré ces seuils, des enfants pénalement irresponsables et/ou pénalement mineurs sont tout de même placés dans des institutions fermées. Puisque les seuils d'âge ne concernent que certains établissements - le plus souvent les prisons - ils n'empêchent en rien la privation de liberté dans d'autres, par exemple les centres réservés aux mineurs, à tout âge. Et nous l'avons vu, un centre pour mineurs peut être, de la perspective des enfants eux-mêmes, une véritable prison.

4.4. Quel est le seuil d'âge le plus approprié ?

La question de la responsabilité pénale de l'enfant doit être traitée avec beaucoup de prudence, car la reconnaissance de la responsabilité de l'enfant ne peut être dissociée d'une reconnaissance de sa capacité, et de sa participation à part entière dans tous les domaines sociaux.

«*La décision de rendre un enfant responsable et les critères qui mènent à cette décision relèvent entièrement du domaine des adultes, où seules sont reconnues leurs propres valeurs. Le bien-fondé de cette approche et de cette situation est sérieusement remis en question, compte tenu du fait que la plupart des pays du monde contemporain comprennent une grande proportion de jeunes (...) La question se pose ainsi de la façon suivante : dans quelle mesure la minorité adulte a-t-elle le droit de légiférer, de décider pour la majorité que forment les jeunes et de la juger, en se référant uniquement aux normes et à la culture (ou à la sous-culture) de la minorité adulte ?*»[25]

Certains, pragmatiques, plaident pour un seuil d'âge minimum de la responsabilité pénale à douze ans. On trouve des arguments en faveur d'un seuil à cet âge entre autres dans la psychologie du développement et plus particulièrement dans les études et recherches sur le développement moral chez l'enfant dans les pays industrialisés.[26] Il semblerait que le développement moral s'achève aux alentours de cet âge.

Etant donné que les seuils d'âge ne remplissent pas la fonction pour laquelle ils ont été mis en place (c'est-à-dire protéger les enfants en dessous d'un certain âge contre les effets néfastes du système pénal), nous estimons que les discussions sur l'établissement d'un âge le plus approprié possible ne revêtent qu'une importance secondaire. L'énergie dépensée pour arriver à un consensus à ce sujet devrait plutôt être investie dans la recherche de réactions humaines, constructives et respectueuses pour tous, indépendamment de l'âge.

L'âge de la «*majorité institutionnelle*» le plus approprié, quant à lui, est bien moins souvent discuté, en partie à cause de la rareté ou de l'absence de recherche en la matière qui seraient susceptibles de guider la réflexion. A ce sujet, il serait d'ailleurs plus utile de se poser la question fondamentale de savoir s'il est légitime de continuer de priver des enfants de liberté, quel que soit leur âge.

---

25 A/Conf.87/14/Rev.1

26 Bol, M.; 1991. Van Sloun, T.; 1988.

4.5. Un problème particulier : l'utilisation d'enfants à des fins criminelles

L'irresponsabilité déterminée légalement ou juridiquement dans le chef des mineurs et «*l'impunité*» ou la sévérité réduite de la réaction qui en résulte, mènent parfois des adultes (dans certains cas les parents) à utiliser des enfants pour commettre des crimes (avec eux, ou à leur place). Il ne s'agit bien sûr pas d'un phénomène nouveau et il suffit de lire «*Oliver Twist*» de Charles Dickens pour s'en apercevoir. Ce phénomène se manifeste dans le monde entier.

Ces enfants peuvent faire partie de bandes criminelles (internationales dans certains cas). Nous pensons par exemple à de très jeunes trafiquants et vendeurs de drogue. Ils seront probablement moins vite repérés et soupçonnés par les autorités. En cas d'arrestation, la peine infligée (ou la mesure appliquée) sera probablement moins importante. Les instigateurs, eux, restent la plupart du temps hors d'atteinte. Les enfants ont rarement un contact direct avec eux.

L'utilisation d'enfants à des fins criminelles est une illustration de plus de la manière de laquelle leur vulnérabilité est exploitée. Chaque enfant court un risque, mais ce sont surtout ceux en situation de pauvreté, de marginalisation ou d'exclusion sociale (enfants de la rue, immigrés illégaux, minorités ethniques, etc.) qui en sont les victimes. Pour s'attaquer en profondeur à ce phénomène se sont, à nouveau, ces conditions propices à l'exploitation qui doivent être prises en charge. En même temps, l'utilisation d'enfants par des adultes doit être considérée par le droit pénal comme un crime à part entière. L'existence d'une base légale est capitale pour permettre de s'en prendre aux vrais «*coupables*».

4.6. L'appel à la reconnaissance d'une responsabilité accrue du mineur

Les plaidoyers pour l'abaissement de l'âge de la responsabilité pénale et/ou de celui de la majorité pénale, ainsi que pour davantage d'emprisonnement, ne sont pas rares de nos jours. L'appel récent à la reconnaissance d'une responsabilité accrue du mineur lorsqu'il commet des crimes doit être surtout interprété comme une volonté d'être plus répressif.

«*La répression, la dissuasion et dans une certaine mesure la responsabilisation ont été la philosophie de sanction dominante dans les pays dans lesquels la réhabilitation a été discréditée et dans lesquels il existe une préoccupation croissante au sujet de l'escalade de la criminalité juvénile grave*».[27] Cet appel est dangereux pour les enfants concernés.

Cependant, la question de la responsabilisation des enfants devrait en même temps être perçue comme une façon de les prendre davantage au sérieux. Considérer l'enfant comme un être humain dans n'importe quel contexte implique en effet lui garantir une place à part entière vis-à-vis des normes sociales. De cette garantie devraient découler plusieurs éléments : la participation des enfants en tant que groupe social à l'établissement de ces normes, leur participation à la détermination des réactions aux transgressions aux normes et la responsabilisation de chaque enfant lorsqu'il est en conflit avec la loi. La tendance à la répression mentionnée plus haut se limite très souvent à ne prendre en compte que ce dernier élément et se borne malheureusement à réagir exclusivement de manière négative.

Conclusion

Un système qualifié de «*justice pour mineurs*» ne garantit donc pas en soi le respect des droits de l'enfant, ni l'abandon ou la réduction du recours à la privation de liberté. De même, l'absence d'un pareil système n'implique pas automatiquement des violations de ces droits ou un recours plus fréquent à l'enfermement.

L'introduction de systèmes spécialisés de justice (pénale) pour mineurs est certes motivée par une volonté de protéger les enfants et de réagir d'une façon constructive envers ceux qui se trouvent en situation problématique, mais la réalité démontre que ces objectifs ne sont malheureusement pas toujours - ou trop peu - atteints. Le recours fréquent à la privation de liberté d'enfants dans le cadre de la justice (pénale) pour mineurs en est une inquiétante illustration.

27 Traduction libre. Version originale: «*Incapacitation, deterrence, and to some extent accountability have been the driving sanction philosophy in countries where rehabilitation has fallen into disrepute, and where there is increased concern about escalating serious juvenile crime*». United Nations Crime Prevention Branch, 1995, p. 50

Conclusion de la première partie

La première partie de ce livre vise à une meilleure compréhension de qui sont les enfants privés de liberté. Ils ne sont pas forcément les délinquants durs et dangereux enfermés dans des prisons pour adultes que l'on imagine parfois, loin de là. La problématique s'étend bien au-delà de cette image restreinte. Nous avons vu en effet que - pour s'exprimer d'une façon extrême - n'importe quel enfant court à tout moment le risque d'être privé de sa liberté. Il suffit que la société - les adultes - juge qu'il est exposé à un danger ou à une irrégularité quelconque pour qu'il puisse être enfermé. Cette simple observation est déjà en soi très importante et, pour beaucoup, une révélation.

La question de savoir si la privation de liberté répond véritablement à l'intérêt de l'enfant reste posée et elle vaut la peine d'être examinée plus avant.

Une proportion importante des enfants privés de liberté le sont dans le cadre de la justice (pénale) pour mineur dont la raison d'être déclarée est la préservation de l'intérêt de l'enfant. Nous avons souligné à cet égard le danger de mystification par la parole. L'appellation «*justice pour mineurs*» n'implique pas nécessairement un changement de réalité : elle reste souvent avant tout une justice pénale et les établissements pour mineurs peuvent être d'anciennes prisons auxquelles on a simplement donné un nouveau nom, sans rien changer à l'intérieur. C'est pour cette raison aussi que nous utilisons les termes de «*justice (pénale) pour mineurs*».

Nous tenterons donc de déterminer dans les deux prochaines parties du livre si la privation de liberté peut véritablement répondre à l'intérêt de l'enfant. Dans la deuxième partie, nous verrons quel est, de manière générale, l'intérêt de l'enfant privé de liberté. Dans la troisième, sur la base de ces références, nous examinerons la réalité des conditions de détention pour voir à quel point cet intérêt est respecté.

L'intérêt de la société et celui de l'enfant qui a commis un délit ne sont pas nécessairement opposés. En effet, une réaction constructive, humaine et respectueuse vis-à-vis de l'enfant peut être la garantie par excellence d'une justice plus efficace qui serve également la société dans son ensemble. Une telle réaction augmente la crédibilité du système judiciaire et contribue à la création d'une société dans laquelle le respect des droits de l'homme est l'objectif et le résultat de toute intervention étatique.

Une telle justice ne coûte pas forcément cher : il s'agit de s'appuyer avant tout sur les ressources existant dans la communauté. La population peut être invitée à jouer un rôle plus actif dans les réactions à la délinquance juvénile. Nous y reviendrons dans la quatrième et dernière partie du livre, en développant quelques alternatives à la privation de liberté.

DEUXIÈME PARTIE

LES DROITS DES ENFANTS PRIVÉS DE LIBERTÉ

LE CADRE NORMATIF INTERNATIONAL

Introduction

L'un des objectifs de ce livre est de mieux connaître la situation des enfants privés de liberté à travers le monde. Nous avons conclu la première partie avec une observation importante : la privation de liberté touche bien plus d'enfants que ceux ayant commis des crimes extrêmes, et dépasse largement le cadre des prisons. Une perception persistante est ici battue en brèche.

Dans cette deuxième partie nous allons chercher une réponse aux questions fondamentales suivantes : les enfants privés de liberté ont-ils des droits et, si oui, quels sont-ils ? Avant d'être privés de liberté, ces enfants sont des être humains. La question du respect de leurs droits se doit donc d'être posée.

Pour répondre à ces questions, nous avons établi, à partir de divers instruments légaux internationaux, un cadre normatif concernant les droits des enfants privés de liberté. Le recours à ces instruments nous semble essentiel puisqu'il s'agit de références universelles et contraignantes, couvrant tous les domaines sociaux. Dans un souci de structurer ce cadre normatif, nous avons classé les différents droits par groupes. Ces groupes sont semblables à ceux utilisés par le Comité des droits de l'enfant des Nations Unies dans son travail de surveillance du respect de la Convention relative aux droits de l'enfant, mais ont été adaptés afin de correspondre à l'objet du livre.

Le cadre normatif permettra, dans une étape ultérieure, de répondre à une question qui subsiste après la lecture de la première partie : la privation de liberté peut-elle coïncider avec l'intérêt supérieur de l'enfant ? C'est-à-dire

: peut-elle coïncider avec le respect de tous les droits de l'enfant ? Comme nous l'avons vu dans la discussion sur la justice (pénale) pour mineurs, c'est en tous les cas de cette manière qu'elle est souvent présentée et utilisée.

Avant cela, cette deuxième partie débute par une brève introduction du concept des droits de l'enfant. Que recouvre-t-il vraiment ? Quels sont les nouveaux défis qu'il lance ?

Chapitre 1. - Les droits de l'enfant et les nouveaux défis

Introduction

Aujourd'hui, les droits de l'enfant sont à la une. Grâce surtout à l'adoption et à la ratification quasi universelle de la Convention des Nations Unies relative aux droits de l'enfant (1989), les droits des enfants semblent, de manière générale, être de plus en plus reconnus. Les critiques de principe restent marginales et ceux qui contestent ces droits courent le risque d'être regardés de travers.

La première partie de ce livre a cependant d'ores et déjà laissé entendre que la réalisation de ces droits pour tous les enfants est loin d'être achevée. Pour le groupe d'enfants qui nous intéresse ici en particulier, l'existence même de ces droits et des défis qui s'y rattachent est parfois remise en question.

Pour les enfants délinquants davantage encore que pour les autres, leurs obligations sont, il est vrai, d'une manière générale évoquées plus volontiers que leurs droits. La conviction (souvent peu ou mal fondée) selon laquelle les comportements «*déviants*» ne cessent d'augmenter chez les jeunes, est l'un des arguments utilisés pour remettre en question l'ensemble des droits de ces enfants et, en particulier, ceux visant à leur garantir une participation à part entière dans la vie sociale. Il est assez commun de voir expliquée cette prétendue augmentation par un soi-disant excès de liberté, cet excès étant considéré comme l'une des conséquences perverses des droits de l'enfant. De tels arguments contre la reconnaissance de droits dans le chef des enfants dits «*déviants*» peuvent même exprimer une remise en question des défis liés à la perspective des droits de l'enfant pour l'ensemble des mineurs. Il est vrai aussi qu'une telle position peut également traduire un besoin d'être davantage informé sur ce que sont véritablement les droits de l'homme en général et les droits de l'homme de l'enfant en particulier.

Il va de soi que la promotion et la défense les droits des enfants ne doivent en rien empêcher une discussion sur leurs obligations et leurs responsabilités. Obligations et responsabilités ne peuvent être prises au sérieux cependant que lorsque les droits pèsent tout aussi lourd dans la balance. Les unes et les autres doivent s'équilibrer.

Nous avons jugé utile de résumer dans ce premier chapitre ce que le concept des droits de l'enfant recouvre véritablement. En quoi consiste l'évolution - ou même la révolution - entre les efforts de protection à l'égard des enfants et la reconnaissance de leurs droits ? L'analyse sera sommaire et instrumentale afin de permettre une bonne compréhension de notre approche de la problématique des enfants privés de liberté et des défis qu'elle entraîne.

Après avoir développé les principes de base de la Convention relative aux droits de l'enfant, nous résumerons les défis principaux en trois points :

- l'évolution de la protection : d'une faveur à un droit;
- la nécessité d'interventions structurelles dans la société à l'égard des enfants en tant que groupe social;
- l'enfant en tant que citoyen à part entière.

1. La Convention relative aux droits de l'enfant : les principes de base

Le préambule de la Convention relative aux droits de l'enfant peut en quelque sorte servir d'exposé des motifs de cet instrument essentiel pour la protection juridique des enfants. On y retrouve les principes de base de cette approche innovatrice de l'enfant que la Convention propose :

- la reconnaissance de la dignité inhérente à tous les membres de la famille humaine ainsi que l'égalité et le caractère inaliénable de leurs droits sont le fondement de la liberté, de la justice et de la paix dans le monde. Tous les êtres humains se doivent un respect total et mutuel;
- l'enfant, sans distinction aucune, peut se prévaloir de tous les droits fondamentaux de l'homme et de toutes les libertés. L'enfant a droit

également à une aide et à une assistance spéciales, y compris une protection juridique appropriée;

- l'enfant, pour l'épanouissement harmonieux de sa personnalité, a le droit de grandir dans le milieu familial. La famille doit recevoir la protection et l'assistance dont elle a besoin pour pouvoir jouer pleinement son rôle dans la société.

Les enfants ont droit à tous les droits dont les adultes peuvent se prévaloir mais, en plus de cela, ils ont droit à une protection spéciale, nécessaire dans un monde majoritairement fait par et pour les adultes.

L'enfant a le droit de grandir dans une famille mais il a également droit à un épanouissement en tant qu'individu, dans le respect de ses qualités et de ses limites.

La protection juridique de chaque enfant ne s'arrête pas à l'énoncé de ses droits. Plusieurs autres conditions sont aussi nécessaires pour que cette protection soit efficace :

- des moyens suffisants doivent être disponibles pour la mise en œuvre;
- chaque enfant doit être informé de ses droits;
- chaque enfant doit avoir la possibilité d'exercer ses droits;
- chaque enfant doit pouvoir faire recours devant une instance impartiale et indépendante en cas de non respect ou de violation de ses droits;
- la protection juridique individuelle de chaque enfant doit être complétée par la défense des droits et intérêts des enfants en tant que groupe social.

La Convention relative aux droits de l'enfant présente également plusieurs stratégies différentes pour une protection juridique efficace, pouvant être groupées dans les deux catégories suivantes :

- les efforts réactifs pour protéger les droits de l'enfant, à mettre en œuvre après que des droits aient été violés (action «*parce que des droits ont été violés*»).
- une politique pro-active afin de promouvoir les droits de l'enfant, à mettre en œuvre avant que des violations aient lieu (action «*pour que les enfants soient respectés*»).

2. La protection : d'une faveur à un droit

2.1. La protection particulière de l'enfant : une nécessité partout et depuis toujours

La protection de l'enfant, comme expression du respect qui lui est dû, est un objectif et une stratégie qui existent depuis toujours et qui sont universels. Cette protection particulière est même institutionnalisée dans de nombreux pays depuis longtemps; il suffit pour s'en convaincre de penser par exemple à la création de services médicaux spécialisés, au principe d'interdiction du travail des enfants ou au développement d'une justice spécialisée pour mineurs.

Les enfants doivent être protégés contre tous les dangers qui les menacent tels que les abus, l'exploitation et autres formes de violences dont ils peuvent être victimes, même dans leur environnement le plus proche. Il en va de même entre autres des sinistres naturels lors desquels les enfants sont souvent les plus démunis, de la circulation routière ou des diverses maladies ou épidémies - telles que le Sida - qui les touchent souvent fortement. Cette liste, bien sûr, est loin d'être exhaustive.

La volonté de protéger les enfants peut s'expliquer par ce que l'on considère être leur «*immaturité*» physique et psychique, mais également par l'image qu'une société se fait de ce groupe social. L'enfant est le plus souvent perçu et approché comme un être qui manque de moyens, de compétences et de capacités pour faire face à la plupart des situations sociales. Jugé incapable de faire face au monde en dehors de son environnement immédiat, l'enfant a donc besoin de protection.

Cette perception et cette approche varient avec l'âge de l'enfant et la culture à laquelle il appartient. Dans certaines cultures, l'enfant fait assez tôt partie intégrante de la vie «*adulte*» dans tous ses aspects : vie sociale, travail, sexualité, etc. Dans d'autres par contre, l'enfant est tenu à l'écart de ce monde «*adulte*» bien plus longtemps et la protection s'étend jusqu'au dix-huitième anniversaire, voire même au-delà.

D'une manière plus générale et plus structurelle, le besoin de protection de l'enfant et l'institutionnalisation des efforts de protection s'expliquent aussi par les menaces que chaque société représente pour ses membres les plus vulnérables, dont les plus jeunes font partie. Une société conçue principalement par et pour des adultes peut en effet comporter des dangers pour les enfants. Si l'on considère plus particulièrement l'urbanisation et ses effets sur les enfants, l'on voit par exemple qu'elle entraîne pour beaucoup la pauvreté et des conditions de vie difficiles. C'est aussi elle, entre autres, qui génère le phénomène des enfants des rues. L'on constate également que la rue n'appartient plus aux jeunes mais sert principalement aux adultes et à leur besoin de se déplacer aussi vite que possible, avec la menace que le trafic représente pour la sécurité des plus petits. De même, une rationalisation de l'aménagement urbain dictée par le progrès économique implique souvent un espace (de jeu) réduit pour les enfants.

En prenant d'une manière plus large le cas du monde occidental, force est de constater que la «*modernisation*» – sans cesse réclamée et encensée depuis plus d'un siècle - amène, à grande échelle, une amélioration des conditions de vie matérielles pour la plus grande partie de la population, y compris les enfants. Comme nous venons de le voir, ce progrès est cependant à double tranchant car la révolution industrielle et le soi-disant développement social comportent également des menaces et des dangers contre lesquels les enfants en particulier doivent être protégés. Considérant que ces développements sociaux en Occident ont eu et continuent à avoir d'importantes répercussions négatives sur le développement dans d'autres parties du globe, il est clair que les enfants de ces pays en sont également victimes et d'une manière plus exacerbée encore puisqu'ils n'en ont la plupart du temps pas les avantages.

Ainsi, les efforts structurels visant à la protection de l'enfant en général (en opposition aux rapports individuels avec les enfants) ont depuis longtemps cherché à adoucir les conséquences qu'ont sur les enfants les développements sociaux initiés par et pour les adultes.

2.2. Le droit de l'enfant à la protection

La Convention relative aux droits de l'enfant confirme dans plusieurs de ses articles ce besoin de protection de l'enfant. En outre - fait nouveau - elle dit aussi que cette protection n'est plus une faveur que les adultes peuvent attribuer ou non à l'enfant au gré de leur bonne volonté ou de leur sens de la charité, mais d'un droit. Chaque enfant a droit à la protection. Cette protection est due à chaque enfant, par nous tous.

La Convention prévoit que ce sont avant tout les États parties qui ont l'obligation de protéger l'enfant. La famille et toute autre personne qui l'entoure doivent être assistées et soutenues dans cette tâche. Ce principe est résumé dans l'article 3.2 de la Convention : «*Les États parties s'engagent à assurer à l'enfant la protection et les soins nécessaires à son bien-être, compte tenu des droits et des devoirs de ses parents, de ses tuteurs ou des autres personnes légalement responsables de lui, et ils prennent à cette fin toutes les mesures législatives et administratives appropriées.*»

Voici quelques exemples de droits concrets, liés à la protection, que l'on retrouve dans la Convention :

«*Les États reconnaissent que tout enfant a un droit inhérent à la vie.*» (CDE, article 6);

«*Les États parties reconnaissent le droit de tout enfant à un niveau de vie suffisant pour permettre son développement physique, mental, spirituel, moral et social.*» (CDE, article 27);

«*Les États parties reconnaissent le droit de l'enfant d'être protégé contre l'exploitation économique et de n'être astreint à aucun travail comportant des risques ou susceptible de compromettre son éducation ou de nuire à sa santé ou à son développement physique, mental, spirituel, moral ou social.*» (CDE, article 32).

L'enfant n'est donc plus le simple objet de protection d'adultes bien intentionnés et disposés à octroyer à celui qui en a besoin des faveurs particulières. La protection de l'enfant ne peut en effet d'aucune manière être conditionnelle. Chaque enfant, ou une tierce personne pour lui, doit pouvoir réclamer auprès des autorités concernées la protection dont il juge avoir besoin. Chaque enfant doit même pouvoir être impliqué dans l'organisation de sa protection individuelle. Chaque enfant doit également pouvoir contester des mesures de protection inappropriées.

Cette évolution est très importante dans le contexte de la privation de liberté d'enfants qui nous intéresse ici, et ce pour deux raisons principales.

Premièrement, nous l'avons vu dans la première partie, la privation de liberté peut être perçue par les adultes qui la proposent comme une mesure de protection, décidée dans l'intérêt supérieur de l'enfant. L'exemple des enfants de la rue que l'on trouve enfermés pour les protéger contre les dangers d'une vie sans abri illustre bien ce propos. En partant d'une perspective des droits de l'enfant cependant, cet argument n'est plus forcément valide car l'opinion de l'enfant devrait alors être prise en compte. S'il n'est pas d'accord et s'il juge la mesure en violation avec son intérêt et ses droits, l'enfant doit pouvoir la contester. C'est son droit. Dans cette perspective et en reprenant le cas des enfants de la rue, il ne s'agit pas d'abandonner ces enfants à leur sort mais plutôt de chercher avec eux des réponses aux difficultés qu'ils rencontrent. Ceux-ci ont alors des chances d'être pris en charge d'une manière plus durable et qui corresponde davantage à la réalité à laquelle ils sont confrontés.

Deuxièmement, garantir la protection des enfants en partant de droits positifs implique que les interventions à leur égard ne peuvent plus se limiter à des interventions réactives, après coup. Il n'est plus nécessaire que l'enfant soit d'abord confronté à des difficultés pour pouvoir par la suite jouir de ses droits sociaux, économiques, culturels ou autres. Nous y reviendrons dans le point suivant.

3. Des interventions structurelles auprès des enfants en tant que groupe social

La protection due à chaque enfant n'est pas et ne sera jamais suffisante pour leur garantir à chacun une vie digne. Les obligations à l'égard des enfants ne peuvent donc être limitées au niveau individuel et réactif. Avec l'approche des droits de l'enfant, une intervention structurelle s'impose. Il faut agir sur les structures sociales et adopter une approche préventive.

De nombreux d'efforts visant à protéger des enfants sont faits dans le monde entier. Des résultats s'ensuivent, tels que la réduction du taux d'analphabétisme ou la diminution du taux de mortalité des bébés grâce aux campagnes d'immunisation, pour ne citer que ces exemples-là. Ces efforts constituent une aide humanitaire très importante et nécessaire. Cependant, elle ne suffit pas. Etre immunisé contre certaines maladies n'aura en effet qu'une utilité limitée pour l'enfant s'il vit dans des conditions insalubres qui menacent son état de santé. L'assistance humanitaire auprès des enfants ne fera pas disparaître toutes ces menaces. De même, pouvoir lire et écrire ne servira que peu à l'enfant s'il n'a pas accès à l'école secondaire ou à des études supérieures.

Un raisonnement identique vaut si les conditions sociales et économiques dans lesquelles il vit sont telles qu'il n'a que peu de chances d'accéder à un métier dans lequel faire valoir ses facultés. Savoir lire et écrire est un moyen de se faire une place à part entière dans la société. Il faut cependant des changements structurels pour que la société soit prête à faire cette place.

Pour servir véritablement l'intérêt des enfants en tant que groupe social, l'aide humanitaire devrait s'inscrire dans un effort structurel visant à améliorer l'environnement présent et futur des enfants en général. Pour utiliser une image, il vaut mieux refaire la route plutôt que de continuer sans fin à réparer les pneus d'un vélo.

La perspective des droits de l'enfant, elle, implique justement cette approche structurelle. Le droit de l'enfant à la santé ne recouvre pas seulement le droit à être immunisé mais également celui à une alimentation suffisante, à une eau propre, à une habitation saine, etc. De la même manière, le droit à l'éducation exige que toutes les conditions nécessaires à sa réalisation soit réunies. Grâce au caractère indivisible des droits de l'enfant, cette perspective vise à préparer dans tous les aspects de la vie de l'enfant le terrain pour son épanouissement total, sans qu'aucun domaine ne soit laissé au hasard.

En partant des droits de l'enfant, les divisions et inégalités sociales dans tous leurs aspects sont les véritables problèmes de fond à considérer en parallèle des interventions humanitaires (y compris la protection de l'enfant). Il ne faut pas oublier que l'inégalité du traitement social entre enfants et adultes, ne fait que s'additionner à celles auxquelles est confrontée une immense partie de la population mondiale (inégalités entre riches et pauvres, entre hommes et femmes, entre immigrés et autochtones, etc.).

L'acceptation des droits de l'homme comme référence universelle a certainement contribué à ce que les inégalités et injustices soient de plus en plus apparentes. De plus, la reconnaissance de tous les droits de l'homme dans le chef de l'enfant est un élément important dans la prise de conscience croissante de la nécessité de considérer les enfants comme un groupe social à part entière. Respecter les droits de l'enfant implique, avant tout peut-être, des défis structurels pour la société. La question centrale à se poser est donc celle de savoir comment organiser chaque société de façon à ce que le respect des enfants et de leurs droits soit le point de départ et le résultat de toute action.

Nous l'avons vu, se concentrer sur la personne de l'enfant sans changer les conditions sociales dans lesquelles il vit n'est souvent pas suffisant. Tenir compte, à chaque fois et à chaque moment, des enfants en tant que groupe social avec leurs capacités mais également avec leurs limites, leurs intérêts et leurs droits est nécessaire pour éviter nombre de difficultés sociales. Voilà une deuxième nouvelle dimension que la perspective des droits de l'enfant offre, aussi bien dans l'analyse des phénomènes sociaux que dans leur prise en charge.

Enfermer un enfant est souvent une réaction sociale facile : les institutions sont disponibles, les chemins qui y mènent multiples. Mais cette mesure résout-elle, ne serait ce qu'en partie, la situation qui a conduit à juger un jeune à tel point différent, «*déviant*» même, qu'il a été écarté de la société ?

Priver l'enfant de liberté le retire de la situation sociale qui présente des difficultés ou qui ne répond pas à ses besoins, sans véritablement remettre en question cette situation en tant que telle. Priver l'enfant de liberté l'isole de l'environnement dans lequel il doit apprendre à se socialiser, à devenir partie intégrante d'une société.

Priver un enfant de liberté revient à lui mettre sur le dos – à lui et à sa famille – le poids de ses problèmes et de la recherche de solutions, sans suffisamment remettre en question la société dans son ensemble et plus particulièrement le respect - ou le manque de respect - pour les droits de l'homme.

4. L'enfant en tant que citoyen à part entière

La perspective des droits de l'enfant est encore innovatrice pour une troisième raison, que nous avions brièvement évoquée plus haut en mentionnant le droit à la protection des enfants de la rue : «*il s'agit de chercher avec eux des réponses...*», disions-nous. Les enfants n'ont pas seulement le droit d'être protégés, ils ont également celui de participer et de contribuer à part entière à la société dans laquelle ils vivent.

Voilà pourquoi dans la Convention relative aux droits de l'enfant sont par exemple reconnus dans le chef de l'enfant :

> «*...le droit d'exprimer librement son opinion sur toute question l'intéressant, les opinions de l'enfant étant dûment prises en considération eu égard à son âge et à son degré de maturité.*» (CDE, article 12)
>
> «*...le droit à la liberté d'expression. Ce droit comprend la liberté de rechercher, de recevoir et de répandre des informations et des idées de toute espèce, sans considération de frontières, sous une forme orale, écrite, imprimée ou artistique ou par tout autre moyen du choix de l'enfant.*» (CDE, article 13)
>
> «*...le droit de l'enfant à la liberté de pensée, de conscience et de religion.*» (CDE, article 14)
>
> «*...le droit de l'enfant à la liberté d'association et à la liberté de réunion pacifique.*» (CDE, article 15).

Ces droits civils sont bien l'expression de la reconnaissance de l'autonomie à laquelle l'enfant a droit lui aussi. Le point de départ est que tous les êtres humains sont équivalents. L'enfant a le droit de participer au développement, à la construction, à la prise en charge et à l'évaluation de son environnement social. Il a son mot à dire dans ce qui l'entoure et cela n'est pas uniquement à l'adulte de décider pour lui. Au contraire, les décisions le concernant doivent autant que possible être prises avec lui. Il doit avoir à titre égal, comme tous les autres citoyens, accès aux moyens et aux structures pouvant aider à jouer un rôle actif dans chaque aspect de la vie sociale le concernant.

Il est utile de préciser que, contrairement à ce que certains semblent craindre, les droits civils et politiques des enfants connaissent également des limites.

Un appel au respect des droits de l'enfant n'est en rien un appel à la dictature de l'enfant. L'exercice du droit à la liberté d'expression par exemple peut, si légalement prévu, faire l'objet des restrictions nécessaires au respect des droits ou de la réputation d'autrui, de la sauvegarde de la sécurité nationale, de l'ordre public, de la santé ou de la moralité publiques. La reconnaissance des droits de l'enfant n'accorde aux intérêts des enfants ni plus ni moins la même importance qu'à tous les autres intérêts en jeu dans une société donnée.

Protection et participation des enfants sont des stratégies complémentaires vers des conditions de vie meilleures. Prenons l'exemple de l'enfant et du travail. Une stratégie de protection est nécessaire pour éviter qu'il ne soit exploité ou confronté à des conditions de travail inhumaines ou dégradantes. En même temps, l'enfant doit à partir d'un certain âge (quinze ans à l'heure actuelle, selon l'article 2.3 de la Convention 138 du BIT sur l'âge minimum d'admission à l'emploi) pouvoir gagner son propre revenu afin d'assurer sa survie ou de gagner un peu plus de liberté s'il le souhaite, à condition que ce travail soit accompli dans des conditions justes et respectueuses. De même, la participation d'enfants à des performances strictement artistiques, pièces de théâtre ou autres ou leurs contributions aux tâches domestiques peuvent être reconnues comme du travail à part entière.

L'équilibre est délicat. D'un côté, la participation sans garanties de protection peut être dangereuse. Faire participer des enfants dans une atmosphère peut propice ou sans qu'ils aient été préparés au préalable peut être plus néfaste que bénéfique et relever d'une attitude irresponsable. De l'autre, la protection sans implication directe et active du mineur pourrait aussi lui faire du tort : trop de protection risque d'étouffer l'enfant.

Relevons encore que l'approche de l'enfant en tant qu'être à part entière implique également qu'il puisse être, dans sa manière de penser et de se comporter par exemple, différent de ce qu'attend le monde adulte. Ces différences doivent être respectées et la participation des jeunes dans la société ne doit d'aucune manière être considérée comme inférieure (ou supérieure) à celle des adultes.

Conclusion

Avec l'adoption de la Convention des Nations Unies relative aux droits de l'enfant, la communauté internationale confirme que les enfants sont des être humains à part entière et qu'ils ont droit à tous les droits de l'homme, en plus d'une considération et d'une protection spéciales et adaptées à leur vulnérabilité particulière.

Tous ces droits valent-ils aussi pour les enfants privés de liberté ? Nous tenterons d'apporter une réponse à cette question dans le chapitre qui suit.

Chapitre 2. - Les enfants privés de liberté et leurs droits : le cadre normatif international

Introduction

Bien que la communauté internationale se soit toujours préoccupée du sort des enfants privés de leur milieu familial et en particulier de celui des enfants privés de liberté[28], l'attention du législateur international n'a été attirée sur le problème de la privation de liberté des enfants qu'assez récemment. Ces dix dernières années, les Nations Unies ont adopté la Convention relative aux droits de l'enfant (1989) et les Règles pour la protection des mineurs privés de liberté (1990). Ces deux instruments sont essentiels pour l'objet de ce livre. Cependant, ils ne sont pas les seules règles internationalcs applicables en la matière.

La privation de liberté en général avait retenu l'attention du législateur international beaucoup plus tôt : l'Ensemble de règles minima pour le traitement des détenus ont été adoptées par l'Assemblée Générale des Nations Unies en 1955 déjà. Les enfants ont donc dû attendre 35 ans avant de voir adoptées «*leurs*» règles en la matière. Ce délai ne doit pas étonner

28 Il est important, à titre d'exemple de consulter à cet égard les travaux des Nations Unies dans le domaine de la prévention du crime et la justice pénale. Voir: N. Queloz, L'évolution de la conception de la délinquance juvénile et de son contrôle à travers les congrès des Nations Unies pour la Prévention du Crime et le Traitement des Délinquants, in Changements de société et délinquance juvénile, Leuven, Acco, 1987, Vol. II, pp. 299-320.

car il s'agit d'une expression de plus du caractère lent et compliqué du processus qu'il a fallu pour approcher l'enfant comme une personne à part entière et pour se rendre compte de la nécessité de reconnaître ses droits et de lui octroyer une protection juridique.

Nous allons nous limiter dans cette deuxième partie du livre aux textes normatifs adoptés par les Nations Unies (plus particulièrement dans le domaine de la justice (pénale) pour mineurs bien sûr) et verrons plus loin pourquoi ces textes sont importants. Ce choix de se restreindre aux documents des Nations Unies rend cependant le cadre normatif international qui suit assez réducteur. En effet, nous n'avons pas pris en compte les normes nationales et régionales, telles que le travail abondant accompli par le Conseil de l'Europe en la matière, basé sur la Convention européenne des droits de l'homme[29]. Ces règles nationales et régionales sont cependant tout aussi importantes, et ce d'autant plus qu'elles peuvent comprendre des règles complémentaires non couvertes au niveau international, des règles plus détaillées ou mieux adaptées aux situations et cultures régionales. Il se peut aussi que ces règles soient plus contraignantes.

Les règles universelles sont des règles minima sur lesquelles la communauté internationale s'est mise d'accord. Rien n'empêche de faire mieux aux niveaux régional et national. La Convention relative aux droits de l'enfant, dans son article 41, est très claire sur ce point : «*[a]ucune des dispositions de la présente Convention ne porte atteinte aux dispositions plus propices à la réalisation des droits de l'enfant qui peuvent figurer dans la législation d'un État partie ou dans le droit international en vigueur pour cet État*». Le dispositif qui garantit la meilleure protection (juridique) doit l'emporter.

1. Le cadre normatif international

1.1. En quoi consiste le cadre normatif international ?

Afin de saisir l'ensemble du cadre normatif international applicable dans le domaine de la privation de liberté d'enfants, il est nécessaire comme point de départ de prendre en considération :

- les règles applicables à toute personne[30], ainsi que les règles particulières aux enfants;

---

29 Voir «*Recommendations of the Parlementary Assembly in the field of Childhood policies*», Project III.8, Council of Europe, 25 June 1992/«*Texts drawn-up by the Council of Europe in the field of Childhood policies: Resolutions, recommendations of the Committee of Ministers*», Council of Europe, 7 December 1992.

- les règles à caractère contraignant, ainsi que les simples directives;
- les règles adoptées dans le contexte de la promotion et de la protection des droits de l'homme en général, ainsi que les règles particulières aux droits des enfants;
- les règles concernant exclusivement la privation de liberté et/ou les enfants privés de liberté, ainsi que les règles applicables dans toute situation et/ou à tout enfant;
- les règles adoptées dans le contexte de la promotion et la protection des droits de l'homme, ainsi que celles adoptées dans le cadre de la justice pénale et la prévention du crime.

Toutes ces règles peuvent d'une manière ou d'une autre concerner les enfants privés de liberté.

Ainsi, les textes adoptés par les Nations Unies dans le cadre du programme relatif aux droits de l'homme ou dans celui de la prévention du crime et de la justice pénale et que nous avons pris en compte lors de l'analyse normative sont :

- la Convention relative aux droits de l'enfant (CDE - 1989);
- le Pacte international relatif aux droits civils et politiques (PIDCP - 1966);
- la Convention contre la torture et autres peines ou traitements cruels, inhumains ou dégradants (CTP – 1984);
- les Règles des Nations Unies pour la protection des mineurs privés de liberté (MPL - 1990);
- l'Ensemble de règles minima pour le traitement des détenus (TD - 1955);
- lEensemble de principes pour la protection de toutes les personnes soumises à une forme quelconque de détention ou d'emprisonnement (PPDE - 1988);
- le Code de conduite pour les responsables de l'application des lois (CC - 1979).

Nous avons également considéré deux textes normatifs concernant particulièrement la justice (pénale) pour mineurs :

- les Principes directeurs des Nations Unies pour la prévention de la

30 Voir par exemple l'article 13.3 des Règles minima des Nations Unies concernant l'administration de la justice pour mineurs: «*Les mineurs en détention préventive doivent bénéficier de tous les droits et garanties prévus par l'Ensemble de règles minima pour le traitement des détenus adopté par l'Organisation des Nations Unies.*»

délinquance juvénile (ou Principes de Riyad) (PDJ - 1990);

- les Règles minima des Nations Unies concernant l'administration de la justice pour mineurs (ou Règles de Beijing) (AJM - 1985).

Le cadre normatif international développé en détail dans les chapitres qui suivent est un sommaire des principaux dispositifs applicables aux enfants privés de liberté que l'on trouve dans ces textes. Lorsqu'un même droit est prévu par plusieurs documents, seul celui (ou ceux) concernant spécifiquement les mineurs privés de liberté a été mentionné (pour cette raison par exemple, aucune disposition de la Convention contre la torture et autres peines ou traitements cruels, inhumains ou dégradants n'est citée dans le cadre légal).

1.2. Quelques qualités importantes du cadre normatif international

a. Le cadre normatif international est applicable de manière quasi universelle

Parce qu'ils ont été adoptés par les Nations Unies - plusieurs d'entre eux l'ont même été à l'unanimité[31] - les textes normatifs que nous avons considérés dans le cadre de ce livre ont un caractère universel.

De plus, nous avons établit ce cadre normatif en utilisant comme base la Convention relative aux droits de l'enfant. La Convention a été à ce jour ratifiée par 191 États[32]. Par conséquent, à l'exception de la Somalie et des États-Unis d'Amérique[33], elle est applicable dans tous les pays du monde.

b. Le cadre normatif international offre une protection (juridique) intégrale

Les enfants privés de liberté sont avant tout des enfants. Le cadre normatif international invite donc à tout mettre en œuvre pour lier d'une façon permanente leur situation particulière aux défis et aux obligations existant vis-à-vis de tous les enfants et de tous leurs droits, dans tous les domaines.

Le cadre normatif international a été construit et devrait s'appliquer comme une pyramide, avec plusieurs niveaux interdépendants. En passant d'un

31 Par exemple la Convention et les MPL, PDJ et AJM

32 Juillet 2000

33 Les Etats-Unis d'Amérique ayant signé la Convention (en 1995), ils se sont tout de même engagés à ne plus agir contre l'esprit et la lettre de la Convention.

niveau à l'autre, le groupe d'enfants concerné et les actions à entreprendre sont davantage ciblés.

A la base de cette pyramide (voir figure ci-dessous), nous trouvons les règles visant à garantir à chaque enfant une vie digne, c'est-à-dire tous les droits de l'homme de l'enfant qu'ils soient civils, politiques, culturels, économiques ou sociaux. Ces droits concernent tous les êtres humains. Ce niveau est celui qui nécessite le plus d'attention, d'énergie et d'efforts pour sa mise en œuvre. Dans le contexte de la privation de liberté d'enfants, nous trouvons à ce niveau de base les droits à réaliser et les défis à relever pour éviter que des enfants et leur famille ne se trouvent dans une situation pouvant mener à la privation de liberté.

Au niveau suivant, se trouvent les règles et les efforts visant à garantir aux enfants et aux familles en situation difficile ou «*à risque*» une aide qui ne fasse pas recours à des solutions aussi extrêmes que la privation de liberté.

Au niveau supérieur, nous trouvons les règles s'appliquant particulièrement aux enfants privés de liberté. Ce type de règles est bien résumé dans l'article 3 sur l'objet des Règles des Nations Unies pour la protection des mineurs privés de liberté : elles visent à «*(...) établir, pour la protection des mineurs privés de liberté, sous quelque forme que ce soit, des règles minima acceptées par les Nations Unies qui soient compatibles avec les droits de l'homme et les libertés fondamentales et [à] parer aux effets néfastes de tout type de détention ainsi [qu'à] favoriser l'insertion sociale.*»

Figure : *Cadre normatif international relatif aux enfants privés de liberté*

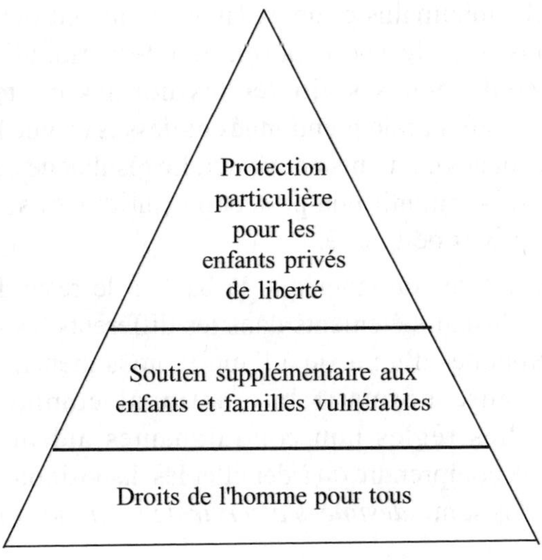

c. Le cadre normatif international est construit sur une base contraignante

Il nous a paru important de développer le contenu du cadre normatif international à partir d'une base constituée de normes contraignantes, afin de lui donner davantage d'autorité.

La valeur contraignante d'une norme se mesure principalement aux possibilités de surveillance de son application et, en cas de non respect, à l'opportunité d'un recours individuel devant une autorité impartiale et indépendante. On peut ainsi distinguer les règles d'autorité légale (contraignantes) et les règles d'autorité morale. Les règles d'autorité légale sont contenues dans les conventions, les pactes ou les traités. Dans ce cas, l'État ratifie le document et s'engage donc à l'appliquer sur son territoire. La Convention relative aux droits de l'enfant en est un exemple.

Les règles d'autorité morale, quant à elles, bien qu'approuvées par la communauté internationale, ne sont pas contraignantes en soi. Il s'agit plutôt de conseils. Les États se sont mis d'accord sur le contenu du document mais ne se sont pas engagés à l'appliquer. C'est le cas par exemple des Règles minima concernant l'administration de la justice pour mineurs ou les autres règles et principes adoptés en matière de justice (pénale) pour mineurs dans le contexte du programme des Nations Unies pour la prévention du crime et la justice pénale.

Les normes concernant les enfants privés de liberté contenues dans les instruments contraignants – la Convention relative aux droits de l'enfant bien sûr, mais aussi d'autres, tels que le Pacte international relatif aux droits civils et politiques ou la Convention contre la torture et autres peines ou traitements cruels, inhumains et dégradants - nous ont donc servi de base sur laquelle construire le cadre normatif international. Sur cette base contraignante sont venues s'ajouter les normes contenues dans les instruments d'autorité morale mentionnés ci-dessus (point 1.1), pour autant qu'elles apportaient des éléments nouveaux. Le résultat de cette construction - le cadre normatif - garantit une protection (juridique) solide et intégrale pour les enfants privés de liberté.

Il est très important de souligner que la base et le reste de l'édifice sont étroitement liés. Plusieurs éléments dans les différents textes (par exemple les références explicites d'un texte à l'autre), nous mènent effectivement à considérer ce cadre normatif international comme un ensemble interdépendant. Les règles non contraignantes aident très souvent à compléter, à mieux comprendre ou à détailler les dispositions des instruments contraignants. Elles sont «*destinées à servir de référence facile à consulter et à constituer un encouragement et des directives*» à suivre (article 5, MPL). Un autre exemple de cette interdépendance se trouve dans l'article 9 des MPL: «*[a]ucune disposition des présentes Règles ne saurait être interprétée comme excluant l'application des normes et instruments pertinents des Nations Unies relatifs aux droits de l'homme et reconnus par la communauté internationale, dans un sens plus favorable aux droits, au traitement et à la protection des mineurs, des enfants et de tous les jeunes*». La Convention fait elle-même dans son Préambule explicitement référence aux Règles de Beijing adoptées en 1985[34].

2. Les enfants privés de liberté ont droit à tous les droits : le principe

Introduction

L'enfant, sujet de droits.... Nous avons vu que ce message est l'un des piliers de la Convention relative aux droits de l'enfant. L'article 2 de la Convention, qui énonce le principe de non-discrimination, confirme que tous les enfants sont porteurs de tous les droits et que les États doivent les garantir à chaque enfant relevant de leur juridiction, sans distinction aucune et indépendamment de leur situation.
Que dire alors de la situation de privation de liberté d'un enfant ? Les enfants privés de liberté ont-ils comme les autres droit à tous les droits ?

2.1. Un double obstacle potentiel

La reconnaissance dans le chef de tous les enfants des droits qui leur sont octroyés par la Convention et par les autres instruments nationaux et internationaux ne va pas toujours de soi. En effet, si l'adoption de ces instruments et la ratification quasiment universelle de la Convention ont contribué et contribuent encore à la sensibilisation autour de la question des droits de l'enfant, leur mise en œuvre ne se fait pas sans difficulté.

Un plaidoyer pour la reconnaissance des droits des enfants privés de leur liberté peut donc se heurter à un double obstacle :

- une réticence générale vis-à-vis de la mise en œuvre globale des droits de l'enfant dans leur ensemble;

34 L'absence d'une référence aux Principes directeurs de Riyad ou aux MPL peut simplement s'expliquer par le fait qu'ils n'ont été adoptés qu'en 1990.

- une réticence particulière vis-à-vis de la reconnaissance de droits dans le chef d'enfants jugés déviants et mis à l'écart de la société.

Il est important de tenir compte de ce double obstacle. Comme nous l'avons déjà soulevé, une réticence à reconnaître des droits aux enfants privés de liberté peut n'être que le reflet d'une prise de position sur l'ensemble de la question des droits de l'homme de l'enfant.

2.2. Le droit de ne pas être privé de liberté

En amont de la question des droits des enfants privés de liberté, se pose celle de l'existence ou non d'un droit à ne pas être privé de liberté.

On trouve un premier élément de réponse dans le Pacte relatif aux droits civils et politiques : tout individu a droit à la liberté et à la sécurité de sa personne (article 9.1, PIDCP).

Cependant, ce droit des enfants n'est pas absolu : ni la Convention relative aux droits de l'enfant ni les autres instruments n'interdisent la privation de liberté d'enfants, sous prétexte qu'elle serait contraire aux droits de l'homme. La Convention, dans son article 37.a, proscrit bien l'emprisonnement à vie sans possibilité de libération mais, même sur ce point-ci, l'interdiction est peu ferme. En effet, la simple possibilité d'une libération anticipée est suffisante pour rendre l'emprisonnement à vie légal.

Puisque la privation de liberté en soi n'est pas interdite, l'article 37.b CDE demande clairement à ce qu'une telle mesure ne soit appliquée qu'en dernier recours et pour une durée aussi brève que possible. Nous y reviendrons plus tard.

Il est intéressant de savoir que, lors des phases préparatoires de la Convention, des tentatives ont été faites à plusieurs reprises pour y inclure un principe prohibant la privation de liberté. La proposition du Centre des Nations Unies pour la prévention du crime international est celle de ces tentatives qui allait le plus loin : «*les États parties reconnaissent que toutes les formes de privation de liberté sont néfastes à la croissance et au développement de l'enfant. En principe, les enfants ne devraient pas être privés de liberté (...)*»[35]. Les raisons pour lesquelles cette proposition n'a finalement pas été retenue n'est pas claire.

---

35 Traduction libre. Version originale : «*States parties recognize that all forms of deprivation of liberty are detrimental to child growth and development. In principle, children should not be deprived of their liberty. (...)*» E/CN.4/1989/WG.1/CRP.1/Add.2

Bien sûr, en considérant le droit de chaque personne à la liberté, l'on peut regretter que la législation internationale n'interdise pas - ou du moins pas plus fermement - le principe de privation de liberté des enfants. Il s'agit peut-être d'un bon exemple dans lequel le législateur international est parti d'une réalité existante (des enfants sont privés de liberté) au détriment d'un objectif supérieur à mettre en perspective (le droit à la liberté).

2.3. Etre privé de liberté et avoir des droits

Parallèlement à cette discussion de principe sur la privation du droit à la liberté, il est important pour les enfants enfermés de déterminer s'ils peuvent, en plus de cela, être privés d'autres droits que celui à la liberté de mouvement (la privation de ce dernier étant inhérente à la situation d'enfermement).

Différentes dispositions internationales apportent des éléments de réponse à cette question :

> «*La privation de liberté doit avoir lieu dans des conditions et des circonstances garantissant le respect des droits de l'homme des mineurs (...)*» (MPL, article 12).

> «*Les mineurs privés de liberté ne pourront être, en raison de leur statut de détenu, privés des droits civils, économiques, politiques, sociaux et culturels dont ils jouissent en vertu de la législation nationale ou du droit international et qui sont compatibles avec une privation de liberté*[36]» (MPL, article 13).

L'article 37.c CDE va également dans ce sens avec l'atout supplémentaire qu'il offre en plus une base légale contraignante :

> «*Tout enfant privé de liberté [doit être] traité avec humanité et avec le respect dû à la dignité de la personne humaine (...)*».

Traiter quelqu'un avec humanité et avec le respect dû à sa personne implique le respect de ses droits. De même, le principe de non-discrimination (CDE, article 2) exige que tous les enfants, y compris ceux privés de liberté, bénéficient des mêmes droits.

Ces différents dispositifs confirment donc que les droits énoncés dans la Convention s'appliquent aux enfants privés de liberté comme à tous les autres. La privation de liberté ne doit en aucune manière entraîner la privation de droits pour l'enfant concerné, à l'exception de celui à la liberté de mouvement. Cette conclusion est le point de départ pour la suite du livre.

---

36 Nous reviendrons plus tard sur cette condition.

Voici quelques exemples trouvés dans des législations nationales ou des déclarations officielles faites au Comité des droits de l'enfant qui confirment le principe de la reconnaissance de droits dans le chef de l'enfant privé de liberté[37]. Les conditions prévues par certaines dispositions seront discutées dans le point suivant.

> «*A l'exception de la privation de leur droit à la liberté, les jeunes délinquants en détention ont les mêmes droits qu'à l'extérieur (...)*»[38]
>
> «*(...) les adolescents en détention jouissent, à titre propre, de droits et de libertés (...) ces droits et libertés étant assortis de garanties spéciales.* »
>
> «*Les droits de l'homme fondamentaux appartiennent aussi aux enfants qui ont été retirés à la garde de leurs parents*»[39]
>
> «*Selon la législation pénitentiaire, l'exécution des mesures privatives de liberté, par rapport à tout détenu, a pour but sa réintégration dans la société. La personnalité des détenus doit être respectée, ainsi que leurs droits et intérêts juridiques non affectés par la condamnation*»
>
> «*(...) les condamnés auxquels sont appliquées des peines ou des mesures de sûreté privatives de la liberté maintiennent la titularité des droits fondamentaux, à l'exception des limitations inhérentes au sens de la condamnation et aux exigences propres de l'exécution respective.* »
>
> «*Les personnes dans les institutions médicales ou d'aide sociale , ainsi que celles privées de liberté pour des raisons pénales, ont également des droits fondamentaux, bien que ces droits puissent être sujets à des restrictions prévues par la loi* »[40]

Il faut préciser que la privation de certains droits peut être explicitement prévue par jugement. Nous pensons par exemple à la privation ou à la suspension de l'exercice de certains droits et libertés politiques et civils,

---

37 Etant donné notre volonté de nous concentrer davantage sur les éléments de fond que sur les pays dans lesquels ils sont observés, nous ne mentionnons ici pas les sources.

38 Traduction libre. Version originale : « Apart from being deprived of their freedom, juvenile offenders in detention enjoy the same rights as when at liberty (...) ».

39 Traduction libre. Version originale : « Fundamental and human rights belong also to children who have been taken into care (...)».

40 Traduction libre. Version originale : « Fundamental rights also belong to persons in welfare and medical care institutions as well as to those deprived of liberty for reasons of criminal justice, although their rights may be subject to restrictions as provided by law».

comme la gestion et la jouissance de ses propriétés par la personne ou le droit de conduire un véhicule. La condamnation également peut impliquer la privation de droits civils et politiques tels que l'exercice d'une fonction publique, l'éligibilité, le droit de vote, etc. Nous n'aborderons toutefois pas ces aspects ici.

Reconnaître des droits dans le chef des enfants (privés de liberté) est un principe obligatoire et une condition nécessaire pour atteindre l'objectif principal qui, selon les règles internationales, doit guider toute décision d'enfermer un enfant et tout traitement d'un enfant dans un établissement : «*inculquer le sens de la justice, le respect de soi-même et le respect des droits fondamentaux de chacun.*» (MPL, article 66). A ce principe général concernant particulièrement la privation de liberté, peut s'ajouter encore celui devant s'appliquer à toute intervention de la justice (pénale) pour mineurs : l'enfant a droit «*(...) à un traitement qui soit de nature à favoriser son sens de la dignité et de la valeur personnelle, qui renforce son respect pour les droits de l'homme et les libertés fondamentales d'autrui, et qui tienne compte de son âge ainsi que de la nécessité de faciliter sa réintégration dans la société et de lui faire assumer un rôle constructif au sein de celle-ci*» (CDE, article 40.1).

Respecter les droits des enfants privés de liberté est peut-être l'un des meilleurs moyens d'atteindre ces objectifs, de rompre avec la marginalisation, la violence et le non respect et d'inculquer le sens du respect d'autrui, brisant ainsi le cercle vicieux qui consiste à faire subir aux autres ce que l'on a subi soi-même.

L'importance de la reconnaissance de leurs droits pour les enfants privés de liberté est d'autant plus grande que la mesure dont ils font l'objet est coercitive, qu'ils sont confrontés à des personnes et des instances pourvues d'une autorité légale et qu'ils vivent des situations qui leur sont souvent entièrement étrangères, sur lesquelles ils n'ont pas la moindre influence. Face à cette inégalité profonde, avoir des droits prend alors toute sa dimension. Les droits sont là pour aider les enfants à se protéger contre ses effets pervers. Il ne s'agit donc d'aucune manière d'un luxe mais d'une nécessité dans l'intérêt de l'enfant ainsi que de la société, parce qu'un enfant confronté à l'injustice risque de devenir, ou de rester, un citoyen peu respectueux de son environnement.

Ainsi, il n'y a pas lieu d'assimiler la reconnaissance de droits dans le chef des enfants (privés de liberté) à une menace pour l'autorité ou à un chemin menant droit à l'anarchie, comme semblent le craindre certains. Il s'agit plutôt de contribuer à équilibrer une inégalité et à en éviter les conséquences négatives.

2.4. Les droits des enfants privés de liberté seraient-ils conditionnels ?

A ce stade du raisonnement, une autre question se pose : les droits des enfants privés de libertés et l'exercice de ces droits sont-ils soumis à des conditions autres que celles valant pour tout enfant ?

Cette question est légitime. En effet, l'on constate à la lecture des extraits de législations nationales ou de déclarations officielles des États membres au Comité des droits l'enfant cités sous le point précédent que plusieurs d'entre eux posent des conditions telles que la compatibilité des droits avec la situation de privation de liberté ou la nécessité d'obtenir une autorisation de la part des responsables de l'établissement.

Pour répondre plus précisément à la question du caractère conditionnel des droits des enfants privés de liberté, nous avons à nouveau considéré le cadre normatif international. D'emblée, un premier principe s'impose : celui de la non-discrimination (CDE, article 2). Selon ce principe, les droits s'appliquent à tous les enfants indépendamment de leur situation, qu'ils soient privés de liberté ou non. Les droits des enfants privés de liberté ne peuvent par conséquent être soumis à aucune condition particulière.

Cependant, l'article 13 des Règles des Nations Unies pour la protection des mineurs privés de liberté invite à adopter un propos plus nuancé. Il stipule que «*[l]es mineurs privés de liberté ne pourront être, en raison de leur statut de détenu, privés des droits (...) dont ils jouissent en vertu de la législation nationale ou du droit international et qui sont compatibles avec une privation de liberté (...)*».

Cette condition, assez floue, invite donc à examiner la compatibilité des droits de l'enfant en établissement fermé avec la situation de privation de liberté. Comment l'interpréter à la lumière du principe de non-discrimination ?

Selon nous, elle ne doit surtout pas être interprétée largement, ni être posée a priori pour l'ensemble des enfants (ce qui n'exclut pas certaines restrictions de certains droits jugés de manière ad hoc incompatibles avec la privation de liberté d'un enfant en particulier). Une interprétation large ouvrirait la porte aux abus et permettrait trop facilement d'invoquer la situation de privation de liberté pour rejeter certains droits ou les transformer en privilèges. Quels sont les droits compatibles avec la privation de liberté et ceux qui ne le sont pas ? N'y a-t-il pas là une place immense pour l'arbitraire ? Un directeur de prison pourrait-il prétendre que le droit à l'éducation n'est pas compatible avec la privation de liberté sous prétexte que «*la prison n'est pas une école*» ?

Un examen du cadre normatif international nous permet cependant de conclure que l'article 2 de la Convention (le principe de non-discrimination) l'emporte sur l'article 13 des Règles pour la protection des mineurs privés de liberté (compatibilité des droits avec la privation de liberté). En effet, en combinant les articles 9 et 10 de ces dernières, l'on constate que «*[a]ucune disposition des présentes Règles ne saurait être interprétée comme excluant l'application des normes et instruments pertinents des Nations Unies relatifs aux droits de l'homme et reconnus par la communauté internationale, dans un sens plus favorable aux droits, au traitement et à la protection des mineurs, des enfants et de tous les jeunes*» (MPL, article 9) et que cet article 9 MPL prime sur tout autre article des Règles, dont l'article 13.

En ce qui concerne non plus la reconnaissance de ces droits mais leur mise en œuvre au sein d'un établissement donné, il faut encore préciser que tous sont applicables à tous les mineurs de la même façon et que dans ce cas-là non plus ils ne peuvent être soumis à des conditions (telles que le bon comportement par exemple). On peut bien sûr invoquer ici à nouveau l'article 2 de la Convention, mais aussi l'article 4 des MPL qui dit que ces Règles «*doivent être appliquées impartialement à tous les mineurs*».

Reconnaître les droits de l'enfant privé de liberté n'implique en aucune manière qu'il faille considérer ces droits comme absolus et sans limites. Les limitations en vigueur pour chacun le sont aussi pour les enfants privés de liberté. Chaque processus de socialisation et chaque démarche d'aide et d'assistance dans ce processus peuvent impliquer des interdictions et des restrictions. Le processus de socialisation à l'intérieur d'un établissement n'y échappe pas. Mais ces limites et restrictions ne doivent pas être de nature à supprimer ou remettre en question la jouissance des droits et doivent être discutées avec les enfants, aussi bien au sein de la famille que dans les établissements dans lesquels ils sont placés. Ne l'oublions pas : l'enfant a le droit d'exprimer son opinion (CDE, article 12).

2.5. Faire valoir ses droits

Avoir des droits ne garantit pas aux enfants l'exercice autonome de ces droits. Etant donné leur incapacité juridique (synonyme de minorité), ce problème touche bien sûr tous les mineurs. Par exemple, chaque enfant a, conformément à l'article 15 CDE, le droit à la liberté d'association. Cependant, dans la plupart des pays du monde, un enfant ne pourrait créer une association formelle que par l'intermédiaire d'une personne majeure (juridiquement ou légalement capable). De même, chaque enfant a droit à une éducation mais a besoin de ses parents ou représentants légaux pour l'inscrire dans une école.

La privation de liberté peut nuire à l'exercice autonome des droits pour d'autres raisons encore que celle de l'incapacité juridique du mineur. Le simple fait qu'il se trouve dans un établissement fermé peut par exemple constituer un obstacle à «*la liberté de rechercher, de recevoir et de répandre des informations et des idées*» (CDE, article 13) ou l'empêcher de «participer librement à la vie culturelle et artistique» (CDE, article 31).

Cependant, dans ce cas aussi, le principe de non-discrimination doit l'emporter. D'après le cadre normatif international, un enfant privé de liberté doit pouvoir faire valoir ses droits autant que les autres. Cette obligation exige donc la recherche de moyens visant à éliminer les obstacles.

2.6. Les enfants privés de liberté et le droit à une protection spéciale

Tout enfant qui est temporairement ou définitivement privé de son milieu familial a droit à une protection et une aide spéciales de l'État (CDE, article 20). Sa situation précaire le nécessite. Dans leur préambule, les Règles des Nations Unies pour la protection des mineurs privés de liberté reconnaissent dans le chef des enfants en établissement fermé le droit à une attention et à une protection particulière «*pendant et après la période au cours de laquelle ils sont privés de liberté*».

L'intérêt porté à la période qui suit la privation de liberté est intéressant et extrêmement important. Le retour à la vie en liberté risque en effet d'être très difficile pour l'enfant dont la réinsertion sociale n'a pas été une préoccupation prioritaire. Il ne va pas de soi de s'habituer à une nouvelle vie, de se réadapter à sa famille, de renouer avec le cycle scolaire «*normal* », de chercher un emploi et un domicile, et de prendre ses «*responsabilités*» en sortant d'une institution dans laquelle on a été la plupart du temps pris en charge et plutôt déresponsabilisé.

2.7. Un contrôle effectif

Toute mesure qui peut avoir un effet sur les droits de l'enfant privé de liberté devra être soumise au contrôle effectif d'une autorité judiciaire ou autre (PPDE, principe 4). Nous y reviendrons.

Conclusion

Nous concluons cette discussion sur les droits des enfants privés de liberté par les mots d'un éducateur qui souligne la nécessité, face à des difficultés, de ne jamais remettre en question les droits des enfants privés de liberté et le respect qui leur est dû.

«Pour faire face à ces jeunes «qui n'écoutent plus», il y a le droit, le devoir de les écouter. N'est-ce pas plutôt quand il y a un problème de communication que le droit est mis en avant ? N'est-ce pas à l'adulte, aux professionnels à écouter le jeune, à décoder, à réfléchir au modèle de communication et peut-être qu'alors l'étendard du droit n'aura plus lieu d'être ? Je pense que l'expérience vaut en tout cas le coup d'être tentée. Sinon, c'est notre profession qui est à remettre en question et non le droit.»[41]

Les enfants privés de liberté ont des droits et rien ne justifie une discrimination à leur égard. Quels sont ces droits ? Comment s'insèrent-ils dans la réalité d'un milieu fermé ?

---

41 Paroles d'un éducateur dans le Journal du Droit des Jeunes, 1996, p. 301

Chapitre 3. - Les droits de l'enfant privé de liberté : les principes généraux

Introduction

En nous basant sur le cadre normatif international et en particulier sur le principe de la non-discrimination, nous avons conclu dans le chapitre précédent que les enfants privés de liberté ont droit à tous les droits (à l'exception de celui à la liberté de mouvement inhérent à la situation d'enfermement).

Dans les chapitres qui suivent, les droits des enfants privés de liberté sont davantage détaillés. L'analyse est faite droit par droit afin de faire état de toutes les nuances, d'une manière aussi détaillée que possible. Cette approche analytique ne doit cependant pas faire oublier que tous les droits sont interdépendants et qu'ils forment un ensemble indivisible. Les droits de l'enfant forment un tout qui ne se prête pas à la fragmentation ou à l'isolement de l'un ou l'autre aspect.

Pour l'analyse, nous avons utilisé le système de regroupement des droits proposé par le Comité des droits de l'enfant des Nations Unies[42] en l'adaptant à l'objet de ce livre. Les sept groupes sont :

1. les principes généraux;
2. la famille, l'environnement familial et les alternatives;

42 CRC/C/5, 15 octobre 1991

3. le niveau de vie;
4. les droits et libertés civils et politiques;
5. l'éducation et la récréation; le travail;
6. les enfants en situation particulière;
7. les mesures générales d'application.

Etant donné que nous avons surtout cherché à être complets pour rendre ce texte utile à consulter, les chapitres qui suivent pourraient sembler un peu rébarbatifs à certains.

Pour établir le cadre normatif international, nous avons pris en compte les textes normatifs internationaux cités dans le premier chapitre de cette partie. Il arrive que certaines normes se recoupent d'un texte à l'autre. Lorsque tel était le cas, nous n'avons mentionné qu'une seule source, de préférence les règles applicables spécialement aux mineurs et celles garantissant la meilleure protection juridique.

1. Quatre principes généraux

Le Comité des droits de l'enfant a identifié dans la Convention quatre principes généraux à la lumière desquels tous les articles de la Convention doivent être lus. Il s'agit de :

- la non-discrimination (article 2);
- la considération de l'intérêt supérieur de l'enfant (article 3);
- le droit à la vie, à la survie et au développement (article 6);
- la prise en compte de l'opinion de l'enfant (article 12).

Il va de soi que ces principes généraux concernent également les enfants privés de liberté. Nous en expliquerons d'ailleurs les conséquences plus loin.

Enfin, nous avons jugé utile d'ajouter un cinquième principe, qui revêt une importance particulière dans le contexte de ce livre : l'article 37.c CDE concernant les conditions de détention dans leur ensemble.

2. La non-discrimination

Le cadre normatif international s'applique dans son entier à tous les mineurs, sans aucune distinction. Ce principe, prévu dans l'article 2 de la Convention, est confirmé dans d'autres textes à l'égard des enfants privés de liberté en particulier (voir par exemple MPL, article 4).

Tous les enfants privés de liberté doivent donc être traités sur pied d'égalité, indépendamment de toute considération de race, de couleur, de sexe, d'âge, de langue, de religion, d'opinion politique ou autre de l'enfant ou de ses parents, d'origine nationale, ethnique ou sociale, de convictions ou pratiques culturelles, de situation de fortune, d'incapacité, de naissance, de situation familiale ou de toute autre situation.

En considérant le fait que les filles ne bénéficient généralement pas de la même attention que les garçons, l'article 26.4 AJM insiste en plus pour que la protection, l'assistance, le traitement et la formation à leur attention ne soit en aucun cas inférieurs à ceux dont bénéficient les garçons. «*Un traitement équitable doit leur être assuré*».

De plus, l'article 45.3 TD qui stipule que le transport des détenus doit être réglé «*sur pied d'égalité pour tous*» indique que le principe de non-discrimination doit s'appliquer en toutes circonstances.

3. L'intérêt supérieur de l'enfant

L'intérêt supérieur de l'enfant doit être une considération primordiale dans toutes les décisions qui le concernent (CDE, article 3.1). Pour les enfants privés de liberté, il doit être pris en considération à plusieurs niveaux, dont les quatre suivants :

- lors de la procédure menant à la privation de liberté;
- lors de la prise de décision sur le type d'établissement;
- lorsque des décisions sont prises à l'intérieur de l'établissement;
- chaque fois qu'est discutée toute possibilité de remise en liberté.

4. La survie et le développement

L'article 6 CDE reconnaît le droit inhérent de l'enfant à la vie, ainsi que la responsabilité de l'État de contribuer à sa survie et à son développement. Ce droit et cette responsabilité ne s'arrêtent bien entendu pas à la porte des établissements fermés.

5. L'opinion de l'enfant

5.1. Chaque enfant privé de liberté a une opinion

L'enfant, et donc aussi celui qui a été privé de liberté, a une opinion (sur ce qui se passe autour de lui, sur ce qui devrait se passer, sur ce qui aurait dû se passer, etc.). L'opinion de l'enfant privé de liberté est extrêmement importante et ce plus particulièrement aux quatre niveaux susmentionnés :

- lors de la procédure menant à la privation de liberté;
- lors de la prise de décision sur le type d'établissement;
- lorsque des décisions sont prises à l'intérieur de l'établissement;
- chaque fois qu'est discutée toute possibilité de remise en liberté.

L'enfant doit pouvoir s'exprimer librement, soit directement soit par l'intermédiaire d'un représentant ou organisme approprié. Nous aborderons à nouveau cet aspect dans le chapitre 6.

5.2. L'opinion de l'enfant doit être prise au sérieux

Pouvoir donner son opinion est en soi très important mais n'a que peu de signification - voire même aucune - si les adultes n'ont pas l'obligation d'écouter et de prendre cette opinion en compte. L'article 12 CDE est donc capital à cet égard.

Le point de vue de l'enfant évolue bien sûr avec l'âge et/ou le degré de maturité. Cependant, toute opinion est importante. L'âge ou un prétendu manque de maturité ne doit jamais être invoqué pour ne pas écouter l'enfant ou pour ne pas prendre ce qu'il dit au sérieux. C'est à l'adulte en face de lui à faire l'effort d'apprécier son point de vue à sa juste valeur, et ce même lorsque l'enfant est très jeune. L'un des moyens pourrait être par exemple de chercher à en apprendre plus sur son développement personnel et social.

Voici quelques exemples de domaines dans lesquels, selon les Règles des Nations Unies pour la protection des mineurs privés de liberté, l'opinion des enfants privés de liberté doit être prise en considération :

- ils ont le droit de choisir le type de travail qu'ils désirent accomplir dans l'établissement (MPL, article 43);
- ils doivent être d'accord avec l'administration de médicaments ou avec un traitement médical (MPL, article 55);
- ils ont le droit de s'entretenir confidentiellement avec tout inspecteur évaluant le respect des règles concernant l'environnement physique,

l'hygiène, les locaux de détention, l'alimentation, l'exercice physique et les services médicaux ainsi que tout autre aspect de la vie en établissement qui affecte la santé physique et mentale des mineurs (MPL, article 73);

- ils ont le droit de présenter des requêtes ou des plaintes et d'être informés sans délai de leur réponse (MPL, articles 75, 76 et 77).

Le cadre normatif international soutient également la sérieuse prise en considération de l'opinion de l'enfant dans d'autres cas, tels de l'aménagement de l'établissement par exemple, ou lors de la rédaction du règlement intérieur. Donner l'occasion aux enfants de participer à part entière à la construction de leur environnement peut en effet contribuer à améliorer leur situation et à prévenir les plaintes ou les dénonciations auprès des services d'inspection. La participation peut avoir un effet préventif.

Reconnaître le droit de l'enfant, même privé de sa liberté, à exprimer son opinion implique que l'on attende des établissements qu'ils s'ajustent aux enfants autant que ceux-ci sont sensés s'adapter à eux ! Les droits de l'enfant invitent à rétablir, là où cela s'avère nécessaire, un équilibre entre les intérêts de tous.

5.3. Ce droit est-il conditionnel ?

Le droit de l'enfant à exprimer son opinion est dans certains cas conditionnel. Ce sont les règles internationales elles-mêmes qui posent certaines conditions. Ces conditions s'appliquent aux enfants en général (par exemple : l'enfant doit être capable de discernement – CDE, article 12) ou à ceux qui sont privés de liberté en particulier. Ainsi, le droit de l'enfant à choisir le type de travail qu'il veut accomplir dans l'établissement ne peut se réaliser que «*dans les limites compatibles avec une sélection professionnelle appropriée et avec les nécessités de l'administration et de la discipline des établissements*» (MPL, article 43).

Cependant, ces conditions sont secondaires et doivent être interprétées de la manière la plus restrictive possible. Il ne faudrait en effet pas que la réalisation du droit de l'enfant à s'exprimer et à être entendu devienne une exception.

D'autres conditions sont par contre indispensables pour que l'enfant puisse donner son opinion. Il doit par exemple recevoir toutes les informations nécessaires à un choix informé. Ainsi, le mineur (privé de liberté) ne pourrait donner son accord à un traitement médical que s'il a été préalablement informé de la nature de ce traitement, de ses conséquences, de ses avantages et inconvénients, des alternatives disponibles (MPL, article 55).

6. Les conditions de détention : principes généraux

Les principes ci-dessous concernent les conditions de détention en général et revêtent donc une importance particulière pour les enfants privés de liberté. Nous les avons considérés dans le contexte de ce livre comme des principes à prendre en compte dans chaque aspect de la privation de liberté, au même titre que les quatre précédents:

> «*Tout enfant privé de liberté [doit être] traité avec humanité et avec le respect dû à la dignité de la personne humaine, et d'une manière tenant compte des besoins des personnes de son âge (...)*» (CDE, article 37.c);

> «*La privation de liberté doit avoir lieu dans des conditions et des circonstances garantissant le respect des droits de l'homme des mineurs (...)*» (MPL, article 12);

> «*Les États parties veillent à ce que le fonctionnement des institutions, services et établissements qui ont la charge des enfants et assurent leur protection soit conforme aux normes fixées par les autorités compétentes, particulièrement dans le domaine de la sécurité et de la santé et en ce qui concerne le nombre et la compétence de leur personnel ainsi que l'existence d'un contrôle approprié.*» (CDE, article 3.3).

Chapitre 4. - Le droit à la famille, l'environnement familial et les alternatives

Introduction

Les enfants ont droit à des parents, à une famille et à un contact régulier avec eux. Ces droits ont une signification toute particulière pour les enfants privés de liberté.

Le Préambule de la Convention décrit la famille comme l'«*(...) unité fondamentale de la société et milieu naturel pour la croissance et le bien-être de tous ses membres, et en particulier des enfants (...)*». De même, il reconnaît que «*l'enfant, pour l'épanouissement harmonieux de sa personnalité, doit grandir dans le milieu familial, dans un climat de bonheur, d'amour et de compréhension.*»

Une question importante est de savoir à quel point la privation de liberté est un obstacle à la prise au sérieux par les parents de leurs responsabilités à l'égard des enfants et à l'accomplissement des tâches qui découlent de ces responsabilités. Le personnel de l'institution doit-il remplacer les parents dans l'exercice de cette responsabilité une fois que les enfants lui ont été confiés ? Ou son rôle se limite-t-il à assister les parents dans l'exercice de leur responsabilité, au travers des murs de l'institution ? Comment éviter que la privation de liberté ne devienne forcément synonyme de rapports familiaux perturbés ou réduits à leur minimum, voire même qu'elle rende toute relation impossible ? La réponse à cette dernière question est simple, en tant que principe: en respectant les droits de l'enfant !

1. Élever un enfant est avant tout la responsabilité des parents

Chaque enfant a, dans la mesure du possible, le droit d'être élevé par ses parents (CDE, article 7.1). L'article 18.1 de la Convention relative aux droits de l'enfant confirme que «*la responsabilité d'élever l'enfant et d'assurer son développement incombe au premier chef aux parents ou, le cas échéant, à ses représentants légaux*». L'article 5 CDE va également dans ce sens: «*[l]es États parties respectent la responsabilité, le droit et le devoir qu'ont les parents (...) ou autres personnes responsables de l'enfant de donner à celui-ci, d'une manière qui corresponde au développement de ses capacités, l'orientation et les conseils appropriés à l'exercice des droits qui lui reconnaît la présente Convention*». Les parents ont aussi le droit et le devoir de guider leur enfant dans l'exercice du droit à la liberté de pensée, de conscience et de religion «*d'une manière qui corresponde au développement de ses capacités*» (CDE, article 14.2).

Voilà quelques unes des raisons pour lesquelles aucun enfant ne doit être soustrait à la surveillance de ses parents, que ce soit partiellement ou totalement, à moins que les circonstances ne rendent cette séparation nécessaire (AJM, article 18.2).

L'article 9 de la Convention confirme le droit à une famille, bien qu'il soit libellé d'une façon négative : «*[l]es États parties veillent à ce que l'enfant ne soit pas séparé de ses parents contre leur gré (...)*». Cet article n'exclut pas la séparation mais la rend conditionnelle. En effet, la décision doit être prise :

- par une autorité compétente;
- sous réserve de révision judiciaire;
- conformément aux lois et procédures applicables;
- lorsque la séparation est nécessaire dans l'intérêt supérieur de l'enfant.

2. La nécessité de prendre en compte les capacités de l'enfant

L'article 5 CDE souligne à la fois l'importance du rôle des parents pour l'enfant et la relativité de cette importance. Le caractère relatif se trouve dans la reconnaissance des capacités propres à l'enfant, notamment dans l'exercice de ses droits. L'article 5 n'autorise pas la «*toute-puissance parentale*». L'autorité parentale n'est en rien absolue mais doit servir au développement des capacités des enfants. Il s'agit d'une autorité fonctionnelle (sa fonction étant de développer les capacités de l'enfant) qui se traduit par une «*orientation*» et des «*conseils appropriés*».

Ces principes sont extrêmement importants lorsqu'ils sont transposés à la relation entre les enfants privés de liberté et l'équipe en charge de leur éducation dans les établissements.

3. L'assistance aux parents dans leur tâche pédagogique

Il arrive que les parents manquent «*d'outils*» ou de capacités pour élever leurs enfants, ce qui peut avoir dans certains cas la séparation pour conséquence. Une telle situation peut bien sûr nécessiter une intervention. Cependant, plutôt que de retirer l'enfant à sa famille, il vaut mieux aider les parents dans leur tâche parentale et leur apporter une assistance éducative, à leur domicile et en présence des enfants. Le meilleur moyen d'apprendre à élever son enfant est de l'avoir tout près de soi. Cette intervention devrait avoir lieu le plus vite possible, avant que de véritables difficultés n'apparaissent.

Les dispositions qui suivent sont autant d'arguments supplémentaires visant à décourager les placements d'enfants.

Les Principes directeurs des Nations Unies pour la prévention de la délinquance juvénile confirment à plusieurs reprises le principe de la non séparation de l'enfant et de ses parents et la nécessité d'une assistance et d'un soutien approprié à toutes les familles, notamment afin de prévenir la «*déviance*» juvénile (articles 11-19).

L'article 18.2 CDE prévoit l'assistance nécessaire en vue de permettre aux parents de mener à bien leur tâche parentale. Il s'agit même, selon cet article, d'une condition indispensable à la mise en œuvre de tous les droits de l'enfant: «*[p]our garantir et promouvoir les droits énoncés dans la (...) Convention, les États parties accordent l'aide appropriée aux parents et aux représentants légaux de l'enfant dans l'exercice de la responsabilité qui leur incombe d'élever l'enfant (...)*».

En ce qui concerne particulièrement le droit à un niveau de vie suffisant, l'article 27.3 CDE détaille davantage l'assistance à donner aux parents en vue de réaliser ce droit. Il peut s'agir d'une assistance matérielle et de programmes d'appui, notamment en ce qui concerne l'alimentation, les vêtements et le logement.

En cas de violence et de négligence de la part des parents ou d'autres personnes à qui l'enfant a été confié, l'article 19 CDE précise qu'ici aussi des mesures doivent être prises pour fournir l'appui nécessaire à l'enfant et à ses parents ou aux personnes qui en ont la charge. L'appui aux parents, basé sur des programmes sociaux, peut être une condition nécessaire pour éviter le placement du mineur.

La privation de liberté ne doit, conformément au cadre normatif international, d'aucune manière signifier l'arrêt du soutien et de l'assistance aux parents. La poursuite de cette assistance est au contraire extrêmement importante car, en renforçant l'environnement familial, l'on augmente les chances de réinsertion de l'enfant ainsi que celles d'une durée de placement plus limitée.

4. Les enfants séparés de leurs parents ont droit à une protection spéciale

4.1. Le principe

L'article 20.1 CDE prévoit que tout enfant qui est temporairement ou définitivement privé de son milieu familial, ou qui dans son propre intérêt ne peut être laissé dans ce milieu, a droit à une protection et une aide spéciales de l'État.

4.2. «Remplacer» la famille

L'article 20 oblige les États parties à trouver une protection de remplacement conforme à la législation nationale pour tout enfant temporairement ou définitivement privé de son milieu familial. Le placement en famille et, en cas de nécessité, le placement dans un établissement approprié sont cités comme exemples à cet égard. Cependant, malgré qu'il ne s'agisse que de quelques alternatives, l'article 20 arrête là son énumération. Considérant l'objectif de réduire le placement, cette limitation est regrettable et ce d'autant plus que, partant de la perspective de l'enfant, un placement dans une famille peut être vécu dans certains cas autant comme une privation de liberté qu'un placement en institution.

Soulevons finalement que le fait de «*remplacer*» la famille comporte toujours le risque de l'exclure entièrement ou en partie de ses tâches et responsabilités à l'égard des enfants.

Nous discuterons en détail d'autres alternatives dans la quatrième et dernière partie de ce livre.

4.3. Garantir un contact régulier entre l'enfant et sa famille

a. Le principe

Les États parties doivent respecter le droit de l'enfant séparé de ses deux parents d'entretenir régulièrement des relations personnelles et des contacts directs avec eux, sauf si cela est contraire à l'intérêt supérieur de l'enfant (CDE, article 9.3). L'article 37.c CDE confirme cette règle : «*[t]out enfant privé de liberté (...) a le droit de rester en contact avec sa famille par la correspondance et par des visites, sauf circonstances exceptionnelles*».

Les contacts réguliers et directs de l'enfant avec sa famille ne peuvent donc être interdits que si cela est «*contraire à l'intérêt supérieur de l'enfant*» (CDE, article 9.3) ou en cas de «*circonstances exceptionnelles*» (CDE, article 37.c). Il aurait été souhaitable que ces exceptions aient été définies plus clairement, afin d'éviter le risque d'une interprétation trop large. L'article 67 des Règles des Nations Unies pour la protection des mineurs privés de liberté précise cependant que les restrictions ou l'interdiction des contacts avec la famille doivent être exclues en tant que sanctions pour des infractions à la discipline.

Davantage de précisions sur la façon dont les relations personnelles régulières et les contacts directs doivent se réaliser quand un enfant est privé de liberté sont mentionnées dans les Règles des Nations Unies pour la protection des mineurs privés de liberté. Nous les détaillons plus bas.

b. Deux conditions nécessaires : décentraliser les établissements et réduire leur taille

Les établissements pour mineurs devraient être décentralisés et être d'une taille propre à faciliter les contacts entre les mineurs et leur famille (MPL, article 30).

c. Une autre condition : les parents doivent être informés

Les parents doivent être informés sans délai du lieu où se trouve leur enfant (MPL, article 22).

Lorsqu'un enfant est détenu, l'État doit donner sur demande aux parents, ou s'il y a lieu à un autre membre de la famille, les renseignements essentiels sur l'endroit où il se trouve, à moins que la divulgation de ces renseignements ne soit préjudiciable à son bien-être (CDE, article 9.4).

d. Les visites de la famille

L'enfant doit avoir la possibilité de recevoir sa famille dans l'établissement, et ce dans les meilleures des conditions possibles. Les visites doivent être fréquentes, en principe une fois par semaine et pas moins d'une fois par mois.

Le cadre normatif international donne également quelques précisions sur les conditions dans lesquelles les visites doivent se dérouler : elles doivent tenir compte du besoin du mineur de parler sans témoin, ainsi que de celui d'avoir des contacts et une communication sans restriction avec les membres de sa famille (MPL, article 60).

e. L'échange d'information et la correspondance

Chaque enfant a le droit de communiquer par écrit ou par téléphone avec la personne de son choix au moins deux fois par semaine (MPL, article 61). Les Règles des Nations Unies pour la protection des mineurs privés de liberté portent beaucoup d'attention à un échange d'information soutenu et permanent avec les parents (ou son tuteur, sa famille ou d'autres proches, dans le cas où l'enfant n'aurait plus de parents ou lorsqu'ils sont absents) (voir par exemple les articles 22 et 56-59 MPL). Cette information peut par exemple porter sur :

- l'appréhension du mineur (AJM, article 10.1);
- son admission, son lieu de détention, son transfert, sa libération (MPL, article 22);
- son état de santé ou des modifications importantes de cet état de santé;
- tout état de santé nécessitant un traitement à l'infirmerie de l'établissement pendant plus de 48 heures;
- toute maladie ou accident exigeant son transfert dans un établissement médical extérieur;
- le décès du mineur (MPL, article 56).

L'enfant doit également être tenu informé dans les plus brefs délais de ce qui se passe chez lui, par exemple en cas de décès, de maladie ou d'accident grave d'un parent proche (MPL, article 58).

f. Les visites à la famille

L'enfant ne doit pas seulement recevoir la visite de ses parents, mais aussi pouvoir lui-même leur rendre visite. Les enfants doivent en effet être autorisés à sortir de l'établissement pour se rendre dans leurs foyers et leur famille (MPL, article 59).

Ils doivent également avoir la possibilité d'assister aux obsèques d'un parent décédé ou de se rendre au chevet d'un parent gravement malade (MPL, article 58)

g. L'assistance de la famille

Chaque enfant privé de sa liberté a droit de demander l'assistance de sa famille, par exemple au moment de vouloir porter plainte (MPL, article 78).

h. La réintégration dans la famille : un objectif prioritaire et permanent

Le retour dans la famille doit être un objectif prioritaire dès le premier jour de la prise en charge d'un enfant dans un établissement (voir MPL, article 79).

4.4. Le décès d'un mineur pendant la détention

En cas de décès d'un mineur en détention, le parent le plus proche doit avoir le droit d'examiner le certificat de décès, de voir le corps et de décider s'il doit être inhumé ou incinéré (MPL, article 57).

Chapitre 5. - Le droit à un niveau de vie décent

Introduction

La Convention relative aux droits de l'enfant garantit pour chaque enfant le droit à un niveau de vie suffisant et décent qui permette son développement physique, mental, spirituel, moral et social (CDE, article 27).

La Convention insiste sur le principe selon lequel «*[c]'est aux parents ou autres personnes ayant la charge de l'enfant qu'incombe au premier chef la responsabilité d'assurer, dans les limites de leurs possibilités et de leurs moyens financiers, les conditions de vie nécessaires au développement de l'enfant*». Le problème se pose donc à nouveau pour les enfants privés de liberté. Comment ces droits sont-ils garantis à leur égard ?

Nous ne développons dans ce chapitre que certains des droits qui ont trait à la réalisation d'un niveau de vie décent, en nous limitant surtout aux aspects physiques. D'autres éléments qui sont tout aussi importants à cet égard, tels que l'éducation par exemple, seront traités plus loin. Nous prenons en compte dans ce chapitre également les normes internationales relatives à la réhabilitation et à la réinsertion sociale.

1. Les conditions physiques et l'environnement

1.1. Les vêtements

Le mineur doit, dans la mesure du possible, avoir le droit de porter ses propres vêtements (MPL, article 36). Ce droit n'est cependant pas absolu (voir chapitre 6, le droit à la vie privée).

Des dispositions doivent être prises au moment de l'admission dans l'établissement pour assurer que les vêtements personnels soient propres et utilisables (TD, article 18). Tous les vêtements doivent être propres et maintenus en bon état. Les sous-vêtements doivent être changés et lavés aussi fréquemment qu'il est nécessaire pour le maintien de l'hygiène (TD, article 17.2).

Si les enfants ne sont pas autorisés à porter leurs vêtements, ils doivent recevoir un trousseau (TD, article 17.1).

Les établissements doivent veiller à ce que chaque mineur ait des vêtements personnels appropriés au climat et suffisants pour le maintenir en bonne santé; ces vêtements ne doivent en aucune manière être dégradants ou humiliants (MPL, article 36).

1.2. L'environnement physique et le logement

a. Le principe

Les mineurs détenus doivent être logés dans des locaux répondant à toutes les exigences de l'hygiène et de la dignité humaine (MPL, article 31). Tous les locaux fréquentés régulièrement par les détenus doivent être maintenus en parfait état d'entretien et de propreté (TD, article 14). Pour aller plus en détail, les locaux de détention et, en particulier, ceux qui sont destinés au logement des détenus pendant la nuit, doivent répondre aux exigences de l'hygiène, compte tenu du climat, notamment en ce qui concerne le cubage d'air, la surface minimum, l'éclairage, le chauffage et la ventilation (TD, article 10).

L'objectif de réadaptation assigné au traitement des mineurs détenus est également un élément à prendre en compte dans la conception des établissements pour mineurs (MPL, article 32).

b. L'aménagement de l'établissement

En ce qui concerne la conception des établissements pour mineurs et leur environnement physique, plusieurs éléments doivent être pris en considération, comme la sécurité par exemple. Il est également important que la conception des établissement et l'environnement physique tiennent dûment compte:

- du besoin d'intimité des mineurs;
- de leur besoin de stimulants sensoriels.

Et qu'ils offrent :

- des possibilités d'association avec leurs semblables;
- des possibilités de se livrer à des activités sportives, d'exercice physique et de loisirs (MPL, article 32).

c. Les fenêtres

Les fenêtres doivent être suffisamment grandes pour que le détenu puisse lire et travailler à la lumière naturelle; l'agencement de ces fenêtres doit permettre l'entrée d'air frais, et ceci qu'il y ait ou non une ventilation artificielle. La lumière artificielle doit être suffisante pour permettre au détenu de lire ou de travailler sans altérer sa vue (TD, article 11b).

d. Les installations sanitaires

Les installations sanitaires doivent se trouver à des emplacements convenablement choisis et répondre à des normes suffisantes pour permettre à tout mineur de satisfaire ses besoins naturels au moment voulu, d'une manière propre et décente (MPL, article 34). Les installations de bain et de douche doivent être suffisantes pour que chaque détenu puisse être mis à même et tenu de les utiliser, à une température adaptée au climat et aussi fréquemment que l'exige l'hygiène générale selon la saison et la région géographique, mais au moins une fois par semaine sous un climat tempéré (TD, article 13).

e. L'hygiène personnelle

Les détenus doivent disposer d'eau et des articles de toilette nécessaires à leur santé et à leur propreté (TD, article 15). Des facilités doivent être prévues pour le bon entretien de la chevelure et de la barbe; les hommes doivent pouvoir se raser régulièrement (TD, article 16).

f. Dormir

Normalement, les mineurs doivent dormir dans de petits dortoirs ou des chambres individuelles, tout en tenant compte des normes locales (MPL, article 33). Lorsque l'on recourt à des dortoirs, ceux-ci doivent être occupés par des détenus soigneusement sélectionnés et reconnus aptes à être logés dans ces conditions (TD, article 9.2). Les cellules ou chambres destinées à l'isolement nocturne quant à elles, ne doivent être occupées que par un seul détenu. Si pour des raisons spéciales, telles qu'un encombrement temporaire, il devient nécessaire pour l'administration pénitentiaire centrale de faire des exceptions à cette règle, on devra éviter de loger deux détenus par cellule ou chambre individuelle (TD, article 9.1).

Chaque mineur doit disposer, en conformité avec les usages locaux ou nationaux, d'un lit individuel (TD, article 19) et d'une literie individuelle suffisante qui doit être propre au moment où elle est délivrée, entretenue convenablement et renouvelée de façon à en assurer la propreté (MPL, article 33).

Les locaux où dorment les détenus - chambres individuelles ou dortoirs - doivent être soumis, la nuit, à une surveillance régulière et discrète, afin d'assurer la protection de chacun des mineurs (MPL, article 33).

g. La sécurité

La conception et la structure des installations pour mineurs doivent réduire au minimum le risque d'incendie et permettre d'assurer, dans la sécurité, l'évacuation des locaux. L'établissement doit être doté d'un système d'alarme efficace en cas d'incendie, avec des instructions écrites et exercices d'alerte pour assurer la sécurité des mineurs. Les installations ne seront pas placées dans des secteurs qui présentent des risques connus pour la santé ou d'autres dangers (MPL, article 32).

h. Les crèches

Lorsqu'il est permis aux mères détenues de conserver leurs nourrissons, des dispositions doivent être prises pour organiser une crèche, dotée d'un personnel qualifié, où les nourrissons seront placés durant les moments où ils ne sont pas laissés aux soins de leurs mères (TD, article 23.2).

1.3. Le transport

Le transport des mineurs doit s'effectuer par des moyens comportant une aération et un éclairage suffisants et dans des conditions qui ne leur imposent pas de souffrance et ne portent pas atteinte à leur dignité (MPL, article 26).

2. Le droit de jouir du meilleur état de santé possible

2.1. Le droit de recevoir des soins médicaux

Tout mineur a le droit de recevoir des soins médicaux, tant préventifs que curatifs, y compris des soins dentaires, ophtalmologiques et psychiatriques, ainsi que celui d'obtenir les médicaments et de suivre le régime alimentaire que le médecin peut lui prescrire (MPL, article 49).

2.2. Les soins médicaux doivent être dispensés prioriairement dans la communauté

Tous ces soins médicaux doivent, dans la mesure du possible, être dispensés aux mineurs en détention par les services de santé appropriés de la communauté où est situé l'établissement, afin d'empêcher toute stigmatisation du mineur et de favoriser le respect de soi et l'intégration dans la communauté (MPL, article 49).

2.3. Des services médicaux minimaux et un personnel médical qualifié au sein de l'établissement

Sans vouloir faire tort au droit énoncé au paragraphe précédent (celui de bénéficier de soins médicaux dans la communauté plutôt que dans l'établissement), il est important que chaque établissement soit en mesure d'administrer des soins médicaux minimaux, par exemple en cas d'urgence. En effet, tout établissement pour mineurs doit pouvoir accéder immédiatement à des moyens et équipements médicaux adaptés au nombre et aux besoins de ses résidents et être doté d'un personnel formé aux soins de médecine préventive et au traitement des urgences médicales (MPL, article 51).

Dans les établissements suffisamment grands pour exiger le service d'un ou de plusieurs médecins consacrant tout leur temps à cette tâche, un de ceux-ci au moins doit habiter l'établissement ou à proximité immédiate de celui-ci. Dans les autres établissements, le médecin doit faire des visites chaque jour et habiter suffisamment près pour être à même d'intervenir sans délai dans les cas d'urgence (TD, article 52).

2.4. L'accès du mineur à l'assistance médicale et aux soins de santé

a. Un examen médical obligatoire dès l'admission

Le médecin doit examiner chaque détenu aussi vite que possible après son admission et aussi souvent que cela est nécessaire ultérieurement (TD, article 24).

Cet examen médical peut avoir comme objectif de:

- déceler l'existence éventuelle d'une maladie physique ou mentale;
- déterminer la capacité physique de travail du détenu (TD, article 24);
- constater toute trace éventuelle de mauvais traitement (MPL, article 50);

- déceler l'abus de certaines substances qui pourrait entraver l'insertion du mineur dans la société (MPL, article 51).

b. Un suivi médical régulier

Le médecin devrait voir chaque jour tous les détenus malades, tous ceux qui se plaignent d'être malades et tous ceux sur lesquels son attention est particulièrement attirée (TD, article 25.1). Tout mineur qui est ou se dit malade, ou qui présente des symptômes de troubles physiques ou mentaux, doit être examiné sans délai (MPL, article 51).

Le médecin doit visiter tous les jours les détenus qui subissent des sanctions disciplinaires et faire rapport au directeur s'il estime nécessaire de terminer ou modifier la sanction pour des raisons de santé physique ou mentale (TD, article 32.3). Tout médecin qui a des motifs de croire que la santé physique ou mentale d'un mineur est ou sera affectée par une détention prolongée, une grève de la faim ou une modalité quelconque de la détention doit en informer immédiatement le directeur de l'établissement ainsi que l'autorité indépendante chargée de la protection du mineur (MPL, article 52).

Des détenus suspects d'être atteints de maladies infectieuses ou contagieuses doivent être séparés immédiatement des autres détenus (TD, article 24).

c. L'administration de médicaments

Il ne doit être administré de médicaments qu'en cas de traitement nécessaire pour des raisons médicales et, si possible, après obtention du consentement averti du mineur en cause. L'administration de tout médicament doit toujours être autorisée et effectuée par un personnel médical qualifié (MPL, article 55).

Si le mineur reçoit des médicaments ou si on en trouve en sa possession, le médecin décidera de l'usage à en faire (MPL, article 35).

2.5. Le traitement hospitalier

Pour les malades qui ont besoin de soins spéciaux, il faut prévoir le transfert vers des établissements pénitentiaires spécialisés ou vers des hôpitaux civils (TD, article 22.2).

2.6. Le traitement psychiatrique

Tout mineur atteint d'une maladie mentale doit être traité dans un établissement spécialisé doté d'une direction médicale indépendante. Des mesures doivent être prises, aux termes d'un arrangement avec les organismes appropriés, pour assurer, le cas échéant, la poursuite du traitement psychiatrique après la libération (MPL, article 53).

2.7. Les soins prénatals et postnatals

Dans les établissements pour femmes, il doit y avoir les installations spéciales nécessaires pour le traitement des femmes enceintes, relevant de couches et convalescentes. Dans toute la mesure du possible, des dispositions doivent être prises pour que l'accouchement ait lieu dans hôpital civil (TD, article 23.1).

3. La nourriture et l'eau potable

Tout établissement doit veiller à ce que le mineur reçoive une alimentation convenablement préparée et présentée aux heures usuelles des repas, et satisfaisant, en qualité et en quantité, aux normes de la diététique et de l'hygiène, compte tenu de sa santé et de ses activités, et, dans la mesure du possible, des exigences de sa religion et de sa culture. Chaque mineur doit disposer en permanence d'eau potable (MPL, article 37).

La réduction de nourriture à titre de mesure disciplinaire doit être exclue, quelle qu'en soit la raison (MPL, article 67).

4. La sécurité sociale et les assurances sociales

L'article 26 CDE reconnaît le droit de chaque enfant de bénéficier de la sécurité sociale. Les prestations doivent, lorsqu'il y a lieu, être accordées compte tenu des ressources et de la situation de l'enfant et des personnes responsables de son entretien.

La privation de liberté ne doit en rien empêcher l'enfant de jouir de ce droit. Les allocations familiales par exemple doivent continuer à être versées, sans exclure qu'une partie de la somme puisse être réclamée par l'établissement afin de couvrir en partie les frais de séjour.

5. Le contact avec l'extérieur

Tout doit être mis en œuvre pour que les mineurs aient suffisamment de contacts avec le monde extérieur car ceci fait partie intégrante du droit d'être traité humainement et est indispensable pour préparer les mineurs au retour dans la société (MPL, article 59).

Ce principe constitue comme un fil rouge que l'on retrouve à plusieurs reprises dans le cadre normatif international. Education, formation professionnelle, services de santé, loisirs, traitement, etc. : chaque aspect de la vie de l'enfant privé de liberté doit autant que possible être pris en charge dans un environnement naturel, ou du moins en contact avec celui-ci.

Les mineurs doivent être autorisés à communiquer avec leur famille (voir chapitre 4), ainsi qu'avec des membres ou représentants d'organisations extérieures «*de bonne réputation*». De plus, ils doivent avoir le droit de sortir de l'établissement pour se rendre dans leurs foyers et leurs familles et d'obtenir des autorisations de sortie spéciales pour des motifs importants d'ordre éducatif, professionnel ou autre (MPL, article 59).

Le concept de «*l'institution incomplète*»[43] illustre bien ces exigences internationales : il consiste à rendre les institutions le plus dépendantes possible du monde extérieur. Les jeunes devraient être autorisés à sortir, lorsque cela est possible, pour mener des activités à l'extérieur, et un recours à des services communautaires, par exemple dans les domaines de la santé, de l'éducation, de la formation professionnelle et des loisirs, devrait être encouragé. L'existence de services à l'usage exclusif de l'«*anormalité*» est, selon ce concept, absurde.

6. La réhabilitation et la réinsertion sociale

6.1. Le principe

L'article 39 CDE stipule que les États doivent prendre toutes les mesures appropriées pour faciliter la réadaptation physique et psychologique et la réinsertion sociale des enfants victimes de toute forme de négligence, d'exploitation ou de sévices; de torture ou de toute autre forme de peines ou de traitements cruels, inhumains ou dégradants; ou de conflit armé. Cette réadaptation et cette réinsertion doivent se dérouler dans des conditions qui favorisent la santé, le respect de soi et la dignité de l'enfant.

Il est regrettable que les mineurs privés de liberté ne soient pas mentionnés explicitement dans cet article. En ce qui les concerne, l'article 39 CDE ne peut donc être invoqué qu'indirectement.

---

43 Garcia Mendez, E. ; 1995, p. 100

Le lien entre la réinsertion et le respect de la dignité du mineur est également fait par l'article 87.f des MPL: «*[l]e personnel de l'établissement doit s'efforcer de réduire au minimum les différences entre la vie à l'extérieur et à l'intérieur de l'établissement qui tendent à être préjudiciables au respect de la dignité des mineurs en tant qu'êtres humains*».

6.2. Le soutien aux mineurs

Les mineurs placés sous le régime de la libération conditionnelle seront assistés et suivis par une autorité appropriée et recevront le soutien total de la communauté (AJM, article 28.2). En effet, tout mineur doit bénéficier de dispositions visant à faciliter son retour dans la société, dans sa famille, dans le milieu scolaire ou dans la vie active après sa libération. Des stages doivent être spécialement conçus à cette fin (MPL, article 79).

Les autorités compétentes doivent fournir ou assurer des services visant à aider les mineurs libérés à retrouver leur place dans la société, ainsi qu'à réduire les préjugés à l'égard de ces mineurs. Ces services doivent veiller, dans la mesure où cela est nécessaire, à ce que le mineur obtienne un logis, du travail et des vêtements convenables ainsi que des moyens suffisants pour vivre au cours de la période qui suit sa libération de façon à faciliter sa réinsertion dans de bonnes conditions (MPL, article 80).

Les représentants des organismes qui dispensent de tels services doivent avoir accès à l'établissement et aux mineurs et doivent être consultés pendant la détention en ce qui concerne l'aide à apporter au mineur à son retour dans la collectivité (MPL, article 80).

6.3. La sensibilisation du public

Les pouvoirs publics doivent s'efforcer de susciter dans le public une prise de conscience accrue du fait que le traitement des mineurs privés de liberté et leur préparation au retour dans la société représentent un service social de grande importance; à cet effet, des mesures actives devraient être prises en vue de favoriser les contacts directs entre les mineurs et la collectivité locale (MPL, article 8).

7. La coopération internationale

La réalisation d'un niveau de vie suffisant et décent dépend, il est vrai, d'une façon importante de la situation économique et sociale de chaque pays. Dans les différents textes qui composent le cadre normatif international, les États sont d'ailleurs invités, à plusieurs reprises, à réaliser ce droit «*dans les limites de leurs possibilités et de leurs moyens financiers*».

Pour les pays dans lesquels les moyens ne suffisent pas à réaliser ce droit pour chaque enfant, l'article 4 CDE prévoit la possibilité de faire appel à la coopération internationale. A un État qui invoque son manque de ressources pour justifier le non respect du droit à un niveau de vie décent (et des droits de l'enfant dans leur ensemble), il peut être très utile de rappeler cet article.

Il est vrai aussi que les personnes détenues en général, et les mineurs privés de liberté en particulier, seront souvent parmi les premiers touchés par le manque de ressources. L'article 4 prend donc encore davantage d'importance dans leur cas, et ce d'autant plus qu'une lecture parallèle des articles 2 (principe de non discrimination) et 4 CDE confirme que la coopération internationale doit jouer pour eux au même titre que pour toute autre personne.

Chapitre 6. - Les droits et libertés civils et politiques

Introduction

L'enfant privé de liberté doit pouvoir jouir de tous les droits civils et politiques (à l'exception du droit à la liberté de mouvement) et les exercer.

Dans ce chapitre, nous rappelons quels sont ces droits pour chaque mineur. Nous avons complété ce cadre, là où cela s'avérait utile ou nécessaire, avec des dispositifs spécifiques à la situation de privation de liberté. Une attention particulière a été portée à la protection juridique.

1. Le nom, la nationalité et la protection de l'identité

Chaque enfant a droit à un nom, une identité et une nationalité (CDE, article 7). Les États parties s'engagent à respecter le droit de l'enfant de préserver son identité, y compris son nom et sa nationalité (CDE, article 8.1).

Si un enfant est illégalement privé des éléments constitutifs de son identité ou de certains d'entre eux, les États parties doivent lui accorder une assistance et une protection appropriée, pour que son identité soit rétablie aussi rapidement que possible (CDE, article 8.2).

2. La liberté d'expression et l'accès à toute information

2.1. Le droit à la liberté d'expression

Chaque enfant a droit à la liberté d'expression (CDE, article 13.1)[44].

Très souvent, le plein respect de ce droit est une condition nécessaire à une surveillance efficace des autres droits de l'enfant (privé de liberté). En effet, il permet entre autres aux enfants de prendre activement part à l'évaluation de leur situation.

2.2. L'accès à toute information

a. Le principe

Chaque enfant a la liberté de rechercher et de recevoir des informations et des idées de toute espèce, sans considération de frontières, sous une forme orale, écrite, imprimée ou artistique, ou par tout autre moyen du choix de l'enfant (CDE, article 13).

Les États parties veillent à ce que l'enfant ait accès à une information et à des matériels provenant de sources nationales et internationales diverses, notamment ceux qui visent à promouvoir son bien-être social, spirituel et moral ainsi que sa santé physique et mentale (CDE, article 17).

b. L'enfant doit être informé du règlement intérieur dès son admission

Lors de son admission, chaque mineur doit recevoir un exemplaire du règlement régissant l'organisation interne de l'établissement et un exposé écrit de ses droits dans une langue qu'il comprend, avec l'indication de l'adresse des autorités compétentes pour recevoir les plaintes et de celle des organismes publics ou privés qui fournissent une assistance judiciaire (MPL, article 24).

c. Une bibliothèque dans chaque établissement

Chaque établissement doit mettre à disposition une bibliothèque suffisamment pourvue de livres instructifs et récréatifs adaptés aux mineurs; ceux-ci doivent être encouragés à l'utiliser le plus possible et mis à même de le faire (MPL, article 41).

---

44 Voir également CDE, article 12 – chapitre 3 sur les principes généraux.

d. La communication et la correspondance

Tout mineur doit avoir le droit de communiquer par écrit ou par téléphone au moins deux fois par semaine avec la personne de son choix, sauf interdiction légale, et, le cas échéant, recevoir une assistance afin de pouvoir jouir effectivement de ce droit. Tout mineur doit avoir le droit de recevoir de la correspondance (MPL, article 61).

e. L'enfant doit pouvoir être tenu au courant de l'actualité

Les mineurs doivent avoir la possibilité de se tenir régulièrement au courant de l'actualité par la lecture de journaux quotidiens, de périodiques ou d'autres publications, par l'accès à des émissions radiodiffusées ou télévisées et à des projections de films, ainsi qu'en recevant des visites de représentants des clubs ou organisations licites auxquels ils s'intéressent (MPL, article 62).

2.3. Comprendre l'information

On doit aider chaque mineur à comprendre le règlement régissant l'organisation interne de l'établissement et toutes autres questions qu'il peut avoir besoin de connaître pour être en mesure de comprendre pleinement ses droits et ses obligations durant la détention (MPL, article 25).

Si le mineur est illettré ou ne lit pas la langue dans laquelle les informations sont données, celles-ci lui seront fournies de manière à ce qu'il puisse les comprendre pleinement (MPL, article 24).

Tout mineur qui ne parle pas la langue du personnel de l'établissement où il est détenu aura droit, à titre gracieux, aux services d'un interprète lorsque cela sera nécessaire, en particulier au cours des examens médicaux et des procédures disciplinaires (MPL, article 6).

Le directeur, son adjoint et la majorité des autres membres du personnel de l'établissement doivent parler la langue de la plupart des détenus, ou une langue comprise par la plupart de ceux-ci (TD, article 51.1).

2.4. Les limites à la liberté d'expression

L'exercice du droit à la liberté d'expression ne peut faire l'objet que des seules restrictions qui sont prescrites par la loi et qui sont nécessaires:

- au respect des droits ou de la réputation d'autrui;
- à la sauvegarde de la sécurité nationale, de l'ordre public, de la santé ou de la moralité publiques (CDE, article 13.2).

3. La liberté de pensée, de conscience et de religion

3.1. Le droit à la liberté de pensée, de conscience et de religion

a. Le principe

Chaque enfant a droit à la liberté de pensée, de conscience et de religion (CDE, article 14.1).

Ce droit doit être respecté en premier lieu lors de la discussion sur le choix de l'établissement dans lequel le mineur sera privé de liberté. L'article 20.3 CDE qui concerne la séparation des enfants de leurs parents exige en effet que, dans la recherche d'une protection de remplacement, il soit dûment tenu compte de la nécessité d'une certaine continuité quant à leur origine ethnique, religieuse, culturelle et linguistique.

Par la suite, à l'intérieur de l'établissement, les croyances religieuses, les pratiques culturelles et les préceptes moraux des mineurs doivent également être respectés (MPL, article 4).

b. L'alimentation

Tout établissement doit veiller à ce que le mineur reçoive une alimentation satisfaisant, dans la mesure du possible, aux exigences de sa religion et de sa culture (MPL, article 37).

c. Les services religieux

Tout mineur privé de sa liberté doit être autorisé à satisfaire aux exigences de sa vie religieuse et spirituelle, notamment en participant aux services ou réunions organisés dans l'établissement ou en entrant en relation avec les représentants de sa confession et en ayant en sa possession les livres ou articles de pratique et d'instruction religieuses de sa confession.

Si un établissement compte un nombre suffisant de mineurs appartenant à une certaine religion, un ou plusieurs représentants qualifiés de cette religion doivent être nommés ou agréés et autorisés à organiser régulièrement des services religieux et à rendre des visites pastorales en privé aux mineurs qui en font la demande.

Chaque mineur doit avoir le droit de recevoir des visites d'un représentant qualifié d'une religion de son choix (MPL, article 48).

3.2. Les limites au droit à la liberté de pensée, conscience et de religion

La liberté de manifester sa religion ou ses convictions ne peut être soumise qu'aux seules restrictions qui sont prescrites par la loi et qui sont nécessaires pour préserver:

- la sûreté publique, l'ordre public, la santé et la moralité publiques;
- les libertés et droits fondamentaux d'autrui (CDE, article 14.3).

3.3. Une liberté, pas une obligation

Chaque enfant privé de liberté a le droit de ne pas prendre part à des services religieux et de refuser librement de recevoir une éducation, des conseils ou un endoctrinement dans ce domaine (MPL, article 48).

4. La liberté d'association

4.1. Le principe

Chaque enfant a droit à la liberté d'association et à la liberté de réunion pacifique (CDE, article 15.1).

4.2. Les limites à la liberté d'association

L'exercice du droit à la liberté d'association et à la liberté de réunion pacifique ne peut faire l'objet que des seules restrictions qui sont prescrites par la loi et qui sont nécessaires:

- dans une société démocratique
- dans l'intérêt de la sécurité nationale, de la sûreté publique ou de l'ordre public, ou pour protéger la santé ou la moralité publiques
- pour protéger les droits et libertés d'autrui (CDE, article 15.2).

5. Le droit à la vie privée

5.1. Le principe

Nul enfant ne sera l'objet d'immixtions arbitraires ou illégales dans sa vie privée, sa famille, son domicile ou sa correspondance, ni d'atteintes illégales à son honneur et à sa réputation.

L'enfant a droit à la protection de la loi contre de telles immixtions ou de telles atteintes (CDE, article 16).

5.2. La possession d'effets personnels

La possession d'effets personnels est un élément fondamental du droit à la vie privée et est essentielle au bien-être psychologique des mineurs, ceux qui sont privés de liberté comme les autres. En conséquence, doivent être pleinement reconnus et respectés le droit du mineur de conserver en sa possession ses effets personnels et celui de pouvoir les entreposer dans des conditions satisfaisantes.

Les effets personnels que le mineur décide de ne pas conserver ou qui sont confisqués doivent être placés en lieu sûr. Un inventaire doit être dressé et être signé par le mineur. Des mesures doivent être prises pour garder ces objets en bon état. Ils doivent, ainsi que son argent, lui être rendus à sa libération, à l'exception de l'argent qu'il a été autorisé à dépenser ou de l'argent ou des objets qu'il a pu envoyer à l'extérieur (MPL, article 35).

5.3. Le droit de porter ses propres vêtements

Le mineur privé de liberté doit, dans la mesure du possible, avoir le droit de porter ses propres vêtements (MPL, article 36) (voir également chapitre 5, les conditions physiques et l'environnement). Il se peut que l'autorisation de porter ses vêtements soit limitée aux moments passés hors de l'établissement. Les mineurs qui quittent l'établissement ou sont autorisés à en sortir pour quelque raison que ce soit doivent en effet avoir la permission de porter leurs vêtements personnels (MPL, article 36).

5.4. La confidentialité

a. Le personnel

Le personnel de l'établissement doit respecter le droit du mineur à la vie privée et doit en particulier préserver la confidentialité de tout ce qu'il a appris dans l'exercice de ses fonctions au sujet des enfants et de leur famille (MPL, article 87.e).

b. Les rapports et dossiers

Tous les rapports, y compris les dossiers judiciaires, les dossiers médicaux, les dossiers disciplinaires et tous autres documents relatifs à la forme et au contenu du traitement, doivent être placés dans un dossier individuel confidentiel qui ne peut être consulté que par les personnes habilitées.

A la libération du mineur, son dossier doit être scellé et, à une date appropriée, détruit (MPL, article 19).

c. L'acte de naissance pour l'enfant né en prison

Si l'enfant est né en prison, il importe que l'acte de naissance n'en fasse pas mention (TD, article 23.1).

5.5. La protection de la vue du public

Lorsque les détenus sont amenés à l'établissement ou en sont extraits, ils doivent être exposés aussi peu que possible à la vue du public, et des dispositions doivent être prises pour les protéger des insultes, de la curiosité publique et de toute espèce de publicité (TD, article 45.1).

6. Le droit à la dignité humaine et à l'intégrité personnelle

6.1. Le droit à la protection contre les abus et mauvais traitements

a. Le principe

Chaque enfant a le droit d'être protégé contre toute forme de violence, d'atteinte ou de brutalités physiques ou mentales, d'abandon ou de négligence, de mauvais traitements ou d'exploitation, y compris la violence sexuelle, pendant qu'il est sous la garde de toute personne à qui il est confié (CDE, article 19).

Il y a plusieurs manières de considérer le problème de la maltraitance et de l'exploitation des enfants en établissement. L'une de ces manières, peu courante mais très importante, est d'aborder ce problème sous l'angle de l'article 19 CDE, qui permet de considérer le personnel de l'établissement comme des personnes à qui l'enfant a été confié. En effet, le personnel remplace d'une certaine manière, et jusqu'à un certain degré, les parents dans l'exercice de leur autorité parentale pendant la période d'enfermement.

b. L'appui au personnel

En vue de prévenir tout mauvais traitement et abus de la part du personnel à l'égard des enfants qui lui sont confiés, il faut envisager pour chaque membre du personnel un encadrement, ainsi que tout autre appui nécessaire, afin de décourager le recours à la violence (CDE, article 19).

6.2. L'exploitation

a. L'exploitation économique

Toutes les normes nationales et internationales de protection applicables au travail des enfants et aux jeunes travailleurs sont applicables aux mineurs privés de liberté (MPL, article 44).

L'article 32 CDE fait partie de ces normes. Cet article reconnaît d'abord le droit de chaque enfant d'être protégé contre l'exploitation économique et de n'être astreint à aucun travail comportant des risques ou susceptible de compromettre son éducation ou de nuire à sa santé ou à son développement physique, mental, spirituel, moral ou social.

Cet article de la Convention invite également les États parties à fixer un âge minimum ou des âges minima d'admission à l'emploi et à prévoir une réglementation appropriée des horaires de travail et des conditions d'emploi. Ils doivent aussi prévoir des sanctions pour assurer l'application effective de ces obligations.

Certaines des autres normes internationales en la matière, telles que celles émanant du Bureau International du Travail, sont abordées dans le chapitre 7.

b. L'exploitation sexuelle

Chaque enfant a droit à une protection contre toutes les formes d'exploitation sexuelle (CDE, article 34).

Les États parties doivent prendre toutes les mesures pour empêcher que :

- des enfants ne soient incités ou contraints à se livrer à une activité sexuelle illégale;
- des enfants ne soient exploités à des fins de prostitution ou autres pratiques sexuelles illégales;
- des enfants ne soient exploités aux fins de la production de spectacles ou de matériel à caractère pornographique (CDE, article 34).

c. L'utilisation d'enfants dans la production et le trafic illicites de stupéfiants et de substances psychotropes

Les États parties doivent prendre toutes les mesures pour empêcher l'utilisation d'enfants dans la production et le trafic illicites de stupéfiants et de substances psychotropes (CDE, article 33).

d. L'enlèvement, la vente, la traite d'enfants et toutes autres formes d'exploitation

Les États parties doivent prendre toutes les mesures pour empêcher l'enlèvement, la vente ou la traite d'enfants à quelque fin que ce soit et sous quelque forme que ce soit (CDE, article 35).

De manière générale, ils doivent de plus protéger l'enfant contre toutes autres formes d'exploitation préjudiciables à tout aspect de son bien-être (CDE, article 36).

6.3. La torture et les autres peines ou traitements cruels, inhumains ou dégradants

a. La définition

La torture a été définie dans la Déclaration sur la protection de toutes les personnes contre la torture et autres peines ou traitements cruels, inhumains ou dégradants, et dans la Convention contre la torture et autres peines ou traitements cruels, inhumains ou dégradants, adoptées respectivement en 1975 et 1984 par l'Assemblée Générale des Nations Unies.

Des articles premiers de ces instruments internationaux, nous pouvons tirer les conditions qu'un acte doit remplir cumulativement pour être qualifié de torture :

1) les douleurs ou souffrances endurées doivent être aiguës, mais peu importe qu'elles soient physiques ou morales;
2) l'auteur doit agir intentionnellement;
3) l'auteur doit chercher à atteindre certains buts ou être guidé par certains motifs définis (soutirer une information ou une confession, punir, intimider, forcer, ou toute autre raison fondée sur une discrimination);
4) l'auteur doit être un agent de la fonction publique ou toute autre personne agissant à titre officiel ou à son instigation ou avec son consentement exprès ou tacite;
5) le terme de torture ne s'étend pas à la douleur ou aux souffrances résultant uniquement de sanctions légitimes, inhérentes à ces sanctions ou occasionnées par elles.

Au regard de cette définition, il est important de garder à l'esprit que le fait d'avoir donné son «*consentement exprès ou tacite*» suffit pour qu'un agent de l'État puisse être tenu responsable d'un acte de torture et qu'il n'est donc pas nécessaire qu'il y ait participé activement. Il ne faut pas perdre de vue non plus que la détermination de l'intensité de la douleur doit tenir compte de l'âge de l'enfant. En effet, une douleur ou souffrance qui peut être considérée comme relativement légère par un adulte peut mettre l'enfant, en raison de son jeune âge, dans un état d'anxiété et de stress extrêmes.

b. Le principe

Nul enfant ne peut être soumis à la torture ni à des peines ou traitements cruels, inhumains ou dégradants (CDE, article 37.a).

c. Les vêtements

Les vêtements des enfants privés de liberté ne doivent en aucune matière être dégradants ou humiliants (MPL, article 36).

d. Les traitements médicaux expérimentaux

Les mineurs privés de liberté ne doivent jamais être utilisés comme sujets de traitements expérimentaux ou pour essayer de nouveaux médicaments (MPL, article 55) (voir également PIDCP, article 7).

e. Les moyens de contrainte

L'emploi d'instruments de contrainte, quelle qu'en soit la raison, est interdit, sauf dans des cas exceptionnels[45]. De toutes les façons, ces moyens et instruments ne doivent pas être humiliants (MPL, articles 63 et 64). Par exemple, les chaînes et les fers ne sont pas autorisés (TD, article 33) et il est interdit d'administrer des médicaments comme moyen de coercition (MPL, article 55).

f. Les mesures disciplinaires

Toutes les mesures disciplinaires qui constituent un traitement cruel, inhumain ou dégradant, telles que les châtiments corporels, la réclusion dans une cellule obscure, dans un cachot ou en isolement, et toute punition qui peut être préjudiciable à la santé physique ou mentale d'un mineur doivent être interdites (MPL, article 67).

L'Ensemble de règles minima pour le traitement des détenus ajoute encore à cela que les menottes, chaînes, fers et camisoles de force ne doivent jamais être appliqués en tant que sanctions (TD, article 33).

45 Cet aspect est abordé avec davantage de détails plus loin dans ce chapitre

De même, les médicaments ne doivent pas être administrés en vue d'obtenir des renseignements ou des aveux ou à titre de sanction (MPL, article 55); la réduction de nourriture et les restrictions ou l'interdiction des contacts avec la famille doivent être exclues, quelle qu'en soit la raison et le travail ne doit pas être imposé comme sanction disciplinaire (MPL, article 67).

g. Le transport

Le transport des mineurs doit s'effectuer dans des conditions qui ne leur imposent pas de souffrance et ne portent pas atteinte à leur dignité (MPL, article 26).

6.4. La responsabilité particulière du personnel de l'établissement

Le personnel de l'établissement doit assurer la protection intégrale de la santé physique et mentale des mineurs, notamment la protection contre les abus et l'exploitation sexuels, physiques et émotionnels, et prendre immédiatement des mesures pour qu'ils bénéficient de soins médicaux chaque fois que cela est nécessaire (MPL, article 87.d) (voir également CDE, article 19 cité plus haut).

6.5. Les indemnités

Les États doivent prévoir des indemnités lorsque des mauvais traitements ont été infligés aux mineurs privés de liberté (MPL, article 7).

7. Le droit à la protection juridique pendant la procédure qui mène à la privation de liberté

Si dans ce livre nous nous concentrons principalement sur la protection juridique de l'enfant une fois qu'il a été privé de liberté, nous avons tout de même tenu à soulever sous ce point quelques éléments qui relèvent de la procédure menant à la privation de liberté, sans pour autant être exhaustifs. Par exemple, l'assistance juridique pendant la procédure, bien que très importante, n'est pas abordée ici.

7.1. L'âge minimum

L'âge au dessous duquel il est interdit de priver un enfant de liberté est fixé par la loi (MPL, article 11.a).

7.2. La protection contre une privation de liberté illégale et arbitraire

Nul enfant ne peut être privé de liberté de façon illégale (CDE, article 37.b). Nul ne peut être privé de sa liberté, si ce n'est pour des motifs prévus par la loi (PIDCP, article 9.1).

Nul enfant ne peut être privé de liberté de façon arbitraire (CDE, article 37.b).

Il est intéressant dans ce contexte de revenir à l'article 9 CDE (voir chapitre 4 ci-dessus) qui soumet la séparation des enfants de leurs parents à plusieurs conditions dont celle suivant laquelle la décision doit être prise par une autorité compétente. A la lumière de cet article, il est surprenant de constater que cette condition n'est pas exigée dans le cas de la privation de liberté en général.

7.3. Une procédure en conformité avec la loi

L'arrestation, la détention ou l'emprisonnement d'un enfant doit être en conformité avec la loi (CDE, article 37.b).

Le Pacte international relatif aux droits civils et politiques va encore plus loin: nul ne peut être privé de sa liberté, si ce n'est conformément à la procédure prévue par la loi (PIDCP, article 9.1).

7.4. Une mesure de dernier recours

a. Le principe

L'arrestation, la détention ou l'emprisonnement d'un enfant doit être une mesure de dernier ressort (CDE, article 37.b) (voir également CDE, article 20.3; MPL, articles 1, 2 et 17; AJM, articles 13.1 et 19.1; PDJ, article 46). Le Pacte international relatif aux droits civils et politiques précise ce principe avec encore davantage de détails pour toute personne arrêtée ou en détention préventive. La détention de personnes qui attendent de passer en jugement ne doit pas être la règle, mais leur mise en liberté peut être subordonnée à des garanties assurant la comparution de l'intéressé à l'audience, à tous les autres actes de la procédure et, le cas échéant, pour l'exécution du jugement (PIDCP, article 9.3).

Le principe du dernier recours exige la prise en compte de plusieurs considérations, mentionnées ci-dessous.

b. Dans l'intérêt supérieur de l'enfant

Très souvent, le cadre normatif international souligne que la privation de liberté ne peut être appliquée que si l'intérêt supérieur de l'enfant a été une considération essentielle lors de la prise de décision (voir par exemple PDJ, article 46; cet article parle même de «*la*» considération essentielle).

c. Si aucune autre solution ne convient

La privation de liberté ne peut être appliquée que s'il n'y a pas d'autre solution qui convienne (voir par exemple AJM, article 17.1.c).

d. Après un examen minutieux

Il ne doit être apporté de restrictions à la liberté personnelle du mineur - et ce en les limitant au minimum - qu'après un examen minutieux (AJM, article 17.1.b).

e. Les motifs pour priver une personne de liberté doivent être limités

Dans le cadre normatif international se trouvent plusieurs limitations des motifs pouvant mener à la privation de liberté :

- la privation de liberté individuelle ne peut être infligée que si le mineur est jugé coupable d'un délit avec voies de fait à l'encontre d'une autre personne, ou pour récidive (AJM, article 17.1.c);
- nul ne peut être emprisonné pour la seule raison qu'il n'est pas en mesure d'exécuter une obligation contractuelle (PIDCP, article 11).

Dans un objectif de définir les critères de recours au placement en institution, l'article 46 des Principes directeurs des Nations Unies pour la prévention de la délinquance juvénile laisse cependant la porte des institutions (mais, il est vrai, pas nécessairement des institutions fermées) largement ouverte aux jeunes, dans les situations suivantes :

- l'enfant ou l'adolescent a enduré des souffrances infligées par ses parents ou tuteurs;
- l'enfant ou l'adolescent a subi des violences sexuelles, physiques ou affectives de la part des parents ou tuteurs;
- l'enfant ou l'adolescent a été négligé, abandonné ou exploité par ses parents ou tuteurs;
- l'enfant est menacé physiquement ou moralement par le comportement de ses parents ou tuteurs;

- l'enfant ou l'adolescent est exposé à un grave danger physique ou psychologique du fait de son propre comportement et ni lui, ni ses parents ou tuteurs, ni les services communautaires hors institution ne peuvent parer ce danger par des moyens autres que le placement en institution.

7.5. La durée de la privation de liberté

a. Qui détermine la durée?

La durée de détention doit être définie par les autorités judiciaires (MPL, article 2).

Il est intéressant à cet égard de soulever une confusion possible dans le cadre normatif international : la durée de la privation de liberté doit être déterminée par une autorité judiciaire, sans que la mesure elle-même ne doive forcément être prise par une telle autorité. Que se passe-t-il donc dans les cas où la mesure est décidée par une autorité administrative ? Il ne serait pas logique d'exiger dans une telle situation qu'une autorité judiciaire soit sollicitée pour déterminer la durée, et il est donc souhaitable que cette confusion soit clarifiée.

b. Une mesure d'une durée aussi brève que possible

L'arrestation, la détention ou l'emprisonnement d'un enfant doit être d'une durée aussi brève que possible (CDE, article 37.b) (voir également MPL, article 2; AJM, article 13.1 et 19.1; PDJ, article 46). Si le mineur est détenu préventivement, les tribunaux et les parquets devront traiter de tels cas avec la plus grande diligence pour que la détention soit aussi brève que possible (MPL, article 17).

Lorsque le mineur accomplit une peine, le temps passé hors de l'établissement (pour des visites à la famille par exemple) doit être imputé sur la durée de cette peine (MPL, article 59). Cet article est assez restrictif (pour les mineurs accomplissant une peine uniquement), et il y a lieu de se demander pourquoi les enfants en détention provisoire, et ceux enfermés pour des raisons autres que d'avoir commis un délit ou placés suite à une «*mesure éducative*», ne pourraient pas également bénéficier de ce dispositif.

c. L'interdiction de l'emprisonnement à vie

L'emprisonnement à vie sans possibilité de libération ne doit pas être prononcé pour les infractions commises par des personnes âgées de moins de dix-huit ans (CDE, article 37.a).

d. La libération anticipée

Une libération anticipée du mineur doit toujours être possible (MPL, article 2).

8. Le droit à la protection juridique pendant la privation de liberté

8.1. L'arrestation – notification de l'accusation

Tout individu arrêté doit être informé, au moment de son arrestation, des raisons de cette arrestation et recevra notification, dans le plus court délai, de toute accusation portée contre lui (PIDCP, article 9.2).

8.2. L'admission dans un établissement

a. La nécessité d'un ordre de détention

Aucun mineur ne peut être admis dans un établissement sans un ordre de détention valide émanant d'une autorité judiciaire, administrative ou d'une autre autorité publique, et dont les mentions doivent être immédiatement consignées dans le registre (MPL, article 20).

b. La nécessité d'un registre au sein de l'établissement

Aucun mineur ne peut être détenu dans un établissement dans lequel il n'existe pas de registre des détenus (MPL, article 20) (voir également chapitre 8).

8.3. L'assistance juridique

Les enfants privés de liberté ont le droit d'avoir rapidement accès à l'assistance juridique ou à toute autre assistance appropriée (CDE, article 37.d).

Les mineurs doivent avoir droit aux services d'un avocat, pouvoir demander une assistance juridique lorsque celle-ci est prévue et communiquer régulièrement avec leur conseil. Le caractère privé et confidentiel de ces communications devra être assuré (MPL, article 18.a).

8.4. Le droit de contester la légalité de la privation de liberté et de l'exécution de la privation de liberté

a. Le principe

Les enfants ont le droit de contester la légalité de leur privation de liberté devant un tribunal ou une autre autorité compétente, indépendante et impartiale (CDE, article 37.d). Le Pacte international relatif aux droits civils et politiques, dans son article 9.4, précise que si la détention est illégale, les autorités doivent alors ordonner la libération.

La protection des droits individuels des mineurs en ce qui concerne la légalité de l'exécution des mesures de détention devra être assurée par l'autorité compétente (MPL, article 14).

b. Le droit à une décision rapide

Les enfants ont droit à ce qu'une décision rapide soit prise en la matière (CDE, article 37.d).

c. Les mineurs arrêtés ou détenus provisoirement

Au-delà du principe général, le Pacte international relatif aux droits civils et politiques contient une garantie supplémentaire pour toute personne arrêtée ou détenue provisoirement. Cette garantie est celle de l'habeas corpus, selon laquelle tout individu arrêté ou détenu du chef d'une infraction pénale sera traduit dans le plus court délai devant un juge ou une autre autorité habilitée par la loi à exercer des fonctions judiciaires, et devra être jugé dans un délai raisonnable ou libéré (PIDCP, article 9.3).

d. La compensation

Tout individu victime d'une arrestation ou d'une détention illégale a droit à une réparation (PIDCP, article 9.5).

8.5. La révision du placement

Chaque enfant qui a été placé par les autorités compétentes a le droit à un examen périodique de son traitement et de toute autre circonstance relative à son placement (CDE, article 25) (voir également le chapitre 4 et l'article 9 CDE qui exige des autorités judiciaires une révision de toute mesure menant à une séparation des enfants de leurs parents).

L'article 25 CDE ne parle d'examen périodique que dans le cas des placements ayant pour but de fournir des soins, une protection ou un traitement physique ou mental.

Les enfants privés de liberté pour de simples raisons d'ordre public sont-ils dès lors exclus de ce droit ? Nous pensons obéir parfaitement à l'esprit de la Convention en répondant qu'ils sont également couverts par cet article pour la raison que, très souvent, une intervention à l'égard des mineurs dits «*déviants*» a, formellement du moins, comme objectif leur réhabilitation et leur réintégration sociale. Une interprétation aussi large que possible du droit à la révision du placement est donc justifiée.

8.6. La mise en liberté

a. Le principe

Le juge ou tout autre fonctionnaire ou organisme compétent doit examiner sans délai la question de la libération (AJM, article 10.2). L'autorité appropriée doit avoir recours à la libération conditionnelle aussi souvent et aussi tôt que possible (AJM, article 28.1).

b. La libération des détenus (détention préventive)

La détention de personnes qui attendent de passer en jugement ne doit pas être la règle, mais leur mise en liberté peut être subordonnée à des garanties assurant la comparution de l'intéressé à l'audience, à tous les autres actes de la procédure et, le cas échéant, pour l'exécution du jugement (PIDCP, article 9.3).

9. Les mesures de contrainte

9.1. L'emploi de moyens et d'instruments de contrainte

Les moyens et instruments de contrainte ne peuvent être utilisés que :

- dans les cas exceptionnels;
- lorsque les autres moyens de contrôle ont été inopérants;
- s'ils sont expressément autorisés et définis par les lois et règlements;
- s'ils ne sont pas humiliants;
- s'ils sont utilisés pour la durée la plus brève possible;
- s'ils sont utilisés sur ordre du directeur;
- si les autres moyens de maîtriser le mineur ont échoué (MPL, article 64).

9.2. L'objectif des mesures de contrainte

Les moyens et instruments de contrainte peuvent être utilisés afin :

- d'empêcher le mineur de se causer des dommages corporels à lui-même;
- d'empêcher le mineur de causer des dommages corporels à autrui;
- d'empêcher le mineur de causer de graves dommages matériels (MPL, article 64).

Dans l'Ensemble de règles minima pour le traitement des détenus, quelques autres situations pouvant permettre l'utilisation de moyens de contrainte sont mentionnées:

- par mesure de précaution contre une évasion pendant un transfert, pourvu qu'ils soient enlevés dès que le détenu comparaît devant une autorité judiciaire ou administrative;
- pour des raisons médicales sur indication du médecin (TD, article 33);
- en cas de légitime défense des membres du personnel (TD, article 54.1).

Cependant, parce qu'elles n'ont pas été reprises dans les Règles des Nations Unies pour la protection des mineurs privés de liberté - élément très significatif - et qu'elles ne garantissent pas aux enfants privés de liberté une protection supplémentaire (au contraire), ces possibilités doivent être exclues pour les mineurs.

9.3. Les mesures de contrainte doivent être prévues dans une loi ou un règlement

Les moyens et instruments de contrainte doivent être expressément autorisés et définis par les lois et règlements. Les conditions susmentionnées doivent aussi y être inclues (MPL, article 64).

9.4. Qui peut appliquer les mesures de contrainte ?

Les moyens et instruments de contrainte ne peuvent être utilisés que sur ordre du directeur. Le directeur doit alors consulter d'urgence le médecin et faire rapport à l'autorité administrative supérieure (MPL, article 64).

9.5. L'interdiction de certaines mesures de contrainte

Tous les moyens de contrainte humiliants doivent être interdits (MPL, article 64). Le cadre normatif international ajoute à ce principe général plusieurs exemples concrets d'instruments ou de moyens inacceptables (voir plus haut, le droit à la dignité humaine et à l'intégrité personnelle).

9.6. Le port et l'usage d'armes

Le port et l'usage d'armes par le personnel doivent être interdits dans tout établissement accueillant des mineurs (MPL, article 65). Le cadre normatif international n'est pas si catégorique en ce qui concerne les détenus adultes (voir par exemple TD, article 54.3), ce qui peut s'avérer problématique dans les cas où des mineurs sont privés de liberté avec des adultes.

10. Les mesures et procédures disciplinaires

10.1. Le principe

L'ordre et la discipline doivent être maintenus avec fermeté, mais sans apporter plus de restrictions qu'il n'est nécessaire pour le maintien de la sécurité et d'une vie communautaire bien organisée (TD, article 27).
Il est important dans ce contexte de considérer également ce qui a été dit précédemment sur les mesures de contrainte, celles-ci pouvant être utilisées dans certains cas à titre de mesures disciplinaires.

10.2. Les objectifs des mesures disciplinaires

Toute mesure ou procédure disciplinaire doit assurer le maintien de la sécurité et le bon ordre de la vie communautaire et être compatible à l'objectif fondamental du traitement en établissement, à savoir inculquer le sens de la justice, le respect de soi-même et le respect des droits fondamentaux de chacun (MPL, article 66).

10.3. Les sanctions doivent être prévues dans un règlement

Un mineur ne peut faire l'objet d'une sanction disciplinaire que dans les strictes limites des dispositions légales ou réglementaires en vigueur (MPL, article 70).
Les lois ou règlements adoptés par l'autorité administrative compétente doivent fixer des normes concernant les éléments ci-après, en tenant pleinement compte des caractéristiques, des besoins et des droits fondamentaux des mineurs :

- la conduite constituant une infraction à la discipline
- la nature et la durée des sanctions disciplinaires qui peuvent être infligées
- l'autorité habilitée à prononcer ces sanctions
- l'autorité habilitée à examiner les recours (MPL, article 68).

10.4. L'interdiction de certaines mesures disciplinaires

Les mesures disciplinaires qui sont incompatibles avec le respect de la dignité inhérente du mineur ne sont pas autorisées (MPL, article 66) (voir également plus haut, le droit à la dignité humaine et à l'intégrité personnelle).

10.5. Une procédure dans un délai raisonnable

Tout rapport pour mauvaise conduite doit être promptement présenté à l'autorité compétente qui doit trancher dans des délais raisonnables (MPL, article 69).

10.6. Un examen approfondi du cas

L'autorité compétente doit examiner le cas de manière approfondie (MPL, article 69).

Tout ce qui concerne des mesures disciplinaires doit être consigné par écrit (MPL, article 70).

10.7. Le mineur doit être informé

Aucun mineur ne peut être puni sans avoir été informé d'une manière qui lui soit totalement compréhensible de l'infraction qu'on lui reproche (MPL, article 70).

Dans la mesure où cela est nécessaire et réalisable, le mineur doit pouvoir compter sur les services d'un interprète (TD, article 30.3).

10.8. Le mineur doit pouvoir se défendre

Le mineur doit avoir eu l'occasion de présenter sa défense et en particulier de faire appel devant une autorité impartiale compétente (MPL, article 70).

10.9. Autres conditions nécessaires à l'application de certaines mesures disciplinaires

Sous aucun prétexte et en aucun cas, un membre du personnel de l'établissement ne peut infliger, provoquer ou tolérer une mesure disciplinaire ou punitive, un acte de torture, une peine ou des traitements cruels, inhumains ou dégradants (MPL, article 87.a).

Pour l'article 32 de l'Ensemble de règles minima pour le traitement des détenus, toute mesure punitive qui risquerait d'altérer la santé physique ou mentale des détenus ne peut être infligée sans que le médecin ait examiné le détenu et certifié par écrit que celui-ci est capable de la supporter.

10.10. «Ne bis in idem» et les sanctions collectives

Aucun mineur ne peut être puni plus d'une fois pour la même infraction à la discipline. Les sanctions collectives doivent être interdites (MPL, article 67).

11. Le transfert du mineur et la protection juridique

Les mineurs ne doivent pas être transférés arbitrairement (MPL, article 26).

Chapitre 7.
- Le droit à l'éducation et à la récréation.
- Le travail

Introduction

L'enfant privé de liberté ne peut d'aucune manière être privé de ses droits à l'éducation et à la récréation. La Convention relative aux droits de l'enfant rappelle à plusieurs reprises que ces droits doivent être réalisés «*sur la base de l'égalité des chances*». L'État doit donc, conformément au cadre normatif international, faire en sorte que pour ces enfants également toutes les mesures nécessaires soient prises afin de garantir leurs droits à l'éducation et à la récréation.

1. Le droit à l'éducation

1.1. Le principe

L'article 28 CDE reconnaît dans le chef de chaque enfant le droit à l'éducation. En vue d'assurer la réalisation de ce droit sur la base de l'égalité des chances, les États parties doivent :

- rendre l'enseignement primaire obligatoire et gratuit pour tous;
- rendre ouvertes et accessibles à tout enfant différentes formes d'enseignement secondaire, tant général que professionnel;
- instaurer la gratuité de l'enseignement secondaire et une aide financière en cas de besoin;

- assurer à tous l'accès à l'enseignement supérieur, en fonction des capacités de chacun;
- rendre ouvertes et accessibles à tout enfant l'information et l'orientation scolaires et professionnelles;
- encourager la régularité de la fréquentation scolaire et la réduction des taux d'abandon scolaire.

Tout mineur privé de liberté et d'âge scolaire a le droit de recevoir une éducation adaptée à ses besoins et aptitudes (MPL, article 38). Les mineurs privés de liberté qui ont dépassé l'âge de la scolarité obligatoire et qui souhaitent continuer leurs études doivent être autorisés et encouragés à le faire. Tout doit être mis en œuvre pour leur ouvrir l'accès aux programmes appropriés d'enseignement (MPL, article 39).

De plus, l'on favorisera la coopération entre les ministères et les services en vue d'assurer une formation scolaire ou, s'il y a lieu, professionnelle adéquate aux mineurs placés en institution, pour qu'ils ne soient pas désavantagés dans leurs études en quittant cette institution (AJM, article 26.6).

1.2. La continuité de l'éducation de l'enfant

L'article 20 CDE traite des situations dans lesquelles l'enfant est séparé de ses parents ou de son milieu familial, ce qui est le plus souvent le cas des enfants privés de liberté. L'alinéa 3 de cet article prévoit que, lors du choix de la solution de remplacement, il soit dûment tenu compte de la nécessité d'une certaine continuité dans l'éducation de l'enfant.

1.3. L'éducation ne doit pas être imposée

L'article 18.b MPL prévoit que les mineurs privés de liberté puissent étudier ou recevoir une formation «*sans y être tenus*».

1.4. L'éducation ne doit pas entraîner une prolongation de la durée de détention

L'article 18.b MPL exige que les études et la formation n'entraînent pas la prolongation de la détention.

1.5. Un enseignement intégré au système éducatif du pays

Cette éducation doit autant que possible être dispensée hors de l'établissement pénitentiaire dans des écoles communautaires et, en tout état de cause, par des enseignants qualifiés dans le cadre de programmes intégrés au système éducatif du pays afin que les mineurs puissent poursuivre sans difficulté leurs études après leur libération (MPL, article 38).

De même, les diplômes ou certificats d'études décernés à un mineur en détention ne doivent en aucune manière indiquer que l'intéressé a été détenu (MPL, article 40).

1.6. La discipline scolaire

La discipline scolaire doit être appliquée d'une manière compatible avec la dignité de l'enfant en tant qu'être humain (CDE, article 28.2).

1.7. La formation professionnelle et l'exploitation

Les intérêts des mineurs et de leur formation professionnelle ne doivent pas être subordonnés à un objectif de profit pour l'établissement ou pour un tiers (MPL, article 46).

1.8. Une attention particulière aux enfants marginalisés

L'administration de l'établissement doit accorder une attention particulière à l'éducation des mineurs d'origine étrangère ou présentant des besoins particuliers d'ordre culturel ou ethnique. Un enseignement spécial doit être dispensé aux mineurs illettrés ou ayant des difficultés d'apprentissage (MPL, article 38).

1.9. Le droit à l'éducation et la coopération internationale

Les États parties doivent favoriser et encourager la coopération internationale dans le domaine de l'éducation, en vue notamment de contribuer à éliminer l'ignorance et l'analphabétisme dans le monde (CDE, article 28.3).

2. Les objectifs de l'éducation

L'éducation de l'enfant (privé de liberté) doit viser à :

- favoriser l'épanouissement de la personnalité de l'enfant et le développement de ses dons et de ses aptitudes mentales et physiques, dans toute la mesure de leurs potentialités;
- inculquer à l'enfant le respect des droits de l'homme et des libertés fondamentales;
- inculquer à l'enfant le respect de ses parents, de son identité, de sa langue et de valeurs culturelles diverses;

- préparer l'enfant à assumer les responsabilités de la vie dans une société libre, dans un esprit de compréhension, de paix, de tolérance, d'égalité entre les sexes et d'amitié entre tous les peuples;
- inculquer à l'enfant le respect du milieu naturel (CDE, article 29.1).

L'éducation doit être propre à préparer le retour du mineur dans la société (MPL, article 38). Selon l'article 26.1 AJM, la formation des mineurs placés en institution doit en effet les aider à jouer un rôle constructif et productif au sein de la société (voir aussi MPL, article 42).

Il est utile de signaler ici que les objectifs de l'éducation et de la formation vont souvent de pair avec les objectifs de l'ensemble du traitement et de l'assistance que devraient recevoir, en vue de leur réintégration sociale, les mineurs en institution.

3. La récréation

3.1. Le droit au repos

Chaque enfant a le droit au repos (CDE, article 31).

3.2. Le droit aux loisirs

a. Le principe

Chaque enfant a le droit aux loisirs, de se livrer au jeu et à des activités récréatives propres à son âge, et de participer pleinement et librement à la vie culturelle et artistique. Les États parties encouragent l'organisation à son intention de moyens appropriés de loisirs et d'activités récréatives, artistiques et culturelles, dans des conditions d'égalité (CDE, article 31).

Tout mineur privé de liberté doit disposer chaque jour d'un nombre d'heures pour ses loisirs, dont une partie sera consacrée, s'il le souhaite, à la formation à une activité artistique ou artisanale (MPL, article 47).

b. Le matériel de loisir et de récréation

Les mineurs privés de liberté doivent pouvoir recevoir et conserver des matériels de loisir et de récréation compatibles avec les intérêts de l'administration de la justice (MPL, article 18.c).

Nous encourageons à utiliser cette exigence de compatibilité de la manière la plus restreinte possible, afin de ne pas exercer une discrimination à l'égard des enfants en établissement fermé.

c. La bibliothèque

Chaque établissement doit mettre à disposition une bibliothèque suffisamment pourvue de livres instructifs et récréatifs adaptés aux mineurs; ceux-ci doivent être encouragés à l'utiliser le plus possible et mis à même de le faire (MPL, article 41)(voir également chapitre 6, la liberté d'expression et l'accès à toute information).

d. L'exercice et l'éducation physiques

Tout mineur privé de liberté doit avoir droit à un nombre d'heures approprié d'exercice libre par jour, en plein air si le temps le permet, au cours desquelles il reçoit normalement une éducation physique et récréative. Le terrain, les installations et l'équipement nécessaires doivent être prévus pour ces activités.

L'établissement doit veiller à ce que le mineur soit physiquement apte à participer aux programmes d'éducation physique qui lui sont offerts. Une éducation physique et une thérapie correctives doivent être dispensées, sous surveillance médicale, aux mineurs qui en ont besoin (MPL, article 47).

4. Le travail

4.1. Le travail des enfants

Chaque enfant a le droit de n'être astreint à aucun travail comportant des risques ou susceptible de compromettre son éducation ou de nuire à sa santé ou à son développement physique, mental, spirituel, moral ou social (CDE, article 32). Cette protection s'ajoute à celle contre l'exploitation économique (voir chapitre 6, le droit à la dignité humaine et à l'intégrité personnelle).

4.2. Le mineur doit pouvoir travailler s'il le désire

Dans la mesure du possible, les mineurs pourront travailler, contre rémunération, sans y être tenus. Ce travail ne doit pas entraîner la prolongation de la détention (MPL, article 18.b). Ce dispositif concerne les mineurs en détention préventive mais rien n'empêche une interprétation plus large couvrant tous les enfants privés de leur liberté.

L'autorisation de travailler doit cependant être considérée à la lumière de l'exigence internationale selon laquelle un âge minimum ou des âges minima d'admission à l'emploi doivent être fixés (CDE, article 32). La

Convention 138 du Bureau International du Travail (BIT) sur l'âge minimum d'admission à l'emploi fixe cet âge à quinze ans.

4.3. Le type de travail

Afin d'améliorer ses chances de trouver un emploi lors de son retour dans la communauté, le mineur doit, autant que possible, pouvoir exercer un emploi qui :

- complète sa formation professionnelle
- soit effectué si possible au sein de la communauté locale
- assure une formation appropriée en vue de sa libération

L'organisation et les méthodes de travail offertes dans les établissements doivent ressembler autant que possible à celles d'un travail analogue dans la communauté, afin que les mineurs soient préparés aux conditions d'une vie professionnelle normale (MPL, article 45).

4.4. L'objectif du travail

Le travail doit toujours être considéré comme un instrument d'éducation et un moyen d'inculquer au mineur le respect de soi-même pour le préparer au retour dans sa communauté (MPL, article 67).

4.5. L'interdiction de certains travaux

Aucun mineur ne peut être chargé de fonctions disciplinaires sauf dans le cadre du contrôle de certaines activités sociales, éducatives, sportives ou de programmes de prise en charge des mineurs par eux-mêmes (MPL, article 71).

Les intérêts des mineurs et de leur formation professionnelle ne doivent pas être subordonnés à un objectif de profit pour l'établissement ou un tiers (MPL, article 46).

La Convention no 29 du BIT sur le travail forcé ou obligatoire interdit le travail imposé pendant la détention provisoire.

4.6. Le mineur doit être rémunéré pour son travail

Tout mineur qui accomplit un travail a droit à une rémunération équitable. Une partie de la rémunération doit normalement être réservée à la constitution d'un pécule qui sera remis au mineur au moment de sa libération. Le mineur doit être autorisé à utiliser le reste de sa rémunération pour acheter des objets destinés à son usage personnel ou pour indemniser la victime de l'infraction qu'il a commise, ou à l'envoyer à sa famille ou à d'autres personnes hors de l'établissement (MPL, article 46).

4.7. Le travail ne doit pas être imposé (comme sanction disciplinaire)

Le travail ne doit pas être imposé à l'enfant comme sanction disciplinaire (MPL, article 67).

Chapitre 8. - D'autres éléments relatifs aux conditions de détention

Introduction

Ce huitième chapitre couvre les aspects de la privation de liberté que nous n'avons pas pu classer, de par leur spécificité, dans l'un des groupes prévus pour l'ensemble des droits de l'enfant. Ceci ne veut cependant pas dire que les éléments dont nous allons discuter ci-dessous n'y ont pas trait. Au contraire, ils sont indispensables au plein respect des droits de l'enfant privé de liberté.

1. Le personnel des établissements

1.1. Un personnel qualifié

L'administration doit choisir avec soin le personnel de tout grade et de toute catégorie, car c'est de son intégrité, de son humanité, de sa capacité de s'occuper de mineurs, de ses capacités professionnelles et de son aptitude générale au travail en question que dépend une bonne gestion des établissements pour mineurs (MPL, article 82). Le personnel doit être d'un niveau intellectuel suffisant. Il doit suivre, avant d'entrer en service, un cours de formation générale et spéciale et satisfaire à des épreuves d'ordre théorique et pratique (TD, article 47).

La nécessité d'un personnel qualifié peut s'expliquer entre autres par l'exigence pour l'établissement d'avoir recours à toutes les sources et formes d'assistance curative, scolaire, morale, spirituelle et autre qui sont indiquées et disponibles et de s'efforcer de les employer selon les besoins et les problèmes individuels de traitement des mineurs (MPL, article 81).

1.2. Un personnel diversifié

Le personnel doit comprendre un nombre suffisant de spécialistes tels que des éducateurs, des instructeurs, des conseillers, des travailleurs sociaux, des psychiatres et des psychologues qualifiés (MPL, article 81).

Plus largement, le personnel de la justice (pénale) pour mineurs dans son ensemble doit refléter la diversité des jeunes qui entrent en contact avec le système. On s'efforcera d'assurer une représentation équitable des femmes et des minorités dans les organes de la justice pour mineurs (AJM, article 22.2).

1.3. Un personnel à titre permanent

Les professionnels cités ci-dessus et les autres spécialistes doivent normalement être employés à titre permanent, ce qui n'empêche pas d'employer des auxiliaires à temps partiel ou bénévoles si l'appui et la formation qu'ils peuvent donner sont adéquats et bénéfiques (MPL, article 81).

1.4. La direction

Le directeur de l'établissement doit être suffisamment qualifié pour sa tâche : il doit avoir les capacités administratives, la formation et l'expérience voulues et doit consacrer tout son temps à sa fonction (MPL, article 86).

Le directeur doit habiter l'établissement ou à proximité immédiate de celui-ci (TD, article 50.3).

Lorsque deux ou plusieurs établissements sont sous l'autorité d'un seul directeur, celui-ci doit les visiter chacun à de fréquents intervalles. Chacun de ces établissements doit avoir à sa tête un fonctionnaire résident responsable (TD, article 50.4).

1.5. Le personnel féminin dans les établissements/sections pour filles

Seules des fonctionnaires féminines doivent assurer la surveillance des femmes détenues. Ceci n'exclut pas cependant que, pour des raisons professionnelles, des fonctionnaires du sexe masculin, notamment des médecins et des instituteurs, exercent leurs fonctions dans les établissements ou sections réservés aux femmes (TD, article 53.3).

Dans un établissement mixte, la section des femmes doit être placée sous la direction d'une fonctionnaire féminine responsable qui doit avoir la garde de toutes les clefs de cette section de l'établissement (TD, article 53.1). Aucun fonctionnaire du sexe masculin ne doit pénétrer dans la section des femmes sans être accompagné d'un membre féminin du personnel (TD, article 53.2).

1.6. Le statut et la rémunération du personnel

Les membres du personnel doivent être recrutés comme fonctionnaires (agents de l'État). En conséquence, ils doivent être assurés d'une sécurité d'emploi ne dépendant que de leur bonne conduite, de l'efficacité de leur travail et de leur aptitude physique (TD, article 46.3). Ils doivent également être convenablement rémunérés pour qu'on puisse retenir des hommes et des femmes capables (MPL, article 83). Les avantages de la carrière et les conditions de service doivent être déterminés en tenant compte de la nature pénible du travail (TD, article 46.3).

1.7. Leur attitude : le respect des droits des enfants

Dans l'exercice de ses fonctions, le personnel de l'établissement doit respecter et protéger la dignité humaine et les droits individuels fondamentaux de tous les mineurs (MPL, article 87). Le personnel des établissements pour mineurs doit être continuellement encouragé à exercer ses fonctions avec humanité, dévouement et efficacité, et à se conduire, à tout moment, de manière à mériter le respect des mineurs et à leur donner l'exemple d'un comportement et de perspectives positifs (MPL, article 83).

1.8. La communication et la coopération entre les membres du personnel

L'administration doit instaurer des formes d'organisation et de gestion propres à faciliter les communications entre les diverses catégories de personnel dans chaque établissement afin d'assurer la coopération entre les divers services qui s'occupent des mineurs, ainsi qu'entre le personnel et l'administration, de manière à ce que le personnel directement en contact avec les mineurs soit en mesure de travailler dans des conditions favorables à l'exercice efficace de ses fonctions (MPL, article 84).

1.9. La formation permanente

Le personnel doit recevoir une formation qui lui permette de s'acquitter de manière efficace de ses tâches en matière de réadaptation, et qui comporte, en particulier, une formation dans les domaines de la psychologie de l'enfant, de la protection de l'enfance et des normes internationales relatives aux droits de l'homme et aux droits de l'enfant. Tout au long de sa carrière, le personnel devra maintenir et perfectionner ses connaissances et sa capacité professionnelle en suivant des cours de perfectionnement qui seront organisés périodiquement (MPL, article 85).

Les membres du personnel pénitentiaire doivent subir un entraînement physique spécial qui leur permette de maîtriser les détenus violents (TD, article 54.2). Il faut souligner que cette proposition n'a pas été retenue dans les Règles pour la protection des mineurs privés de liberté.

1.10. La corruption

Le personnel de l'établissement doit s'opposer rigoureusement à tout acte de corruption, combattre tous actes de ce genre et les signaler sans délai aux autorités compétentes (MPL, article 87.b).

2. Le classement et le traitement

2.1. Le principe

Les mineurs doivent être détenus dans des conditions tenant dûment compte de leur statut et de leurs besoins particuliers en fonction de leur âge, de leur personnalité et de leur sexe, du motif de leur détention, de leurs antécédents, des exigences de leur traitement ainsi que de leur état physique et mental, et qui les protègent des influences néfastes et des situations à risque. Le principal critère pour le classement des mineurs privés de liberté doit être la nécessité de fournir aux intéressés le type de traitement le mieux adapté à leurs besoins et de protéger leur intégrité physique, morale et mentale ainsi que leur bien-être (MPL, article 28).

2.2. Une affectation sur la base de rapports individuels

Le rapport psychologique et social ainsi que le rapport établi par le médecin qui a examiné le mineur lors de son admission doivent être communiqués au directeur afin qu'il décide de l'affectation la plus appropriée pour l'intéressé et du type de traitement et de programme de formation requis (MPL, article 27).

2.3. Un plan de traitement individualisé

Si un traitement rééducatif est nécessaire, et si la durée de séjour dans l'établissement le permet, un personnel qualifié de cet établissement devrait établir par écrit un plan de traitement individualisé qui spécifie les objectifs du traitement, leur échelonnement dans le temps et les moyens, étapes et phases par lesquels les atteindre (MPL, article 27).

2.4. La séparation d'avec les adultes

a. Le principe

Tout enfant privé de liberté doit être séparé des adultes (CDE, article 37.c). Les mineurs doivent être séparés des majeurs et détenus dans des établissements distincts ou dans une partie distincte d'un établissement qui abrite aussi des adultes (AJM, articles 13.4 et 26.3).

b. Les exceptions

Selon la Convention, l'enfant doit être séparé des adultes «*à moins que l'on estime préférable de ne pas le faire dans l'intérêt supérieur de l'enfant*» (CDE, article 37.c).

Les Règles pour la protection des mineurs privés de liberté, dans leur article 29, sont plus précises: les mineurs doivent être séparés des adultes sauf s'il s'agit de membres de leur famille ou s'ils participent, avec des adultes soigneusement sélectionnés, à un programme spécial de traitement qui présente pour eux des avantages certains.

2.5. La séparation entre prévenus et condamnés

Les mineurs en état d'arrestation ou en attente de jugement sont présumés innocents et doivent être traités comme tels. Par conséquent, les mineurs détenus avant jugement devraient être séparés des mineurs condamnés (MPL, article 17).

On peut observer ici que l'emploi du conditionnel affaiblit ce dispositif. Dans le cas de la séparation d'avec les adultes le législateur international avait été beaucoup plus ferme.

2.6. *La séparation sur base des motifs de la privation de liberté*

Les personnes emprisonnées pour dettes ou condamnées à une autre forme d'emprisonnement civil doivent être séparées des détenus pour infraction pénale (TD, article 8.c). A partir de cette disposition et en l'interprétant largement, on pourrait dire que, pour éviter un effet stigmatisant trop important, la séparation des différentes catégories de détenus est indispensable.

Ce dispositif ne s'adresse qu'indirectement aux mineurs mais a tout de même son importance en ce qui les concerne. En effet, bien que les enfants qui se trouvent dans les établissements fermés à travers le monde sont très souvent associés dans les esprits à la délinquance juvénile et à la criminalité, nous avons pu constater qu'ils ne sont d'aucune manière tous des délinquants ayant commis des infractions au code pénal au sens strict, loin de là (voir première partie).

3. Les informations sur le mineur

3.1. *Le registre*

Dans tout lieu dans lequel des mineurs sont détenus, il doit être tenu un registre où sont consignés de manière exhaustive et fidèle, pour chaque mineur admis :

- des renseignements sur son identité;
- les motifs de la détention et le texte qui l'autorise;
- le jour et l'heure de l'admission, du transfert et de la libération;
- des indications détaillées sur les notifications adressées aux parents ou au tuteur légal concernant chaque admission, transfert ou libération du mineur qui était sous leur garde au moment où il a été mis en détention;
- des indications détaillées sur les problèmes de santé physique et mentale, y compris l'abus de drogues et d'alcool (MPL, article 21).

3.2. *Le dossier*

Aussitôt que possible après l'admission, des rapports détaillés contenant tous les renseignements pertinents sur la situation personnelle et le cas de chaque mineur seront établis et soumis à l'administration (MPL, article 23).

Chapitre 9. - Les enfants en situation particulière

Introduction

Les termes d'«*enfants en situation particulière*» recouvrent selon la Convention les catégories suivantes d'enfants :

- les enfants réfugiés;
- les enfants handicapés;
- les enfants issus de minorités ou de peuples autochtones;
- les enfants en conflits armés;
- les enfants en conflit avec la loi;
- les enfants consommateurs de stupéfiants et de substances psychotropes.

Le cadre normatif international contient plusieurs dispositifs visant à offrir à ces enfants en situation particulière une vie normale et à leur garantir une protection spéciale (et donc à décourager le recours à la privation de liberté). Nous avons synthétisé ci-dessous les dispositifs en question, contenus dans la Convention relative aux droits de l'enfant et dans d'autres textes internationaux. N'oublions pas cependant que tous les autres droits de l'enfant les concernent bien sûr également.

1. Les enfants réfugiés

Un enfant qui cherche à obtenir le statut de réfugié ou qui est considéré comme réfugié doit bénéficier de la protection et de l'assistance humanitaire nécessaires pour lui permettre de jouir de ses droits (CDE, article 22.1).

Lorsque ni le père, ni la mère, ni aucun autre membre de la famille ne peut être retrouvé, l'enfant se voit accorder la même protection que tout autre enfant définitivement ou temporairement privé de son milieu familial pour quelque raison que ce soit (CDE, article 22.2).

Des facilités raisonnables pour communiquer avec leurs représentants diplomatiques et consulaires doivent être accordées aux détenus ressortissants d'un pays étranger. En ce qui concerne les détenus ressortissants des États qui n'ont pas de représentants diplomatiques ou consulaires dans le pays ainsi que les réfugiés et les apatrides, les mêmes facilités doivent leur être accordées de s'adresser au représentant diplomatique de l'État qui est chargé de leurs intérêts ou à toute autorité nationale ou internationale qui a pour tâche de les protéger (TD, article 38).

2. Les enfants handicapés

Les enfants mentalement ou physiquement handicapés ont le droit de mener une vie pleine et décente, dans des conditions qui garantissent leur dignité, favorisent leur autonomie et facilitent leur participation active à la vie de la collectivité (CDE, article 23.1).

Les États parties reconnaissent le droit des enfants handicapés de bénéficier de soins spéciaux, gratuits si possible et, dans la mesure des ressources disponibles, d'une aide adaptée à l'état de l'enfant et à la situation de ses parents ou de ceux à qui il est confié. L'aide doit être conçue de telle sorte que les enfants handicapés aient effectivement accès à l'éducation, à la formation, aux soins de santé, à la rééducation, à la préparation à l'emploi et aux activités récréatives. Les enfants handicapés doivent bénéficier de ces services de façon propre à assurer une intégration sociale aussi complète que possible et leur épanouissement personnel, y compris dans le domaine culturel et spirituel (CDE, article 23.2 et 23.3).

Afin que la mention «*dans la mesure des ressources disponibles*» ne soit pas utilisée de manière excessive et d'éviter qu'elle ne serve à justifier l'inaction, il est important de rappeler l'article 4 de la Convention qui invite au recours à la coopération internationale dès lors qu'un État ne s'estime pas en mesure de réaliser les droits sociaux, économiques et culturels des enfants.

Il est important de souligner qu'à l'égard des enfants handicapés également le placement doit n'être décidé qu'en dernier recours : il faut avant tout garantir à l'enfant et à ses parents toute l'assistance envisageable dans leur milieu de vie.

3. Les enfants issus de minorités ou de peuples autochtones

Un enfant autochtone ou appartenant à une minorité ethnique, religieuse ou linguistique ne peut être privé du droit d'avoir sa propre vie culturelle, de professer et de pratiquer sa propre religion ou d'employer sa propre langue en commun avec les autres membres de son groupe (CDE, article 30).

L'article 38 de l'Ensemble de règles minima pour le traitement des détenus s'applique aussi à cette catégorie d'enfants pour autant qu'ils ne soient pas des nationaux (voir ci-dessus, les enfants réfugiés).

4. Les enfants en conflits armés

Les États parties doivent s'abstenir d'enrôler dans leurs forces armées toute personne n'ayant pas atteint l'âge de quinze ans (CDE, article 38.3).

Conformément au droit humanitaire, les États parties doivent prendre toutes les mesures possibles dans la pratique pour que les enfants qui sont touchés par un conflit armé bénéficient d'une protection et de soins (CDE, article 38.4).

5. Les enfants en conflit avec la loi

L'article 40 CDE concernant l'administration de la justice (pénale) pour mineurs prévoit plusieurs garanties pour les enfants en conflit avec la loi, allant dans le sens d'un recours minimum à la privation de liberté et de la protection des droits de ces enfants. Ces garanties seront développées dans la partie 4 du livre.

6. La protection des enfants contre l'usage illicite de stupéfiants

Les États parties prennent toutes les mesures appropriées pour protéger les enfants contre l'usage illicite de stupéfiants et de substances psychotropes (CDE, article 33).

Les établissements pour mineurs doivent adopter des programmes de prévention de l'abus de drogues et de réadaptation gérés par un personnel qualifié et adaptés à l'âge, au sexe et aux besoins de leur population. Des services de désintoxication dotés d'un personnel qualifié doivent être à la disposition des mineurs toxicomanes ou alcooliques (MPL, article 54).

Chapitre 10. - Les mesures générales d'application et de surveillance

Introduction

Jusqu'à présent, nous avons majoritairement discuté de la substance du cadre normatif international. Ce cadre offre cependant également des éléments visant à encourager son application et la surveillance de cette application. Nous en parlons ici, dans ce dernier chapitre de la deuxième partie.

1. L'obligation d'application : quelques conditions

1.1. La législation

Les États doivent, le cas échéant, incorporer le cadre normatif international dans leur législation nationale ou modifier celle-ci en conséquence et prévoir des recours efficaces en cas de violation (MPL, préambule et article 7).

Les dispositions du cadre normatif international ne portent pas atteinte aux dispositions plus propices à la réalisation des droits de l'enfant privé de liberté qui peuvent figurer dans la législation d'un État partie ou dans d'autres règles internationales en vigueur (sur la base de l'article 41 CDE).

1.2. Les ressources

Les États sont priés de fournir les ressources nécessaires à l'application et à la mise en œuvre efficaces du cadre normatif international (MPL, préambule).

L'article 4 CDE nécessite dans ce contexte une attention particulière de par l'ouverture qu'il laisse aux États, dans le cas des droits économiques, sociaux et culturels, de prendre des mesures «*dans toutes les limites des ressources dont ils disposent*». Comme nous l'avons déjà mentionné dans le chapitre 5 sur le droit à un niveau de vie décent, les détenus - y compris les enfants – sont considérés parfois comme des citoyens de seconde zone et risquent d'être, dans les moments de pénurie, parmi les premiers à voir leurs droits sociaux et économiques bafoués (manque de nourriture, d'eau potable, d'éducation, etc.). Ceci n'est bien sûr en aucune manière l'objectif de l'article 4.

Au contraire, les limites prévues par l'article 4 de la Convention ont comme contrepoids la possibilité d'une assistance de la part de la communauté internationale, cette assistance étant également prévue par la Convention. En effet, les articles 4 et 45 CDE prévoient la mise en œuvre de la coopération internationale pour les pays dans lesquels les moyens ne suffisent pas à réaliser pleinement les droits de chaque enfant.

1.3. Faire connaître le contenu du cadre normatif international

Les États sont invités à fournir une information globale, détaillée et correcte sur ce que sont les droits de l'enfant et les objectifs qui sont poursuivis par l'adoption de textes internationaux et nationaux à ce sujet, ainsi que sur les effets bénéfiques qui en découlent pour les enfants, mais aussi pour la société dans son ensemble (voir entre autres CDE, article 44).

Les États parties doivent s'engager à faire largement connaître les principes et les dispositions du cadre normatif international par des moyens actifs et appropriés, aux adultes comme aux enfants (CDE, article 42 et MPL, préambule). Les professionnels concernés, mais également le grand public et les enfants eux-mêmes, doivent donc être informés (voir également chapitres 6 et 8).

2. Le suivi et la surveillance sur le plan individuel

2.1. Le contrôle de la légalité de l'exécution des mesures de détention

La protection des droits individuels des mineurs, en particulier en ce qui concerne la légalité de l'exécution des mesures de détention, doit être assurée par l'autorité compétente (MPL, article 14).

2.2. La possibilité pour le mineur lui-même (ou ses représentants) de porter plainte

Tout mineur doit avoir l'occasion de présenter des requêtes ou des plaintes :

- au directeur de l'établissement ou à son représentant autorisé (MPL, article 75). L'article 36.1 TD précise que le mineur doit pouvoir porter plainte chaque jour ouvrable;
- à l'administration centrale des établissements pour mineurs;
- à l'autorité judiciaire;
- à d'autres autorités compétentes (MPL, article 76);
- à un médiateur (ombudsman)[46] qui puisse, en toute indépendance, recevoir les plaintes formulées par les mineurs privés de liberté, enquêter sur elles et aider à la mise au point de règlements équitables (MPL, article 77).

Les motifs pour porter plainte sont multiples. La plainte peut porter sur des violations de chaque droit du mineur, mais aussi par exemple sur tout fait ou opinion figurant dans son dossier. Dans ce cas précis, pour l'exercice de ce droit, doivent être prévues des procédures permettant à un tiers approprié de consulter le dossier sur demande (MPL, article 19). Remarquons que cet article n'accorde pas au mineur la possibilité de consulter son dossier de manière autonome.

Pour qu'un mineur puisse lui-même introduire une plainte, les conditions suivantes peuvent être nécessaires :

- L'assistance de tiers : tout mineur doit avoir le droit de demander une assistance à des membres de sa famille, à des conseillers juridiques, à

46 Un médiateur, ou ombudsman, est une personne chargée de veiller au respect des droits de tous les enfants. Cette tâche peut aussi être confiée à un service. L'une des qualités de cette surveillance est qu'elle est indépendante.

des groupes humanitaires ou autres là où cela est possible, en vue de formuler sa plainte. Les mineurs illettrés doivent pouvoir utiliser les services d'organismes publics ou privés qui fournissent une assistance judiciaire ou sont habilités à recevoir les plaintes (MPL, article 78).

- Le jeune doit être informé : lors de son admission, chaque mineur doit recevoir un exemplaire du règlement régissant l'organisation interne de l'établissement et un exposé écrit de ses droits dans une langue qu'il comprend, avec l'indication de l'adresse des autorités compétentes pour recevoir les plaintes et de celle des organismes publics ou privés qui fournissent une assistance judiciaire. Si le mineur est illettré ou ne lit pas la langue dans laquelle les informations sont données, celles-ci lui seront fournies de manière à ce qu'il puisse les comprendre pleinement (MPL, article 24). On doit aider chaque mineur à comprendre le règlement régissant l'organisation interne de l'établissement et toutes autres questions qu'il peut avoir besoin de connaître pour être en mesure de comprendre pleinement ses droits et ses obligations durant la détention (MPL, article 25) (voir également chapitre 6).

2.3. La possibilité de porter plainte lors des inspections

Des requêtes ou plaintes doivent pouvoir être présentées, au cours d'une inspection, à l'inspecteur qui visite l'établissement. Le détenu doit pouvoir s'entretenir avec l'inspecteur ou tout autre fonctionnaire chargé d'inspecter hors la présence du directeur ou des autres membres du personnel de l'établissement (TD, article 36.2).

2.4. La dénonciation par les inspecteurs

Tout fait découvert par un inspecteur qui semble indiquer qu'une violation des dispositions légales concernant les droits des mineurs ou le fonctionnement d'un établissement pour mineurs s'est produite, doit être signalé aux autorités compétentes pour enquête et poursuites (MPL, article 74).

2.5. Le délai

A moins qu'une requête ou plainte soit de toute évidence téméraire ou dénuée de fondement, elle doit être examinée sans retard et une réponse donnée au détenu en temps utile (TD, article 36.4). Le mineur doit être informé sans délai de la réponse (MPL, article 76).

2.6. Le décès d'un mineur pendant ou après la détention

Lorsqu'un mineur décède en détention, une enquête indépendante doit être effectuée sur les causes du décès et le plus proche parent du mineur doit avoir accès au rapport de l'enquête. Une enquête doit également être effectuée si le décès du mineur se produit dans les six mois suivant sa libération et que l'on a des raisons de croire que le décès est lié à la période de détention (MPL, article 57).

3. Le suivi et la surveillance sur le plan structurel

3.1. Le principe

Les États doivent contrôler l'application du cadre légal international (voir MPL, article 7). Des inspections régulières et autres formes de contrôle appliquées, conformément aux normes internationales et aux lois et règlements nationaux, par l'autorité régulièrement constituée habilitée à rendre visite aux mineurs et indépendante de l'administration de l'établissement devront être mises en place pour garantir la réalisation des objectifs d'intégration sociale (MPL, article 14).

3.2. Les modalités d'inspection

Les Règles des Nations Unies pour la protection des mineurs privés de liberté consacrent plusieurs articles aux procédures d'inspection (MPL, articles 72-74). Ces articles se prononcent sur toutes les modalités de l'inspection :

a. Qui inspecte ?

La tâche de l'inspection doit revenir à des inspecteurs qualifiés ou à une autorité équivalente dûment constituée et n'appartenant pas à l'administration. Des médecins qualifiés relevant de l'autorité chargée des inspections ou de l'administration de la santé publique doivent participer aux inspections.

b. Les conditions nécessaires pour une inspection efficace

- les inspections doivent être régulières;
- l'initiative doit être prise par les inspecteurs;
- les inspections ne doivent pas être annoncées;

- les inspecteurs doivent jouir de toutes les garanties d'indépendance dans l'exercice de leur fonction;
- les inspecteurs doivent avoir accès sans restriction à toutes les personnes travaillant dans l'établissement, à tous les mineurs et à tous les dossiers.

c. Les résultats de l'inspection

Après chaque inspection, les inspecteurs doivent présenter :

- un rapport sur leurs constatations. Le rapport doit comprendre une évaluation de la mesure dans laquelle l'établissement se conforme au cadre normatif international et/ou national;
- des recommandations relatives à toutes les mesures jugées nécessaires pour assurer l'application de ce cadre normatif.

d. La participation de l'enfant

Les mineurs doivent avoir le droit de s'entretenir confidentiellement avec tout inspecteur.

3.3. La possibilité pour le personnel de porter plainte

Le personnel de l'établissement est tenu de respecter le cadre normatif international. Tout agent qui a des raisons de penser qu'une violation du cadre normatif international s'est produite ou est sur le point de se produire doit la signaler aux autorités supérieures et, le cas échéant, à d'autres autorités ou organes appropriés dotés du pouvoir d'examen ou de sanction (MPL, article 87.c).

3.4. L'inspection médicale

Un médecin doit faire des inspections régulières et conseiller le directeur en ce qui concerne :

- la quantité, la qualité, la préparation et la distribution des aliments
- l'hygiène et la propreté de l'établissement et des détenus
- les installations sanitaires, le chauffage, l'éclairage et la ventilation de l'établissement
- la qualité et la propreté des vêtements et de la literie des détenus
- l'observation des règles concernant l'éducation physique et sportive lorsque celle-ci est organisée par un personnel non spécialisé (TD, article 26.1)
- les services médicaux

- tout autre aspect de la vie en établissement qui affecte la santé physique et mentale des mineurs (MPL, article 73).

Le directeur doit prendre en considération les rapports et conseils du médecin et, en cas d'accord, prendre immédiatement les mesures voulues pour que ses recommandations soient suivies; en cas de désaccord ou si la matière n'est pas de sa compétence, il transmettra immédiatement le rapport médical et ses propres commentaires à l'autorité supérieure (TD, article 26.2).

3.5. Un médiateur (ombudsman) pour enfants

Il convient de s'efforcer de créer un service ou de nommer un ombudsman qui puisse, en toute indépendance, recevoir les plaintes formulées par les mineurs privés de liberté, enquêter sur elles et aider à la mise au point de règlements équitables (MPL, article 77) (voir également PDJ, article 57). En plus de cela, un ombudsman devrait aussi avoir l'autorité de se prononcer sur la situation d'ensemble des enfants privés de liberté.

3.6. L'obligation de rapporter

Les États sont invités à informer le Secrétaire général des Nations Unies des efforts qu'ils déploient pour appliquer le cadre normatif international dans leurs législations, politiques et pratiques nationales (MPL, préambule). Le Comité des droits de l'enfant des Nations Unies est chargé d'étudier les rapports que les États parties lui soumettent sur les mesures qu'ils ont adoptées pour donner effet aux droits reconnus dans la Convention et sur les progrès réalisés dans la jouissance de ces droits (CDE, articles 43, 44 et 45).

Nous reviendrons en détail sur ces rapports dans la troisième partie : ils constituent l'une des sources que nous avons utilisées pour mieux connaître la réalité du respect des droits de l'enfant en établissement fermé.

Conclusion de la deuxième partie

La conclusion à cette deuxième partie peut être tout à fait sommaire : les enfants privés de liberté ont des droits, parce qu'ils sont avant tout des enfants. Le cadre normatif international est impressionnant à cet égard et il est important de rappeler qu'il ne s'agit là que des règles minima. Les gouvernements nationaux peuvent aller plus loin encore.

Il est essentiel de souligner que le fait de reconnaître des droits à ces enfants ne doit en aucun cas servir de justification à la privation de liberté. Celle-ci doit demeurer une mesure de dernier recours et être aussi brève que possible, et ce d'autant plus que la reconnaissance des droits ne signifie pas qu'ils soient respectés.

C'est justement vers cet aspect que nous allons nous tourner maintenant, dans la troisième partie du livre : à quel point la pleine réalisation des droits de l'enfant peut-elle être garantie dans le contexte d'une privation de liberté ?

TROISIÈME PARTIE

LE RESPECT DES DROITS DES ENFANTS PRIVÉS DE LIBERTÉ

Introduction

Dans la deuxième partie du livre, nous avons passé en revue les principales règles internationales relatives aux droits des enfants privés de liberté. Nous allons maintenant tenter de voir à quel point ces règles sont respectées dans la réalité, et quels peuvent être les obstacles à leur réalisation (chapitres 4 à 12).

Cette partie n'a pas comme but premier de dénoncer, mais plutôt de donner un aperçu aussi objectif que possible de ce que peut être la réalité vécue par les enfants privés de liberté. Pour ce faire, nous nous sommes basés sur plusieurs sources qui seront détaillées plus loin.

L'un des objectifs principaux du livre est, rappelons-le, de contribuer à une plus grande sensibilisation autour de la question de la privation de liberté des mineurs, en partant de l'engagement ferme et quasi-universel de respecter les droits de tous les enfants. Au-delà de cette sensibilisation, nous avons pensé qu'il était important de donner à ceux qui travaillent au niveau gouvernemental et non-gouvernemental à l'amélioration de la situation, des outils pouvant aider à réaliser cet objectif. Le cadre normatif international tel que nous l'avons développé dans la deuxième partie en est un. Il apprend, entre autres, que les efforts entrepris pour mieux faire ne doivent plus relever de la charité ou bonne volonté de certains mais qu'ils répondent à une obligation que nous sommes tous tenus de respecter.

Partant du principe que la réalité au sein des établissements dans lesquels sont privés de liberté des enfants n'est pas uniquement négative, nous avons trouvé important de mentionner également des exemples positifs et constructifs. Ces exemples sont le fruit de l'énergie investie par certains pour arriver à un meilleur respect des droits des enfants. Ils peuvent être d'importantes sources d'inspiration pour améliorer la situation et savoir comment il est possible de faire autrement.

Il est important de souligner cependant que nous encourageons en priorité tout effort visant à l'abolition de la privation de liberté des enfants à long terme, étant donné l'obstacle que cette mesure représente pour le respect total de tous les droits de l'enfant. Il ne s'agit donc pas de considérer ces exemples positifs comme l'objectif ultime. Ils peuvent être utiles pendant la période de transition, garantissant aux enfants privés de liberté le plus grand respect possible, en attendant l'abolition.

Supprimer la privation de liberté sans offrir d'alternatives valables risquerait toutefois à la fois de nuire à certains jeunes et de diminuer le soutien public nécessaire pour atteindre cet objectif. Ceci est confirmé par un exemple réel de libérations massives dans un pays donné : dans ce pays, du jour au lendemain, tous les mineurs en détention préventive ont été libérés. Cette initiative, bien que louable d'une certaine manière, a eu des conséquences négatives, telles que des enfants livrés à leur sort ou des établissements à caractère social submergés de nouveaux arrivants qu'ils n'étaient pas préparés à accueillir (manque de place, de personnel qualifié, etc.).

Pour ces raisons entre autres, un outil supplémentaire - des alternatives – sera proposé dans la quatrième et dernière partie du livre.

Dans le premier chapitre de cette partie, nous commençons par expliquer comment nous avons rassemblé et analysé l'information que le lecteur trouvera résumée pour chacun des droits des enfants privés de liberté.

Dans le deuxième chapitre, nous avons jugé utile de donner un bref aperçu de la situation des enfants privés de liberté avant l'entrée en vigueur de la Convention des Nations Unies relative aux droits de l'enfant et celle d'autres instruments du cadre normatif international. Nous nous sommes basés pour cela sur deux sources : l'une non-gouvernementale et l'autre gouvernementale. En premier lieu, Défense des Enfants-International (DEI), une ONG internationale qui a été parmi les premières à sensibiliser le monde sur le sujet des enfants privés de liberté, a , au milieu des années '80, mené dans plusieurs pays une étude sur la présence d'enfants dans des prisons pour adultes. Cette étude a été une impulsion majeure à l'élaboration au sein des Nations Unies des Règles pour la protection des mineurs privés de liberté. En second lieu, un rapporteur spécial des Nations Unies a été désigné en 1989 et a produit deux rapports sur la situation des enfants privés de liberté, se basant majoritairement sur des informations antérieures à cette date. Ce bref aperçu sur l'avant-Convention (et autres instruments) pourra aider, lors du passage en revue de la situation «actuelle» dans les chapitres suivants, à comparer, bien que très sommairement, ce qui peut avoir changé après l'adoption d'un cadre normatif international.

Le troisième chapitre présente une synthèse des réserves et déclarations d'interprétation émises par les États lors de la ratification de la Convention qui concernent directement la privation de liberté. Cette synthèse est importante en soi mais elle aide aussi à saisir la situation dans les pays concernés.

Les chapitres 4 à 12 donnent un aperçu de la réalité que vivent les enfants privés de liberté et forment le corps de cette partie. Ces chapitres sont structurés de la même manière que le cadre normatif international (partie 2). Cette façon de faire est censée rendre les observations plus accessibles et faciliter la mise en rapport de la réalité avec les exigences internationales. Une introduction plus spécifique à ces chapitres se trouve dans le chapitre 4.

Nous concluons cette troisième partie du livre avec, entre autres, un aperçu des observations que le Comité des droits de l'enfant a faites jusqu'à sa 18ème session (mars—juin 1998) sur le respect et/ou le non respect des droits des enfants privés de liberté dans les pays lui ayant soumis un rapport. Les observations du Comité sont pourvues d'une autorité importante et ne pouvaient donc pas faire défaut dans ce livre.

Il est utile, avant d'entamer cette troisième partie, de soumettre au lecteur quelques précisions préalables. Premièrement, il serait dommage de percevoir l'information donnée dans cette partie (chapitres 4 à 12) comme la seule et unique vérité. Les données présentées ici peuvent sans aucun doute contribuer à une meilleure sensibilisation autour des droits de l'enfant, mais elles sont loin d'être exhaustives et ne reflètent certainement pas toutes les nuances nécessaires. De plus, leur selection est déterminée par notre approche, celle des droits de l'enfant.

Deuxièmement, nous avons choisi de ne pas mentionner les pays desquels proviennent les renseignements. Ce choix délibéré s'explique par le fait que le fond du problème semble être le même partout, même si ses expressions peuvent varier. Il est dès lors trop facile et inapproprié de pointer du doigt l'un ou l'autre État en particulier. Cette démarche risquerait en outre de déresponsabiliser les autres, alors que nous sommes tous, sans exception, invités à avancer ensemble vers un plus grand respect des droits de tous les enfants.

Ne pas nommer les pays permet aussi de ne pas condamner ceux qui rendent certaines informations publiques. Tout État doit en effet être encouragé à partager ses succès mais aussi ses difficultés. Face à l'aveu de ces difficultés, la communauté internationale doit être capable d'en discuter d'une manière constructive sans la menace immédiate d'une condamnation internationale. Par exemple, dans l'esprit des articles 4 et 45 de la Convention, la communauté internationale doit d'abord coopérer pour améliorer la situation.

Une troisième et dernière précision concerne la nécessité de prendre les informations que nous fournissons avec précaution, dans le sens que nous n'avons pas été en mesure de les vérifier dans tous les cas, qu'elles soient positives ou négatives. A titre d'exemple, nous n'avons pas toujours contrôlé si les droits prévus dans les lois nationales n'étaient pas d'une manière ou d'une autre rendus conditionnels pour les enfants privés de liberté. De même, nous n'avons pas toujours pu vérifier si le droit concerné était respecté dans la pratique. Cette troisième partie ne compte donc pas présenter une vérité absolue mais plutôt donner une indication – basée sur un nombre important et varié de sources - de ce que peut être aujourd'hui dans le monde la réalité vécue par les enfants privés de liberté.

Chapitre 1. - La méthodologie

Introduction

Pour mener à bien cette exploration dans la réalité des enfants privés de liberté, nous nous sommes basés sur un nombre important de sources, indépendantes les unes des autres. Cette multitude de sources était nécessaire à la fois pour garantir un aperçu compréhensif de la situation et pour éviter de reproduire des appréciations partiales ou trop peu nuancées.

Dans un premier temps, nous avons recherché l'information produite sur le sujet par des organisations non gouvernementales. Ainsi, nous avons étudié un nombre important de rapports d'ONG, principalement internationales, actives dans le domaine. Nous avons uniquement pris en compte l'information recueillie à partir de 1990 puisque notre objectif était de couvrir la période après l'entrée en vigueur de la Convention relative aux droits de l'enfant. Bien sûr la réalité n'a pas changé du jour au lendemain à partir de cette date mais cette dernière a certainement concrétisé et accéléré le processus consistant à considérer les enfants comme des sujets de droits, processus qui continue aujourd'hui. C'est surtout à partir de ce moment-là que l'approche des droits de l'enfant est devenue plus visible et que sa promotion a pris davantage d'ampleur.

Dans un deuxième temps, il nous a paru important de prendre en compte également le point de vue des gouvernements. Pour cela, nous avons examiné une grande partie des rapports initiaux et périodiques soumis par les États parties au Comité des droits de l'enfant, chargé au sein des Nations Unies du suivi et de la surveillance de l'application de la Convention. Les gouvernements qui ont ratifié la Convention[47] étant les premiers responsables dans la mise en place des conditions permettant un respect à part entière des droits de l'enfant, ils peuvent dans leurs rapports fournir des données intéressantes sur la situation des enfants privés de liberté dans leur pays et sur les mesures prises à leur égard.

Dans un troisième temps, nous avons jugé utile de développer nous-mêmes un questionnaire avec pour objectif la prise en compte de la situation des enfants privés de liberté de la perspective de leurs droits plus particulièrement[48].

L'information dont nous disposions, bien qu'extrêmement utile, avait en effet très souvent été rassemblée et traitée sous l'angle des besoins – de traitement, d'assistance, de compassion – des enfants plutôt que sous celui de leurs droits. Le questionnaire que nous avons préparé examinait le respect de quatre droits en particulier: le droit au contact avec la famille, le droit à l'éducation, le droit à la protection juridique et le droit à l'intégrité personnelle. Il invitait à prendre en compte les violations de ces droits, mais aussi les obstacles à leur réalisation et des exemples positifs. Le questionnaire visait également à obtenir des informations relatives aux alternatives à la privation de liberté.

Nous avons envoyé ce questionnaire à vingt partenaires nationaux, soigneusement sélectionnés. Ces partenaires étaient par exemple des experts académiques, des avocats, des membres d'organisations non-gouvernementales ou des bureaux nationaux de l'UNICEF. Seize questionnaires remplis ont pu être considérés dans le cadre de ce livre, venant de toutes les parties du globe.

Finalement, nous avons également de temps en temps donné nos impressions personnelles, ramenées de missions pour l'UNICEF ou d'autres agences des Nations Unies dans le cadre de la justice pour mineurs. Ces pays sont par exemple l'Albanie, l'Argentine, la Namibie, le Rwanda et la Zambie.

Ci-dessous, nous allons plus en détail dans la méthodologie appliquée. Le résumé qui vient d'être fait peut cependant suffire au lecteur «*pressé*» pour comprendre la suite du livre: celui-ci peut donc se passer du reste de ce chapitre.

---

47 Tous les Etats à l'exception des Etats-Unis et de la Somalie (juillet 2000)

48 Un exemplaire de ce questionnaire figure en annexe

1. Les sources non-gouvernementales

Nous avons pris en considération les études sur le sujet menées par des organisations non-gouvernementales internationales depuis 1990 qui nous semblaient les plus compréhensives. Les études qui ont constitué les sources d'information les plus importantes pour le livre sont synthétisées ci-dessous, avec quelques précisions sur leur méthodologie.

1.1. Observatoire international des prisons (OIP)

L'OIP, dont le siège est à Lyon, a publié en 1998 un rapport compréhensif sur les enfants privés de liberté dans le monde. «*Enfants en prison*» est un rapport d'observation sur les conditions de détention des mineurs dans 51 pays. L'information contenue dans le rapport a été recueillie dans les pays par des organisations locales ou des sections nationales de l'*OIP* à l'aide d'un questionnaire, ainsi que dans des rapports d'autres ONG (*Association pour la Prévention de la Torture, Amnesty International, Human Rights Watch, Rädda Barnen, Organisation Mondiale contre la Torture*).

Pour chaque pays, les points suivants sont, dans la mesure du possible, brièvement abordés: l'état de la ratification de la Convention des Nations Unies relative aux droits de l'enfant et de l'examen du rapport initial par le Comité, les différents âges minima (responsabilité pénale, majorité pénale, incarcération, etc.), le nombre des mineurs privés de liberté, la législation en vigueur, les tribunaux et organes compétents, les types d'institutions et leur gestion, la présence ou non dans les établissements d'enfants accompagnant leur(s) parent(s), les atteintes à l'intégrité physique et morale comprenant l'application de la peine de mort, les exécutions sommaires et extrajudiciaires, la torture et autres traitements cruels, inhumains ou dégradants, les arrestations illégales et arbitraires, les conditions de détention de l'arrestation à la libération, le maintien des liens familiaux, les soins médicaux, les opportunités d'éducation et de formation, les différentes activités proposées, les alternatives à la détention et la défense dont bénéficient ou non les enfants.

Ce rapport se veut une dénonciation du traitement réservé aux mineurs dans les commissariats, les centres de détention, les prisons, les rues, les tribunaux des pays examinés. Il «*laisse délibérément les faits parler d'eux-mêmes*»[49].

---

49 OIP, 1998, p.15

Le rapport de l'*OIP* ne présente donc pas une analyse de la situation, mais des faits uniquement. Parce qu'il cherche avant tout à dénoncer, il laisse - proportionnellement - peu de place aux expériences et aspects positifs.

1.2. Organisation mondiale contre la torture (OMCT)

L'*OMCT*, dont le siège est à Genève, a entrepris depuis 1992 d'organiser «*des interventions spécifiques lorsque les victimes des exactions qui sont portées à sa connaissance sont des enfants*»[50]. L'extension par l'*OMCT* du concept de traitements cruels, inhumains ou dégradants à tout acte, condition ou situation pouvant porter atteinte à l'intégrité psychique ou physique des enfants permet à l'organisation de couvrir les violations de nombreux droits de l'enfant (conditions de détention, mélange aux adultes, condamnation à des peines excessives, etc.).

L'*OMCT*, en tant qu'animateur du *Réseau SOS Torture*, diffuse l'information qu'elle reçoit de ses partenaires sur le terrain vers les membres du Réseau, en leur demandant d'intervenir d'urgence auprès des autorités concernées. Le numéro de septembre 1997 de la publication de l'organisation compile les appels urgents de 1995 et 1996 concernant des cas d'enfants. Nous avons pris en compte tous les appels urgents depuis 1995 jusqu'à la fin 1998. L'organisation publie également des contre-rapports qui présentent ses remarques et observations sur l'application de la Convention des droits de l'enfant dans certains pays avant qu'ils ne passent devant le Comité des droits de l'enfant des Nations Unies. Ces rapports couvrent les domaines qui relèvent directement ou indirectement du mandat de l'*OMCT*, à savoir la protection contre la torture et autres peines ou traitements cruels, inhumains ou dégradants, les exécutions sommaires, les arrestations et détentions arbitraires et illégales, les conditions de détention «*génératrices de traitements cruels, inhumains ou dégradants*», etc.

1.3. *Human Rights Watch (HRW)*

HRW est une ONG américaine active partout dans le monde. L'une des divisions de l'organisation se concentre particulièrement sur les droits de l'enfant. Dans ce livre, nous avons couvert tous les rapports rédigés par *Human Rights Watch* jusqu'en juin 1999 sur les enfants privés de liberté.

Certains rapports de *HRW* portent sur les enfants privés de liberté dans des établissements spécifiques : postes de police, centres pour mineurs, prisons

50 OMCT, 1997, p. 2.

pour adultes, services de l'immigration, orphelinats. D'autres concernent les droits de l'homme dans un lieu donné, avec une partie réservée aux enfants privés de liberté. Les rapports touchent des pays dans diverses régions du monde.

Pour donner un aperçu - non exhaustif - des sujets abordés dans ces rapports on retiendra, de manière générale, les procédures qui privent les mineurs de liberté, les conditions dans lesquelles ils vivent, les abus et violence dont ils sont victimes de la part de la police et de leurs gardiens, l'impunité qui s'en suit souvent, et les cas de détentions illégales et arbitraires. Les rapports sont en général très complets dans leur approche de la situation.

La méthodologie utilisée par *HRW* est la suivante. Dans la plupart des rapports que nous avons examinés, *HRW* a conduit des entretiens avec des enfants qui étaient privés de liberté ou qui l'avaient été, avec le personnel des établissements, avec des représentants d'ONG locales, des travailleurs sociaux, des militants des droits de l'homme, des avocats, des procureurs, des juges et des magistrats de la jeunesse ou des représentants du gouvernement. *HRW* a aussi considéré des documents officiels, des dispositions légales, des coupures de presse, des rapports divers et a dans certains cas assisté à des procès.

Nous avons trouvé très positive la démarche de *HRW* consistant à interroger les enfants privés de liberté sur leur expérience. Le point de vue des enfants rend la lecture des rapports particulièrement intéressante et vivante.

1.4. *Rädda Barnen (RB)*

L'organisation *Rädda Barnen* (*Save the Children-Suède*) a mené des enquêtes sur la situation des enfants en conflit avec la loi dans neuf pays (juin 1999). Pour certaines de ces enquêtes, des questionnaires ont été remplis par les bureaux de l'organisation sur place ou des organisations partenaires, des professionnels locaux ont été interrogés. De même, des rapports d'autres organisations ou experts ont été consultés, ainsi que les lois nationales et dans certains cas les rapports initiaux des États au Comité des droits de l'enfants des Nations Unies.

L'objectif de ces enquêtes est de sensibiliser le grand public au problème et de contribuer au débat sur la scène internationale. L'organisation vise aussi à ce que ces rapports soient utilisés lors de la formation de professionnels. Dans chacun des rapports, certains articles applicables de la Convention des Nations Unies relative aux droits de l'enfant sont abordés, ainsi que la législation nationale en la matière et les lacunes que présente la situation des enfants en prison. Finalement, sont brièvement mentionnées des réponses du gouvernement concerné au Comité des droits de l'enfant par rapport aux questions de celui-ci et les observations finales du Comité, s'il y a lieu.

1.5. *Amnesty International* (*AI*)

Comme l'*OMCT*, *AI* diffuse des appels à propos de cas précis, dont certains concernent des enfants, demandant une intervention urgente auprès du gouvernement incriminé. Nous avons examiné une sélection de ces appels. Il faut observer que l'attention particulière que *AI* porte aux enfants est relativement récente dans l'existence de l'organisation.

AI a lancé en novembre 1998 une campagne internationale sur les violations des droits de l'enfant dans le contexte de la justice pour mineurs. *AI* a par ailleurs produit des rapports portant en partie sur des cas de torture et de mauvais traitements à l'égard des enfants en détention, de détentions arbitraires et de disparitions.

1.6. *Terre des Hommes* (*TdH*)

La *Fondation Terre des Hommes* (Lausanne) a établi en 1996 des fiches sur les enfants privés de liberté dans treize pays. Les fiches, longues de deux-trois pages, se veulent une «*photographie*» de la situation des enfants privés de liberté dans un pays donné à un moment donné. Elles donnent un aperçu très succinct, entre autres, de la législation, des structures judiciaires pour les mineurs, de la détention préventive, des sanctions applicables aux mineurs et des conditions dans les prisons.

Les informations ont été collectées au moyen d'un questionnaire et, suivant les pays, d'informations provenant d'ONG travaillant sur place, de documentation des Nations Unies, du rapport initial de l'État partie au Comité des droits de l'enfant, des ministères compétents, des professionnels en contact avec les enfants en conflit avec la loi (juges pour enfants, avocats, assistants sociaux).

1.7. Association pour la Prévention de la Torture (APT)

L'*APT* (Genève) a fait des rapports sur les mauvais traitements et les conditions de détention dans divers pays. Ces rapports portent avant tout sur les adultes, avec une partie - relativement courte - consacrée aux enfants. Les rapports se fondent sur des enquêtes auprès des personnes susceptibles de détenir des informations à ce sujet dans le pays concerné (juristes, membres d'organisations non gouvernementales, personnel des lieux de détention, aumôniers, médecins, représentants de diverses administrations, etc.), ainsi que sur des publications ou articles de presse pertinents et, dans certains cas, de courtes visites.

1.8. Casa Alianza (CA)

Casa Alianza est la branche latino-américaine de l'organisation nord-américaine *Covenant House*. Parmi ses activités pour la défense et la réhabilitation des enfants des rues au Guatemala, Honduras et Mexique, l'organisation diffuse – comme l'*OMCT* et *AI* - des appels urgents dénonçant les mauvais traitements (et les assassinats) dont ces enfants sont victimes aux mains de la police ou des forces armées principalement, ainsi que les arrestations arbitraires et le mélange avec des adultes pendant la détention. *Casa Alianza* a produit un rapport, dans lequel elle présente un résumé des violations des droits des enfants de la rue dénoncées pendant la période 1990 - 1997[51].

Dans le contexte de ce livre, nous avons porté une attention particulière aux recours que l'organisation fait auprès de tribunaux - nationaux ou régional - au nom des enfants dont les droits ont été violés pendant une privation de liberté (emprisonnement avec des adultes, torture, meurtre par exemple), car nous considérons qu'il s'agit dans le contexte du livre d'un aspect capital et particulièrement intéressant du travail de *Casa Alianza*.

2. Les sources gouvernementales dans le contexte du suivi de la Convention relative aux droits de l'enfant

2.1. Le choix des documents

Il existe, dans le contexte du processus international de surveillance de la mise en œuvre de la Convention par le Comité des droits de l'enfant, plusieurs sources d'information :

- le rapport initial (et périodique) soumis par chaque État partie au Comité;
- le rapport alternatif des ONG soumis au Comité;
- les questions complémentaires posées par le Comité à l'État partie et les réponses de celui-ci;
- la discussion entre le Comité et une délégation de l'État partie;
- les observations finales du Comité.

---

51 «*Report on the torture of street children in Guatemala and Honduras*» (1997)

Nous nous sommes limités dans notre étude à considérer un certain nombre de rapports initiaux et périodiques des États parties, les comptes rendus des discussions entre le Comité et la délégation nationale et les observations finales du Comité. L'information couverte va de la troisième session du Comité des droits de l'enfant (janvier 1993)[52] à la 18ième session (mai-juin 1998).

Le choix de ne pas considérer ici les rapports alternatifs des ONG s'explique par deux raisons principales :

- le caractère confidentiel de nombre de ces rapports, ainsi que celui des discussions entre les ONG et le Comité pendant les pré-sessions;
- la recherche d'un équilibre entre les informations gouvernementales et non-gouvernementales. Une place importante étant déjà consacrée dans le livre à l'information provenant des ONG (voir plus haut), nous avons en effet décidé de mettre davantage l'accent, dans le contexte de la procédure devant le Comité, sur les contributions gouvernementales.

Cela ne signifie pas que nous ignorons le rôle important, voire même essentiel, des ONG dans le processus de surveillance de la Convention. Il faut savoir également qu'au moment de la discussion entre la délégation nationale et les membres du Comité, ces derniers se sont entretenus préalablement avec les ONG lors de la pré-session et ont donc été mis au courant de leurs préoccupations. On peut s'attendre par conséquent à ce que les questions du Comité lors de la discussion et ses conclusions finales reflètent, du moins en partie, ces préoccupations, ainsi que celles exprimées dans les rapports alternatifs.

2.2. Le choix des pays

Le choix des pays, ayant soumis leur rapport initial/périodique, que nous avons considérés dans notre étude s'est fait selon trois critères :

- les pays ayant présenté leur rapport initial au Comité et ayant été couverts par notre propre étude sur base du questionnaire (voir plus bas), afin de pouvoir vérifier nos informations;
- les pays ayant présenté leur rapport initial au Comité et qui n'étaient pas déjà couverts dans l'étude globale la plus récente faite par l'Observatoire International des Prisons, en partant du principe que cette organisation avait déjà vérifié ses informations et que nous pouvions ainsi couvrir de nouveaux pays;

---

52 Les deux premières sessions ont été consacrées à la mise au point du mode de travail du Comité et du mécanisme de soumission des rapports

- les pays ayant présenté leur rapport initial et un premier rapport périodique au Comité des droits de l'enfant. Même si ceci ne concernait au moment de notre étude que deux pays (la Suède et la Bolivie[53]), nous avons jugé l'exercice utile car il permettait de vérifier si les observations et recommandations du Comité faites après la présentation du rapport initial avaient été prises en compte par les États concernés.

Nous avons ainsi étudié les rapports initiaux et périodiques, les comptes-rendus des discussions avec le Comité et les observations finales de ce dernier pour 59 pays en tout. Une liste de ces pays se trouve en annexe.

2.3. Les modalités de la recherche

Nous avons étudié les informations aussi bien à partir de documents écrits que par voie électronique. En effet, grâce aux efforts du Secrétariat du Comité des droits de l'enfant, la plupart des rapports, des comptes-rendus des discussions et des observations finales sont actuellement disponibles sur le site Internet du Bureau du Haut Commissaire aux droits de l'homme[54].

La recherche des renseignements pertinents dans les différents documents s'est faite à partir de mots clés (en français aussi bien qu'en anglais), tels que détention, privation de liberté, prison, institution, établissement, placement, arrestation, centre, alternative, garde, etc.

3. Le questionnaire

Pour remplir les questionnaires que nous avions préparés dans le cadre de ce livre, nous avons sollicité des partenaires locaux dans les 16 pays suivants : Belgique, Biélorussie, Brésil, Espagne, Jamaïque, Nicaragua, Nouvelle Zélande, Ouganda, Les Philippines, République ex-Yougoslave de Macédoine, République sud-africaine, Russie, Sri Lanka, Suisse, Turquie et Zambie. Le questionnaire, ainsi qu'une liste des partenaires nationaux et leurs coordonnées se trouvent en annexe.

Les questionnaires ont été remplis pendant la période de juin à décembre 1998. Considérant notre objectif de faire un état des lieux de la situation des enfants privés de liberté en partant de leurs droits et du respect ou non de ces droits, nous avons dégagé quatre droits de la Convention, à titre

53 19ième session, septembre-octobre 1998

54 http://www.unhchr.ch/tbs/doc.nsf

d'exemples : le droit à l'éducation, le droit au contact avec la famille, le droit à la protection contre la violence et la négligence et le droit à la protection juridique. Nous avons veillé à ce que les droits sélectionnés couvrent aussi bien la protection dont doivent bénéficier les enfants de par leur vulnérabilité (le droit à la protection contre la violence) que les prestations auxquelles ils ont droit (le droit à l'éducation et le droit à un contact avec la famille) et la participation qu'il faut leur garantir (droit à la protection juridique).

Le questionnaire est composé de six chapitres. Le premier chapitre cherche à récolter des données générales sur la privation de liberté des enfants (législations, données précises sur les enfants et les établissements concernés, procédures menant à la privation de liberté, etc.). Les chapitres deux à cinq visent à dresser un état des lieux des conditions de privation de liberté dans les différents établissements fermés, en partant des droits des enfants. Le dernier chapitre est consacré aux alternatives à la privation de liberté. Des dispositions tirées des Règles des Nations Unies pour la protection des mineurs privés de liberté et pouvant aider à identifier les aspects sur lesquels porter particulièrement l'attention lors de l'évaluation de l'application des droits en question étaient jointes en annexe. Pour les pays ayant des lois/administrations concernant la privation de liberté d'enfants qui diffèrent d'une région/état/canton/etc. à l'autre, comme les États fédéraux, nous avons invité nos partenaires à ne considérer la situation que dans une seule entité (région/état/canton/etc.) tout en examinant toutefois, le cas échéant, la législation/administration applicable/compétente dans le pays entier. Les partenaires nationaux ont aussi été invités à joindre tout document et renseignement utiles à la recherche.

4. Quelques observations par rapport aux différentes sources et à l'information obtenue

Ce chapitre sur la méthodologie doit encore être complété par quelques observations importantes concernant l'information sur laquelle le reste du livre est basé.

4.1. Observations générales

Ces dernières années, les efforts se sont multipliés pour mieux connaître la réalité des enfants privés de liberté. Nous avons constaté ceci aussi bien lors de nos recherches dans le contexte de la justice (pénale) pour mineurs que dans d'autres domaines tels que l'accueil des enfants réfugiés/

demandeurs d'asile, les soins aux handicapés, la psychiatrie, et d'autres encore.

Cependant, malgré ces efforts, l'information disponible est loin d'être complète et systématique. Elle est très souvent le fruit d'initiatives ad hoc et les renseignements récoltés ne couvrent la plupart du temps qu'une portion limitée du problème, en particulier dans le temps. De plus, ces initiatives résultent souvent d'impulsions venant de l'extérieur au lieu de faire suite à un besoin exprimé au sein même du système. Au niveau des données de base, il est encore difficile dans la plupart des pays de trouver des données compréhensives et actualisées sur le nombre d'enfants privés de liberté, leur âge, le motif de leur placement, leur sexe, la durée de la privation de liberté, etc. On trouve également cette situation dans des pays habitués et mis à même de traiter ce genre de données de manière informatique.

Il est regrettable également que la perspective de l'enfant soit très peu considérée dans les études en la matière. Par exemple, aucun de nos partenaires nationaux n'a été en mesure, malgré une question explicite de notre part, de nommer des initiatives au cours desquelles les enfants privés de liberté avaient été invités à exprimer leur opinion.

Pourtant, une information sur la situation des enfants, rassemblée de manière systématique et à intervalles réguliers, est une des conditions nécessaires pour mener à bien une politique de respect des droits de l'enfant. Le domaine de la privation de liberté n'échappe en aucune manière à ce principe élémentaire, bien au contraire.

4.2. Les sources non-gouvernementales

Toutes les organisations non-gouvernementales mentionnent de temps à autres la difficulté d'obtenir des informations précises. Ce problème est bien sûr lié à l'observation générale faite ci-dessus. Cependant, il peut également être le résultat d'une réticence de certaines autorités à divulguer les informations qu'elles possèdent sur les enfants privés de liberté dans leurs pays.

Les ONG font part aussi, dans ce contexte, des difficultés de visiter les établissements et de parler en privé avec les enfants. Dans certains cas, l'accès aux établissements est carrément refusé, ce qui (de manière justifiée ou non) fait craindre le pire quant à ce qui se passe à l'intérieur.

4.3. Les sources gouvernementales : les rapports soumis par les États parties au Comité des droits de l'enfant

Il est avant tout important de mentionner que la privation de liberté ne reçoit pas une très grande attention dans les rapports des États sur les mesures prises en vue d'appliquer la Convention relative aux droits de l'enfant. Ensuite, il faut relever que l'information soumise est loin d'être exhaustive. A titre d'exemple, nous pouvons signaler que pas même un quart des pays ayant soumis leur rapport initial au Comité (jusqu'à la 18ième session) ne donne de statistiques ou de chiffres sur le nombre d'enfants privés de liberté. De plus, la plupart de ceux qui le font se limitent à une information très sommaire. Des renseignements plus détaillés, par exemple en ce qui concerne le sexe, le motif, l'âge, le degré de scolarisation, etc. sont le plus souvent absents.

Malgré cela, les rapports sont une source d'information valable, bien qu'émanant très souvent de la seule source officielle/étatique. Les renseignements sont pour cette raison assez différents de ceux que l'on trouve dans les rapports des ONG ou d'autres sources indépendantes. Par exemple, en règle générale, ils contiennent davantage d'exemples «positifs» que les rapports des ONG.

Les rapports des États parties sont également importants pour les données qu'ils contiennent en ce qui concerne le cadre normatif applicable dans le pays. Il faut par contre souvent chercher ailleurs (dans les études des ONG par exemple) l'information sur la mise en œuvre de ces dispositions légales.

Il faut observer enfin que les informations présentées dans les rapports des États ne sont pas nécessairement fiables. Sans mettre en cause la bonne volonté de chaque État de fournir au Comité des droits de l'enfant des données exactes et dûment vérifiées, il faut relever dans certains cas des contradictions, par exemple entre le contenu du rapport et les propos tenus par la délégation nationale lors de la discussion avec les membres du Comité.

Chapitre 2. - Les droits des enfants privés de liberté : un aperçu de la situation avant 1989

Introduction

Avant de se lancer dans l'analyse du respect actuel des droits des enfants privés de liberté droit par droit, nous avons estimé intéressant de donner un aperçu de la situation avant l'adoption de la Convention relative aux droits de l'enfant même s'il est clair, comme nous le disions plus tôt, que l'arrivée de la Convention n'a pas changé la réalité du jour au lendemain.

Cet aperçu de la situation avant 1989 est basé, en premier lieu, sur une étude sur les enfants en prison avec des adultes publiée en 1986 par l'organisation non-gouvernementale Défense des Enfants-International (DEI).

Ce livre peut être considéré comme l'une des initiatives phares dans ce domaine. Avec lui, plusieurs années avant l'adoption de la Convention, son auteur, Katarina Tomasevski, et ses collègues ébranlaient le monde de la protection de l'enfance et plaçaient un jalon important dans la prise de conscience des conditions de vie des enfants emprisonnés avec des adultes.

En second lieu, nous nous sommes appuyés sur les rapports de Mary Bautista nommée en 1990 Rapporteur spécial des Nations Unies et chargée d'analyser la protection juridique des enfants privés de liberté.

1. Des enfants en prison avec des adultes; une étude de Défense des Enfants-International (DEI)

Introduction

En 1986, Défense des Enfants-International publiait l'un des premiers ouvrages importants visant à sensibiliser l'opinion sur le sort des enfants privés de liberté, et plus particulièrement celui des enfants en prison (en compagnie d'adultes). Cette étude exploratoire de DEI constituait l'une des premières tentatives de considérer de manière systématique le sort des enfants emprisonnés avec des adultes dans le monde. Coordonnée par Katarina Tomasevski, elle a incontestablement contribué à attirer l'attention sur les droits de ces enfants et ce avant l'adoption de la Convention. L'impact de cette étude se mesure aussi à l'impulsion que les données récoltées dans 26 pays[55] ont donné à la préparation des Règles des Nations Unies pour la protection des mineurs privés de liberté, adoptées en 1990.

L'étude est composée de trois grandes parties. Dans la première partie, plusieurs thèmes étroitement liés au problème de la privation de liberté d'enfants sont développés, tels que l'âge minimum de la responsabilité pénale, les normes internationales et la protection des enfants au sein du système de justice pénale. Dans la deuxième partie sont résumées les observations inspirées par des enquêtes menées dans 26 pays. L'étude exploratoire consistait en des enquêtes menées sur le terrain, des réponses fournies par les gouvernements ainsi que des informations provenant de diverses sources, intergouvernementales et non-gouvernementales, sur le respect effectif des droits de l'enfant.

Ci-dessous, nous avons résumé quelques observations et commentaires, afin de permettre - d'une façon succincte bien sûr - une comparaison avec la situation telle que nous l'avons trouvée treize ans plus tard, après l'adoption d'un cadre normatif international.

---

55 Allemagne (République fédérale), Afrique du Sud, Autriche, Bulgarie, Canada, Chili, Cisjordanie, Colombie, Costa Rica, Danemark, Espagne, Etats-Unis, Inde, Jamaïque, Japon, Maroc, Nigeria, Pakistan, Pays-Bas, Angleterre et Pays de Galles, Ecosse, Roumanie, Suisse, Thaïlande, (ex)Yougoslavie et (ex)Zaïre.

1.1. L'emprisonnement des enfants avec des adultes : un phénomène universel

a. Observations générales

«L'hypothèse de départ de l'étude - à savoir que la détention d'enfants avec les adultes, quelles que soient les raisons et la durée de cette détention et le genre d'établissement où elle se déroule, est un phénomène universel - s'est trouvée confirmée par le travail de recherche et de recueil d'informations.»[56]

Le thème des enfants en prison était dans les années 80 plutôt négligé par les organisations intergouvernementales et non-gouvernementales. DEI constatait alors une absence de recueil systématique de données ou d'action concertée sur le plan international. *«Les lacunes constatées tant dans la législation visant à protéger les enfants détenus que dans les données statistiques sur les détenus les plus jeunes témoignent de l'urgence d'une meilleure protection des droits des enfants dans cette situation, l'une de celles où leurs droits sont le plus systématiquement bafoués.»* [57]

L'étude révélait que des enfants étaient emprisonnés avec des adultes dans tous les pays.

Les résultats de l'étude de DEI soulignaient le bien-fondé de la préoccupation au sujet aussi bien du principe de détention que de ses effets sur les enfants concernés, par exemple les violences physiques et sexuelles de la part d'autres détenus ou du personnel, les négligences physiques et affectives, la malnutrition prononcée, l'absence de traitement des maladies physiques ou mentales, les suicides, les traumatismes psychologiques, l'entrée dans le monde de la criminalité, etc. L'étude confirmait également le postulat selon lequel les enfants emprisonnés proviennent généralement de groupes relativement défavorisés, et que la détention ne fait que renforcer les handicaps dont ils souffrent et empirer leur situation : *«(...) l'emprisonnement des enfants peut être le premier pas vers la violation d'une gamme étendue de droits fondamentaux de l'enfant, qui vont de la santé et de la protection contre la violence à la vie de famille et au droit à un développement harmonieux.»*[58]

---

56 TOMASEVSKI, 1986, p. 23

57 ibidem, p. 24

58 ibidem, p. 30

Un autre postulat intéressant sur lequel l'étude est basée, et qui traverse le livre comme un fil rouge, est que «*la façon dont un État traite les enfants qui sont explicitement ou implicitement confiés à ses soins doit être jugée selon les mêmes critères que ceux employés pour établir si des parents sont ou non aptes à s'occuper de leurs enfants.*»

Ce postulat est intéressant parce qu'il évoque l'image de l'État qui à la fois condamne et ne parvient pas toujours à être un meilleur parent. Lorsque l'État se manifeste en tant que «*super-parent*» et que des enfants sont les objets d'une mesure de privation de liberté, les parents sont jugés directement ou indirectement incapables de gérer le problème. Mais, considérant les conditions de vie pour un grand nombre des enfants privés de liberté et l'inefficacité de la mesure dans de nombreux cas, l'État, jugé avec les mêmes critères, ne s'en sort pas forcément mieux. Cependant, son intervention ne semble encore avoir été que très peu évaluée.

b. Le principe de ne pas emprisonner des enfants

L'étude «*Des enfants en prison avec des adultes*» met en évidence le fait qu'au milieu des années 80 l'emprisonnement des enfants était déjà en principe explicitement[59] défendu, à moins que cela ne soit dans des quartiers spéciaux d'établissements pour adultes.

Ce principe n'était toutefois souvent pas respecté dans la réalité et nombre d'enfants se trouvaient détenus dans des prisons. Les enquêtes menées sur le terrain dans le cadre du livre de DEI ont révélé des pratiques fort éloignées des dispositions prévues par la loi. Cependant, comme ces pratiques constituaient une violation de l'esprit ou de la lettre de la loi, il s'est avéré difficile de réunir des données de manière exhaustive et méthodique.

Dans l'étude, sont mentionnés les cas de quelques pays ayant abaissé l'âge minimum auquel un enfant peut être emprisonné. «*Si de telles mesures ont été prises, ce n'est pas parce que les enfants seraient devenus capables d'acquérir plus tôt la maturité leur permettant d'affronter la vie carcérale; c'est l'augmentation de la délinquance des jeunes qui fait que les États sont tentés d'avoir recours au bon vieux «remède» de la privation de liberté pour isoler les jeunes délinquants du reste de la société (...). Du point de vue de la protection de la société contre la délinquance, ce raisonnement est peut-être acceptable; du point de vue des droits et des intérêts de l'enfant, il est pour le moins discutable (...). Abaisser l'âge minimal*

59 voir l'Ensemble de règles minima pour le traitement des détenus (article 8 d), adopté par le premier Congrès des Nations Unies pour la prévention du crime et le traitement des délinquants, 1955

d'emprisonnement des jeunes délinquants ne constitue pas une solution. A vrai dire, cette mesure n'effleure même pas le problème : elle se limite à agir sur les effets et ne fait que retarder l'échéance jusqu'au moment de la libération des jeunes détenus. C'est une illustration parfaite des intérêts de l'État prenant le dessus sur ceux des enfants et des jeunes.»[60]

c. Les motifs de privation de liberté : quelques exemples

Selon l'étude de DEI, la détention d'enfants en compagnie d'adultes reposait sur un grand nombre de motifs différents. A titre d'exemple, les enfants pouvaient être détenus pendant la durée de l'enquête en tant que suspects (détention préventive) ou témoins. Ils pouvaient être emprisonnés pour infraction à des dispositions administratives telles qu'une loi sur le laissez-passer ou le couvre-feu, incarcérés pour des «*délits*» tels que l'absence de résidence fixe ou le vagabondage, internés ou emprisonnés sous le coup de mesures de sécurité, en tant qu'individus «*dangereux pour l'État*» ou en tant qu'otages; ils pouvaient encore être détenus pour infraction aux dispositions sur l'éducation obligatoire.

Les enquêtes nationales de DEI faisaient état de cas d'enfants détenus, internés ou emprisonnés alors qu'ils n'étaient pas inculpés, ni même soupçonnés d'avoir commis un délit. Dans certains cas, l'emprisonnement se fondait sur l'application de dispositions de sécurité ou de dispositions militaires, et rentrait donc dans la catégorie de la répression à caractère politique. De nombreux enfants se trouvaient détenus sur la base de la législation relative à l'immigration, pour des délits tels que l'entrée illégale dans un pays ou le dépassement de la durée de séjour autorisée. D'autres étaient enfermés pour avoir enfreint les réglementations relatives à l'émigration (passage de la frontière sans autorisation).

Dans plusieurs pays étudiés, les mineurs en situation irrégulière et mendiants pouvaient être privés de liberté et placés dans des prisons ou des établissements pouvant s'apparenter à des prisons, tels que des «*centres de rééducation*». La détention de bébés et jeunes enfants avec leur mère était également observée.

Ce bref résumé de motifs est tout aussi valable aujourd'hui, comme nous l'avons vu dans la première partie du livre. En effet, la similitude avec la situation actuelle, treize ans plus tard, est remarquable, à tel point que rien - ou très peu - ne semble avoir changé en ce qui concerne la multitude des motifs permettant de priver un enfant de liberté. Notons cependant que l'étude de DEI se concentrait surtout sur la privation de liberté dans les

---

60 Tomasevski, 1986, pp. 45-46

prisons pour adultes et que les autres établissements fermés n'étaient pas toujours pris en considération. Notre recherche confirme qu'actuellement on trouve plus ou moins les mêmes catégories d'enfants privés de liberté mais pas nécessairement tous dans des prisons.

1.2. Les droits des enfants privés de liberté

a. Le principe

L'étude «*Des enfants en prison avec des adultes*» contient plusieurs exemples de la position que peuvent avoir certains États sur la question des droits des enfants privés de liberté.

Par exemple : «*[l]es personnes détenues dans les prisons (...) n'ont pas de droits, mais seulement des privilèges. L'exercice physique, la compagnie d'autres détenus, les règles minimales relatives à l'aménagement des locaux, à l'hygiène, à la lumière et à l'aération sont considérés comme des privilèges susceptibles d'être accordés ou retirés*».[61] Ou alors, les droits des détenus et l'exercice de ces droits sont reconnus à l'exception de ceux qui sont «*nécessairement perdus par suite de l'emprisonnement*».

b. Le droit à l'intégrité physique

Parmi les violations des droits des enfants privés de liberté, l'étude de DEI révèle surtout les abus sexuels, la torture, les traitements inhumains et dégradants, etc. Ces violations ne se produisent pas uniquement dans les prisons : «*[l]a pratique consistant à éloigner des jeunes dépourvus d'éducation et de travail des grandes villes pourrait paraître judicieuse si l'on ne signalait pas des morts de faim et de mauvais traitements dans ces centres de rééducation.*»[62] Nombreux sont les enfants détenus qui subissent des châtiments corporels, malgré le fait que cette pratique n'est que rarement autorisée d'une manière explicite par la loi.

L'étude cite dans ce contexte le travail de la Commission européenne des droits de l'homme qui, en 1976 déjà, avait établi que la flagellation humilie et déshonore le délinquant et constitue une peine ou un traitement dégradant et une atteinte à la dignité humaine sans valeur compensatoire[63].

---

61 ibidem, p. 60

62 ibidem, p. 53

63 Requête n° 5856/72: Anthony M. Tyrer contre Royaume-Uni, Rapport de la Commission (adopté le 14 décembre 1976), Commission européenne des droits de l'homme, Conseil de l'Europe, 1976.

c. La séparation des mineurs et des adultes

Avant l'adoption de la Convention relative aux droits de l'enfant par les Nations Unies, les rapports soumis par les gouvernements sur la mise en œuvre du Pacte international relatif aux droits civils et politiques constituaient une source d'information fondamentale sur la manière dont ils interprétaient leurs obligations quant au traitement des enfants détenus, et notamment l'obligation de les séparer des adultes (voir PIDCP, article 10.2 b).

Une analyse de ces documents a conduit DEI à conclure qu'un cinquième environ des gouvernements ayant ratifié le Pacte ne pouvait pas, ou ne souhaitait pas, appliquer le principe de la séparation. K. Tomasevski cite l'exemple d'un rapport dans lequel on pouvait effectivement lire que «*(...) le principe de séparation des adultes des jeunes n'est plus si largement reconnu. Les instances internationales croient de plus en plus qu'il faut sélectionner les prisonniers d'après des critères de personnalité plutôt que d'après l'âge.*»[64]

D'après l'étude, l'emprisonnement des enfants et leur non-séparation des adultes étaient le plus souvent motivés d'une façon négative, par exemple par le manque d'institutions adéquates ou d'établissements spécialisés pour mineurs ou par le danger que représentaient certains jeunes pour la société ou pour eux-mêmes.

d. La protection juridique, l'arrestation et la détention préventive

Toutes les enquêtes nationales révélaient l'absence d'une protection juridique, plus particulièrement au cours de la période précédant le procès «*pénal*». Les informations obtenues apprenaient de plus que les périodes d'arrestation et de détention préventive étaient mal connues et que le traitement des enfants par la police, y compris la détention, échappait à toute surveillance et à toute procédure de plainte. «*La détention par la police est généralement considérée comme une mesure si exceptionnelle et si brève qu'elle n'est même pas prise en compte, bien souvent, dans les mesures de sauvegarde des droits de l'enfant.*»[65]

Dans la pratique, les enfants n'avaient souvent pas accès à une aide juridique, ce qui compromettait gravement leur droit à la défense. De nombreux

---

64 Tomasevski, 1986, p. 71

65 ibidem, p. 110

obstacles les empêchant d'être défendus semblaient exister. Les enfants détenus par la police ou placés en détention préventive faisaient l'objet d'interrogatoires dont ils comprenaient souvent mal la signification et les conséquences.

Les pouvoirs étendus de la police, les dispositions imprécises dans le domaine de la protection des personnes arrêtées et détenues, l'absence quasi-totale de responsabilité - devant une instance supérieure - des fonctionnaires directement ou indirectement coupables de mauvais traitements sur des enfants, étaient autant d'éléments qui concouraient à faire de la question de la garde à vue et de la détention préventive un domaine prioritaire pour la protection des enfants et de leurs droits.

e. Les conditions de détention

L'étude de DEI s'est penchée de plus près sur deux domaines particuliers concernant les enfants détenus dans des établissements pour adultes : le travail et l'éducation. A ce sujet, les enquêtes sur le terrain révélaient un faible niveau général d'instruction des enfants et un nombre élevé de situations de travail forcé.

f. La surveillance du respect des droits de l'enfant

Les enquêtes nationales ne faisaient pas systématiquement état de l'existence ou de l'efficacité de procédures de plainte. Cependant, devant la récurrence des références à des situations d'impuissance et d'absence de défense des enfants, l'auteur de l'étude fait la réflexion suivante : «*[i]l serait difficile d'envisager une procédure efficace par laquelle les enfants détenus eux-mêmes déposeraient des plaintes. Ils n'ont presque jamais accès à l'assistance d'un avocat, et la plupart d'entre eux connaissent mal les lois et règlements et craignent les représailles des gardiens.*»[66] Les enquêtes nationales de DEI arrivaient généralement à la conclusion qu'il n'existait, dans les pays considérés, aucun contrôle des conditions de détention et du traitement des enfants, ni par les autorités de la prison, ni par des organismes extérieurs indépendants.

Tout au long de l'étude exploratoire, le libre accès à l'information relative aux enfants détenus dans les établissements pour adultes est cité comme la condition de base pour la protection de leurs droits. La conclusion de

66 ibidem, pp. 65-66

K. Tomasevski est alors la suivante : «*[s]ans informations sur le traitement (ou le mauvais traitement) des enfants emprisonnés, il est impossible de mettre sur pied un système assurant le respect de leurs droits.*»[67] Nous partageons totalement cet avis, qui est à l'origine même de ce livre.

2. Le Rapporteur spécial des Nations Unies sur l'application des normes internationales concernant les droits de l'homme des jeunes détenus

2.1. Pourquoi un rapporteur spécial ?

Depuis 1985 déjà, la Sous-commission des Nations Unies pour la prévention de la discrimination et la protection des minorités[68] investiguait sur l'incarcération des personnes en dessous de l'âge de 18 ans dans les prisons pour adultes[69]. Le Secrétaire-général des Nations Unies sollicitait à plusieurs reprises les agences des Nations Unies, les organisations non-gouvernementales et les États membres pour qu'ils fournissent des données utiles pour mieux connaître cette réalité, par le biais de questionnaires.

En 1989, il réitère cette demande et la Sous-commission, dans sa résolution 1989/31 du 1 septembre 1989, décide de nommer un Rapporteur spécial chargé de la question de l'application des normes internationales concernant les droits de l'homme des jeunes privés de liberté. Il est intéressant de noter que, dans sa décision, la Sous-commission indiquait que le rapporteur spécial ne recevrait pas de soutien financier pour mener sa tâche à bien !

Les réponses reçues[70] suite à cette demande et quelques initiatives d'ONG ont servi de base au travail du Rapporteur spécial.

---

67 ibidem, p. 155

68 Sous-commission de la Commission des droits de l'homme des Nations Unies. Son nom est maintenant la Sous-commission pour la promotion et la protection des droits de l'homme (depuis 1999).

69 Voir la résolution 1985/19 et le rapport sur l'incarcération des enfants en dessous de 18 ans avec les adultes (E/CN.4/Sub.2/1987/30)

70 E/CN.4/Sub.2/1990/25 + Add.1 et Add.2

2.2. Les rapports[71]

Les deux rapports du Rapporteur spécial se concentrent principalement sur quatre aspects de la détention des enfants : la séparation entre les enfants et les adultes dans les institutions pénales, la détention préventive, le recours le plus limité possible à l'institutionnalisation et les objectifs du traitement institutionnel.

Le premier rapport commence par un passage en revue des normes internationales relatives aux quatre thèmes susmentionnés puis, à la lumière des réponses reçues par les États au questionnaire (45 réponses), examine la compatibilité de la pratique avec les normes internationales.

Le deuxième rapport contient de plus amples informations sur les efforts visant à mettre en œuvre les normes internationales, ainsi que des observations en rapport avec les pratiques incompatibles avec ces normes et des recommandations sur les mesures qui devraient être prises par les États et la communauté internationale pour rendre la protection des enfants incarcérés plus efficace. Le deuxième rapport examine également de nouvelles réponses au questionnaire reçues après le premier rapport (10 réponses).

2.3. Les principales constatations du Rapporteur spécial

a. La détention préventive

Même si la plupart des États s'accordent à dire que la privation de liberté doit être une mesure de dernier recours, limitée aux cas les plus sérieux et pour une durée aussi brève que possible, le Rapporteur constatait que la détention préventive était une réponse courante à la délinquance juvénile et souvent utilisée sans prendre en considération son effet contre-productif sur les jeunes. Le Rapporteur spécial se disait assez alarmé par le nombre important de jeunes détenus en attente de jugement dans les pays examinés. Dans le deuxième rapport, le Rapporteur soulevait que le principe selon lequel les jeunes qui n'ont pas encore été jugés doivent être séparés de ceux qui ont été reconnus coupables n'était pas suffisamment pris en compte.

b. Le recours le plus limité possible à l'institutionnalisation

Dans environ la moitié des États examinés dans le premier rapport, il existait des moyens légaux de diversion pour disposer des cas des mineurs (sans

---

71 E/CN.4/Sub.2/1991/24 (2 juillet 1991) et E/CN.4/Sub.2/1992/20 (3 juin 1992) ; voir également E/CN.4/Sub.2/1991/50

avoir recours à un procès formel par l'autorité compétente). De même, dans la majorité des pays, la législation nationale contenait des dispositions prévoyant des mesures non institutionnelles. De nombreux États indiquaient cependant que bien qu'il n'y ait pas d'obstacles formels à un respect total des normes internationales pertinentes, il existait d'autres raisons - quelque fois financières - qui les empêchaient d'appliquer le principe du recours le plus limité possible à l'institutionnalisation.

D'après les réponses reçues pour le deuxième rapport, vingt à trente pour cent des jeunes délinquants en contact avec la justice étaient privés de liberté d'une manière ou d'une autre. Le recours à l'institutionnalisation variait largement d'un pays à l'autre : dans certains d'entre eux les mineurs n'étaient jamais placés dans des centres de détention fermés, alors que dans d'autres une majorité était incarcérée.

c. Les objectifs du traitement institutionnel

La moitié environ des pays inclus dans le premier rapport affirmait qu'ils n'étaient pas confrontés à des obstacles empêchant un respect total du principe selon lequel la réhabilitation et la réintégration devraient être les objectifs essentiels de la privation de liberté des jeunes.

Parmi les obstacles cités par l'autre moitié, les plus courants étaient le manque de ressources financières, matérielles et/ou humaines, ainsi que le manque de coordination entre ces ressources. D'autres obstacles comprenaient : le manque de stabilité économique ou la pauvreté, le manque de stabilité de la famille et de soutien de la part de celle-ci, le manque d'opportunités d'emploi, le manque de personnel qualifié, ainsi que différentes attitudes socioculturelles véhiculant une opinion négative des jeunes délinquants et l'avis qu'ils ne pourraient pas être réhabilités.

Dans les dix pays examinés dans le second rapport, l'objectif de la détention semblait être la réhabilitation plutôt que la punition. Tous ces gouvernements affirmaient en effet que la détention en institution impliquait la participation des jeunes à des programmes éducatifs et des cours de formation. Cependant, le Rapporteur émettait le regret que l'assistance psychologique ne paraissait pas être aussi largement employée qu'elle aurait dû l'être.

d. La séparation des enfants et des adultes dans les institutions pénales

D'après le Rapporteur spécial la vaste majorité des pays appliquaient les normes internationales pertinentes relatives à ce principe. Il s'inquiétait cependant de ce que dans un certain nombre de pays, dans lesquels la législation nationale interdisait la détention de délinquants juvéniles avec des adultes, le manque de ressources financières empêchait le respect de ces règles. Cette constatation est faite dans les deux rapports. Les États évoquaient des obstacles tels que l'absence d'installations adéquates et de personnel qualifié, la surpopulation des prisons et le manque de ressources financières pouvant être allouées spécifiquement à des projets pour les jeunes. Le Rapporteur regrettait que ce droit fondamental ne soit pas pleinement respecté et que nombre de pays n'octroient pas les ressources nécessaires à la construction de lieux garantissant une telle séparation.

3. Plusieurs années et une convention plus tard : la situation quant au respect des droits de l'enfant privé de liberté a-t-elle changé ?

Nous l'avons vu, en particulier dans la deuxième partie, le cadre normatif international a été sérieusement renforcé depuis 1989. Cette protection légale s'est-elle traduite également par un respect accru des droits de l'enfant et une meilleure protection contre les violations ? Nous verrons, dans les chapitres qui suivent, quelle est la situation actuelle.

Nous savons déjà, après lecture de la première partie, que le phénomène de privation de liberté des enfants en général, et dans des établissements pour adultes en particulier, persiste. La situation est sur ce point très comparable aux observations faites il y a plusieurs années et peu semble avoir changé à cet égard.

Le principe de base de l'étude de DEI a été dès le départ de considérer que les enfants ne devraient jamais être emprisonnés, et surtout pas en compagnie d'adultes. Cette option de base conduisait à remettre en question les lois et les pratiques qui permettent, ou tout au moins tolèrent, la détention d'enfants. Face à la situation de fait, il convenait cependant pour l'auteur d'examiner le traitement réservé aux enfants détenus et de plaider pour des mesures d'aménagement visant à atténuer les conséquences de la détention. «*Il ne s'agit pas là d'un manquement au principe de base selon lequel les enfants ne devraient pas être détenus, mais d'une attitude réaliste et consciente du fait que cet objectif demandera du temps et des efforts considérables, et qu'il faut bien entre-temps venir en aide aux enfants emprisonnés.*»[72]

Le principe de base pour notre étude est le même : les enfants ne devraient

72 Tomasevski, 1986, p. 25

pas être privés de liberté mais, puisqu'il arrive malheureusement qu'ils le soient, il est urgent de savoir – comme il l'était il y a plus de dix ans - ce qui se passe actuellement dans ces établissements fermés, afin de se donner les moyens de changer la situation. Comment les droits des enfants privés de liberté sont-ils respectés aujourd'hui ? A quel point des alternatives ont-elles été développées afin d'éviter toute privation de liberté ? Quelle est la situation dix ans après l'adoption de la Convention relative aux droits de l'enfant ?

Chapitre 3. - La Convention relative aux droits de l'enfant : les réserves et déclarations d'interprétation des États membres

Introduction

Par le biais d'une réserve, tout État peut ne souscrire que partiellement aux termes d'une convention. La réserve à une convention internationale est définie par la Convention de Vienne sur le droit des traités comme «*une déclaration unilatérale, quel que soit son libellé ou sa désignation, faite par un État quand il signe, ratifie ou approuve un traité ou y adhère, par laquelle il vise à exclure ou à modifier l'effet juridique de certaines dispositions du traité dans leur application à cet État*» (article 2.1.d).

L'État peut aussi faire une déclaration interprétative, par laquelle il signale qu'il interprétera et appliquera une disposition d'une convention d'une manière déterminée ou limitée. La déclaration interprétative n'est pas définie par la Convention de Vienne. Son but est analogue à la réserve, mais il est d'une portée juridique moindre : ce n'est pas tant l'existence même de l'obligation qui est contestée que le sens qu'on va lui donner (un sens particulier ou un sens limité).[73]

Les réserves et déclarations d'interprétation ne doivent cependant jamais être incompatibles avec l'objet et le but de la convention concernée.

73 Lücker-Babel, M.F., 1997, p. 665.

Nous avons recherché et analysé dans le cadre de ce livre toutes les réserves et déclarations d'interprétation émises par les États parties à la Convention pouvant concerner plus ou moins directement les droits des enfants privés de liberté[74]. Ceci ne veut pas dire que d'autres, de portée générale, n'auront pas éventuellement aussi un impact sur ces enfants. Parmi celles-ci figurent par exemple, les réserves émises par de nombreux États musulmans à l'égard des articles de la Convention qui sont incompatibles avec les dispositions du droit islamique, de la Charria ou avec les croyances et principes de l'Islam, sans toutefois donner davantage de précisions quant à la portée de ces réserves. Dans le même ordre d'idée, certains pays précisent que la Convention ne s'applique que si les dispositions sont conformes à la constitution nationale, au droit interne ou aux valeurs traditionnelles. D'autres encore déclarent que la Convention «sera appliquée dans la mesure où cela est financièrement possible» ou dans la limite des moyens disponibles.

Nous n'analyserons pas non plus en détail une réserve générale émise - partiellement ou entièrement - par plusieurs pays selon laquelle «*les droits de l'enfant définis dans la Convention (...) doivent (...) être exercés (...) conformément aux coutumes, valeurs et religions de la société pluriraciale et plurireligieuse (...) en ce qui concerne la place de l'enfant au sein de la famille et hors de celle-ci*».

Le caractère général et indéfini de ces réserves, leur portée illimitée et leur manque de précision posent un problème, dans le sens qu'ils font douter de l'engagement des pays en ce qui concerne l'objet et le but de la Convention. Au-delà de cela, il serait intéressant de vérifier au cas par cas les éventuelles conséquences particulières de ces réserves pour les enfants privés de liberté.

1. Les réserves portant sur l'article 37 de la Convention

1.1. Réserves à l'égard de l'article 37 dans son ensemble

L'article 37 CDE concerne la torture, les peines et traitements cruels, inhumains et dégradants et la privation de liberté.

---

74 Nous nous sommes basés sur la mise à jour des «*Réserves, déclarations et objections concernant la Convention relative aux droits de l'enfant*» datée du 12 mars 1998 (CRC/C/2/Rev. 7)

Deux pays ont émis une réserve à l'égard de l'article 37 dans son ensemble. Un troisième a retiré la déclaration qu'il avait faite[75] à ce sujet.

Pour le premier, l'article 37 (parmi d'autres) ne sera appliqué que s'il est conforme «*à la Constitution, au droit interne et aux politiques nationales du gouvernement*». Il faudrait examiner le droit interne de ce pays pour déterminer si certaines de ses dispositions concernant les enfants (privés de liberté) vont à l'encontre de celles de la Convention.

Le deuxième, quant à lui, «*considère que les articles 19 et 37 de la Convention n'interdisent pas l'application des mesures que la loi prescrit pour le maintien de l'ordre public sur [son] territoire (...)*», ni «*les mesures et restrictions que la loi prescrit et qui sont justifiées par des considérations de sécurité nationale, de sûreté publique, d'ordre public, de protection de la santé publique ou de protection des droits et libertés d'autrui*», ni enfin «*l'imposition judicieuse de châtiments corporels dans l'intérêt de l'enfant*».

La formulation de cette réserve parle d'elle-même. Elle ouvre non seulement la porte à un non-respect de plusieurs droits des enfants en général mais elle comporte en plus des risques particuliers pour les enfants privés de liberté, et ceci sur des bases aussi floues que «*des considérations d'ordre public*» *ou* «*la protection de la santé publique*». Comment garantir dans les situations considérées par le gouvernement comme relevant de la «*sécurité nationale*», de la «*sûreté publique*», de«*l'ordre public*», de la «*protection de la santé publique*» ou de la «*protection des droits et libertés d'autrui*» que les enfants de ce pays soient protégés par exemple par les dispositions de l'article 37.b de la Convention qui prévoit que les États parties doivent veiller à ce que «*nul enfant ne soit privé de liberté de façon illégale ou arbitraire*» et que «*[l]'arrestation, la détention ou l'emprisonnement d'un enfant doit être en conformité avec la loi, n'être qu'une mesure de dernier ressort, et être d'une durée aussi brève que possible*» ?

---

75 Dans sa déclaration, retirée par la suite, ce pays déclarait qu'«*aucune disposition de l'article 37 n'empêchera ou sera interprétée comme empêchant le gouvernement (...) d'assumer ou d'exercer, conformément aux lois en vigueur dans le pays et aux procédures établies en vertu de celles-ci, les pouvoirs rendus nécessaires par la situation interne afin de préserver et de renforcer la primauté du droit, de maintenir l'ordre public et, plus particulièrement, de protéger l'intérêt national supérieur, à savoir la non-désintégration de [l'Etat], la non-désintégration de la solidarité nationale et la sauvegarde de la souveraineté nationale, qui constituent les causes nationales suprêmes de [l'Etat]. Ces pouvoirs comprennent les pouvoirs d'arrestation, de détention, d'incarcération, d'exclusion, d'interrogatoire, d'enquête et d'investigation*».

En outre, la possibilité de soumettre l'enfant à «*une imposition judicieuse de châtiments corporels*» «*dans son intérêt*» va à l'encontre des dispositions de la Convention selon lesquelles les États parties doivent veiller à ce que «*nul enfant ne soit soumis à la torture ni à des peines ou traitements cruels, inhumains ou dégradants*» (CDE, article 37.a), et qu'ils doivent prendre «*toutes les mesures (...) appropriées pour protéger l'enfant contre toute forme de violence, d'atteinte ou de brutalités physiques ou mentales, d'abandon ou de négligence, de mauvais traitements ou d'exploitation (...) pendant qu'il est sous la garde de ses parents ou de l'un d'eux, de son ou ses représentants légaux ou de toute autre personne à qui il est confié*» (CDE, article 19). Les enfants de ce pays risquent donc de ne pas être protégés contre de tels abus, d'autant plus que les termes d'«*imposition judicieuse*» peuvent être ouverts à toutes sortes d'interprétation. La Convention interdit le châtiment corporel, imposition «*judicieuse*» ou non.

1.2. Réserves à l'égard de l'article 37.c

L'article 37.c CDE détermine les principes de base auxquels la privation de liberté d'un enfant doit répondre. Cet article encourage entre autres la séparation des enfants des adultes pendant leur privation de liberté.

Le point sur la séparation des enfants et des adultes pendant la privation de liberté est parmi ceux pour lesquels les États parties ont le plus fréquemment émis des réserves. Il s'agit en majorité de pays industrialisés. La majorité de ces pays se réservent la possibilité de ne pas séparer les enfants des adultes lorsque cette séparation n'est selon eux pas faisable ou pas appropriée, dans le cas par exemple où il n'existerait pas d'installations convenables pour les mineurs, dans celui où ces lieux seraient surpeuplés ou lorsque cela impliquerait un trop grand éloignement entre le jeune et sa famille. D'autres estiment que la détention d'adultes et d'enfants ensemble peut dans certains cas être mutuellement bénéfique ou encore qu'il faut pouvoir placer un jeune avec les adultes lorsqu'il est dans l'intérêt des autres enfants qu'il soit séparé d'eux. Enfin, un État partie précise que selon la législation nationale la séparation doit en règle générale être faite à partir de vingt ans, et un autre que la loi pénale pour adultes peut sous certaines conditions être appliquée à des mineurs dès seize ans. Dans un autre encore, selon la loi, la séparation n'est pas obligatoire.

2. Les réserves portant sur l'article 9 de la Convention

2.1. Réserves à l'égard de l'article 9.1

L'article 9.1 reconnaît le droit de chaque enfant de ne pas être séparé de ses parents.

Une réserve a été formulée par trois pays concernant le point 1 de l'article 9. Dans ces trois pays en effet la loi ne prévoit pas (toujours) de révision judiciaire lorsque la décision est prise de séparer un enfant de ses parents. Ils réservent le droit aux autorités compétentes (service d'aide sociale/ autorités de tutelle) de se prononcer sur la séparation d'un enfant de ses parents sans examen préalable par une instance judiciaire. Un autre qui avait émis la même réserve l'a retirée par la suite.

Un État a fait une déclaration en ce qui concerne l'art 9.1 CDE, considérant que la loi nationale autorise les autorités administratives à statuer en dernier ressort dans certains des cas visés dans cet article. Les décisions en question peuvent faire l'objet d'une révision judiciaire, en ce sens qu'aux termes de la loi les tribunaux peuvent annuler des décisions administratives s'ils concluent que celles-ci sont fondées sur des prémisses illégales.

L'absence d'une révision judiciaire peut être dangereuse, surtout lorsque l'on considère que la séparation (qui peut être la conséquence d'une mesure de privation de liberté) par les autorités administratives peut être arbitraire (d'autant plus que les garanties juridiques ne sont pas nécessairement respectées et que le jeune n'a souvent pas de défense).

2.2. Réserve à l'égard de l'article 9.3

Un État partie à la Convention ne se considère pas lié par les dispositions du paragraphe 3 de l'article 9. Ce pays peut donc ne pas respecter «le droit de l'enfant séparé de ses deux parents ou de l'un d'eux d'entretenir régulièrement des relations personnelles et des contacts directs» avec eux. L'implication de cette réserve pour les enfants privés de liberté peut être importante. Ils risquent d'être privés de bases légales pour maintenir le contact avec leur famille pendant la période de séparation (privation de liberté). Les conséquences négatives d'une absence de contact familial sur l'enfant et ses chances de réhabilitation et de réintégration sont évidentes, mais elles vont même plus loin. En effet, comme nous le verrons dans les chapitres suivants, c'est de temps à autre de leurs parents que les enfants détenus dépendent pour l'approvisionnement en nourriture et autres produits de base.

2.3. Réserve à l'égard de l'article 9.4 [76]

Dans sa réserve, un État partie ajoute les termes «*ou ne porte atteinte à l'ordre public*» après la phrase qui finit par «*à moins que la divulgation de ces renseignements ne soit préjudiciable au bien-être de l'enfant*», à la fin de l'article 9.4. CDE. Cette réserve implique que les - ou le - parent(s) d'un enfant détenu, ou s'il y a lieu un autre membre de la famille, ne pourront recevoir de renseignements de la part de l'État sur le lieu où se trouve l'enfant si l'État estime que la divulgation de ces renseignements porterait atteinte à l'ordre public. Il est clair que l'utilisation de cet argument violerait le droit de l'enfant au contact avec sa famille, ainsi que le principe de son intérêt supérieur puisqu'il fait passer l'intérêt de l'État avant le sien.

3. D'autres réserves sans lien explicite avec les droits des enfants privés de liberté, mais susceptibles d'avoir des conséquences pour eux

En guise de conclusion pour ce chapitre, voici quelques exemples d'autres réserves qui peuvent encore toucher les enfants privés de liberté, sans que le lien ne frappe immédiatement.

3.1. Réserve à l'égard de l'article 32.2.b)

Un État partie à la Convention se réserve le droit de ne pas appliquer le paragraphe 2b) de l'article 32, qui demande que les États parties «*prévoient une réglementation appropriée des horaires de travail et des conditions d'emploi*». Cette réserve s'applique dans la mesure où l'application de ce paragraphe pourrait «*exiger la réglementation des horaires des jeunes ayant atteint l'âge de quinze ans qui sont employés dans des établissements à caractère non industriel*».

---

76 L'article 9.4 est formulé de la manière suivante : «*Lorsque la séparation résulte de mesures prises par un Etat partie, telles que la détention, l'emprisonnement, l'exil, l'expulsion ou la mort (y compris la mort, quelle qu'en soit la cause, survenue en cours de détention) des deux parents ou de l'un d'eux, ou de l'enfant, l'Etat partie donne sur demande aux parents, à l'enfant ou, s'il y a lieu, à un autre membre de la famille les renseignements essentiels sur le lieu où se trouvent le membre ou les membres de la famille, à moins que la divulgation de ces renseignements ne soit préjudiciable au bien-être de l'enfant (…).*»

Cette réserve inclut ainsi un risque important pour les jeunes ayant atteint l'âge de 15 ans mis au travail dans des prisons, centres de détention ou camps de travail forcé de ne bénéficier d'aucune protection quant aux horaires de travail et conditions d'emploi.

3.2. Réserve à l'égard de l'article 40.2b) ii) et v)

Un pays déclare que les alinéas ii) et v) du paragraphe 2b) de l'article 40 ne seront pas appliqués de manière à faire naître systématiquement, en cas d'infraction mineure à la loi pénale, le droit à une assistance juridique ou autre, ni l'obligation de soumettre toute décision n'emportant pas d'emprisonnement à une autorité ou une instance judiciaire supérieure compétente.

Les enfants qui font l'objet d'une décision impliquant une privation de liberté dans d'autres établissements qu'une prison risquent donc être privés de certaines garanties juridiques essentielles.

3.3. Réserve sur tous les droits définis dans la Convention, et plus particulièrement les articles 12 et 17

Un État considère que «*les droits de l'enfant définis dans la Convention, en particulier ceux définis aux articles 12 et 17, doivent, en application des articles 3 et 5, être exercés [entre autres] dans le respect de l'autorité des parents, enseignants et autres personnes à qui est confiée la garde de l'enfant (...)*».

Les responsables des différents établissements dans lesquels peuvent être privés de liberté des enfants font partie des «*autres personnes à qui est confiée la garde de l'enfant*». Ainsi, le respect des droits des enfants en général, et en particulier ceux prévus dans les articles 12 et 17 (droit d'exprimer son opinion sur les questions l'intéressant et d'avoir cette opinion prise en considération, et droit à l'accès à l'information), risque d'être soumis au bon vouloir des responsables de l'établissement (et des gardiens, éducateurs, etc.).

Chapitre 4. - Les droits de l'enfant privé de liberté : principes généraux

Introduction

Les chapitres 4 à 12 de cette troisième partie du livre sont consacrés à la réalité du respect des droits de l'enfant privé de liberté, telle que nous l'avons observée nous-mêmes ou par le biais des différentes sources que nous avons consultées. Les informations que nous donnons relèvent principalement du domaine de la justice pour mineurs, puisque, nous l'avons vu, il s'agit d'un très important pourvoyeur d'enfants privés de liberté. La plupart d'entre elles sont cependant également valables dans les autres contextes d'enfermement.

Nous avons suivi autant que possible la structure du cadre normatif international tel que nous l'avions développé dans la partie précédente. Les chapitres qui suivent correspondent donc à nouveau aux catégories identifiées par le Comité des droits de l'enfant. Rappelons que nous avons apporté quelques changements à ces catégories afin de mieux les adapter à une analyse de la situation des enfants privés de liberté. Ainsi, la catégorie concernant le niveau de vie (chapitre 6) comprend également de l'information sur la réhabilitation et le contact avec le monde extérieur. Une catégorie supplémentaire a été créée pour prendre en compte des éléments spécifiques à la vie en établissement – tels que la spécialisation du personnel ou le classement des détenus – qui ne correspondaient pas exactement aux catégories existantes (chapitre 10).

Afin de faciliter la lecture et la compréhension, nous avons dans cette partie divisé la catégorie sur les droits et libertés civils et politiques en deux chapitres : l'un de ces chapitres traite surtout de la protection juridique de l'enfant et l'autre est consacré aux autres droits civils et politiques.

Rappelons que, pour donner cet aperçu de la réalité, nous avons été attentifs aussi bien au respect des droits de l'enfant qu'aux violations et aux obstacles qui rendent ce respect difficile. Les chapitres qui suivent devraient exprimer cette approche aussi nuancée que possible. Rappelons également que, considérant l'universalité de la problématique et la volonté générale d'y remédier, nous avons préféré ne pas mentionner les pays concernés. Par conséquent, aucun pays n'est spécifiquement montré du doigt et, à l'inverse, aucun n'est particulièrement désigné comme un exemple à suivre. Tous sont concernés. De cette manière, nous avons aussi voulu éviter de nuire à la coopération indispensable avec chacun, que cela soit avec les autorités gouvernementales, les instances judiciaires et administratives ou les professionnels (conseillers juridiques, travailleurs sociaux, éducateurs, police, etc.).

Ce qui suit n'est pas à considérer comme une «*encyclopédie*» sur la privation de liberté d'enfants. Nous avons plutôt cherché à montrer les diverses facettes que peut avoir la réalité. Les exemples que nous donnons devraient être utiles pour lancer ou poursuivre des démarches de sensibilisation sur la privation de liberté d'enfants, en partant de la perspective de leurs droits. Ces exemples concernent surtout les jeunes placés dans des établissements fermés dans le cadre de la justice (pénale) pour mineurs, mais ils sont très souvent exemplaires pour bien d'autres domaines.

Rappelons finalement qu'il est essentiel de lire les chapitres qui suivent en tenant compte de la position sociale et juridique de l'ensemble des enfants. Les violations des droits que nous relevons pour les enfants privés de liberté ne concernent pas forcément uniquement ceux-ci, mais dans certains cas également l'ensemble de la population mineure dans un pays donné. A ce propos, il est important de souligner que les mesures visant à améliorer le respect des droits des enfants dans les établissements fermés devraient être précédées ou accompagnées de politiques similaires s'adressant à tous les enfants du pays, de manière à ne pas faire de ces lieux des îlots attractifs vis-à-vis de l'extérieur.

Il faut savoir enfin que pour une grande partie des dispositions internationales, nous avons trouvé des lois nationales et des règlements internes allant dans le même sens. Lorsque, pour ces chapitres 4 à 12, l'information à disposition se limitait à une confirmation du cadre normatif international, nous ne l'avons en général pas reprise.

Ce chapitre porte sur la première catégorie : les principes généraux. Comme nous l'expliquions dans la deuxième partie, il s'agit de quatre principes identifiés par le Comité des droits de l'enfant des Nations Unies à la lumière desquels tous les articles de la Convention doivent être lus.

1. La non-discrimination

Il n'est pas surprenant de remarquer des pratiques discriminatoires dans les établissements dans lesquels des mineurs sont privés de liberté. Comme nous le voyons ci-dessous, cette violation du principe de non-discrimination concerne différents groupes d'enfants et prend diverses formes.

1.1. Quels sont les groupes d'enfants discriminés ?

Les pratiques discriminatoires dans les établissements où des mineurs sont privés de liberté ont pour principales victimes :

- les enfants issus de minorités ethniques, religieuses et linguistiques;
- les enfants issus de populations indigènes;
- les jeunes étrangers;
- les jeunes des familles défavorisées ou des castes inférieures;
- les enfants qui ne sont pas soutenus par une famille ou un tuteur;
- les enfants handicapés.

Cette liste n'est bien sûr pas exhaustive. Ces jeunes et leurs familles font parties de groupes socialement vulnérables et sont victimes de discrimination dans d'autres aspects de leur vie. Précisons encore que les pratiques discriminatoires peuvent aussi se baser sur le sexe de l'enfant.

Le motif de la privation de liberté peut également être une cause de discrimination au sein des établissements. Les enfants accusés de délits politiques par exemple peuvent être victimes d'un traitement plus dur.

1.2. Quelles formes la discrimination peut-elle prendre ?

Une distinction peut être faite entre la discrimination au moment de la décision de privation de liberté et celle concernant les modalités de l'enfermement.

a. Des groupes particulièrement exposés

Il est clair que tous les enfants ne sont pas égaux face au risque d'être privés de liberté. En effet, certains groupes d'enfants tels que les jeunes étrangers et ceux issus de familles défavorisées sont nettement plus exposés que d'autres à l'arrestation. D'après les différentes sources, ces enfants sont plus facilement arrêtés, et parfois pour des délits n'étant pas considérés comme tels pour les autres enfants. Un exemple frappant est celui des enfants de la rue particulièrement exposés aux arrestations arbitraires, par exemple dans le cadre de campagnes de «*nettoyage social*».

Ces groupes d'enfants sont également plus souvent détenus. En illustration de ceci, on trouve des estimations selon lesquelles la proportion d'enfants issus de minorités dans les établissements pour mineurs dans certains pays pourrait aller jusqu'à représenter la moitié - ou même dans certains cas 90% - des enfants alors que ce groupe ne constitue qu'un pourcentage minime de la population nationale (pas même 5% par exemple). Une source révèle un pourcentage de 85% d'enfants privés de liberté étant issus de familles défavorisées, alors que les familles considérées comme telles ne représentent que 15% de la population en général.

Témoignage. «*Le garçon riche n'ira pas en prison, même pour un crime aussi sérieux qu'un homicide volontaire. Par contre, le garçon pauvre y passera deux mois pour avoir volé un collier. On criminalise les pauvres. Etre pauvre est le meilleur indicateur qu'un enfant qui entre dans le système finira en prison*» (paroles d'un magistrat)

Les causes de cette situation sont diverses. Premièrement, ces enfants ont une possibilité réduite d'éviter la détention. En effet, il suffit parfois pour être libéré de verser une somme d'argent, que cela soit sous la forme d'une caution, d'une réparation des dommages causés, d'une amende ou d'un pot-de-vin, versement qui s'avère impossible pour ceux qui n'en ont pas les moyens.

Deuxièmement, à cause de la dépréciation dont ces groupes sociaux, leur culture et leurs valeurs sont souvent l'objet et de la méconnaissance à leur égard, les autorités peuvent avoir davantage tendance à arrêter ou à prononcer une peine privative de liberté envers, par exemple, un jeune défavorisé ou issu d'une minorité, et elles chercheront parfois moins volontiers à trouver une alternative adéquate.

Troisièmement, un nombre réduit d'alternatives sont à la disposition de ces groupes de mineurs. Par exemple, pour les enfants sans foyer des mesures de liberté surveillée ou de libération sous caution peuvent s'avérer impossibles dès lors qu'il n'y a pas de famille pour contrôler la bonne application de la mesure et pour s'occuper du mineur. Les alternatives demandant une somme d'argent, une amende par exemple, ne sont souvent pas envisageables non plus. En prévision de ce cas de figure, certaines lois nationales interdisent de substituer à une amende un séjour dans un établissement fermé. Mais d'autres prévoient à l'inverse que le mineur qui se trouve dans l'impossibilité de verser une caution soit confié à un établissement, tel qu'un centre de détention.

b. Les modalités

Nous avons dégagé ci-dessous quelques-unes des expressions que peut prendre la discrimination dans les établissements fermés, en les reliant aux droits correspondants.

- ***Le droit à une détention d'une durée aussi brève que possible***

Puisqu'ils n'ont pas les moyens de payer une somme d'argent à titre de caution ou de pot-de-vin pour leur libération, les enfants défavorisés restent parfois plus longtemps privés de liberté que ceux qui peuvent payer. Le droit à une détention d'une durée aussi brève que possible risque également d'être bafoué davantage pour les enfants qui n'ont pas le soutien de parents ou d'un tuteur ou pour ceux qui sont dépourvus d'un conseil juridique ou autre. Dans certains cas, ces enfants attendent plus longtemps que les autres avant d'être entendus par un juge par exemple. De même, les enfants issus de minorités ethniques ou d'origine étrangère peuvent être perçus comme représentant un danger plus important pour la société et risquent donc de rester plus longtemps enfermés (voir également chapitre 8).

- ***Le droit à la protection contre les abus et mauvais traitements***

Les enfants issus de minorités ethniques, les étrangers, les enfants défavorisés (dont les enfants des rues), les jeunes des castes dites inférieures, les enfants handicapés sont, entre autres, particulièrement exposés à des atteintes à leur intégrité et à leur dignité dans les établissements fermés. Il peut s'agir d'atteintes physiques et psychiques (insultes, humiliations, etc.). Un exemple assez surprenant dans ce contexte est celui des enfants placés à des fins de protection suite à des mauvais traitements. Ils sont parfois victimisés une seconde fois dans les lieux de détention, boucs émissaires de leurs codétenus ou des gardiens, au lieu d'être pris en charge d'une manière humaine et réconfortante comme l'exigerait tout particulièrement leur situation (voir également chapitre 7).

· ***Le droit au contact avec la famille***

Un jeune défavorisé a moins de visites que les autres lorsque, comme c'est parfois le cas, ces dernières dépendent des pots-de-vin versés par lui ou sa famille. Il se peut aussi que les parents ne soient pas en mesure de payer les frais de transport (voir également chapitre 5).

· ***Le droit à un niveau de vie décent***

Les jeunes qui n'ont pas d'argent subissent des conditions de détention pires que les autres dans la mesure où, dans certains établissements, tout se paie. On leur refuse parfois l'accès à la douche, aux toilettes, à une place pour dormir et à des services de santé.

De nombreux aspects nécessaires à un niveau de vie décent dépendent du soutien qu'offre sa famille à l'enfant privé de liberté. Il ressort effectivement de nombreuses sources que c'est grâce à la nourriture apportée par les siens que le mineur mange à sa faim et grâce aux articles de toilettes qu'ils lui donnent qu'il peut se laver. L'absence ou l'irrégularité d'un tel soutien peuvent donc être des obstacles importants à un niveau de vie décent.

Il existe aussi, en prison, des cas d'enfants placés à des fins de protection après avoir subi des mauvais traitements chez eux qui se voient refuser le droit d'être nourris et celui d'avoir un lit sous prétexte qu'ils ne sont pas officiellement reconnus par les autorités puisqu'ils n'ont pas été condamnés (voir également chapitre 6).

· ***Le droit à l'éducation et à des activités récréatives***

Les jeunes étrangers en situation irrégulière ne reçoivent dans certains cas pas de formation dans les pays dans lesquels ils sont arrivés. Ils sont aussi privés de ce droit quand les cours ne sont pas enseignés dans leur langue. Lorsque, dans certains établissements, les gardes font payer l'accès à l'éducation, ceux qui n'ont pas de moyens financiers sont privés de cet accès. Il arrive également que les filles soient exclues des programmes éducatifs, formatifs et récréatifs. En effet, il n'est pas rare que, devant la pénurie de moyens, on donne la priorité aux garçons.

Plus généralement, les enfants privés de liberté peuvent aussi subir de nombreuses discriminations par rapport aux enfants à l'extérieur des établissements, en matière de santé et d'éducation par exemple. Nous avons trouvé l'exemple d'un pays où les mineurs de moins de dix-sept ans doivent recevoir, au terme de la loi sur les institutions pour mineurs détenus, une formation scolaire d'au moins quinze heures de cours par semaine, alors que les écoliers en général ont droit à trente cinq heures par semaine (voir également chapitre 9).

· ***Le droit à une assistance juridique***

Comme nous le verrons dans le chapitre 8, nombre d'enfants ne peuvent bénéficier des services d'un avocat pendant leur privation de liberté, et ce pour des raisons financières. En conséquence, ils auront, entre autres, moins de chances d'être informés de leurs droits, de pouvoir recourir contre la décision de privation de liberté ou de porter plainte contre des violations de leurs droits pendant leur séjour en établissement fermé.

· ***Le droit d'avoir accès à l'information, dont l'information sur ses droits***

Les enfants - étrangers ou issus de groupes indigènes par exemple - qui ne comprennent pas la langue utilisée dans l'établissement sont fortement défavorisés : ils n'ont accès à aucune information et ne connaissent donc souvent pas leurs droits. Il y a un risque qu'ils ne comprennent pas ce qui leur arrive, et qu'ils ne puissent lire ni les livres ni les journaux qui sont parfois mis à leur disposition (voir chapitre également 7).
En outre, cette situation risque d'amplifier encore de manière considérable le stress psychologique dans lequel ils se trouvent déjà.

· ***Le choix de l'établissement fermé***

Parce qu'elles sont la plupart du temps moins nombreuses que les garçons, les filles ont plus rarement des établissements réservés à leur attention. En conséquence de cela, elles sont, de manière générale, encore davantage que les garçons mélangées aux adultes et confrontées aux conséquences de ce mélange (manque d'infrastructure éducative, abus, etc.).
Il arrive que, comme résultat d'une volonté de leur appliquer un traitement plus sévère, des enfants appartenant aux groupes socialement vulnérables soient placés dans des établissements réputés plus répressifs, et en particulier des établissements pour adultes. C'est aussi le cas d'enfants accusés de délits politiques (participation aux activités d'un groupe d'opposition ou d'une organisation illégale par exemple) qui dans certains pays sont plus ou moins systématiquement incarcérés dans des prisons pour adultes alors que les jeunes condamnés pour des délits ordinaires sont placés dans des centres spécialisés.

Faute de structures d'accueil appropriées, des mineurs demandeurs d'asile sont placés dans des centres fermés pour jeunes délinquants même si le motif est strictement d'ordre administratif. Des jeunes issus de minorités ethniques sont parfois envoyés dans des institutions pour enfants handicapés, alors qu'ils ne le sont pas.

Le choix arbitraire et discriminatoire de l'établissement peut avoir des conséquences apparentes, comme par exemple un traitement strictement répressif et exempt de mesures de rééducation. Mais les conséquences peuvent également être moins évidentes : par exemple les possibilités de revoir la mesure privative de liberté ou de bénéficier d'une éventuelle libération conditionnelle peuvent être assez différentes d'un établissement à l'autre.

2. L'intérêt supérieur de l'enfant

L'intérêt supérieur de l'enfant doit être considéré aussi bien lors de la prise de décision qui mène à la privation de liberté que lors de la détermination et mise en œuvre des modalités du placement.

Le respect ou non de l'intérêt supérieur de l'enfant se mesure avant tout par le respect ou non de ses droits. Le lecteur jugera donc de lui-même dans les chapitres qui suivent, au cas par cas, si cet intérêt supérieur est bien considéré en priorité dans le contexte de la privation de liberté, si au contraire d'autres intérêts tels que celui de la société ou de l'ordre public l'emportent ou si un équilibre entre ces différents intérêts est recherché.

3. La survie et le développement

Les prisons et autres établissements fermés ne sont évidemment pas les endroits les plus appropriés pour le développement d'un enfant. Pour mentionner des cas extrêmes, les différentes sources que nous avons consultées signalent même de temps à autre des décès de mineurs au cours de leur privation de liberté, en violation de leur droit à la vie.

3.1. Le non-respect du droit à la protection contre la torture et les mauvais traitements

La torture et les mauvais traitements sont parfois la cause du décès des enfants dans les établissements fermés, surtout dans les postes de police et principalement pendant l'interrogatoire. Plusieurs cas de mineurs - parfois très jeunes - morts après avoir été torturés par la police sont signalés dans les diverses sources. L'objectif de ces actes de torture peut être de les intimider, d'obtenir des informations, des aveux ou de les extorquer.

Dans les établissements, les enfants sont aussi couramment la proie des gardiens ou de leurs compagnons de cellule, que ces derniers soient adultes ou mineurs. Les enfants sont parfois victimes de coups de feu tirés par la police ou par les gardiens. Cela peut par exemple se passer pendant l'arrestation, alors qu'ils tentent de fuir ou après s'être évadés. Des jeunes pris en flagrant délit sont parfois simplement abattus sur place. L'impunité dont bénéficient dans certains cas les responsables de ces décès et l'absence de mesures sévères à leur égard font que ces pratiques se perpétuent.

Les souffrances subies par les enfants et le problème de l'impunité sont davantage développés dans le chapitre 7. Il est important ici de savoir que ces tortures et mauvais traitements peuvent mener à la mort, et qu'il n'est pas rare d'en arriver là.

3.2. Le non-respect du droit à un niveau de vie décent

La malnutrition et la déshydratation sont parfois des causes de décès et de problèmes de développement dans les établissements fermés. De même, les conditions de vie insalubres peuvent provoquer des maladies qui conduisent au décès.

D'autres causes sont le manque de soins médicaux et l'absence ou l'insuffisance des ressources humaines et matérielles qui permettraient un traitement adéquat (voir également chapitre 6). La négligence du personnel peut aussi jouer un rôle dans l'absence de soins (voir également chapitre 7).

3.3. Le non-respect du droit d'être séparé des adultes

Les mauvais traitements menant au décès des enfants leur sont dans certains cas infligés par leurs codétenus adultes, ces homicides pouvant être volontaires ou non (voir également chapitre 10).

3.4. Le suicide

Les suicides ne sont pas rares chez les enfants privés de liberté. Le taux de suicide parmi ceux qui sont incarcérés dans des prisons pour adultes peut être dans certains cas, selon les résultats d'une recherche, cinq fois plus élevé que chez les adultes et huit fois plus élevé que le même taux chez les enfants placés en centre spécialisé[77]. Il est courant également qu'aucune attention particulière ne soit portée aux mineurs présentant des tendances suicidaires. Certains de ces suicides ont pour objectif de mettre fin aux mauvais traitements subis.

---

77 Finkenauer, J.O., Stevens, C.C., 1995

4. L'opinion de l'enfant

La prise en compte de l'opinion de l'enfant est dans la plupart des établissements fermés encore un sujet tabou. Mais il est vrai aussi que, petit à petit, cette situation évolue et que nous nous devons d'insister sur ces expériences constructives.

A titre d'exemple... La nouvelle direction d'une prison de haute sécurité pour mineurs a, dès son arrivée, demandé aux jeunes de lui transmettre par écrit les demandes individuelles qu'ils avaient concernant la vie dans l'institution. Cette démarche faisait partie d'une volonté de «faire circuler la parole» au sein de l'établissement, selon les termes des responsables, et recouvrait pour eux également une valeur éducative. Elle a avant tout le mérite de prendre en compte l'opinion des enfants. La direction a répondu favorablement aux demandes considérées par elle comme réalisables et certaines ont été inclues dans le règlement interne de l'établissement. Ce système de consultation a été ensuite instauré de manière formelle et perdure aujourd'hui. Quelques demandes prises en compte par la direction sont les suivantes :

- pouvoir fumer davantage de cigarettes. Le règlement prévoit maintenant la possibilité de fumer plus souvent qu'auparavant;
- passer le moins de temps possible en cellule, et en particulier ne plus y manger à côté des toilettes. Petit à petit les jeunes ont pu déjeuner, goûter, puis dîner en dehors de leur cellule (sans que ceci ne figure toutefois clairement dans le règlement);
- pouvoir regarder la télévision par câble et la vidéo. Des séances de vidéos sont maintenant intégrées au règlement, pour certains jours, à certaines heures;
- pouvoir fêter son anniversaire. Le règlement prévoit maintenant qu'à la fin de chaque mois tous les anniversaires du mois seront fêtés en même temps;
- pouvoir porter ses propres vêtements. Le règlement n'autorise finalement que le port de chaussures personnelles, dans le but de ne pas créer de différences entre les enfants défavorisés et les autres. D'autres demandes formulées par les jeunes n'ont pas été prises en compte par la direction car elles n'étaient à ses yeux pas réalistes. A ce sujet, l'exemple suivant nous a été donné : la première demande - et la plus courante - de la part des jeunes était celle de pouvoir sortir à l'air libre, ce qui leur est interdit. Cette demande n'a pas été prise en compte car l'infrastructure de l'institution ne permet pas des sorties à l'extérieur.

D'après les exemples que nous avons trouvés, les enfants peuvent aussi participer, au sein des établissements, dans :

- *la détermination de la mesure*. Les autorités décisionnelles tiennent par exemple dans certains cas compte d'une éventuelle proposition de la part de l'enfant pour telle ou telle alternative à la privation de liberté;
- la détermination des modalités de la privation de liberté. L'enfant peut par exemple exprimer sa préférence pour un établissement particulier, pour des raisons telles que la proximité de la famille, la poursuite des ses études, etc.;
- le choix de traitement individualisé (médical, psychologique, social) au sein de l'établissement;
- le choix d'activités éducatives, récréatives, culturelles, etc.;
- les procédures disciplinaires;
- les procédures de plaintes suite à toute atteinte à ses droits;
- l'aménagement de l'établissement;
- la gestion de l'établissement.

Cette liste n'est certainement pas exhaustive. Chaque exemple se fonde sur le principe que l'enfant est une personne responsable, ayant des capacités à gérer sa propre vie.

A titre d'exemple… Des enfants venant de plusieurs institutions se sont réunis pour discuter de leurs droits. La salle de réunion est en ébullition, les échanges vont bon train, les sujets abordés sont divers (l'argent de poche, les sanctions, le droit de communiquer, l'utilisation de la chambre, le droit à son intimité, la fugue, etc.). Les jeunes s'aperçoivent que les droits et les devoirs ne sont pas les mêmes partout et pour tous. Les règlements d'ordre intérieur sont échangés, discutés, analysés, critiqués. Ils étonnent certains, satisfont d'autres. Dès lors, ils constatent que beaucoup de questions restent en suspens et certains apprennent même pour la première fois qu'ils ont des droits. «*Ce projet de discussion sur les droits change-t-il quelque chose ? En tout cas, les jeunes parlent de plus en plus de leurs droits dans les institutions et des directeurs, des éducateurs ont entamé une réflexion à ce sujet. Cependant, la complexité du projet est toujours là. En plus, il n'est pas toujours évident pour les jeunes eux-mêmes de porter le projet, malgré un soutien et une assistance logistique. Ces jeunes, en voulant être militants, sont d'abord acteurs, confrontés à leurs situations personnelles de souffrances, d'incompréhensions et aussi confrontés journellement à la défense de leurs droits*» (paroles d'un éducateur).

L'enfant en établissement peut exprimer son opinion soit directement soit indirectement, par exemple à travers des enquêtes sociales conduites par des services sociaux travaillant auprès des autorités décisionnelles ou au sein des établissements fermés. Dans les deux cas, l'enfant peut être assisté, s'il le souhaite, par des tierces personnes telles que ses parents, le personnel de l'établissement ou son avocat ou conseil juridique.

Ce droit de l'enfant ne se limite toutefois pas uniquement à l'expression de son opinion : il a aussi le droit à ce que cette opinion soit prise au sérieux. Il ne suffit pas que les adultes écoutent l'enfant; ils doivent également dûment prendre en considération ce qu'il dit.

Un exemple remarquable à cet égard est un établissement fermé dans lequel un tiers des membres du conseil d'administration est composé de mineurs. Ils participent activement aux discussions et aux prises de décisions. De par leur nombre, ils sont en position de s'opposer à certaines décisions.

Dans d'autres cas, il arrive que des enfants soient élus par leurs pairs pour les représenter devant la direction.

Cependant, les quelques exemples de participation réelle des enfants que nous avons trouvés dans des établissements fermés sont très souvent conditionnés par :

- le motif de la privation de liberté : l'opinion de l'enfant ayant commis un crime grave ne sera que très exceptionnellement prise au sérieux;
- l'objectif de maintien de l'ordre public dans les établissements fermés : la participation des enfants placés est très vite perçue comme une menace potentielle ou un obstacle important à la réalisation de cet objectif.

A ces limitations particulières à la situation de privation de liberté s'ajoutent encore évidemment les limitations récurrentes de l'âge et de la maturité de l'enfant. Le personnel de l'établissement est parfois sollicité pour remplacer ou compléter le rôle de guidance et d'assistance des parents dans l'épanouissement de la responsabilité du mineur et de ses capacités d'autodétermination.

Ecouter l'enfant privé de liberté et prendre son opinion en considération sont des éléments très importants pour rehausser son estime personnelle. Cette approche a aussi démontré son caractère bénéfique vis-à-vis de sa réhabilitation et de sa réintégration sociale et pour l'ensemble du climat dans l'établissement.

Conclusion

Voici quelques commentaires que nous ont inspirés les informations relatives aux quatre principes généraux abordés dans ce chapitre.

Premièrement, les pratiques discriminatoires à l'égard de certains groupes d'enfants pendant la privation de liberté ou pendant la procédure qui y mène reflètent en fait leur position dans la société en général. La situation à l'intérieur des établissements n'est qu'un reflet de ce qui se passe à l'extérieur, parfois d'une manière plus exacerbée encore. Ces établissements ne jouent donc pas toujours le rôle que l'on pourrait attendre d'eux et qui serait celui d'éliminer ces pratiques et d'apprendre aux enfants à faire de même. On pourrait même craindre un effet plutôt inverse, non seulement parce que la privation de liberté peut exacerber la discrimination mais également parce qu'un séjour en établissement peut occasionner une plus grande discrimination à la sortie, notamment à cause de son effet stigmatisant. En effet, quelle qu'ait été la raison de la privation de liberté, l'opinion publique continue encore très souvent à percevoir les enfants sortant d'un établissement fermé comme de dangereux criminels, même si, nous l'avons vu, ce n'est la plupart du temps pas le cas.

Deuxièmement, il est effrayant de devoir constater que son placement dans un établissement fermé comme résultat d'une intervention officielle peut mener à la mort de l'enfant plutôt qu'au respect de son intérêt supérieur. Nous pouvons soulever ici la question des établissements fermés en tant que lieux favorables à une atmosphère violente. A cet égard, peut-on se limiter à montrer du doigt le comportement agressif du personnel ou sa tolérance vis-à-vis de l'agressivité ambiante ou faut-il, dans l'objectif de rompre avec la violence, remettre en question la privation de liberté en soi ? Est-il possible de faire régner une culture non violente dans un établissement fermé ou ces établissements ne font-ils, malgré toutes les bonnes intentions, que susciter ou encourager la violence ?

Troisièmement, la participation des enfants - autre principe général régissant l'ensemble du cadre normatif international - représente peut-être le principal défi dans le contexte du respect des droits de l'enfant. Le principe de la participation nous invite à rompre avec une approche de l'enfant comme objet de protection et de guidance exclusivement. Le défi est grand; sa réalisation au sein des établissements fermés l'est d'autant plus.

Finalement, il est frappant de voir à quel point les droits des enfants peuvent être octroyés de manière conditionnelle. Le bénéfice des droits peut dépendre comme nous venons de le voir d'une variété de facteurs : du revenu du mineur ou de sa famille, du soutien qu'il reçoit de celle-ci, de ses origines, de son sexe, etc. Dans la suite du texte nous verrons d'autres facteurs venant s'ajouter à ceux-ci, et rendant eux aussi conditionnelle la réalisation des droits des enfants privés de liberté.

Chapitre 5. - Le droit à la famille, l'environnement familial et les alternatives

Introduction

La privation de liberté implique pour l'enfant - comme tout placement d'ailleurs - la privation d'une partie importante de sa vie familiale. La Convention relative aux droits de l'enfant, ainsi que l'ensemble du cadre normatif international, soulignent cependant l'importance de cet environnement pour le développement et le bien-être de chaque enfant. Les enfants sont d'ailleurs souvent les premiers à confirmer ceci.

1. Elever un enfant est avant tout la responsabilité des parents

1.1. Le principe

Selon le cadre normatif international, la responsabilité d'élever l'enfant et d'assurer son développement incombe en premier lieu aux parents ou, le cas échéant, à ses représentants légaux. Lorsqu'un enfant est privé de liberté, la possibilité pour les parents (ou représentants légaux) de jouer leur rôle à cet égard peut être sérieusement réduite. Il existe cependant des établissements qui tentent malgré tout de respecter cette responsabilité des parents, dans la mesure du possible. Plusieurs exemples sont mentionnés dans ce chapitre.

Dans d'autres établissements en revanche, cette responsabilité n'est pas du tout prise en compte. On y considère que l'autorité parentale est temporairement transférée aux personnes en charge des enfants au sein de l'établissement[78]. Cependant ce transfert, bien que juridiquement fondé (imposition d'une mesure de tutelle), ne doit pas faire oublier le rôle important que les parents peuvent continuer à jouer pour leur enfant pendant la privation de liberté, ainsi qu'à sa sortie, dans le cadre de la réinsertion sociale dans la famille et dans la société en général.

1.2. Le respect de l'opinion des parents lors de la prise de décision

Les parents peuvent jouer un rôle très important dans la décision de priver un enfant de sa liberté, ainsi que dans la révision de la mesure. Les parents peuvent aussi bien contribuer à éviter le placement qu'à l'encourager.

Dans certains pays, une privation de liberté ne peut être décidée qu'après audition des parents. Parfois, la décision, lorsqu'elle émane d'une autorité administrative, ne sera prise qu'à condition que les parents soient d'accord.

Il se peut également que les parents eux-mêmes demandent à ce que leur enfant soit privé de liberté, par exemple en cas d'inconduite, de non-respect de l'autorité parentale, pour des raisons de décrochage scolaire ou de volonté du mineur de se marier avant l'âge légal.

Rappelons aussi que les enfants peuvent être placés dans des établissements fermés pour des raisons qui concernent la situation, le comportement ou le statut de leurs parents. C'est ce qu'il peut se passer par exemple en cas de négligence, de maltraitance, d'abus, d'exploitation de l'enfant (y compris à des fins criminelles) par les parents mais aussi lorsque les enfants viennent habiter avec l'un d'entre eux en prison, ou lorsqu'ils accompagnent leurs parents réfugiés ou demandeurs d'asile dans des centres.

A l'inverse, les parents peuvent contribuer à éviter le placement de leur enfant dans un établissement fermé, par exemple en marquant leur désaccord

---

78 Cette approche peut être juridiquement correcte. Le droit civil considère en effet toute personne à qui un enfant a été confié comme étant responsable de la garde de cet enfant. Il est utile cependant de faire une distinction entre ce principe général et la situation particulière de l'enfant privé de liberté après que ses parents aient été déchus de leur autorité parentale, par exemple pour des raisons de maltraitance ou d'exploitation. Dans la plupart des cas cependant, les parents jouissent encore pleinement de leur droit de garde. Dans ces cas-là, son exercice est partagé temporairement.

avec le placement (là où cela est légalement possible), en garantissant de mieux s'occuper de l'enfant ou de mieux le surveiller[79], en payant la caution, etc.

1.3. Le respect de l'opinion des parents lors de la privation de liberté

Pendant la période de privation de liberté, il peut être possible pour les parents de participer aux prises de décision concernant l'enfant. Leur accord peut être nécessaire pour certaines démarches. Ils peuvent être impliqués par exemple dans le développement et la mise en œuvre des programmes de traitement, d'éducation et de réinsertion sociale ou dans le suivi du mineur. Il peut aussi appartenir aux parents d'autoriser les mesures ayant des répercussions importantes sur les jeunes, comme les traitements médicaux.

Pour garantir leur participation réelle et efficace, les parents doivent être informés régulièrement de la situation de l'enfant. Ces informations peuvent par exemple porter sur la façon dont il est traité, sur son évolution, sur les résultats de la mesure et la manière dont la famille peut contribuer à rendre celle-ci plus efficace.

Les parents peuvent également être impliqués au-delà du cas de leur propre enfant. Il peut exister par exemple au sein de l'établissement des comités de parents visant à l'amélioration du traitement des mineurs.

Malheureusement cependant, les parents sont trop souvent mis de côté - entièrement ou partiellement - pendant la période de privation de liberté, et ceci est d'autant plus vrai lorsque les enfants se trouvent dans des établissements pour adultes. Leur rôle est souvent limité à l'entretien de l'enfant, par exemple au dépôt de colis de nourriture et de vêtements.

La participation des parents est pourtant dans la plupart des cas très importante pour le soutien moral de l'enfant ou en vue de l'objectif de réinsertion sociale après la sortie, entres autres raisons.

---

79 Ces conditions sont particulièrement importantes dans la considération de mesures telles que la liberté surveillée ou libération conditionnelle

2. Garantir un contact régulier entre l'enfant et sa famille

2.1. Le principe

Les enfants privés de liberté ont le droit d'entretenir régulièrement des relations personnelles et des contacts directs, par exemple par le biais de correspondance et de visites, avec leurs parents ou représentants légaux, à moins que cela soit contraire à leur intérêt.

Des enquêtes auprès d'enfants et des discussions avec eux démontrent qu'un de leur plus grand problème pendant le placement - et même dans certains cas le plus grand - est l'éloignement de leur famille et amis.

Témoignage. «*L'affection d'un éducateur, c'est pas pareil à l'affection de sa mère ou de son père (...). L'éducateur, il fait son boulot, il n'est pas là pour...oui, d'accord il est là pour réconforter les petits, mais il n'est pas là pour nous donner de l'affection toute la journée, ce n'est pas son boulot*» (paroles d'un jeune privé de liberté).

Le droit des enfants privés de liberté au contact avec la famille est parfois prévu dans les lois nationales, parfois même dans la constitution. Il arrive qu'il soit précisé que ce droit n'est assujetti à aucune restriction. Il se peut même que la loi stipule qu'un enfant et ses parents (ou son tuteur) ne peuvent, en principe, être séparés par la mise en détention provisoire de l'un d'eux et qu'il n'est donc pour cette raison pas possible de mettre l'enfant en détention provisoire.

2.2. Une assistance en vue de rétablir des liens familiaux

Les mineurs et leur famille reçoivent parfois une aide visant à rétablir les liens familiaux s'ils ont été rompus, à identifier les familles lorsqu'elles restent introuvables et, plus largement, à veiller à ce que les uns restent en contact avec les autres.

Ce sont par exemple des services sociaux dépendant des institutions ou des agents de probation et d'aide sociale qui se chargent de cette tâche. Parfois, il s'agit plutôt d'organisations locales, au quel cas le maintien des liens familiaux est rendu conditionnel par la présence ou non d'une telle aide extérieure.

2.3. Une condition importante pour améliorer le contact avec la famille : décentraliser les établissements

La distance entre le domicile de la famille et le lieu de privation de liberté du mineur est souvent mentionnée comme l'un des obstacles principaux au maintien des liens familiaux. Il est en effet difficile pour des familles souvent défavorisées et sans véhicule de se rendre dans les établissements où sont détenus leurs enfants et qui sont fréquemment situés en dehors des villes, parfois à une distance assez éloignée ou dans des régions mal, voire pas du tout, desservies par les transports publics.

Dans de nombreux pays, il n'existe que très peu de lieux - ou un seul - réservés aux mineurs et ceux qui s'y trouvent ont donc de grandes chances d'être éloignés de chez eux, et ce d'autant plus si le pays est vaste. Cet éloignement géographique est généralement encore plus fréquent pour les filles en raison de la plus grande rareté des centres en mesure de les accueillir. La surpopulation carcérale dans les établissements locaux peut également favoriser le placement des mineurs loin de chez eux.

Il devient aussi plus difficile pour l'enfant de se rendre à son domicile, pour le week-end ou les vacances par exemple. De même, on peut imaginer que la distance a également des conséquences sur le coût des appels téléphoniques.

En plus de son influence sur le contact avec la famille, la distance avec le domicile peut aussi avoir des conséquences sur l'éducation de l'enfant et la continuité des traditions et de la religion dans lesquelles il a grandi, lorsque, suivant la taille du pays, changer de région peut signifier trouver une toute autre manière de vivre, une autre langue et d'autres coutumes.

Il arrive que, face à cette réalité, des mesures soient prises pour tenter d'éviter cette situation ou d'en réduire les conséquences. Par exemple, certaines lois nationales précisent qu'au moment du choix du lieu d'incarcération la facilité d'accès à la collectivité à laquelle le détenu appartient, ainsi qu'à sa famille, doit être prise en compte. Ailleurs, des politiques ont été adoptées consistant en la construction d'établissements régionaux plus petits et décentralisés.

Cependant, la multiplication de lieux décentralisés ne doit surtout pas impliquer un plus grand nombre de places disponibles pour les mineurs. Elle doit pour cela aller de pair avec une réduction de la taille des établissements: des établissements dans toutes les régions du pays mais de très petite taille. Devant le Comité des droits de l'enfant des Nations Unies, certains pays affirment avoir déplacé un établissement pour mineurs vers un centre urbain afin de faciliter les visites parentales.

Afin de réduire les effets de l'éloignement sur les enfants, il peut arriver que des responsables d'établissement assouplissent les visites pour les familles qui habitent loin ou que l'administration fournisse le moyen de transport ou couvre les dépenses relatives au déplacement.

Il se peut aussi que lors du choix d'un établissement pour l'enfant soit considérée la possibilité de le placer dans une institution pour adultes plus près de chez lui au lieu de l'envoyer dans un centre pour mineur éloigné. Une discussion sur ce sujet sera menée plus loin, au chapitre 10 de cette partie.

Quant à la taille des établissements, elle est parfois très grande - en particulier pour les prisons. La population mineure à l'intérieur d'un même établissement peut par exemple atteindre plus de huit cent enfants.

2.4. Les modalités du contact avec la famille

Les modalités du contact avec la famille peuvent être diverses. En voici quelques-unes :

a. Les visites de la famille

Le cadre légal international donne à l'enfant le droit de recevoir sa famille dans l'établissement où il se trouve. Les visites doivent être fréquentes et se dérouler dans les meilleures conditions possibles. Nombre de lois et règlements nationaux reconnaissent eux aussi ce droit aux mineurs. Il est intéressant de noter cependant que dans certains cas le droit de visite est reconnu à la famille, et non pas à l'enfant.

En ce qui concerne les faits, plusieurs sources mentionnent qu'un nombre important de mineurs ne reçoit que peu ou pas de visites. Celles-ci sont dans certains cas qualifiées «*d'exceptionnelles*» ou «*d'extrêmement*» rares , voire d'inexistantes. Il semblerait que dans certains cas jusqu'à 60% des parents ne viennent pas voir leur enfant.

Il est vrai qu'en plus du véritable problème de la distance développé précédemment, d'autres obstacles rendent parfois les visites difficiles et entravent le maintien des liens familiaux.

Les visites peuvent effectivement être soumises à autorisation (délivrée parfois par des autorités difficiles à joindre) et leur fréquence limitée. La fréquence peut être rendue conditionnelle par le motif de la privation de liberté, les pots-de-vin versés par la famille ou le comportement du mineur, et donc être dépendante de la bonne volonté des autorités.

L'on voit des cas dans lesquels des taxes sont exigées par le personnel. Il s'agit de «*taxes de visite*», de «*taxes de dépôt de nourriture*», et même de taxes sur la «*voix*» du surveillant qui appelle le détenu ! Dans de telles situations, il est fort probable que certaines familles n'ont pas les moyens financiers de s'acquitter des montants demandés.

La privation et la réduction des visites sont aussi utilisées comme mesures disciplinaires dans plusieurs cas. Dans certains d'entre eux, ces mesures sont mêmes prévues par la loi, qui peut par exemple autoriser une suspension pendant trois mois. La fréquence des visites peut aussi dépendre du casier judiciaire du mineur, de sorte que plus le casier sera chargé plus les visites seront limitées.

Il se peut aussi que les conditions dans lesquelles se déroule la visite soient mauvaises, ce qui pourrait décourager les parents ou représentants légaux à revenir. Les visiteurs sont parfois humiliés ou harcelés. Les lieux de rencontre peuvent être peu propices aux contacts et au dialogue. Par exemple, les mineurs et les visiteurs peuvent être placés chacun derrière une grille, un espace d'environ un mètre séparant les deux grilles, un gardien se tenant dans cet espace.

Dans certains cas, les visites sont tout simplement interdites, en violation du cadre légal international.

Elles peuvent être interdites par manque d'effectifs ou de moyens pour les mettre en œuvre. Par exemple, le nombre de gardes peut être jugé insuffisant pour la surveillance ou le bâtiment ne pas disposer d'endroits pour accueillir les familles.

Elles peuvent être refusées dans certains lieux spécifiques, comme par exemple dans certaines prisons de haute sécurité, ou dans certaines circonstances, comme l'isolement, la détention au secret, la garde à vue ou la détention préventive. Pour ce qui est de ce dernier point, cette situation est d'autant plus grave lorsque l'on connaît les longues périodes - parfois plusieurs années - que les enfants peuvent passer en détention préventive (voir également chapitre 8).

Les visites peuvent également être interdites lorsqu'il s'avère qu'elles feraient obstacle à la rééducation du mineur et à la protection dont il a besoin, qu'elles seraient potentiellement néfastes pour toute autre personne ou susceptibles de menacer la sécurité et le bon ordre de l'établissement, ou parfois également lorsqu'il en va de l'intérêt de l'enquête.

Enfin, il se peut aussi que la famille refuse elle-même tout contact avec les enfants, la privation de liberté étant parfois considérée comme honteuse. L'enfant est alors dans certains cas tout à fait abandonné par elle.

A l'inverse, il arrive aussi que des mesures soient prises visant à favoriser des visites fréquentes et dans de bonnes conditions.

Par exemple, dans plusieurs cas, les visites sont autorisées une fois par jour, et parfois même à tout moment. De longues visites, de trois jours par exemple, peuvent être prévues, en particulier pour les familles qui viennent de loin. Il arrive aussi qu'il soit interdit de restreindre les contacts avec les parents à titre de mesure disciplinaire. Ce sont parfois les conditions de la rencontre que l'on tente d'améliorer, en réaménageant le parloir de façon plus intime et plus humaine, en autorisant le contact direct ou en permettant au jeune de sortir de l'établissement avec sa famille.

Dans certains pays, la loi prévoit la possibilité de contester devant les juridictions compétentes les restrictions de visites.

b. L'échange d'information

Dans de nombreux pays, la loi précise que les parents ou représentants légaux doivent être avertis de l'arrestation du mineur ou de son arrivée dans l'établissement. Suivant les lois, le laps de temps pendant lequel la notification doit être faite varie : par exemple « immédiatement » ou « le plus vite possible ». Dans certains pays en revanche, la recherche de la famille n'est pas obligatoire dès l'arrestation.

Parfois, c'est le mineur lui-même qui peut téléphoner pour avertir les siens. Au cas où il est arrivé non accompagné d'un pays étranger, il se peut que le ministère public soit chargé de contacter l'ambassade de son pays d'origine pour s'efforcer de retrouver la famille.

Il arrive cependant que la famille ne sache pas où le mineur est détenu.

Premièrement, en violation des différentes normes, la famille ou le tuteur peuvent ne pas être informés de l'arrestation du mineur, ni du lieu où il se trouve. Parfois, ils l'apprennent avec retard (voire plusieurs mois après l'arrestation).

Il arrive aussi que les mineurs soient transférés sans que leur famille ne sache à quel endroit. Le manque de ressources matérielles (téléphone, moyen de transport, etc.) et humaines, ainsi que le fait que l'adresse de l'enfant soit parfois introuvable ou incomplète, sont parfois invoqués pour expliquer la difficulté à localiser les familles, de même que la négligence ou mauvaise volonté des policiers.

C'est parfois du zèle d'organisations locales qui tentent d'identifier les familles que dépend le fait que celles-ci soient mises au courant. Il se peut aussi que le mineur soit détenu au secret, ce qui empêche le plus souvent de donner des renseignements quant au lieu où il se trouve. Parfois, lorsqu'il est considéré qu'indiquer le lieu de détention est de nature à nuire au bon déroulement de la procédure, les parents ou représentants légaux ne seront pas informés.

c. L'accès au téléphone et la correspondance

Bien que, selon le cadre normatif international, l'enfant devrait pouvoir communiquer avec la personne de son choix au moins deux fois par semaine, l'usage du téléphone et la correspondance sont régulièrement limités, contrôlés et soumis à autorisation.

Selon les établissements, à condition qu'ils possèdent un appareil bien sûr, l'usage du téléphone peut être autorisé ou non. Certains établissements autorisent des appels à leurs frais (une fois par mois par exemple) alors que dans d'autres ce sont les enfants eux-mêmes qui doivent payer, ce qui restreint cette possibilité à ceux qui en ont les moyens.

D'autres ne permettent que les appels en P.C.V.[80] ce qui rend impossible pour beaucoup de mineurs d'appeler leurs parents, en particulier lorsque ceux-ci n'ont pas de téléphone. Appeler en P.C.V. peut également être très difficile, voire impossible, pour les enfants qui parlent une langue peu courante dans le pays et ne peuvent donc pas se faire comprendre de l'opérateur/trice.

Le droit d'envoyer et de recevoir du courrier est dans certains cas bafoué lorsqu'on estime que cela fait obstacle à la rééducation du jeune ou va à l'encontre des intérêts de l'enquête. Dans le chapitre 7, les circonstances dans lesquelles la correspondance est parfois censurée par le personnel sont décrites plus en détail.

Pour les coups de téléphones comme pour la correspondance, et comme c'était le cas avec les visites, les autorisations peuvent être soumises à des conditions telles que le bon vouloir du personnel ou une bonne conduite de la part du mineur. La privation de correspondance à titre de mesure disciplinaire (par exemple pendant trois mois) est même légalement prévue dans certains cas.

d. Les visites à la famille

L'enfant doit pouvoir lui aussi rendre visite à sa famille, ce que certains sont effectivement autorisés à faire parfois, et qui constitue à la fois pour eux l'occasion de maintenir les liens familiaux et celle pour les autorités de vérifier s'ils sont en mesure de vivre dans l'environnement familial. Cette autorisation peut par exemple être donnée vers la fin du placement, pour un week-end, pour les vacances ou pour des événements particuliers survenant

---

80 P.C.V : abréviation de «*à percevoir*». Un appel en P.C.V. est une communication téléphonique payée par le destinataire après l'accord de celui-ci.

dans la famille. La fréquence et la longueur du séjour peuvent varier : il peut s'agir par exemple d'une visite d'une journée par mois ou de plusieurs semaines par an.

Tout comme les droits considérés précédemment, et peut être même encore davantage, celui de se rendre au domicile familial dépend du comportement de l'enfant. Il est même précisé dans certains cas que celui-ci doit être «*irréprochable*». Il peut aussi n'être accordé qu'après une certaine période passée dans l'établissement. Les autorisations dépendent aussi parfois de la motivation dont fait preuve le jeune ou du motif de la privation de liberté (par exemple, seuls les mineurs coupables d'infractions légères y ont droit). Enfin, dans ce cas également, une grande distance entre l'établissement et le domicile familial rendra difficile la réalisation de ce droit.

2.5. La réintégration dans la famille : un objectif prioritaire et permanent

Vu que le retour du mineur dans sa famille doit être un objectif prioritaire dès le premier jour de la prise en charge, certains établissements offrent des services de conseils ou organisent, par l'intermédiaire de spécialistes tels que des travailleurs sociaux ou des psychologues, des réunions familiales à but thérapeutique ou des thérapies - individuelles ou en groupe - pour les enfants et leur famille. L'objectif est de préparer l'enfant et sa famille à la sortie et de renforcer les liens familiaux. Il arrive aussi que des ONG rendent visite aux familles des enfants placés afin de préparer leur sortie.

Conclusion

L'article 5 de la Convention reconnaît le droit de chaque enfant d'être élevé par ses parents. La privation de liberté rend la réalisation de ce droit difficile, parfois même impossible. Il y a de plus un risque à ce que certains parents perdent tout intérêt dans leur enfant placé.

Le droit de l'enfant à un contact régulier avec sa famille, prévu dans les articles 9.3 et 37.c de la Convention est, comme nous l'avons vu, remis en cause lorsqu'un enfant se trouve en établissement fermé. Ce contact est indispensable cependant lorsque l'on considère la nécessité de réinsérer l'enfant mais aussi celle de garantir son bien-être et équilibre moral pendant la période de la détention. Un contact régulier est nécessaire si l'on veut que les parents continuent à accomplir leur devoir et leurs responsabilités à l'égard de leurs enfants. Les conséquences négatives d'une absence de contact familial sur l'enfant et ses chances de réhabilitation et de réintégration sont donc évidentes, mais elles vont même plus loin. En effet, comme nous le verrons par la suite, c'est souvent de leurs parents ou représentants légaux que les enfants détenus dépendent pour l'approvisionnement en nourriture, médicaments et autres biens répondant à leurs besoins de base.

La réalisation du droit au contact avec la famille peut donc dépendre de conditions telles que l'aide reçue d'organisations locales qui tentent de rétablir les liens familiaux, le comportement du mineur, la bonne volonté des responsables de l'établissement, le motif de la privation de liberté, l'argent dont dispose la famille pour payer les éventuels pots-de-vin et les trajets du domicile familial vers le lieu de privation de liberté.

Les exemples positifs dont nous avons eu connaissance et que nous avons mentionné sont aussi la preuve que, avec un peu d'imagination, il n'est pas nécessairement difficile de maintenir un contact régulier entre les enfants placés et leur famille.

Chapitre 6. - Le droit à un niveau de vie décent

Introduction

L'article 27 de la Convention relative aux droits de l'enfant reconnaît à l'enfant le droit à un niveau de vie suffisant. De même, le cadre normatif international prévoit plusieurs garanties nécessaires pour assurer le respect de ce droit dans des établissements fermés. Dans ce chapitre, nous examinons quelle est la réalité à cet égard pour les enfants privés de liberté.

1. Les vêtements

Les enfants privés de liberté devraient dans la mesure du possible pouvoir porter leurs propres vêtements, à moins bien sûr que ceux-ci ne soient plus utilisables. Ces vêtements doivent être propres, appropriés au climat et n'être en aucune manière dégradants ou humiliants. Certains règlements d'établissement, allant dans ce sens, prévoient en effet que les habits des enfants soient changés et lavés régulièrement, par exemple au moins chaque semaine. Mais la réalité est parfois différente.

Voici quelques situations problématiques sur lesquelles notre attention a été attirée :

- les enfants traînent nus dans l'établissement;
- les habits portés par les jeunes sont en mauvais état, sales ou déchirés;
- des enfants se plaignent de devoir porter des sous-vêtements déchirés et tâchés par d'autres;

- les habits sont inadaptés à la température;
- les enfants manquent de vêtements de rechange.

La disponibilité d'habits propres et en bon état dépend parfois ici aussi d'une aide extérieure à l'établissement. Elle peut provenir de la famille du mineur et d'organisations locales mais aussi de la communauté internationale.

Il serait erroné de penser que de tels problèmes sont limités aux pays en voie de développement. Dans des pays occidentaux également il se peut que des enfants ne reçoivent par exemple ni vestes chaudes pour l'hiver, ni habits pour la pluie.

L'habillement peut sembler un détail, comparé à la nourriture par exemple, mais être vêtu suffisamment et d'une manière décente est aussi nécessaire pour mener une vie digne. Il faut en effet garder à l'esprit qu'être habillé de haillons sales ou être à moitié dévêtu est très humiliant et dévalorisant.

2. Les conditions physiques et l'environnement

2.1. Le principe

L'environnement physique dans lequel vivent les enfants joue un rôle important dans leur qualité de vie. Selon le cadre légal international, les locaux fréquentés par les détenus doivent répondre aux exigences de l'hygiène et de la dignité humaine. Ils doivent être maintenus en parfait état d'entretien et de propreté.

Le problème de la surpopulation a dans ce contexte particulièrement retenu notre attention. Il est en effet considéré dans de nombreuses sources comme l'un des principaux à l'intérieur des établissements fermés. Trop souvent, la population mineure dépasse la capacité d'accueil des établissements.

Certains règlements internes d'institutions pour mineurs précisent qu'un espace adéquat doit être prévu pour loger les enfants. De même, dans la plupart des cas, la capacité maximale de chaque établissement est fixée par la loi.

Dans la réalité, le taux de surpopulation peut être très élevé et atteindre par exemple plus de six fois la capacité d'accueil, selon nos sources. Cette situation oblige par exemple des jeunes à rester debout dans leur cellule ou à ne pouvoir dormir que sur le côté, ne disposant en largeur que d'une vingtaine de centimètres. Des enfants rapportent qu'ils dorment assis ou à côté des toilettes à cause du manque de place. Une intervention urgente de l'une de nos sources dénonce la présence, dans une cellule de 6m2 d'une prison pour adultes, de vingt-deux personnes, dont une jeune fille de 16 ans enceinte.

La promiscuité entre détenus favorise les abus et mauvais traitements dont sont souvent victimes les enfants, ainsi que la violence ambiante en général. Elle a aussi des répercussions importantes sur l'hygiène, la santé et, de manière générale, sur la dignité des personnes détenues. Le recours fréquent à la privation de liberté est bien sûr la cause la plus importante de la surpopulation.

2.2. L'aménagement de l'établissement

Il arrive que l'environnement physique dans lequel évoluent les enfants soit aménagé de manière à créer une atmosphère agréable, et ce en particulier dans les centres réservés aux mineurs. L'établissement et ses environs peuvent être construits et arrangés de manière à se rapprocher le plus possible d'un environnement «normal» et à atténuer autant que possible le caractère contraignant des lieux. Par exemple, les fenêtres n'ont pas de barreaux, le bâtiment n'est entouré que d'une simple barrière et les environs sont constitués de larges espaces verts ou de terrains de jeu.

Il ne faut cependant pas perdre de vue qu'aussi beaux et agréables qu'ils puissent être, les établissements dont nous parlons ici demeurent des lieux fermés, desquels les enfants ne peuvent sortir de leur plein gré. Une privation de liberté reste une privation de liberté, quel que soit l'endroit où elle s'effectue.

Il est clair aussi que de tels lieux ne constituent pas la majorité et que les établissements peuvent aussi bien être entourés de hauts murs ou grillages, surmontés de fils de fer barbelés, de tours de gardes et de caméras de surveillance et dégager une atmosphère extrêmement punitive.

Voici d'autres exemples de situations que l'on trouve régulièrement :

- les établissements sont vétustes et en mauvais état, à la merci du vent, de la pluie et de l'humidité. Par exemple, des fuites dans le toit laissent l'eau de pluie couler sur les lits des enfants;
- la ventilation et l'aération sont insuffisantes ou font défaut. Les cellules sont étouffantes en été et trop froides en hiver.

L'aménagement et la rénovation des établissements peuvent également dépendre de l'aide extérieure fournie, dans des pays en voie de développement, par des ONG ou par la communauté internationale.

D'autres questions ayant trait à l'aménagement de l'établissement sont discutées dans les chapitres suivants. Par exemple, le manque d'intimité est abordé dans le point sur le respect de la vie privée (chapitre 7).

2.3. Les fenêtres et l'éclairage

Les fenêtres des cellules doivent permettre à la lumière naturelle et à l'air frais de passer. Des enfants sont cependant détenus dans des cellules sans fenêtres. Dans certains cas, dans des quartiers de haute sécurité par exemple, les fenêtres existent mais sont verrouillées en permanence. Les cellules sont parfois mal éclairées ou pas du tout et, si ceci se conjugue avec une absence de fenêtre, les enfants restent jour et nuit dans l'obscurité.

A l'inverse, il arrive qu'une lumière violente soit allumée sans cesse, même la nuit.

2.4. Les installations sanitaires

Les installations sanitaires doivent être suffisantes et propres. En accord avec le cadre légal international, certains règlements internes prévoient effectivement que chaque enfant ait accès à des installations sanitaires adéquates. Mais l'hygiène dans les lieux de privation de liberté est assez souvent mauvaise, voire inexistante. Dans les différentes sources, il est en effet fréquemment fait mention de la grande saleté, de l'environnement insalubre et des odeurs nauséabondes qui règnent dans les établissements où sont placés des enfants. Faute d'hygiène suffisante, les insectes (puces, punaises, cafards, poux, etc.) et les rats infestent parfois les lieux.

Voici encore quelques situations problématiques sur lesquelles notre attention a été attirée :

- parfois, il n'y a pas du tout de toilettes ou elles ne fonctionnent pas : les détenus font alors leurs besoins dans un trou, un coin de la cellule ou un seau qui parfois déborde. L'une de nos sources rapporte après avoir visité des cellules de police que l'urine et les matières fécales passaient dans le couloir et que des enfants racontaient que, leur cellule étant en pente, les excréments coulaient directement à l'endroit où ils dormaient sur le sol;
- les enfants n'ont pas accès aux toilettes pendant la nuit;
- les égouts débordent dans la cour intérieure ou dans les cellules;
- l'évacuation est parfois faite avec des seaux réservés à la collecte d'eau potable;

- les douches ne fonctionnent pas ou l'établissement est pas ou mal approvisionné en eau;
- une salle de bain commune est partagée par un millier de détenus dans le cas de certaines prisons pour adultes. Une seule douche peut être prévue pour plus de soixante mineurs.

2.5. L'hygiène personnelle

Des enfants se plaignent de maladies de la peau à force de ne pas pouvoir se laver. Ils ne reçoivent souvent pas les articles nécessaires à leur hygiène personnelle, tels que du savon, du papier toilette, des serviettes, du shampooing, une brosse à dents, du dentifrice et, pour les filles, des serviettes hygiéniques.

Ce sont alors dans certains cas les familles qui fournissent ces produits. L'hygiène personnelle dépend donc d'un soutien extérieur, excluant du bénéfice de ce droit ceux qui ne sont pas soutenus par des parents, tuteurs ou amis. Des ONG peuvent aussi se charger d'amener des articles hygiéniques dans les établissements et, dans ce cas également, la réalisation du droit est soumise à une bonne volonté extérieure.

Parfois, les enfants ne sont tout simplement pas autorisés à se laver.

2.6. Dormir

Chaque enfant privé de liberté doit disposer d'un lit individuel et d'une literie suffisante et convenablement entretenue et renouvelée, ce qu'exigent aussi bien les normes internationales que certains règlements internes. Ils devraient normalement dormir dans de petits dortoirs ou des chambres individuelles, tout en tenant compte des normes locales.

Pourtant, il manque régulièrement de lits, de matelas et de literie dans les divers établissements où sont privés de liberté des mineurs, à cause en partie de la surpopulation. Les jeunes dorment alors à deux par lits ou à tour de rôle. Il arrive également qu'ils dorment par terre, à même le sol, parfois dans les toilettes ou les couloirs, parfois sur un sol humide, sans drap ni couverture. Cette situation est encore aggravée par le fait qu'ils doivent dans certains cas enlever leur chemise avant d'entrer dans la cellule. A nouveau, ce genre de cas n'est pas unique aux pays en voie de développement.

Des enfants dorment parfois dans de très grands dortoirs, pouvant par exemple accueillir jusqu'à cinq cents jeunes.

3. Le droit de jouir du meilleur état de santé possible

La surpopulation, la mauvaise alimentation, le manque d'hygiène et d'eau, la vétusté du système sanitaire que l'on retrouve dans un nombre très important d'établissements sont les premières entraves à un bon état de santé. La disponibilité ou non de soins médicaux est également un facteur important.

3.1. Le droit de recevoir des soins médicaux

a. Le principe

Les mineurs privés de liberté ont le droit de recevoir des soins médicaux, tant préventifs que curatifs, y compris des soins dentaires, ophtalmologiques et psychiatriques.

Les lois nationales ou règlements internes prévoient parfois que des dispositions soient prises pour assurer les soins de santé des mineurs. Certaines dispositions légales précisent que ces soins doivent être gratuits; d'autres qu'ils doivent couvrir également les examens et traitements psychiatriques, psychologiques et dentaires qui sont nécessaires.

Cependant le droit de recevoir des soins est lui aussi assez souvent conditionnel, pour plusieurs raisons. Nous pouvons distinguer des conditions externes et des conditions internes.

Parmi les conditions externes, il faut mentionner surtout le manque de moyens matériels et humains nécessaires à sa réalisation, reflet de la situation générale de nombre de pays dans leur ensemble. Il est en effet important de considérer la situation du pays dans son entier et pas uniquement celle à l'intérieur des établissements fermés. Il est certain que dans la majorité des pays du monde l'accès aux soins médicaux n'est pas garanti à tous et que les enfants privés de liberté n'échappent pas à cette réalité.

Le manque de moyens fait alors dépendre les soins et les médicaments, et donc la réalisation du droit au meilleur état de santé possible, de la présence d'une aide extérieure (la famille ou une organisation locale, par exemple) et de l'assiduité de cette aide. Les enfants qui sont soutenus par une famille et dont les parents ont les moyens de payer auront plus facilement accès aux soins que les autres. Parfois, ce sont des organisations locales qui fournissent l'assistance médicale en envoyant par exemple des médecins ou en fournissant des médicaments. Lorsque l'aide dépend d'une organisation volontaire - locale ou internationale - et que celle-ci pour une raison ou pour une autre cesse ses activités, la réalisation du droit n'est plus garantie. C'est là le risque permanent qu'il y a à dépendre d'une aide extérieure.

Le droit à des soins de santé peut également dépendre d'autres conditions plutôt internes à l'établissement, comme par exemple le bon vouloir du personnel. L'accès aux soins est en effet parfois refusé à titre de mesure disciplinaire ou rendu difficile par la faiblesse - ou pour certains établissements, l'inexistence - du budget alloué aux soins médicaux. Il arrive même que des médecins ou des services médicaux refusent ou s'abstiennent de soigner ces enfants en particulier.

b. L'état de santé physique et psychique des enfants privés de liberté

La privation de liberté représente souvent une menace pour l'état de santé, physique et psychique, des enfants. De nombreuses sources relèvent en effet divers symptômes et maladies touchant les enfants placés, la plupart du temps liés aux conditions d'enfermement.

Les maladies les plus souvent citées sont d'abord celles de la peau, et en particulier la gale. Reviennent également régulièrement les maladies intestinales et les problèmes d'estomac, la tuberculose, la malaria (ou paludisme), les hémorroïdes, les maladies respiratoires, les maladies vénériennes et le sida. Les problèmes dentaires sont également courants.

Beaucoup de mineurs semblent souffrir de problèmes psychiques, tels que la dépression, l'hyperactivité ou des désordres post-traumatiques suite à des abus sexuels ou autres violences, qui peuvent s'illustrer entre autres par des cas d'automutilation ou des tentatives de suicide.

La violence qui règne dans la plupart des établissements, et les abus dont sont souvent victimes les mineurs, peuvent aussi être à l'origine de troubles de comportement ou de blessures physiques. Parfois, aucune aide ou thérapie n'est offerte à ces enfants victimes de violences (voir également le chapitre 7).

3.2. Des services médicaux minimaux et du personnel médical qualifié dans l'établissement

Les soins médicaux doivent être dispensés en priorité dans la communauté, selon la volonté du législateur international. Malheureusement, lors de notre étude nous avons constaté que les soins de santé, lorsqu'il y en a, sont avant tout donnés au sein des établissements.

Le cadre légal international souligne également l'importance de services médicaux minimaux et d'un personnel médical immédiatement accessibles, ne serait ce que pour les cas d'urgence.

Des soins médicaux sont effectivement disponibles, d'une manière plus ou moins complète, dans plusieurs établissements. Ceux-ci disposent par exemple d'un personnel médical plus ou moins diversifié, rattaché à l'établissement, et d'une infirmerie, plus ou moins bien approvisionnée. Une salle de consultation, y compris pour les soins dentaires, une salle d'isolement médical et du matériel adéquat sont dans certains cas à la disposition du personnel médical. Des consultations psychologiques/ psychiatriques sont parfois possibles, plus ou moins régulièrement.

Mais il arrive que les soins ne soient matériellement pas possibles. Cet état de fait peut être dû à diverses raisons : les médicaments sont insuffisants, il n'y a pas de moyens de transport pour l'approvisionnement, ni d'endroit où prodiguer les soins, le personnel médical manque, etc. Un seul médecin peut être en charge de plusieurs milliers de patients, dans les prisons pour adultes en particulier. Les médecins et autre personnel soignant peuvent avoir d'autres engagements parallèles et ne pouvoir consacrer qu'un temps limité aux enfants privés de liberté.

3.3. L'accès du mineur à l'assistance médicale et aux soins de santé

a. Un examen médical obligatoire dès l'admission

Dans certains établissements, le mineur est soumis à un examen médical dès son admission. Des règlements prévoient par exemple qu'un médecin puisse être immédiatement désigné à cet égard et que le mineur soit examiné le plus tôt possible, ou au plus tard dans un délai d'une semaine après l'admission.

Malheureusement, cet examen n'a pas toujours lieu ou alors, dans certains cas, seulement si l'enfant montre des signes manifestes de maladie contagieuse ou grave.

b. Un suivi médical régulier

Alors qu'un médecin devrait voir chaque jour toutes les personnes souffrantes ou celles qui se plaignent de l'être, les enfants malades dans des établissements fermés peuvent parfois attendre longtemps avant d'être examinés. Ils ne le sont parfois jamais. Des enfants racontent par exemple qu'une adolescente qui avait une crise d'asthme n'a pas été prise en charge par le personnel, jusqu'à ce que son état s'aggrave au point qu'elle s'évanouisse.

Dans certains cas, des examens réguliers sont passés d'office, par exemple une fois par mois, afin de suivre l'état de santé physique et psychique de chaque mineur.

Le suivi médical est important pour plusieurs raisons : afin de suivre de près l'évolution de la santé du mineur bien sûr, mais aussi pour assurer le dépistage de maladies contagieuses par exemple. Dans ce contexte, il est important de signaler la fréquente insuffisance des mesures qui sont prises pour endiguer la propagation de ces maladies. Le suivi médical peut encore avoir d'autres effets positifs, tels qu'un effet dissuasif sur ceux qui font subir de mauvais traitements aux enfants (voir également chapitre 7).

c. Le dossier médical

Dans certains établissements, les mineurs possèdent un dossier de suivi social, psychologique et médical. Il est courant cependant qu'il ne soit pas confectionné de dossiers médicaux individuels ou que ces dossiers ne soient pas mis à jour.

3.4. Le traitement psychiatrique et l'assistance psychologique

Il est parfois difficile, voire impossible, pour les enfants privés de liberté d'obtenir un traitement psychiatrique ou une assistance psychologique lorsqu'ils en ont besoin. Les enfants souffrant de troubles psychiques peuvent même être punis ou ignorés au lieu d'être traités.

Dans certains établissements, les enfants dont on estime qu'ils risquent de se suicider sont attachés nus à un lit ou enfermés en sous-vêtements dans une cellule sans draps ni couvertures. L'une de nos sources raconte le cas d'un enfant qui avait étalé des excréments dans sa cellule en en mangeant probablement une partie. En réponse à un tel comportement, le personnel lui a ordonné de nettoyer la pièce et, face à l'absence de réaction de l'enfant, l'a laissé dans ces conditions. Un travailleur social chargé de déterminer son état mental a affirmé qu'il jouait la comédie. Lorsque finalement il a été amené quelques heures plus tard dans une institution psychiatrique, il s'est avéré qu'il était en état de manque de drogue.

Il est fréquent que les mineurs souffrant de problèmes liés à l'alcool et à la drogue ne reçoivent aucun traitement (voir également chapitre 11).

3.5. La sensibilisation et l'information

Des traitements adaptés aux problèmes personnels des mineurs (drogue, alcool, violence) et des séances sur ces sujets peuvent être prévus, et parfois même un travail de prévention, tel que des campagnes d'information ou de sensibilisation sur l'alcoolisme, le tabagisme, la toxicomanie, le sida et autres maladies sexuellement transmissibles.

4. La nourriture et l'eau potable

4.1. Le respect de ce droit

Les enfants privés de liberté ont droit à une alimentation présentée aux heures usuelles des repas qui satisfasse en qualité et en quantité aux normes de la diététique et de l'hygiène. Chaque mineur doit disposer en permanence d'eau potable.

Certaines législations ou règlements internes mentionnent en effet ces droits, prévus dans le cadre normatif international. Il se peut même que la nourriture distribuée aux mineurs doive respecter les normes d'une charte établie par les autorités responsables. Le fait que ces exigences soient consignées dans un document écrit est important car il est alors plus facile de réagir en cas de non respect (à la condition bien sûr d'être informé de son existence et de son contenu).

Nous avons pu constater à plusieurs reprises que certains responsables d'établissement font des efforts afin que la nourriture fournie aux enfants soit correcte, équilibrée et servie à heures fixes, malgré les difficultés que cela implique dans certains pays.

Dans certains établissements, c'est un nutritionniste qui détermine les menus de chaque jour; dans d'autres, l'équilibre alimentaire est contrôlé par le personnel médical. Il se peut aussi que les repas soient préparés par des jeunes de l'établissement eux-mêmes dans le cadre d'une formation professionnelle en art culinaire. Un tel programme est d'autant plus intéressant qu'il combine une formation professionnelle pour ceux qui le suivent avec une nourriture satisfaisante pour les autres.

4.2. Le non-respect de ce droit

Cette réalité positive n'est malheureusement pas celle de tous les enfants privés de liberté.

Selon diverses sources, dont des jeunes de divers pays et certains rapports au Comité des droits de l'enfant, les enfants reçoivent souvent une alimentation insuffisante et de mauvaise qualité. Il arrive même que certains souffrent de malnutrition. Dans certains centres jusqu'à 50% des mineurs en sont affectés. La carence en nourriture se fait d'autant plus ressentir que le racket par les plus âgés ou les adultes est fréquent et que les plus vulnérables se voient donc dans l'obligation de céder leur part (voir également chapitre 10).

La nourriture est parfois décrite dans les différentes sources comme «*froide*», «*indigeste*», «*exécrable*», «*avariée*». Dans plusieurs cas, elle est préparée de manière très peu hygiénique. La nourriture tombée par terre est par exemple tout de même servie aux enfants, ou des substances étrangères telles que des cheveux, des crachats, des «*fluides corporels*» ou des bouts de gomme sont retrouvés à l'intérieur. Parfois, les enfants doivent manger avec les doigts car aucun service ne leur est fourni.

Les jeunes privés de liberté manquent aussi parfois d'eau potable ou boivent de l'eau sale. L'une de nos sources rapporte le cas de trois enfants dans une cellule de police devant se partager un verre d'eau par jour.

4.3. Les obstacles à la réalisation de ce droit

L'insuffisance des ressources matérielles est un obstacle important qui empêche le respect des normes en matière de nutrition et d'approvisionnement en eau potable. A nouveau, cette situation dans les établissements reflète souvent la situation dans le pays entier, de sorte que les enfants à l'intérieur de l'établissement n'y échappent pas. Il est aussi possible cependant que les enfants privés de liberté soient particulièrement exposés au problème de malnutrition, étant donné le peu de moyens alloués aux établissements dans lesquels ils se trouvent. Nous avons été témoins d'une situation dans laquelle les enfants étaient privés de nourriture par manque d'approvisionnement en bois, nécessaire pour chauffer les aliments. Dans un autre cas, l'établissement était privé d'eau potable à cause du manque d'argent pour payer l'essence du camion citerne responsable de la livraison.

Comme pour beaucoup d'autres droits, l'accès à une nourriture suffisante - ou même l'accès à la nourriture tout court - peut dépendre de l'aide de la famille ou d'organisations humanitaires. Avec de l'argent - généralement envoyé par sa famille - le mineur peut dans certains cas se procurer davantage de nourriture dans l'établissement. La famille est souvent autorisée à apporter des aliments lors des visites.

Le droit à une alimentation suffisante est également parfois soumis à des conditions telles que le paiement d'un pot-de-vin ou un bon comportement. La privation ou réduction de nourriture sont effectivement utilisées comme punition ce qui est spécifiquement interdit, par le cadre légal international bien sûr, mais aussi par certaines lois nationales. Une nourriture trop pauvre, ou au contraire trop riche, peut aussi être utilisée comme moyen de contrôle sur les enfants.

Nous pouvons voir avec le droit à une alimentation suffisante et équilibrée que la violation d'un droit peut devenir un obstacle à la réalisation d'autres droits. La violation du droit à une nourriture suffisante peut par exemple être un obstacle à la réalisation du droit à l'éducation : des enfants qui n'ont pas mangé de la journée peuvent difficilement suivre attentivement les cours qui leur sont donnés.

5. Les sorties à l'air libre

Il arrive que les enfants ne puissent que rarement - ou pas du tout - sortir s'aérer. Souvent, la sortie à l'extérieur est limitée à une heure par jour. Mais elle est aussi parfois plus courte et il se peut qu'elle n'ait lieu qu'une fois par semaine. Parfois, les cours utilisées à cet effet sont tout à fait inappropriées : par exemple le «*préau*» n'est rien de plus qu'une cellule sans toit.

Des enfants incarcérés racontent que leur accès à l'air frais est limité à ce qu'ils peuvent respirer en collant leur nez au grillage de la salle commune pendant l'heure quotidienne qu'ils y passent. Ils ne sortent jamais à l'extérieur.

Ailleurs, les jeunes ne peuvent jamais sortir faute de la présence dans la cour d'un mur qui répondrait aux exigences de haute sécurité de l'établissement. Les responsables du lieu attendent depuis plus d'une année l'autorisation de construire ce mur et les moyens pour le faire. C'est aussi dans certains cas l'infrastructure qui semble manquer : pas de cour externe dans laquelle les mineurs pourraient sortir. Parfois, une cour existe mais elle est fréquentée par des adultes et les mineurs ne peuvent donc pas s'y rendre.

6. Le contact avec l'extérieur

Tout doit être mis en œuvre dans les établissements pour que les enfants aient suffisamment de contacts avec l'extérieur. Malheureusement, ces contacts, à l'exception de celui avec la famille, sont souvent inexistants.

Selon certaines lois nationales ou règlements internes, le mineur doit pouvoir recevoir la visite de toute personne dont on estime qu'elle n'a pas une mauvaise influence sur lui. Il serait intéressant de savoir qui sélectionne ces personnes et sur quels critères.

Il est nécessaire d'informer les enfants des manières et moyens par lesquels ils peuvent avoir accès au monde extérieur. Ces contacts peuvent comprendre ceux avec des employeurs ou des représentations diplomatiques, la possibilité de commander des publications, d'envoyer des lettres aux autorités ou à des organisations internationales. Les mineurs ont également parfois la possibilité d'aller étudier ou travailler en dehors de l'établissement (voir chapitre 9).

7. La réhabilitation et la réinsertion sociale

7.1. Le principe

L'assistance aux mineurs en vue de leur réinsertion sociale devrait être apportée à la fois pendant la période de privation de liberté et à la fin de celle-ci, au moment de leur retour chez eux et dans la communauté. Pour illustrer ce dernier cas, nous pensons par exemple aux projets qui aident les jeunes à trouver un logement et un emploi. Certains prévoient une exemption de charges sociales pour les employeurs qui acceptent d'embaucher ces jeunes à leur sortie.

Les programmes ou structures préparant les mineurs à la sortie ou les assistant une fois libérés sont cependant encore trop souvent inexistants ou inefficaces, et ce malgré les dispositions légales qui existent parfois. Les efforts qui sont faits sont dans certains cas trop isolés, sans qu'une véritable politique de réinsertion soit mise en place. Le personnel n'est pas toujours formé pour ce genre de service.

C'est souvent le manque de moyens humains et financiers qui fait obstacle à la mise en place d'un cadre propice à la réinsertion. Selon les dires de nombreux professionnels impliqués auprès des mineurs privés de liberté et selon certains responsables d'institution, il arrive en effet que l'établissement se contente de «stocker» les enfants sans qu'aucun travail ne soit effectué en vue de leur réintégration.

Il est certain que les conditions de vie dans ces établissements et le respect ou le non-respect de leurs droits peuvent avoir des conséquences sur le développement des enfants et leur réhabilitation. Il semblerait même qu'elles puissent transformer des enfants en «*danger moral*» ou des petits délinquants en criminels endurcis, et ce en raison du climat violent, des abus et du contact avec plus dur que soi (ceci est donc particulièrement vrai pour les prisons pour adultes). La prison est effectivement souvent qualifiée «*d'école supérieure du crime*». Les projets de réhabilitation qui existent peuvent être entravés par cette réalité.

Un autre problème à signaler est l'absence, quasiment partout, de programmes de sensibilisation à l'égard du grand public qui viseraient à faciliter par ce biais-là la réintégration des enfants privés de liberté dans la communauté.

7.2. Le processus de réhabilitation avant la sortie

Le processus de réhabilitation de l'enfant devrait débuter le premier jour de sa privation de liberté, au sein même de l'établissement. Son retour chez lui et dans la société devrait être préparé dès le tout début. A cet effet, des programmes sont parfois mis en place : services de conseil, thérapies individuelles, familiales ou en groupe, programmes de contacts constructifs avec des pairs. Le régime de détention vise dans certains cas à une responsabilisation accrue des jeunes : par exemple, par le biais d'une autonomie toujours plus grande dans l'exécution de tâches ménagères. Graduellement, il est possible aussi que l'enfant puisse aller travailler ou étudier en dehors ou retourner de temps en temps chez lui pour quelques jours ou semaines, afin que la vie à l'intérieur de l'établissement et celle à l'extérieur soient le moins possible dissociées l'une de l'autre.

Les efforts se concentrent parfois aussi en même temps sur la préparation de la famille au retour de l'enfant à la maison.

7.3. Le processus de réintégration après la sortie

Des programmes d'assistance post-pénitentiaire visant à aider les jeunes à surmonter les difficultés qu'ils rencontrent au moment de leur réinsertion existent aussi. L'aide peut par exemple consister à trouver une école, un travail, une place d'apprentissage, un logement, ainsi qu'à rétablir le contact avec la famille, puis parfois à la suivre encore pendant quelques mois ou une année afin de superviser la situation et d'être là si besoin est. Il arrive parfois que les jeunes qui quittent l'établissement reçoivent les outils nécessaires pour commencer leur propre «*affaire*».

Dans certains cas, des centres de réadaptation (ouverts) sont mis en place dans lesquels les jeunes peuvent acquérir, une fois hors de l'établissement, les compétences nécessaires pour se réinsérer dans la société. Plusieurs mesures transitoires existent entre l'enfermement et le retour dans la communauté. Il est préférable que ces mesures intermédiaires soient intégrées à des structures ouvertes à tous, et de ne pas créer des lieux pour anciens détenus uniquement. Ces mesures peuvent largement contribuer à limiter la durée de la privation de liberté et à augmenter l'efficacité de la réinsertion sociale. Nous y reviendrons dans la quatrième partie.

Conclusion

Le niveau de vie d'un enfant privé de liberté dépend bien entendu largement du niveau de vie dans l'ensemble du pays où il se trouve. Les lacunes et violations des droits constatées dans ce chapitre mènent donc avant tout à faire appel à une plus grande solidarité internationale, conformément à l'article 4 de la Convention relative aux droits de l'enfant.

Cependant, il est vrai aussi que les enfants privés de liberté sont particulièrement vulnérables au non respect du droit à un niveau de vie décent. La protection spéciale due aux enfants séparés de leur famille (CDE, article 20) fait souvent défaut.

Malgré les nombreux efforts entrepris pour garantir le minimum vital dans ces établissements, la réalisation de ce droit y est, nous l'avons vu, très souvent conditionnelle. Elle dépend trop fréquemment d'éléments tels que l'aide extérieure, l'argent dont disposent le mineur et sa famille, son comportement, ou la bonne volonté du personnel et des institutions chargées d'apporter aux enfants les services auxquels ils ont droit.

Chapitre 7. - Les droits et libertés civils et politiques

Introduction

La catégorie des droits et libertés civils et politiques sera traitée dans ce chapitre et dans le suivant. Le chapitre 8 sera consacré intégralement à la protection juridique du mineur dans le sens strict du terme, à savoir la protection des garanties légales durant la procédure qui peut mener à la privation de liberté, ainsi qu'aux garanties qui contribuent au respect des droits de l'enfant pendant la période de détention. Ce chapitre 7 quant à lui couvre les autres droits civils et politiques.

1. Le nom, la nationalité et la protection de l'identité

Avoir un nom et une identité revêt une importance particulière pour les enfants privés de liberté, ne serait-ce que pour éviter qu'ils ne deviennent qu'un simple numéro perdu dans une masse. Il est capital, pour sa dignité d'être humain, que chaque enfant enfermé dans un établissement ait une identité propre. Cette nécessité saute particulièrement aux yeux dans des lieux de détention extrêmement peuplés dans lesquels peuvent se trouver des centaines d'enfants les uns sur les autres, parfois sans que leur nom ne soit consigné dans un registre.

Du droit de l'enfant à une identité découle également celui d'être enregistré dès la naissance, droit violé pour beaucoup, en particulier dans les pays en voie de développement. L'une des conséquences de ce manquement, dans le contexte de la privation de liberté, est la suivante : puisqu'il ne possède pas de document attestant de sa date de naissance, il risque d'être privé de liberté ou d'être traité comme un adulte alors que son âge l'interdit légalement.

2. La liberté d'expression et l'accès à toute information

Introduction

Les enfants privés de liberté ont le droit d'exprimer leur opinion et de rechercher et recevoir des informations et des idées de toute espèce. Les États doivent veiller à ce que ces enfants aient accès à une information et à des matériels provenant de sources nationales et internationales diverses.

Dans la réalité, cet accès n'est cependant souvent pas ou peu garanti. Nous passons en revue ci-dessous certains domaines dans lesquels les enfants devraient être informés et quelques raisons pouvant expliquer les difficultés à réaliser ce droit.

2.1. L'information sur les droits en général

Les enfants doivent être informés de tous les droits dont ils sont les sujets aux termes des dispositions du cadre normatif international et de la législation nationale. Plusieurs rapports d'ONG prouvent qu'ils ne le sont pas toujours. L'information que le mineur devrait recevoir, comprenant par exemple celle sur le droit à un avocat, à l'intégrité (et donc l'interdiction pour autrui de lui faire subir des mauvais traitements) ou celui d'être libéré sous caution, est cependant importante - nécessaire même - pour pouvoir réduire le recours à la privation de liberté et la durée de celle-ci, ainsi que les risques qu'elle peut engendrer.

Ce sont parfois des organisations non-gouvernementales qui viennent expliquer aux enfants quels sont leurs droits.

Ce manque d'informations données aux mineurs peut traduire dans certains cas une ignorance plus générale quant à leur contenu et leur signification, aussi bien à l'extérieur qu'à l'intérieur des établissements. De même, la difficulté d'accès aux médias peut refléter les problèmes rencontrés par la population en général lorsqu'il s'agit d'obtenir de l'information.

2.2. L'information sur le règlement interne

Les enfants doivent dès leur arrivée dans l'établissement être informés du règlement interne, de l'organisation interne et de leurs droits et obligations, afin de savoir comment se comporter. Cependant, ils ne reçoivent parfois aucune de ces informations. Par exemple, ils ignorent quelles sont les procédures de plainte au sein de l'établissement ou les règles disciplinaires qu'ils sont tenus de respecter. Ils ne savent comment faire pour communiquer avec leur famille. Dans un système au mérite, les enfants ignorent parfois quels sont les critères à remplir pour obtenir des privilèges.

Les règlements peuvent être difficiles à comprendre. Afin que les enfants connaissent leurs droits et obligations, le règlement interne doit être rédigé d'une manière qui soit compréhensible pour eux et dans une langue qu'ils comprennent. Ceci n'est cependant parfois pas le cas. Le règlement est peu clair et peu accessible pour les mineurs ou ne couvre pas tous les sujets qu'il devrait, comme les procédures à suivre lors de l'application de mesures disciplinaires par exemple. Le problème se pose de manière plus aiguë encore pour les enfants illettrés et ceux qui ne parlent pas la langue officielle. Ils ont alors droit à une assistance pour comprendre pleinement les règles, mais le personnel ne se donne pas toujours cette peine.

Un problème particulier se pose quand les enfants privés de liberté n'ont pas le droit de discuter entre eux et de s'informer les uns les autres des règles formelles et informelles qui régissent l'établissement.

2.3. Informer l'enfant sur ce qui lui arrive

Bien que ceci soit exigé par le cadre normatif international, les enfants ne sont pas toujours informés des raisons de leur privation de liberté. Cet aspect sera traité de manière plus détaillée plus loin. Dans les établissements, ils sont parfois laissés sans information sur leur sort ou sur le traitement qu'on leur fait suivre. Ils ne savent pas quand ils seront libérés; ou la date de la libération est dépassée sans qu'ils n'en connaissent la raison. Des enfants disent avoir été transférés au milieu de la nuit d'un établissement à un autre sans savoir où ils étaient emmenés. Certains ignorent totalement ce qui leur arrive.

2.4. L'accès aux médias et à une bibliothèque

Les établissements n'ont souvent pas de bibliothèque à disposition, par exemple pour des raisons matérielles. Les livres, journaux et publications peuvent même être interdits. Les enfants privés de liberté sont dans certains cas totalement coupés des nouvelles du monde extérieur.

Faisant obstacle à la pleine réalisation de ce droit, l'accès aux médias peut être lié à un bon comportement. La privation de l'accès à la radio, à la télévision, à des journaux, à des livres, etc. est utilisée à titre de mesure disciplinaire. Les médias représentent dans certains cas des privilèges qui se gagnent au mérite. Leur usage peut aussi être restreint si cela «*s'avère nécessaire dans l'intérêt de l'enquête*». Le bénéfice pour l'enfant de son droit à l'information devient donc dans plusieurs situations conditionnel.

3. La liberté de pensée, de conscience et de religion

Les mineurs privés de liberté ont droit à la liberté de pensée, de conscience et de religion. Cette liberté comprend par exemple la possibilité de pratiquer sa religion, de participer à des services religieux dans l'établissement, d'entrer en relation avec des représentants de sa confession et d'avoir une alimentation en accord avec les exigences religieuses. Ainsi, certains établissements offrent des activités spirituelles pour les jeunes en détention, dont par exemple des services d'aumônerie. Certains s'adaptent aux besoins des détenus issus de minorités.

Ces différents droits ne sont toutefois pas toujours respectés dans les établissements, et ce pour différentes raisons. Il arrive qu'aucune disposition ne soit prise pour permettre aux mineurs de pratiquer leur religion dans l'établissement ou à l'extérieur. Par exemple, on ne trouve pas sur place les éléments nécessaires aux différentes cérémonies ou rites. Il n'y a pas de lieux favorables au recueillement. Certaines pratiques sont soumises à l'approbation du directeur.

En ce qui concerne l'alimentation, il n'est pas rare que les régimes alimentaires particuliers ne soient pas respectés. En revanche, il se peut aussi que, allant au-delà des exigences du cadre normatif international, certains règlements donnent à l'administration l'obligation d'adapter la nourriture à la religion des détenus, et non pas de ne le faire seulement que «*dans la mesure du possible*», comme le stipulent les Règles des Nations Unies pour la protection des mineurs privés de liberté. La législation peut exiger que la religion de l'enfant soit enregistrée dès son admission dans l'établissement.

A l'inverse, il arrive aussi que les mineurs privés de liberté soient obligés de suivre une instruction religieuse contre leur gré ou que, enfermés dans des camps ou des écoles religieuses, ils doivent passer des journées entières à prier, jusqu'à subir parfois un véritable endoctrinement. L'instruction religieuse forcée est parfois présentée dans le cadre du traitement comme un moyen de réhabilitation.

4. Le droit à la vie privée

Les enfants privés de liberté ne doivent pas faire l'objet d'immixtions arbitraires ou illégales dans leur vie privée ou leur correspondance, ni d'atteintes illégales à leur honneur et réputation. Ils doivent être protégés contre de telles immixtions.

Le droit à la vie privée – et les violations de ce droit - peuvent prendre diverses expressions dont certaines sont développées ci-dessous.

4.1. L'intimité au sein de l'établissement

Il se peut que l'intimité des enfants au sein de l'établissement ne soit pas respectée par le personnel mais aussi que son respect soit rendu difficile par l'agencement des lieux.

Les dortoirs sont parfois très grands, hébergeant dans certains cas plusieurs centaines d'enfants, les douches souvent collectives et les toilettes mal isolées. En l'absence de sanitaires, les mineurs sont même parfois contraints à se servir d'un pot de chambre sous le regard de leurs compagnons de cellule. Ces conditions sont autant d'obstacles à la réalisation du droit à la vie privée.

Des enfants se plaignent aussi de ne pas avoir le droit de rester seuls «*à lire ou à penser*» dans leur cellule et de devoir toujours être en groupe.

Témoignage : «*C'est à l'éducateur qu'un copain doit demander l'autorisation pour venir dans ma chambre; ce n'est jamais à moi qu'il pourra le demander. Ce n'est jamais moi qui pourrai décider*» (paroles d'un jeune).

Il n'est pas rare que ce soient les gardiens qui allument et éteignent les lumières à heures fixes.

4.2. La possession d'effets personnels

Dans certains établissements, les jeunes n'ont pas le droit de garder des affaires personnelles dans leur chambre ou cellule, alors que le cadre normatif international reconnaît ce droit comme un élément fondamental du droit à la vie privée, essentiel au bien-être psychologique des mineurs.

Ce droit est parfois soumis à des conditions telles que l'hygiène, le statut du jeune dans l'établissement ou la nécessité de ne pas porter atteinte à la discipline et à l'ordre.

4.3. Le droit de porter ses propres vêtements

Les enfants n'ont parfois pas le droit de porter leurs propres vêtements, droit qui, selon le cadre normatif international, doit leur être accordé dans la mesure du possible. Ils portent alors des uniformes ou des vêtements fournis par l'établissement. Ces habits sont parfois marqués du sigle de l'institution ou sont d'une couleur particulière, par exemple dans le but de limiter les évasions.

Il existe des institutions dans lesquelles un système de points a été mis en place permettant de récompenser un bon comportement avec la permission de porter ses propres habits.

Il arrive également que les mineurs soient rasés. Le rasage de la tête est aussi parfois utilisé comme punition, par exemple après une tentative d'évasion.

Ces pratiques contribuent à l'effet de stigmatisation sur les jeunes et à la création d'une atmosphère punitive au détriment de la réhabilitation. Il faut garder à l'esprit que ces enfants à qui l'ont fait porter un uniforme ou que l'on rase n'ont pas tous commis un délit (voir partie 1).

4.4. Le contrôle de la correspondance et de l'usage du téléphone

Régulièrement, la correspondance reçue par les mineurs et envoyée par eux est surveillée, ouverte ou censurée. Certains règlements stipulent même que chaque lettre doit être lue par le responsable de l'établissement, qui peut ensuite la censurer en fonction de son contenu ou de sa longueur.

Selon certaines lois et règlements, les immixtions dans la correspondance doivent être soumises à des conditions telles que celles de remplir les objectifs d'empêcher l'entrée dans l'établissement d'objets interdits, la formation de liaisons criminelles ou la commission d'actes perturbateurs pour la sécurité des lieux, du mineur lui-même ou d'autres personnes. Dans un souci de limiter encore davantage les possibilités de violer ce droit, les normes en question peuvent de plus exiger par exemple que la décision soit prise par le responsable de l'établissement uniquement ou que seul le courrier suspect puisse être ouvert.

Le respect de l'intimité des conversations téléphoniques, qui n'est pas explicitement abordé dans le cadre normatif international, est par contre prévu dans certaines lois nationales. Le personnel surveille parfois les conversations téléphoniques entre le mineur et sa famille ou son avocat. Les appareils peuvent être placés dans des lieux n'offrant aucune intimité tels que la salle commune ou même le bureau du directeur. Selon différentes dispositions légales, il est parfois possible de déroger au droit à la vie privée et de contrôler les conversations téléphoniques, par exemple dans «*l'intérêt de la santé ou du développement du mineur*».

4.5. L'intimité lors des visites

Régulièrement, il faut également constater un manque d'intimité lors des visites que font au mineur sa famille ou son avocat. Les parloirs sont dans certains cas aménagés de telle sorte qu'il faille crier pour s'entendre ou que des surveillants soient en position d'écouter les conversations.

Certains établissements ont cependant pris des mesures pour garantir cette intimité et prévoient par exemple un régime spécial pour les visites des avocats : elles ont lieu dans un endroit réservé et de sorte que les entretiens ne soient pas écoutés par le fonctionnaire chargé de la surveillance. Il peut aussi être interdit de contrôler le contenu des textes et documents que l'avocat porte sur lui.

4.6. La protection de la vue du public

Dans certains pays, la loi demande à ce qu'une liste de toutes les personnes détenues soit publiée. D'un point de vue des droits de l'enfant cette exigence est à la fois positive et négative : positive parce que cela permet une certaine surveillance de la population carcérale et négative parce que le mineur privé de liberté devrait être protégé de la vue du public.

Lorsque les médias, dans leur volonté de dénoncer les violences infligées aux enfants privés de liberté, publient des noms, des photographies ou montrent des images qui dévoilent l'identité de ces jeunes, ils violent également leur droit à cette protection.

Enfin, lors des transferts d'un lieu à un autre, la personne qui accompagne le jeune au tribunal ou dans tout autre endroit situé à l'extérieur peut dans certains cas être tenue de s'habiller en civil afin de limiter le préjudice causé à la dignité du mineur. De même, le déplacement peut devoir s'effectuer dans un véhicule ordinaire.

4.7. Les fouilles et les empreintes digitales

Le recours à des fouilles et à la prise d'empreintes digitales sur un enfant peut constituer une violation de son droit à la vie privée. Ces pratiques ne sont cependant pas interdites dans tous les cas : elles peuvent par exemple être justifiées dans certaines dispositions nationales par l'existence de motifs «*probables et raisonnables*», par exemple en cas de fouilles d'urgence visant à détecter de la contrebande dangereuse ou nuisible.

Des mesures peuvent être prises afin d'éviter autant que possible les conséquences négatives de ces pratiques. Ainsi, les fouilles effectuées par des personnes d'un autre sexe sont parfois interdites. De même, il se peut que les fouilles ne puissent se faire devant un autre détenu.

Les empreintes digitales peuvent être limitées aux cas où l'enfant, les parents ou les personnes qui ont sa garde ont donné une autorisation, ou sur ordre du tribunal.

5. Le droit à la dignité humaine et à l'intégrité personnelle

Introduction

Les violations du droit à la dignité humaine et à l'intégrité personnelle peuvent prendre différentes expressions et varier en intensité. Suivant le cadre normatif international, nous avons distingué trois genres : la torture; l'exploitation; et les autres formes d'abus et de mauvais traitements, dont les traitements cruels, inhumains ou dégradants. Cette classification n'a qu'une valeur indicative et certains actes auraient pu être placés indifféremment sous l'un ou l'autre genre.

Reconnaître le droit de l'enfant privé de liberté à l'intégrité pose la question de la violence institutionnelle dans son ensemble.[81]

---

81 La violence institutionnelle peut se situer à trois niveaux : «*Le premier stade concerne la souffrance psychique inhérente à tout placement du fait même de l'éloignement du milieu naturel. Face aux difficultés d'adaptation, l'institution se comporte le plus souvent en personnalisant l'accueil, en favorisant le maintien des liens avec la famille et en questionnant éventuellement la pertinence du placement.*

Le second stade correspond aux carences et violences chroniques. Cela se manifeste sous la forme de délaissement, de négligence, du non respect à l'intimité, de punitions corporelles et humiliantes. De telles pratiques se

5.1. La torture

a. Le principe

Bien que le cadre normatif international demande à ce que nul enfant ne soit soumis à la torture, les enfants privés de liberté sont parfois victimes de tels actes. Une grande partie des demandes d'intervention de l'OMCT concernant les enfants détenus les dénonce et l'organisation déclarait même en 1993 avoir enregistré aux cours des années précédentes «une recrudescence des cas de tortures physiques ou psychologiques affectant des enfants»[82]. Nous ajoutons que la recrudescence en question ne correspond pas nécessairement à une aggravation de la situation mais peut aussi bien s'expliquer par une vigilance accrue, depuis l'adoption de la Convention, à l'égard des problèmes affectant les enfants privés de liberté.

b. Différentes formes de torture

Ces actes de torture peuvent aller des jets d'eau froide au milieu de la nuit et de l'interdiction d'aller aux toilettes, de dormir ou de boire, aux amputations - y compris génitales – et aux yeux crevés, en passant par le ligotage dans des positions inconfortables, l'immersion dans une fosse septique, les brûlures de cigarettes au visage, la suspension par les chevilles, les poignets ou les cheveux, l'insertion de bâtons dans l'anus, l'administration de médicaments «*calmants*» et les décharges électriques.

---

retrouvent dans le contexte de dysfonctionnements institutionnels endémiques. Les facteurs aggravants peuvent être la routinisation des actes, la mobilisation des adultes sur leurs propres problèmes les rendant peu disponibles à ceux des personnes prises en charge, la globalisation de l'action socio-éducative. Les réponses pour sortir de cette situation font une large place à la réappropriation collective du projet, au suivi individualisé des usagers, à la supervision des intervenants et à la régularisation des tensions du groupe.

Le dernier stade s'adresse aux situations critiques intégrant les sévices, abus sexuels, actes de cruauté mentale. L'émergence de cette ultime violence est rendue possible par trois conditions au moins : l'impuissance, la peur et l'enfermement de l'établissement sur lui-même aboutissant à rendre les processus internes exorbitants. Dès lors, on se situe dans une crise institutionnelle proche de l'implosion. Seule réponse possible : une mise à plat complète des représentations de chacun quant à l'action engagée, du vécu des relations d'autorité et des différenciations (entre différents statuts, fonctions, métiers, etc.) ». (Paul Durning cité par Tremintin, J., Journal du Droit des Jeunes, 1998, no. 174, p. 25)

82 OMCT, 1993, p. 29

Une méthode de torture consiste à suspendre la victime par les mains et les pieds à une barre posée entre deux chaises et à la battre, en faisant balancer le corps. Ou alors, on arrose la cellule pour empêcher le mineur de s'asseoir : l'eau monte jusqu'aux genoux ou gèle selon la température, qui peut descendre jusqu'à moins vingt alors que le mineur ne porte qu'une chemise. Des enfants sont aussi placés dans un réduit de la largeur de leur corps où ils restent debout jusqu'à parfois 24 heures.

Ces actes semblent se dérouler le plus souvent dans des locaux de police, pendant l'arrestation et la garde à vue ou pendant la détention préventive.

c. Les motifs

Selon la définition des Nations Unies, il faut, pour pouvoir parler de torture, que l'auteur cherche à atteindre certains buts ou qu'il soit guidé par certains motifs définis.

Ces buts et motifs peuvent être divers. En voici quelques-uns, qui concernent principalement la police :

- dans le but de forcer l'enfant à avouer ou d'obtenir des informations

Des mineurs sont forcés à avouer des délits, pour lesquels il est parfois clair qu'ils ne sont pas coupables. Ils sont aussi torturés pour arracher des aveux à leurs parents. La torture peut également être mentale: un enfant raconte comment il a été menacé d'une arme par un policier qui a appuyé sur la gâchette pour lui faire peur. Certains sont menacés d'un emprisonnement à perpétuité s'ils n'avouent pas.

Des lois nationales interdisent spécifiquement le recours à la torture pour obtenir des aveux ou des informations et prévoient des sanctions contre les responsables, allant jusqu'à l'emprisonnement. Certaines considèrent les preuves obtenues de cette manière comme nulles. Mais il arrive aussi qu'une pression physique «*modérée*» ou «*raisonnable*» soit autorisée par des lois nationales, par exemple lorsque les autres moyens d'obtenir des aveux ou des informations n'ont pas été efficaces. La porte est dès lors largement ouverte à l'interprétation et aux abus.

- dans le but de dissuader la commission de délits

Intimider le mineur afin de le dissuader de commettre des délits est en effet dans certains cas la raison donnée pour justifier des actes de torture. Tout au long des rapports des ONG on trouve des exemples d'enfants arrêtés par la police, battus et relâchés sans aucune formalité. Ce genre de pratique est également utilisé à l'égard d'enfants n'ayant commis aucun délit.

La police, en maltraitant l'enfant en public, peut aussi chercher à intimider la population en général. L'une de nos sources donne l'exemple d'un mineur attaché derrière un véhicule et tiré sur plusieurs centaines de mètres devant les membres de sa communauté dans ce but.

- dans le but de punir l'enfant

Les policiers maltraitent et torturent l'enfant dans le but de lui donner une leçon ou à titre de «*pré-jugement*». Ils se substituent aux juges, à tel point que de l'avis de certaines ONG, c'est parfois au poste de police qu'ont lieu à la fois l'enquête, le procès et la sanction.

- dans le but d'extorquer l'enfant

La corruption peut être une raison de l'usage de la violence à l'égard des enfants : certains sont menacés d'être battus s'ils ne donnent pas l'argent ou les biens qu'ils ont sur eux. Arrêter des mineurs et les torturer peut donc être un moyen pour la police de gagner de l'argent.

5.2. D'autres traitements cruels, inhumains et dégradants

a. Le principe

Les enfants privés de liberté ne doivent pas être soumis à des peines ou traitements cruels, inhumains ou dégradants. Ce principe n'est malheureusement pas toujours respecté. Voici quelques exemples de ces traitements à leur égard.

b. Le travail

Aucun enfant ne doit être astreint à un travail comportant des risques ou susceptible de compromettre son éducation ou de nuire à sa santé ou à son développement.

Les travaux effectués par les enfants privés de liberté sont cependant parfois très éprouvants, avec des horaires très longs et des conditions difficiles. Il arrive que des enfants soient condamnés aux travaux forcés, et placés dans des camps de travail dans lesquels ils travaillent dans les champs ou construisent des infrastructures publiques, par exemple. Le travail peut y être extrêmement dur et fatigant (sept jour sur sept, repos exceptionnel, etc.).

c. L'exercice physique

Les exercices physiques imposés aux mineurs dans les établissements fermés peuvent être épuisants et inhumains. Les enfants sont parfois forcés de ne pas abandonner leur effort, jusqu'à épuisement. La pratique d'exercices et de discipline de type militaire dans certains établissements illustre ce propos. En effet, si certains jeunes estiment que ce genre de traitement a un effet bénéfique sur eux, d'autres, moins en forme, sont épuisés et humiliés par des exercices physiques et des mesures disciplinaires très pénibles. Nous reviendrons sur ce type d'exercices dans la quatrième partie du livre, avec l'exemple des «*Boot Camps*».

d. Les vêtements

Nous avons vu dans le chapitre 6 que les enfants privés de liberté traînent parfois nus dans les établissements ou vêtus d'habits sales et déchirés. Ceci peut représenter une véritable humiliation et constitue donc un traitement dégradant.

e. Les mesures de contrainte

L'usage d'instruments de contrainte à l'égard des mineurs est interdit sauf dans les cas exceptionnels, par exemple si les autres moyens de maîtriser le mineur ont échoué. Certaines lois nationales interdisent d'ailleurs l'usage des menottes, camisoles de force et autres instruments de contrôle. Il se peut dans certains cas qu'une consultation par un professionnel de la santé mentale soit exigée lorsqu'une mesure de contrainte a été appliquée pendant une heure ou plus par exemple.

Les rapports des diverses ONG font état de l'usage d'instruments tels que des menottes, des fers aux pieds ou des chaînes. Les enfants peuvent être attachés deux par deux à un lit. Des agents chimiques, du gaz au poivre, des calmants ou des armes à électrochoc sont aussi parfois utilisés. L'une de nos sources parle aussi de l'usage du «*four-point restraint*», une pratique qui consiste à attacher le mineur à une chaise ou un lit par les chevilles et les poignets ou par le torse, visage vers le bas. Les mineurs sont parfois ainsi entravés sans interruption, même pendant la nuit. Une autre mentionne le cas d'un enfant ayant passé onze de ses douze années de prison avec des fers aux pieds.

Les raisons invoquées par les responsables sont par exemple la volonté de prévenir les évasions ou les suicides ou à titre de mesure disciplinaire. Dans certains pays, les enfants handicapés peuvent être légalement emprisonnés et enchaînés «*à des fins curatives*», jusqu'à ce qu'ils soient «*guéris*».

f. Le port et l'usage d'armes

Bien que le port et l'usage d'armes à feu soit interdit par le cadre normatif international dans tout établissement accueillant des mineurs, certaines lois nationales autorisent leur usage, par exemple lorsqu'un jeune se comporte de telle manière qu'il met des vies en danger.

g. Les mesures disciplinaires

Le cadre normatif international demande à ce que l'ordre et la discipline soient maintenus avec fermeté, mais sans apporter plus de restrictions qu'il n'est nécessaire pour le maintien de la sécurité et d'une vie communautaire bien organisée.

Dans certains cas, les jeunes eux-mêmes sont directement impliqués dans la politique disciplinaire. Par exemple, dans certains établissements, des réunions sont organisées avec les enfants qui évaluent eux-mêmes les règles de discipline et font le point des aspects positifs et négatifs constatés pendant la semaine; ensuite il se peut qu'un procès-verbal soit rédigé et signé par les jeunes afin que les décisions prises en ce qui concerne les propositions d'amélioration qu'ils ont formulées aient plus de valeur.

Toute mesure disciplinaire doit être compatible avec l'objectif fondamental du traitement en établissement, à savoir inculquer le sens de la justice, le respect de soi-même et le respect des droits fondamentaux de chacun. Les punitions listées ci-dessous, qui touchent à différents droits et que nous retrouvons dans plusieurs chapitres de cette troisième partie, ne répondent pas à ces critères :

- privation ou réduction des visites ou des sorties dans la famille;
- transfert dans un établissement plus éloigné de la famille;
- privation de correspondance;
- refus d'une aide médicale;
- privation de repas;
- privation de formation;
- privation d'activités sportives ou récréatives et de sorties à l'air libre;
- privation de lecture;
- travail pénible;
- exercice physique épuisant;
- utilisation d'instruments de contrainte;
- mélange avec des adultes;
- emprisonnement (pour les enfants qui se trouvent dans des établissements fermés pour mineurs).

Parmi les mesures disciplinaires qui constituent un traitement cruel, inhumain ou dégradant et sont interdites par le cadre normatif international, figurent en plus la mise à l'isolement et les châtiments corporels :

- l'isolement

Malgré l'interdiction de son utilisation à titre de mesure disciplinaire, on observe un recours assez fréquent à l'isolement

A l'isolement, les mineurs ne sortent généralement de leur cellule que pour aller aux toilettes ou prendre une douche, bien que dans de nombreux cas ni l'une ni l'autre de ces «*sorties*» ne soit autorisée. Ces cellules peuvent ne pas avoir de fenêtre, ni de lumière. Un enfant déclare à l'une de nos sources être resté deux mois à l'isolement et avoir eu l'impression de manger et de dormir dans les toilettes, celles-ci étant placées à côté du lit. Les jeunes à l'isolement n'ont la plupart du temps rien pour s'occuper, ni livres ni matériel pour écrire. Ils n'ont généralement pas droit à des visites, ni à l'usage d'un téléphone : ils sont donc coupés de tout contact avec leur famille et leur avocat. Cette mesure peut se prolonger dans certains cas plusieurs semaines, voire plusieurs mois. Il arrive aussi que l'on ait recours à la cellule d'isolation pendant quelques heures afin de faire peur au mineur. Dans certains établissements, des enfants ont affirmé que le recours à l'isolement était fréquent.

Les raisons de l'isolement sont parfois des inconduites mineures. Des enfants expliquent avoir été isolés pour avoir parlé alors qu'ils avaient reçu l'ordre de ne pas le faire ou pour n'avoir pas mis les mains derrière le dos à l'appel d'un gardien. Il se peut également qu'un jeune soit placé en isolement parce qu'on pense qu'il est homosexuel. Nous verrons dans le chapitre 10 que les raisons de l'isolement ne sont pas toujours disciplinaires : il peut aussi s'agir d'une réponse à la nécessité de séparer les mineurs des adultes.

Certaines lois nationales autorisent le recours à l'isolement, en y ajoutant certaines conditions, par exemple, au cas où la sécurité du mineur ou celle des autres l'exigerait ou pour les raisons de l'enquête. Ces lois ajoutent parfois que la décision doit être prise par le directeur de l'établissement ou que l'isolement n'est permis que pour une période limitée uniquement.

L'on constate aussi des efforts visant à humaniser les conditions d'isolement. Des critères auxquels cette mesure devrait répondre sont parfois fixés. Par exemple :

- les locaux d'isolement doivent être chauffés, ventilés, éclairés naturellement et artificiellement, d'une grandeur minimale, pourvus d'un système incendie et d'évacuation, de sanitaires garantissant l'hygiène, d'au moins un lit ou bat-flanc, une table et un siège;
- le jeune placé en isolement doit recevoir la visite quotidienne d'un

membre de l'équipe de direction et d'un membre de l'équipe médicale, ainsi que la visite, toutes les deux heures (entre 8 et 22 h), de membres de l'équipe éducative, qui procèdent avec lui à des entretiens individuels et à des activités éducatives individuelles;

- le juge est invité à rendre visite au jeune; le jeune doit recevoir la même attention en matière d'alimentation, d'hygiène et de soins médicaux que les autres jeunes confiés à l'institution;
- l'institution doit tenir un registre des mises en isolement et de tout ce qui est fait avec le jeune pendant sa mise en isolement.

Cependant, ces tentatives d'atténuer les conséquences néfastes de l'isolement n'en font pas une mesure légalement conforme au regard du cadre normatif international.

- le châtiment corporel

Malgré qu'ils soient interdits par le cadre normatif international les châtiments corporels sont parfois utilisés comme mesures disciplinaires par le personnel des établissements. Les punitions corporelles sont même citées à plusieurs reprises dans les rapports des ONG comme les sanctions disciplinaires les plus fréquentes. Dans certains pays, elles constituent les plaintes principales des enfants. Pour accroître encore l'aspect humiliant de ces châtiments, ils sont parfois infligés en public.

Dans certains cas, la flagellation et le châtiment corporel sont autorisés par la loi, par exemple, «*pour le bien de l'enfant*», lorsqu'il s'agit de le «*discipliner*» ou que cela s'avère «*nécessaire*». Dans d'autres, ils sont interdits, parfois même dans la Constitution.

5.3. L'exploitation

L'exploitation des enfants privés de liberté peut prendre plusieurs formes :

a. L'exploitation économique

Chaque enfant privé de liberté devrait être protégé contre l'exploitation économique. On trouve toutefois des cas d'exploitation dans de nombreux établissements, prenant différentes formes :

- les tâches domestiques assignées aux enfants, non rémunérées, sont parfois pénibles et occupent la plupart de leur temps. Elles peuvent être effectuées sous la surveillance directe et autoritaire d'un gardien. La frontière entre l'exploitation et la participation de chacun à la maintenance de l'établissement est extrêmement ténue;
- les enfants sont forcés par leurs codétenus à effectuer les corvées à leur

place. Les plus faibles sont ceux qui seront le plus souvent chargés des tâches ingrates et fatigantes;

- l'éducation et la formation du mineur peuvent parfois servir de prétexte à son exploitation (voir chapitre 9). En effet, sous couvert de formation professionnelle, on fait exécuter aux mineurs des travaux qui ne leur serviront probablement pas dans l'avenir et qui ne profitent qu'à l'établissement;
- ils ne sont pas ou mal rémunérés pour leur travail (voir chapitre 9), et ce même lorsque les produits qu'ils ont fabriqués sont vendus.
- ils sont utilisés comme esclaves domestiques au domicile de certains membres du personnel de l'établissement;
- ils se font extorquer de l'argent ou des biens par les gardiens, et en particulier par la police. Cette situation est particulièrement vraie pour les enfants des rues. Une fillette de neuf ans raconte qu'un policier l'a menacée de la mettre dans une cellule avec des adultes si elle ne lui donnait pas son argent. Cet argent est parfois présenté comme une protection, que le versement de la somme ne garantit d'ailleurs pas forcément. Il s'agit seulement d'un moyen de s'enrichir sur le dos des enfants. On peut rappeler également ici les pots-de-vin qui peuvent être demandés au sein des établissements par des gardiens ou des codétenus pour permettre le bénéfice de différents droits.

b. L'exploitation sexuelle

Les enfants privés de liberté ont droit à une protection contre toutes les formes d'exploitation sexuelle. En particulier, des mesures doivent être prises pour empêcher que les enfants ne soient incités ou contraints à se livrer à une activité sexuelle illégale ou qu'ils ne soient exploités à des fins de prostitution ou autres pratiques sexuelles illégales.

Les abus sexuels sur les mineurs dans les établissements fermés sont cependant fréquemment dénoncés par les ONG et confirmés à plusieurs reprises par les enfants interrogés. Ces abus peuvent avoir pour victimes jusqu'à près d'un quart des enfants dans un lieu donné. Ils sont aussi bien perpétrés par les gardiens que par les codétenus adultes ou plus âgés. Dans ce dernier cas, certains enfants, les plus vulnérables en général, peuvent même devenir les partenaires sexuels attitrés d'un abuseur, le chef de cellule par exemple. Il est précisé à plusieurs reprises que les abus par les codétenus sont tolérés par le personnel pénitentiaire qui, selon le cadre normatif international, doit pourtant assurer la protection intégrale de la santé physique et mentale des mineurs et notamment la protection contre les abus sexuels.

Les filles mélangées aux hommes et/ou surveillées par des gardiens de sexe masculin sont particulièrement menacées. Il faut savoir toutefois que celles dans des prisons pour femmes gardées par des femmes ne sont pas forcément épargnées pour autant.

La volonté d'abuser d'un enfant peut être la cause de son arrestation. Il semblerait en effet que certaines fillettes soient arrêtées uniquement dans le but de les violer, puis relâchées sans qu'un rapport soit établit ou que des accusations soient portées contre elles. Des jeunes filles reçoivent des propositions sexuelles en échange de leur libération.

On trouve également divers cas de prostitution dans les établissements. La prostitution des enfants privés de liberté peut être «*volontaire*» ou forcée. Dans le premier cas, les jeunes échangent des faveurs sexuelles contre de la nourriture, de l'argent, des cigarettes, de la drogue. Les garçons les plus forts utilisent par exemple la nourriture pour forcer les plus vulnérables à entretenir des relations homosexuelles. En tenant compte de ce qui a été dit dans le chapitre 6 au sujet de la faible quantité de nourriture que peuvent recevoir les enfants, on comprend que cette proposition d'échange n'implique en réalité pas de véritable choix. Dans le deuxième cas - la prostitution forcée - le commerce peut être organisé et contrôlé par les détenus adultes ou par les surveillants. Par exemple, des filles sortent de la prison pour se prostituer sur ordre des gardiens, à qui elles doivent reverser une partie de l'argent gagné.

c. L'enlèvement, la vente ou la traite des enfants et toute autre forme d'exploitation

Les enfants doivent être protégés contre l'enlèvement, la vente ou la traite à quelque fin que ce soit et sous quelque forme que ce soit.

Cependant, les disparitions de mineurs suite à leur arrestation ne sont pas rares. Des mineurs sont arrêtés puis détenus dans un endroit inconnu. Les responsables démentent souvent détenir le jeune, mais celui-ci ne réapparaît pas.

L'une des formes de l'exploitation sexuelle dont nous parlions dans le point précédent est aussi l'utilisation d'enfants comme objets d'un trafic sexuel.

5.4. D'autres formes de mauvais traitements

a. Le principe

Les enfants privés de liberté ont le droit d'être protégés contre toute forme de violence, d'atteinte ou de brutalités physiques ou mentales, d'abandon, de négligence ou de mauvais traitements.

Malheureusement, la réalité au sein des établissements fermés peut être bien différente. Les enfants privés de liberté sont régulièrement victimes de mauvais traitements commis à leur égard par le personnel ou par les codétenus. Dans ce dernier cas, le personnel reste parfois indifférent. Il est pourtant tenu aux termes du cadre normatif international d'assurer la protection intégrale de la santé physique et mentale des enfants, notamment la protection contre les abus et l'exploitation sexuels, physiques et émotionnels.

b. La violence entre codétenus

Les enfants peuvent être victimes de la violence qui règne fréquemment entre codétenus. Dans la plupart des lieux de détention en effet, les lois du caïdat règlent les relations entre détenus : les plus forts - qu'il s'agisse d'adultes ou de mineurs - rackettent les plus faibles, les maltraitent et en abusent.

Dans de telles situations, le personnel ne joue pas toujours le rôle protecteur qu'il est tenu d'avoir. Des enfants rapportent en effet que les gardiens n'interviennent pas toujours lors des bagarres ou mauvais traitements dont ils sont victimes et qu'ils restent trop souvent indifférents à leurs plaintes. La violence entre codétenus est régulièrement tolérée par les gardiens, soit par indifférence, soit par crainte de s'interposer. Certains fonctionnaires d'institutions pour mineurs vont parfois même jusqu'à fournir eux-mêmes des armes aux jeunes.

Les mauvais traitements entre codétenus sont parfois favorisés par l'organisation interne des établissements qui encourage la loi du plus fort. L'une de nos sources parle de cellules gérées comme un État avec un capitaine ou chef de cellule, un premier ministre, un juge et un procureur. Lorsqu'un détenu viole le règlement, il est d'abord jugé au sein de la cellule. Les sanctions peuvent aller, selon la faute, des coups de fouet au placement en cellule disciplinaire. Si le délit est plus grave, le chef de cellule fait un rapport à la direction de l'établissement. Toutes ces procédures sont très souvent arbitraires et dépendent uniquement du chef de cellule.

Pour ces raisons entre autres, il n'est pas rare qu'un climat d'insécurité règne dans les établissements. Certains jeunes se disent en effet terrorisés à l'idée de sortir de leur cellule ou d'y rentrer, selon les cas, et nombreux sont ceux qui affirment ne pas se sentir en sécurité. Les conséquences psychologiques de cet état de fait sont bien sûr considérables.

c. Les autres formes de mauvais traitements infligés par le personnel

En plus des actes de torture et d'exploitation vus précédemment, les mauvais traitements peuvent être des agressions verbales ou des coups donnés avec des objets de toute sorte, allant parfois jusqu'à entraîner la mort. Dans certains pays, les agressions verbales sont même autorisées «*dans l'intérêt de l'enfant*».

Les mauvais traitements à l'égard des enfants dans les différents établissements sont souvent qualifiés de «*constants*», «*très répandus*», «*communs*» ou «*routiniers*». Des enfants confirment ces violences et abus à leur égard. Des études menées par des ONG auprès d'enfants privés de liberté dans des postes de police ou d'autres établissements dévoilent des pourcentages allant jusqu'à près de 80% d'enfants déclarant avoir été maltraités par le personnel. Nombre d'entre eux fuient ces établissements afin d'échapper aux mauvais traitements. Un État partie à la Convention mentionne dans son rapport au Comité que près de 20 000 enfants s'enfuient chaque année des institutions fermées pour cette raison.

Sans vouloir laisser entendre que les enfants privés de liberté sont tous des «*enfants modèles*», il arrive souvent qu'ils soient battus pour des motifs triviaux ou même sans aucune raison ou presque. S'il est clair qu'aucun comportement - même l'indiscipline la plus grave - ne justifie des abus physiques de la part des surveillants, le fait que ces abus aient lieu quasiment sans raison peut ajouter encore au traumatisme de l'enfant qui en est victime. Dans leurs témoignages recueillis par des ONG, les enfants qui racontent les abus qu'ils ont subis font en effet très souvent allusion à l'injustice de la violence des surveillants. Par exemple, les jeunes battus le sont pour avoir regardé un surveillant d'une manière jugée inadéquate par ce dernier, dit un mot de travers, fait une faute dans une dictée, menacé de se suicider ou, selon leurs dires, sans raison. Il est vrai que de tels comportements ne justifient en aucun cas l'usage de la force. En partant de la perspective des enfants, le traumatisme des coups est encore aggravé par la gratuité du châtiment, et l'injustice est alors d'autant plus violemment ressentie.

d. Le personnel ayant la garde des enfants

Les mauvais traitements infligés aux mineurs par le personnel des établissements revêtent une gravité particulière. Comme nous l'avons vu dans la deuxième partie, les membres du personnel peuvent, aux termes de l'article 19 de la Convention, être considérés comme des personnes à qui l'enfant a été confié. La Convention prévoit un article distinct pour les abus perpétrés par les personnes responsables de l'enfant - même s'il s'agit des mêmes actes que ceux occasionnés par des personnes sans responsabilité particulière -, et ce afin de marquer le caractère particulier de ce problème. La distinction qui est faite est due précisément à la responsabilité qu'ont les adultes sur les enfants dont ils ont la garde et qui fait qu'on attend d'eux non seulement qu'ils assurent le respect de l'intérêt et des droits de l'enfant mais aussi qu'ils ne trahissent pas la confiance que les enfants leur vouent généralement.

5.5. Des éléments favorisant la violence au sein des établissements fermés

Voici quelques éléments qui peuvent favoriser les mauvais traitements à l'égard des enfants et la violence en général au sein des établissements fermés :

- les conditions de détention en général;
- le mélange avec les adultes (voir chapitre 10);
- un classement inapproprié : les enfants ne sont pas toujours placés au sein de l'établissement d'une manière qui les protège des influences néfastes et des situations à risque (voir chapitre 10);
- la promiscuité : la surpopulation dans de nombreux établissements favorise les comportements violents et la négligence du personnel ou son incapacité à intervenir (voir chapitre 6);
- le manque de formation du personnel (voir chapitre 10);
- l'impunité dont jouit le personnel (voir ci-dessous).

5.6. L'impunité

Les mauvais traitements, l'exploitation, la torture et autres traitements cruels, inhumains et dégradants infligés aux mineurs privés de liberté par les gardiens ou les forces de l'ordre restent souvent impunis[83], ce qui peut apparaître comme un encouragement à passer à l'acte. Voici ci-dessous quelques raisons à cet état de fait.

83 Nous avons vu précédemment que les mauvais traitements occasionnés par des codétenus restent également souvent impunis, lorsqu'ils sont tolérés par le personnel.

a. L'usage de la force par les agents de l'État peut être autorisé dans certaines conditions mal définies

Des lois nationales autorisent dans certains cas les agents étatiques à utiliser la force et la violence (le châtiment corporel par exemple) dans l'exercice de leurs fonctions. Il suffit qu'ils aient pour cela un «*motif légitime*», que la force mise en œuvre soit «*légère*» ou «*raisonnable*», qu'elle «*corresponde à l'intérêt de l'enfant*» ou n'aille pas plus loin que ce que ferait «*un bon parent*». Le recours à la force peut, selon les législations, aussi être possible par exemple en cas de légitime défense, afin de protéger le mineur ou d'autres personnes, pour empêcher des dégâts sur la propriété, pour éviter une évasion ou lors de l'arrestation.

De par leur formulation, ces dispositions légales laissent la porte ouverte à l'interprétation et aux abus. A partir de quand un châtiment corporel n'est-il plus raisonnable ? Quel genre de châtiment correspond-il à l'intérêt de l'enfant ? Que fait un bon parent ? Elles peuvent facilement être utilisées par les responsables comme prétextes pour atténuer leur responsabilité ou en être déchargés totalement.

b. Les châtiments corporels sont acceptés dans la culture de certains pays

Le poids de la tradition peut être un obstacle important à la poursuite des responsables de ces atteintes aux droits de l'enfant. Les châtiments corporels sont en effet encore considérés dans bien des milieux comme un moyen éducatif légitime et il est dès lors peu probable que les enfants et leur famille portent plainte et que les autorités pénitentiaires ou judiciaires les prennent au sérieux.

c. La responsabilité des agents de l'État peut être atténuée lorsqu'ils obéissent à des ordres

Selon certaines lois nationales, les auteurs d'actes de violence et de torture à l'égard des mineurs peuvent voir leur responsabilité atténuée tant qu'ils obéissent aux ordres d'un supérieur. Une telle disposition est contraire à l'article 2.3 de la Convention contre la torture qui stipule qu'un ordre donné par un supérieur ou une autorité publique ne peut en aucun cas être invoqué comme justification à un acte de torture.

d. Les auteurs des mauvais traitements dissimulent les preuves de leurs actes

Les actes de torture sont fréquemment «*transformés*» en suicide ou en confrontation entre détenus. Dès lors, et malgré la bonne volonté de certains, il devient difficile de prouver la culpabilité des responsables.

e. Les examens médicaux sur les enfants ne sont pas systématiques et pas forcément impartiaux

Des examens médicaux obligatoires systématiquement pratiqués pendant la privation de liberté et lors de l'arrivée dans un établissement après une détention par la police pourraient avoir un effet dissuasif sur ceux qui leur font subir des mauvais traitements. De tels examens ne sont malheureusement souvent pas pratiqués (voir chapitre 6).

Il se peut aussi que le personnel médical qui procède à l'examen soit employé par l'administration en charge de l'établissement. Soumis à la pression institutionnelle, ce personnel n'a donc pas l'indépendance requise pour dénoncer les abus dont il peut avoir les preuves en examinant et soignant les enfants.

Conclusion

Les différentes sources que nous avons étudiées ne s'étendent en général pas longuement sur les droits civils et politiques de l'enfant, à l'exception de celui à l'intégrité (article 37.a de la Convention relative aux droits de l'enfant).

Les droits à la participation (articles 12 à 15) ne sont la plupart du temps pas du tout ou que très sommairement couverts. Cette observation n'est cependant pas surprenante, car ces droits en particulier exigent une nouvelle approche de l'enfant : l'enfant en tant que citoyen à part entière et non plus exclusivement en tant qu'être inférieur à protéger. Cette approche implique des défis énormes et peut pour cela provoquer un malaise face à une réalité mal connue. L'absence d'information au sujet des droits à la participation des enfants au sein des établissements fermés - et dans tous les milieux d'ailleurs – reflète peut-être le peu d'importance qu'on leur accorde trop souvent.

Chapitre 8. - Les droits et libertés civils et politiques : la protection juridique

Introduction

Avoir des droits n'a de véritable sens que si l'on peut les exercer et s'il est possible de contester leur non respect. Dans ce chapitre, nous allons donc discuter des façons de garantir les droits des enfants privés de liberté (faire en sorte qu'ils puissent être exercés par les enfants et que ceux-ci puissent les faire valoir), ainsi que des obstacles que l'on peut rencontrer lors de cette démarche. Nous avons fait une distinction entre la protection juridique pendant la procédure qui mène à la privation de liberté et la protection juridique pendant la privation de liberté.

1. Le droit à la protection juridique pendant la procédure qui mène à la privation de liberté

Introduction

La privation de liberté n'est pas en soi prohibée par le cadre normatif international. Cependant, la procédure qui mène à cette mesure est soumise à plusieurs conditions telles que la légalité ou la nécessité de ne l'utiliser qu'en dernier recours et pour la durée la plus courte possible. Le cadre normatif international invite également à instaurer un âge de la majorité institutionnelle.

1.1. L'âge minimum – la majorité institutionnelle

Lors de nos recherches, nous n'avons pas eu connaissance de pays dans lequel la loi fixerait un âge minimum à la privation de liberté en général, ce qui est pourtant requis par le cadre normatif international.

Il se peut par contre qu'une limite d'âge soit établie pour la privation de liberté dans certains établissements ou pour certains motifs. C'est surtout le cas pour les établissements dans lesquels se trouvent des adultes, comme les postes de police, centres de détention ou prisons et ce dans le but de protéger les enfants des effets néfastes d'un séjour dans ces endroits. On trouve cependant aussi, bien que plus rarement, des limites minima concernant des lieux réservés aux mineurs. Ces âges varient énormément d'un pays à l'autre.

Les limites d'âge peuvent par exemple être les suivantes, à titre indicatif : huit ans pour les centres de détention, douze ans pour les centres fermés pour mineurs, quatorze ans pour les cellules d'arrestation, etc. En ce qui concerne l'âge minimum auquel un enfant peut être incarcéré en prison, nous avons trouvé des exemples variant de douze à dix-huit ans. Certains pays n'ont pas établi de limite minimum pour un séjour en prison. Des lois nationales prévoient la possibilité de tout de même emprisonner des enfants en dessous de l'âge minimum dans certaines conditions, par exemple en cas de délit grave avec recours à la violence ou d'une «*indiscipline telle qu'ils ne pourraient être placés ailleurs*».

Dans certains pays, les enfants en dessous de l'âge de la responsabilité pénale ou de la majorité pénale ne pourront pas être condamnés à des peines privatives de liberté, ni légalement être détenus provisoirement. Ceci ne veut cependant pas dire qu'ils ne pourront pas être placés dans d'autres établissements fermés, par exemple à des fins d'assistance.

1.2. La protection contre une privation de liberté illégale et arbitraire

a. Une privation de liberté illégale

Nul enfant ne peut être privé de liberté de manière illégale. Malgré l'interdiction contenue dans plusieurs législations nationales et malgré les sanctions possibles à l'encontre des responsables - par exemple l'emprisonnement ou le licenciement -, des cas d'arrestations et de détentions illégales sont régulièrement dénoncés par les ONG. L'illégalité peut par exemple s'expliquer par la négligence, la méconnaissance de la loi de la part des responsables ou un manque de suivi. L'illégalité de la détention peut être basée sur différents éléments, dont les principaux sont mentionnés ci-dessous :

- illégalité basée sur les motifs de la privation de liberté

Les motifs pouvant mener à la privation de liberté doivent être inscrits dans la loi. Ils ne le sont cependant pas toujours. Nous avons, dans la première partie du livre, passé en revue plusieurs de ces motifs d'enfermement qui n'étaient pas prévus dans les lois nationales. Il peut s'agir par exemple des enfants arrêtés et détenus comme otages, de ceux privés de liberté dans des buts d'extorsion ou d'abus sexuels ou parce que l'on craint qu'ils ne parlent, parce qu'ils se sont disputés avec le fils d'un policier, parce qu'ils ont refusé de cirer gratuitement les chaussures des forces de l'ordre, etc.

Il apparaît donc que des enfants sont arrêtés et détenus pour des faits qui légalement ne peuvent pas mener à une mesure privative de liberté. Parfois, des preuves sont fabriquées ou des déclarations d'accusation falsifiées afin de cacher les détentions illégales.

Certaines situations - telles que celles des enfants de la rue ou de ceux en situation dite irrégulière - demandent une vigilance particulière quant à la solidité de la base légale invoquée pour la privation de liberté. Il n'est en effet pas rare de trouver des enfants emprisonnés pour ces motifs sans que la loi n'autorise expressément une intervention si extrême.

- illégalité basée sur la durée de la privation de liberté

La privation de liberté peut être illégale lorsqu'elle dépasse la durée prévue par la loi ou décidée par l'autorité décisionnelle.

Dans les cas de la garde à vue et de la détention préventive en particulier, il n'est pas rare que des enfants soient maintenus en détention au-delà des délais légaux, par exemple plusieurs semaines au lieu de 24 ou 48 heures dans le cas de la garde à vue et plusieurs années au lieu de un ou deux mois dans celui de la détention provisoire.

Certains ne sont pas libérés au terme de leur peine ou de la période de placement décidée par l'autorité qui les a placés. Une source mentionne le cas d'un enfant resté en prison cinq ans après que sa peine soit arrivée à terme. Il se peut dans certains cas que l'ordre de libération ait été donné mais ne soit pas exécuté.

Il faut savoir aussi qu'il existe en pratique plusieurs techniques juridiques visant à prolonger la période de détention en toute légalité et qui, d'une perspective de la protection juridique de l'enfant, sont malheureuses. Il arrive en effet parfois que le procureur ordonne la poursuite de l'enquête. Ce processus peut alors durer indéfiniment et l'enfant peut être détenu en préventive pour une durée indéterminée.

- illégalité basée sur l'âge de l'enfant

L'âge minimum légal d'incarcération ou de privation de liberté n'est parfois pas respecté.

Dans des postes de police, prisons pour adultes ou établissements pour mineurs on trouve des enfants de 7, 8 ou 10 ans, en dessous de l'âge à partir duquel on aurait légalement le droit de les y enfermer.

- illégalité basée sur le type d'établissement

En dépit de certaines lois nationales qui interdisent de placer des mineurs dans les postes de police ou dans les prisons pour adultes, on en trouve tout de même dans ces lieux.

b. La procédure doit être en conformité avec la loi

La procédure qui mène à la privation de liberté doit être conforme à ce qui est prévu dans la loi. En réalité, elle ne l'est pas toujours. Par exemple, elle ne le sera pas, selon les pays et les lois nationales :

- lorsque aucune décision formelle relevant d'une autorité judiciaire ou administrative compétente n'a été prise, par exemple : pas de mandat d'arrêt pour l'arrestation[84], pas d'ordonnance pour la détention préventive ou pas de jugement pour l'emprisonnement;
- lorsque l'ordre de privation de liberté n'a pas été donné par écrit;
- lorsque les autorités judiciaires ou administratives n'ont pas été informées. Nous avons trouvé l'exemple d'un service de police qui envoie des jeunes suspectés de petits délits directement dans des centres

---

84 En ce qui concerne la question de l'arrestation sans mandat d'arrêt, il existe des cas, selon les pays, dans lesquels la loi prévoit une telle possibilité. En voici quelques exemples:

- en cas de flagrant délit
- lorsqu'il n'est pas possible d'obtenir un mandat d'arrêt immédiatement
- lorsqu'un enfant qui était en congé ne revient pas dans le centre où il est privé de liberté
- lorsqu'il n'a pas respecté les conditions de la liberté conditionnelle
- lorsqu'il s'est évadé durant un transfert
- lorsqu'il s'est absenté du centre sans autorisation

pour mineurs sans avoir informé le juge, le procureur ou le service social compétent;

- lorsque la privation de liberté n'a pas été objectivement et rigoureusement motivée;
- lorsque le mineur n'a pas immédiatement été informé des accusations pesant sur lui;
- lorsque le mineur n'est pas présenté à l'autorité dans les délais légaux;
- lorsque les parents ou tuteurs n'ont pas été invités à s'exprimer sur le cas.

c. Une privation de liberté arbitraire

Nul enfant ne peut être privé de liberté de manière arbitraire. Lors d'une privation de liberté arbitraire, les motifs peuvent être légaux mais les personnes arrêtées et privées de liberté le sont au hasard ou selon le bon vouloir des personnes responsables.

Les rafles d'enfants des rues en sont un exemple. Ces arrestations peuvent avoir lieu dans le cadre d'opérations de «*nettoyage social*», pendant la saison touristique, à l'époque des fêtes, lorsqu'une personnalité étrangère est en visite ou lors d'un événement d'envergure internationale, afin de donner à l'extérieur une bonne image du pays. Certains de ces enfants sont détenus plusieurs jours dans les commissariats, d'autres sont emmenés hors des villes.

Ces arrestations peuvent aussi être utilisées comme un avertissement à tous les autres enfants des rues, comme une incitation à se faire aussi discrets que possible. Ces rafles peuvent également avoir lieu lorsqu'un crime a été commis et que la police recherche un coupable, sans prendre beaucoup de précautions pour que les enfants arrêtés soient réellement les suspects.

Ces arrestations en masse sont dans certains cas des occasions pour les policiers de montrer à leurs supérieurs, aux autorités et à la population qu'ils font leur travail et de remplir le quota d'arrestation qu'ils sont parfois sensés atteindre. L'une de nos sources se fait l'écho d'une organisation locale qui relève à ce sujet la crainte que des centres pour jeunes pas assez remplis soient perçus comme un signe que la police ne fait pas son travail. Les enfants des rues sont à cet égard des proies toutes désignées. En effet, ils sont jeunes, petits, pauvres, ignorent leurs droits et n'ont souvent pas de famille pour les soutenir ou pour s'apercevoir de leur absence. Leur vulnérabilité réside aussi dans l'image que certains policiers et une partie de la population ont d'eux : ils sont perçus comme des criminels en puissance et donc forcément soupçonnés lorsqu'un délit est commis.

d. L'impunité

L'impunité dont jouissent dans certains cas les forces de l'ordre peut perpétuer la pratique des privations de liberté illégales et arbitraires. Des raisons favorisant cette impunité sont développées dans le chapitre précédent. En plus de cela, il ne reste souvent pas de traces du passage d'un enfant dans un poste de police car les arrestations et détentions ne sont pas toujours consignées dans un registre.

1.3. Une mesure de dernier recours

a. Le principe

La privation de liberté d'un enfant doit toujours être une mesure de dernier recours. Une telle décision peut uniquement être prise après un examen minutieux, si l'intérêt supérieur de l'enfant justifie pareille mesure et si aucune autre solution ne convient. Certaines lois nationales précisent même que d'autres mesures doivent avoir été mises en œuvre et avoir échoué avant que la privation de liberté ne puisse être décidée.

Cependant, le recours à l'institutionnalisation est encore fréquemment perçu comme la réponse adéquate à toute forme de «*déviance*», au détriment d'alternatives. La fréquence du recours à la privation de liberté, et la surpopulation qui en résulte souvent, se répercutent sur les conditions de détention en général et donc sur la réalisation de nombreux droits. Une explication à ce recours trop fréquent à la privation de liberté est souvent l'absence d'alternatives (voir partie 4).

Une «*solution*» souvent préconisée en réponse à la surpopulation carcérale est celle de construire de nouveaux établissements pour accueillir les mineurs. Il est important de relever cependant que cette position comprend le risque de tomber dans un cercle vicieux, dont les effets sont vérifiés dans la réalité : les nouveaux bâtiments, pour être rentables, doivent être remplis et les autorités ont davantage tendance à prononcer des peines privatives de liberté si des lits sont disponibles. Dans une telle situation, le risque de voir bafoué le principe selon lequel la privation de liberté ne doit être utilisée qu'en dernier recours est encore plus grand.

b. La détention préventive : un problème particulier

L'arrestation et la détention avant jugement semblent poser le plus gros problème quant à l'obligation de n'utiliser la privation de liberté qu'en dernier recours. Dans de nombreux pays, la majorité des enfants privés de liberté pour avoir violé la loi se trouvent en attente ou en cours de jugement.

La proportion qu'ils représentent peut même être très importante. Dans les pays que nous avons examinés, le pourcentage de mineurs en détention préventive par rapport au nombre total d'enfants privés de liberté suite à une infraction varie principalement entre 70 et 90 %. Ce montant atteint même dans certains cas 95%, voire 98%, des enfants.

A l'issue du jugement, ce n'est souvent qu'une petite minorité de ces enfants qui est incarcérée et beaucoup sont acquittés. Le taux d'acquittement va même dans certains pays jusqu'à 95% des jeunes qui ont été détenus provisoirement. De même, la peine infligée à l'enfant par le tribunal n'impliquera pas forcément une privation de liberté. Des mineurs sont même immédiatement relâchés lors de leur comparution ou jugement parce que la peine encourue pour le délit n'était pas privative de liberté. Le taux élevé d'acquittements peut démontrer que la privation de liberté n'était pas nécessaire dans ces cas-là et donc qu'elle est loin d'être toujours utilisée en dernier recours.

Le recours fréquent à l'arrestation et à la détention laisse supposer que des mesures dites provisoires et/ou conservatoires sont parfois utilisées en tant que sanctions. Certains mineurs sont condamnés à une peine correspondant à la durée de la détention préventive puis relâchés, ce qui tend à prouver que le placement en détention préventive est utilisé dans certains cas comme une sorte de leçon donnée aux mineurs ou «*pour rompre la spirale de la délinquance*», selon la méthode «*short-sharp-shock*»[85].

Ce principe «*short-sharp-shock*» va à l'encontre de celui du dernier recours. Cette notion, de plus en plus utilisée dans certains pays, fait référence à l'hypothèse selon laquelle la meilleure réaction à la petite délinquance ou aux délinquants primaires doit être courte et sévère pour être dissuasive. Un passage de courte durée dans un centre de détention ou une prison est malheureusement trop fréquemment utilisé dans ce contexte.

c. Les motifs pour priver une personne de liberté doivent être limités et des conditions fixées

Les enfants privés de liberté le sont souvent pour des raisons mineures et les motifs pour recourir à la privation de liberté ne sont pas toujours limités comme ils devraient l'être.

Nous l'avons vu dans la première partie, nombre de mineurs privés de liberté n'ont pas commis de délit. Ils sont «*en danger*», réfugiés, handicapés. Ils

85 Littéralement : infliger un traitement de choc, sévère et de courte durée.

sont qualifiés «*d'incontrôlables*» ou ont commis des délits qui n'en seraient pas si ils étaient le fait d'adultes. Parmi les infractions, la grande majorité concerne des atteintes à la propriété ou le vagabondage. Les crimes usant de violence à l'égard d'autrui sont partout minoritaires. Nous estimons, après considération de différentes sources, que 5 à 10 % seulement des enfants enfermés le sont pour des délits graves. La plupart des jeunes dans les établissements fermés ne représentent donc pas de menace pour la sécurité publique et pourraient bénéficier d'autres mesures n'impliquant pas la privation de liberté.

Des professionnels du système de justice (pénale) pour mineurs ainsi que des employés de ministères responsables reconnaissent d'ailleurs que beaucoup de ces enfants n'ont pas besoin d'être enfermés. Certains d'entre eux, selon différentes sources, évaluent à 60 ou 70% la proportion d'enfants dans leur pays pour qui d'autres mesures (non privatives de liberté) seraient suffisantes et plus appropriées. Une enquête auprès des directeurs d'établissements fermés dans un pays donné apprend que, selon eux, au moins un tiers de leurs «*clients*» n'a pas besoin d'un encadrement fermé. Remarquons en comparant ces données qu'il est de manière générale normal que les directeurs soient un peu moins optimistes, vu l'intérêt qu'ils peuvent avoir à remplir leurs établissements.

L'âge parfois très jeune de ces enfants peut également mener à se demander si, pour la plupart d'entre eux, ils sont vraiment dangereux au point de devoir être enfermés.

Des lois nationales peuvent décourager le recours à la privation de liberté en restreignant les occasions d'y recourir. Il est par exemple très important qu'elle ne soit pas la seule réaction prévue dans la loi ou que le recours à cette mesure ne soit pas obligatoire. Dans certains pays, des dispositions légales tentent de limiter le recours à l'enfermement en imposant des conditions qu'il faut remplir, simultanément ou non, au moment de décider de la mesure à prendre.

Certaines conditions concernent l'emprisonnement en particulier. Des lois nationales établissent par exemple que les mineurs ne peuvent pas être mis en prison à moins qu'il n'y ait pas de place ailleurs ou qu'ils soient considérés comme trop indisciplinés pour être détenus dans un établissement qui ne soit pas pénitentiaire. Il est important dans ce cas de souligner que le risque de privation de liberté subsiste, dans des endroits qui ne portent pas le nom de prison mais qui peuvent être tout à fait équivalents quant aux conditions de détention. Il se peut donc que de telles limitations n'aient qu'un faible impact sur la situation réelle des enfants.

Les conditions prévues par des lois nationales sont parfois formulées de manière vague et restent ouvertes à l'interprétation : elles n'autorisent par exemple la privation de liberté que «*lorsqu'une telle mesure est absolument nécessaire*», «*lorsque des circonstances particulières l'exigent*», «*pour de bonnes raisons*» ou pour «*des raisons suffisantes*».

Nous avons groupé ces conditions sous différentes catégories :

- les conditions ayant trait au motif en tant que tel

Pour priver un enfant de sa liberté il souvent nécessaire de considérer la gravité du délit. Selon certaines lois, elle n'est en effet possible que lorsque le délit commis est grave. Les délits concernés sont généralement ceux qui impliquent des actes de violence à l'égard d'autrui (meurtre, viol, agression, etc.). Afin d'évaluer la gravité de l'infraction, le critère utilisé peut aussi être celui du nombre d'années de prison ou de privation de liberté prévues pour le délit en question. La peine encourue doit par exemple être de deux, trois, quatre ou cinq ans selon les cas, pour que le mineur puisse être privé de liberté.

Il se peut que la loi exclue la détention préventive pour certaines infractions, par exemple celles punissables simplement d'une amende ou d'une peine de prison avec possibilité de remise de peine si elles étaient commises par des adultes.

- les conditions ayant trait à l'enfant lui-même

Voici des exemples de conditions ayant trait à l'enfant lui-même qui doivent, dans certains cas et selon les pays, être remplies pour pouvoir priver le mineur de liberté :

- l'enfant doit avoir des antécédents judiciaires;
- il doit s'être soustrait sans justification à une mesure précédemment imposée (par exemple : une ordonnance de probation ou une mesure socio-éducative);
- l'enfant doit avoir atteint un certain âge;
- il doit avoir un comportement violent;
- il doit y avoir un risque de récidive;
- il doit y avoir des raisons de croire que le mineur pourrait s'échapper d'un établissement ouvert.

- les conditions liées à la procédure

Voici des exemples de conditions liées à la procédure qui doivent, dans certains cas et selon les pays, être remplies pour pouvoir priver le mineur de liberté :

- il doit y avoir de forts indices qu'il ait commis le délit;
- il doit y avoir des raisons de croire qu'il pourrait détruire des indices ou des preuves ou interférer avec des témoins;
- il doit y avoir des raisons de croire que sa remise en liberté irait à l'encontre des buts de la justice;
- il doit y avoir des raisons de croire qu'il ne viendra pas comparaître devant le tribunal;
- la privation de liberté doit être nécessaire pour les besoins de l'instruction;
- le mineur doit être représenté par un avocat.

- les conditions liées à l'efficacité de la mesure et à la disponibilité d'alternatives

Voici des exemples de conditions liées à l'efficacité de la mesure qui doivent, dans certains cas et selon les pays, être remplies pour pouvoir priver le mineur de liberté :

- il doit y avoir des raisons de croire qu'une autre mesure serait inefficace;
- aucune alternative ne doit être disponible;
- le but doit être de réduire la probabilité que l'enfant commette un délit.

1.4. Une durée aussi brève que possible

Témoignage : *«J'ai vu beaucoup de jeunes ici qui sont censés rentrer chez eux mais qui ne partent jamais, cela m'inquiète que cela prenne tant de temps»* (paroles d'un adolescent).

a. Le principe

Bien que la privation de liberté doive être d'une durée aussi brève que possible, les enfants peuvent passer de très longues périodes enfermés, plusieurs mois, voire plusieurs années (voir première partie du livre). Il est important de considérer cette durée du point de vue des personnes qui sont enfermées, et en particulier des enfants : quelques jours ou quelques semaines peuvent être vécus comme une éternité.

La durée de détention avant le jugement (pendant la garde à vue ou la détention préventive), particulièrement longue, pose des problèmes supplémentaires et ce principalement parce que cette détention se déroule souvent dans des établissements qui ne sont pas équipés pour des séjours prolongés. Pour les enfants placés en vue d'une rééducation ou d'une guérison, la durée peut également être très longue, vu que la privation de liberté peut durer jusqu'au moment où ils sont considérés comme «*rééduqués*» ou «*guéris*», avec le risque inévitable que des critères aussi arbitraires impliquent.

Il faut donc savoir que les conditions de privation de liberté décrites dans cette troisième partie peuvent être subies par les enfants pendant de longues périodes, ce qui contribue encore à aggraver la situation de non-respect de leurs droits. Si l'on met ces longues périodes en rapport avec les motifs pour lesquels les enfants peuvent être enfermés, l'on se rend compte de la disproportion de certaines mesures. En outre, les longues périodes passées dans les établissements contribuent à la surpopulation de ces lieux et donc aussi, par voie de conséquence, aux violations des droits de l'enfant que cette situation fait naître.

Comme nous le voyons ci-dessous, la durée de la privation de liberté peut être déterminée dans le temps (par l'autorité décisionnelle ou par la loi) ou non.

b. Une durée déterminée

Les délais légaux qui déterminent la durée de la privation de liberté varient selon le stade de la procédure. La durée légale de la période de garde à vue se situe généralement entre 24 et 72 heures, souvent renouvelable une, deux ou trois fois, parfois indéfiniment. Elle peut aussi aller jusqu'à cinq ou sept jours ou être liée aux «*circonstances locales*». Cette dernière disposition ainsi que les possibilités de prolongations (illimitées) laissent une grande marge de manœuvre aux autorités compétentes quant à la durée de la privation de liberté du mineur, et présentent donc un risque pour le respect des droits de ce dernier.

Les délais légaux de la détention préventive varient beaucoup d'un pays à l'autre, à titre indicatif entre un mois et un ou deux ans. Dans un certain nombre de pays, la loi ne prévoit pas de durée maximale.

Les peines privatives de liberté également peuvent être limitées par des dispositions légales, par exemple entre un et dix ans. La durée maximale peut même aller jusqu'à vingt cinq ans, généralement pour les jeunes qui auraient été condamnés à mort ou à perpétuité s'ils avaient été majeurs. Il arrive aussi qu'il y ait un délai minimal à la privation de liberté, par exemple entre six mois et cinq ans. Il faut relever que cette durée minimale n'est pas toujours accompagnée d'une durée maximale. L'emprisonnement à vie pour les mineurs, proscrit par le cadre normatif international, est tout de même autorisé dans certains pays.

Il est possible que l'autorité qui a placé l'enfant, ou le directeur de l'établissement, décide de prolonger la privation de liberté par rapport à la durée initialement prévue. S'il est vrai qu'une telle décision peut se faire dans le respect des délais légaux, en restant dans les limites imposées par la loi, il se peut qu'elle aille à l'encontre du principe d'une durée aussi brève que possible.

La privation de liberté peut par exemple être prolongée dans les cas suivants, selon les pays :

- à titre de sanction : si l'enfant se comporte mal, par exemple s'il s'évade ou représente une influence négative pour les autres;
- si on estime contraire aux intérêts du mineur qu'il soit libéré, par exemple du fait que ses parents ou son tuteur ne sont pas en mesure de s'occuper de lui;
- si la complexité de l'affaire ou la gravité du délit l'exige;
- afin que le mineur termine sa scolarité ou sa formation[86;]
- lorsque le procès a dû être ajourné en l'absence de toutes les parties concernées (lorsque, par exemple, il n'y a pas de transport pour emmener l'enfant au tribunal ou lorsque les parents ne se sont pas présentés);
- lorsque les parents ne veulent plus de leur enfant;
- en l'absence d'alternatives;
- en plus du stade de procédure, la durée de privation de liberté peut dépendre d'autres facteurs tels que par exemple l'âge du mineur, la gravité du délit, la peine applicable si le délit avait été commis par un adulte ou la présence ou non d'antécédents judiciaires. Souvent, dans le cadre de la justice (pénale) pour mineurs, la durée ou sa prolongation sont déterminées sur base d'un examen psycho-médico-social préalable du mineur (et de son environnement).

La durée de détention peut aussi dépendre des obstacles suivants :

- la lenteur judiciaire (encombrement de l'appareil judiciaire, surcharge des dossiers, etc.);
- le manque de moyens humains, logistiques et matériels pour effectuer les enquêtes, rassembler des preuves, trouver des témoins, établir

86 Nous l'avons vu dans la deuxième partie du livre, une prolongation de la détention dans le but de terminer la scolarité ou la formation de l'enfant est explicitement interdite par le cadre normatif international.

l'identité du mineur. Certains pays manquent par exemple de machines pour photocopier les dossiers ou de véhicules pour aller interroger la famille du mineur ou des témoins;

- le manque de places disponibles dans les programmes alternatifs;
- le manque de coordination entre les diverses agences gouvernementales responsables qui se renvoient la responsabilité;
- les intérêts que peut avoir l'établissement à détenir les mineurs. Il se peut en effet qu'il reçoive des subventions gouvernementales en fonction du nombre d'enfants qu'il accueille. Il arrive aussi que les mineurs représentent une main d'œuvre corvéable à merci, dont l'établissement préférerait ne pas se séparer;
- la faiblesse ou l'absence d'un système efficace de surveillance de la situation de chaque enfant.

Ces obstacles sont encore plus difficiles à surmonter pour le mineur lorsqu'il n'est pas défendu par un avocat. Nous avons vu aussi que la durée de privation de liberté peut dépendre du revenu du mineur et de sa famille et de leur capacité à payer une amende, une caution ou un pot-de-vin pour la libération.

c. Une durée indéterminée

Des mineurs reçoivent des peines ou mesures éducatives de durée indéterminée. Cela peut être le cas pour ceux qui sont placés dans des institutions d'internement psychiatrique ou dans des centres de rééducation desquels ils pourront sortir au moment où les autorités estimeront qu'ils sont «*guéris*», «*formés*» ou «*rééduqués/réhabilités*». En conséquence, et parce que la décision de privation de liberté n'est parfois pas - ou rarement - révisée et que l'évaluation des progrès du mineur n'est pas toujours régulière, les enfants peuvent rester dans l'établissement pendant très longtemps. Les jeunes peuvent être relâchés à leur majorité, mais pas dans tous les cas.

Des enfants sont également privés de liberté «*au plaisir de Sa Majesté*», à celui du gouverneur ou de l'État. Cette notion est utilisée pour détenir des mineurs indéfiniment, en particulier lorsque la privation de liberté à perpétuité n'est pas autorisée.

Lorsque la période n'est pas déterminée à l'avance, la libération peut par exemple dépendre de :

- la guérison, la rééducation, la réhabilitation, la formation du jeune;
- son comportement;

- ses progrès;
- ses résultats scolaires ou sa qualification professionnelle;
- sa participation aux activités culturelles;
- la volonté de ses parents de le reprendre chez eux.

De tels critères sont soumis à la subjectivité de la personne qui doit autoriser la libération. L'évaluation du mineur est à la discrétion de l'autorité judiciaire ou administrative, de l'équipe soignante ou du directeur. La durée de l'enfermement peut donc être liée à leur professionnalisme et à leur bonne volonté.

d. Des dispositions dissuadant la privation de liberté au-delà des délais légaux

Lorsque les délais sont dépassés, on se retrouve dans la situation de détention illégale évoquée plus haut dans ce chapitre. Dans une telle situation, certaines lois nationales demandent la libération immédiate du mineur.

Dans le but de décourager de telles pratiques, des dispositions légales nationales prévoient aussi des sanctions envers le personnel de l'établissement ou autre fonctionnaire qui ne respecterait pas le délai précisé dans la loi ou décidé par l'autorité judiciaire ou administrative. Ces sanctions peuvent par exemple être une amende, un licenciement ou même un emprisonnement. Certaines lois stipulent également que les aveux faits après une arrestation ou détention prolongée ne peuvent être retenus comme éléments de preuve.

e. La possibilité d'une libération anticipée

Comme le requiert le cadre normatif international, la possibilité de bénéficier d'une libération anticipée est prévue par des lois nationales, par exemple à la moitié ou aux deux tiers de la durée initialement prévue. Cette décision peut relever de l'appréciation des autorités décisionnelles, de celles chargées de l'application de la peine ou être demandée par l'établissement ou les autorités gouvernementales compétentes.

La libération anticipée est par exemple soumise aux conditions suivantes, selon les pays :

- le mineur doit avoir fait preuve d'un comportement positif et d'une conduite satisfaisante;
- le traitement doit avoir eu les effets escomptés;
- la libération doit être considérée comme étant conforme à l'intérêt de

l'enfant, par exemple ne pas comporter des risques de lui faire subir des influences néfastes;

- il doit être possible de prévoir un encadrement pour le suivre à sa sortie.

Dans certains pays, des mesures sont prises afin d'accélérer les procédures pour une libération anticipée. Par exemple, des assistants sociaux peuvent être en poste dans les prisons pour intervenir auprès des autorités décisionnelles et assurer la mise en contact des mineurs avec leurs parents. Dans ce cas, les assistants sociaux suivent aussi l'évolution de chaque mineur et contribuent, dans le domaine qui les concerne, à leur encadrement.

2. Le droit à la protection juridique pendant la privation de liberté

La protection juridique de l'enfant ne s'arrête pas à la procédure qui mène à la privation de liberté : il peut toujours faire valoir ce droit pendant la période d'arrestation, de détention, d'emprisonnement ou de tout placement dans un établissement fermé.

Nous n'avons malheureusement trouvé que très peu d'information sur le respect de certaines des garanties prévues par le cadre normatif international - telles que la nécessité d'un ordre de détention ou celle d'un registre au sein de l'établissement - et n'abordons donc pas ces questions ici.

2.1. Le droit d'être informé[87]

Dans certains pays, le non-respect du droit à l'information peut être invoqué comme un motif pour réclamer la nullité de la privation de liberté. Il est important aussi de souligner que certaines lois nationales mentionnent explicitement que cette information doit être donnée d'une façon accessible à l'enfant et dans une langue qu'il comprend.

Souvent cependant, ce droit n'est pas respecté. Par exemple, le petit nombre de recours judiciaires suite à des violations en établissements fermés s'explique en grande partie par un manque d'information qui soit accessible et compréhensible, ainsi que par l'absence ou la faiblesse de l'assistance juridique qui pourrait contribuer à une meilleure information.

De temps en temps, les lois nationales prévoient explicitement des motifs de ne pas informer l'enfant, par exemple pour des questions de sécurité.

87 Voir également chapitre 7

2.2. *L'assistance juridique*

Introduction

Les enfants privés de liberté ont le droit d'avoir rapidement accès à une assistance juridique ou à toute autre assistance appropriée.

La présence d'une telle assistance pendant la privation de liberté est étroitement liée à la protection juridique de l'ensemble des enfants dans le pays concerné et, en particulier, à la présence d'un avocat ou d'un autre conseil juridique pendant la procédure. S'il n'y a pas d'assistance pendant la procédure, il y a de fortes chances que l'enfant n'en ait pas non plus pendant la période d'enfermement.

De manière générale, il faut constater que de nombreux mineurs sont encore privés de liberté sans avoir eu accès à une défense. Dans ce qui suit, nous présentons tout de même plusieurs exemples positifs.

a. Les lois nationales

L'assistance juridique est réglée dans certaines lois pour l'ensemble de la privation de liberté, y compris la procédure. Ainsi, nous avons trouvé des exemples de droits constitutionnels ou de législations spéciales garantissant la présence d'une assistance juridique à tout moment, à chaque fois et quel que soit le motif ou le type de privation de liberté.

Dans d'autres cas, ce droit et son exercice peuvent être réglés différemment, par exemple selon le type de privation de liberté (par exemple, l'assistance juridique n'est prévue que pendant l'emprisonnement et pas lors d'une détention dans d'autres établissements fermés).

b. Les qualités de l'assistance juridique

L'assistance juridique de l'enfant peut être, selon les cas et les pays :

- obligatoire ou facultative;
- gratuite ou non;
- choisie par le mineur ou désignée d'office (par le barreau par exemple après que celui-ci a été informé par les autorités compétentes);
- iIndépendante de l'assistance juridique des parents ou non. Un seul avocat peut être nommé pour une famille entière ou l'enfant peut avoir le droit d'être représenté par un avocat indépendant dans le cas où le juge du tribunal estime qu'il y a conflit entre les intérêts de l'enfant et ceux de ses père ou mère ou qu'il serait préférable pour l'enfant qu'il soit représenté par son propre avocat; le juge doit alors s'assurer que

l'enfant soit représenté par un avocat n'ayant aucun lien avec les père ou mère. Dans d'autres pays, l'enfant a d'office son propre avocat;

- assurée dès le tout début de la privation de liberté (par exemple dès l'arrestation) ou limitée à la comparution devant un juge;

Le droit à l'assistance juridique peut être exercé par le mineur lui-même ou par l'intermédiaire de tiers, le plus souvent ses parents ou les personnes ayant sa garde.

c. Les problèmes particuliers de l'arrestation, du premier interrogatoire, de l'isolement et des procédures administratives

Les situations mentionnées en titre sont particulièrement problématiques en ce qui concerne l'assistance juridique des enfants privés de liberté dans le sens que, plus souvent que les autres, elles n'offrent pas aux enfants la possibilité d'être défendus. Nombreux sont en effet les pays dans lesquels la législation nationale ne prévoit pas le droit pour les mineurs d'être assistés par un avocat lors de l'arrestation et pendant l'interrogatoire, ou dans lesquels ce droit existe mais n'est pas respecté. Dans plusieurs pays, le droit d'avoir un avocat n'est pas reconnu en pratique jusqu'au moment de l'arrestation formelle ou même jusqu'au jugement sur le fond, qui peut avoir lieu après plusieurs mois, voire plusieurs années de privation de liberté.

Lorsque des mineurs sont détenus au secret ou en cellule d'isolement, ils n'ont alors aucun accès à un conseiller juridique. Cette isolation peut durer très longtemps, par exemple plusieurs mois.

Finalement, les enfants privés de liberté suite à une procédure administrative courent davantage que ceux qui le sont suite à une procédure judiciaire le risque de ne pas être défendus, une assistance juridique n'étant souvent pas prévue dans cc cas.

d. Qui assure l'assistance juridique?

L'assistance juridique peut être assurée par des avocats ou d'autres conseillers, juridiques ou non (par exemple les représentants d'organisations sociales). Elle peut être fournie par des «*généralistes*» ou des personnes spécialisées dans le domaine des enfants et de leurs droits.

La défense peut aussi, selon les cas, être assurée par un membre de la famille du mineur, ou un autre adulte (voir plus bas).

e. L'organisation de l'assistance juridique pendant la privation de liberté et ses conséquences

Les façons dont l'assistance juridique peut être organisée pendant la privation de liberté sont multiples. Les avocats ou autres conseils juridiques rendent parfois visite à leurs clients dans les établissements. Des organisations, telles que des centres de défense juridique (voir partie 4), organisent des permanences dans certaines institutions.

Dans certains cas, le personnel des lieux de détention aide les mineurs à prendre contact confidentiellement avec un avocat. De même, une liste correcte et réactualisée d'avocats ou de services juridiques prêts à fournir des services gratuits est affichée et distribuée à tous les mineurs.

Conséquence positive de la présence d'une assistance juridique efficace, la durée de la mesure peut dans certains cas être réduite (par exemple par une libération sous caution ou une libération anticipée) ou la procédure accélérée, par exemple quand un avocat est présent dès l'arrestation. Une assistance efficace garantit à l'enfant un accès permanent à l'information. Les mineurs peuvent ainsi mieux comprendre leur situation et les possibilités d'en sortir. Cette assistance peut les aider à formuler, si nécessaire, des plaintes. Elle peut garantir que leurs déclarations soient correctement enregistrées et qu'il ne soit pas forcé (ou ne se sente pas forcé) d'avouer des faits qu'il n'a pas commis.

L'assistance, juridique ou autre, peut bien sûr également aider à garantir à ce que l'ensemble des droits des enfants privés de liberté soit mieux respecté. La présence d'un avocat ou d'un autre conseil semble aussi contribuer largement à une baisse du recours à la violence, par exemple lors de l'interrogatoire.

f. L'absence d'assistance juridique ou son manque d'efficacité

L'absence d'assistance juridique ou son manque d'efficacité peuvent s'expliquer par diverses raisons :

- le nombre d'avocats dans le pays est parfois insuffisant et/ou très peu sont sensibilisés ou spécialisés dans la défense des mineurs. En conséquence, les avocats intéressés sont surchargés et n'ont qu'un temps limité à la disposition de chaque cas;
- lorsque des possibilités d'assistance gratuite n'existent pas, la raison pour laquelle les jeunes n'ont pas de défense est souvent financière. En effet, les mineurs privés de liberté n'ont souvent pas les moyens de payer un conseiller. Ce problème n'est pas unique aux pays en voie de développement;
- les enfants ignorent souvent qu'ils ont un droit à l'assistance juridique, ou sont mal informés de ce que cette défense peut leur apporter. Ils pensent par exemple qu'elle ne fera que rallonger la période de privation de liberté et sont donc réticents à en demander ou accepter une;

- l'accès à une assistance juridique est spécialement problématique pour les enfants qui ne parlent pas la langue officielle du pays. Ils peuvent avoir, selon leur origine, des difficultés énormes à être défendus. Il sera difficile pour eux, premièrement, de comprendre quels sont leurs droits et, deuxièmement, de trouver un conseiller avec qui il sera possible de communiquer;
- il peut être difficile pour l'enfant de demander une défense. Ce sont par exemple les juges qui sont chargés de la proposer aux jeunes ou à qui ils doivent la demander. Cette situation peut être très impressionnante pour le jeune qui doit alors s'imposer face à la figure intimidante que représente le juge, d'une manière qui pourrait être interprétée comme l'expression d'un doute quant à la bonne disposition de ce dernier à protéger son intérêt;
- la possibilité d'une assistance juridique pour l'enfant n'est parfois pas prévue par la loi. La raison peut être par exemple que, suivant une attitude paternaliste, l'on estime que les juges sont là pour protéger les mineurs (en tant que «super parent») et que ces derniers n'ont donc pas besoin d'un autre conseiller. Remarquons également que, à l'inverse, ce n'est pas parce que ce droit est prévu dans la loi que l'assistance juridique est forcément assurée;
- la nécessité d'une assistance juridique peut être laissée à l'appréciation arbitraire des autorités judiciaires, mais également par exemple à l'appréciation du directeur d'établissement;
- si l'enfant est déjà assisté (ou doit être assisté) par ses parents ou d'autres personnes, il n'aura pas forcément droit à une assistance juridique.

Selon les cas, la présence d'une assistance juridique peut encore dépendre :

- du motif de la privation de liberté (par exemple l'assistance n'est prévue qu'en cas de délits graves);
- de l'urgence de la situation (par exemple, on estime que l'interrogatoire doit commencer immédiatement, afin que le crime soit rapidement résolu et qu'il n'y a donc pas le temps d'attendre qu'un avocat ou autre conseil soit présent);
- de l'âge de l'enfant concerné (par exemple l'assistance d'un avocat ou autre conseil n'est prévue qu'à partir d'un certain âge).

Lorsque la présence d'un avocat ou d'un autre conseil juridique est obligatoire, les conséquences de leur absence peuvent être importantes : cette lacune mène par exemple à la nullité de la décision d'enfermer l'enfant ou à l'interdiction de procéder à l'interrogatoire. Dans certains pays, les personnes en charge de l'interrogatoire qui passent outre cette interdiction risquent des sanctions, telles qu'une amende, un licenciement ou un emprisonnement. Dans d'autres pays encore, les déclarations faites par l'enfant en l'absence d'un conseiller n'ont aucune valeur juridique.

g. Les raisons pour lesquelles il peut être difficile de maintenir un contact régulier avec le conseiller pendant la privation de liberté

Certains mineurs ont accès à une défense, mais l'efficacité de celle-ci est parfois limitée, comme nous venons de le voir. Un obstacle particulier est la difficulté que peut avoir l'enfant à maintenir un contact régulier avec son défenseur. Les enfants ne connaissent pas toujours leur conseiller ou ne savent pas où le joindre. Certains ne savent même pas qu'ils en ont un, ce qui en dit long sur la fréquence de leur contact. Il se peut aussi que les défenseurs ne soient tout simplement pas admis dans les établissements.

Les enfants sont parfois enfermés dans des endroits peu accessibles ou éloignés, rendant les visites difficiles. Dans certains cas, ils sont transférés dans un autre établissement sans que ce changement ne soit notifié à leur défenseur, ce qui rend bien sûr difficile pour ce dernier la localisation de son client. Ces transferts, qui éloignent le mineur du lieu où se trouve son conseiller, rendent aussi la défense plus coûteuse à cause des trajets, du prix des conversations téléphoniques, etc. Cette situation est particulièrement fâcheuse pour les enfants qui sont représentés gratuitement, car leur défenseur ne peut alors pas toujours se permettre ces dépenses.

Les surveillants des lieux de détention rendent parfois volontairement l'accès à l'assistance légale difficile pour les enfants. Ils refusent de donner aux conseillers qui le demandent le nom de ceux qui auraient besoin d'assistance. Les mineurs doivent demander la permission pour pouvoir se servir du téléphone par exemple, et elle leur est parfois refusée. Le personnel ne transmet pas les appels. Il arrive que l'usage du téléphone soit considéré comme un privilège, ou carrément interdit, ou que l'appareil soit hors service pendant une longue période. Plusieurs cas sont également rapportés par des ONG, dans lesquels le personnel de l'établissement cherche à décourager les enfants de faire appel aux services d'un défenseur en leur disant qu'ils n'en ont pas besoin.

Il arrive aussi que les défenseurs qui cherchent à entrer dans l'établissement subissent intimidation et harcèlement de la part du personnel. Dans certains cas, ils doivent attendre jusqu'à 48 heures pour pouvoir entrer dans une prison et doivent ensuite passer la nuit sur place. Après une longue attente, le conseiller ne peut rester que quelques minutes avec l'enfant, en présence d'un gardien. On comprend qu'il faudra beaucoup de détermination dans une telle situation pour mener sa tâche à bien. Dans d'autres cas, ce sont les conseillers qui ne se donnent pas la peine de rester en contact avec l'enfant.

A l'inverse, des mesures sont parfois prises pour améliorer la défense des enfants. Par exemple, un régime spécial peut être prévu pour les visites des conseillers et elles peuvent être possibles même hors des jours et des heures réglementaires. La communication du mineur avec son défenseur peut être, dans le cas de quelques pays, illimitée.

h. Le caractère privé et confidentiel des communications

Parfois, les enfants n'ont pas la possibilité de s'entretenir en privé, oralement ou par écrit, avec leur défenseur. C'est le cas par exemple lorsqu'il n'y a pas de lieux réservés aux rencontres ou quand le courrier est contrôlé.

Dans plusieurs pays, le contrôle du contenu des textes écrits et autres documents que le défenseur porte sur lui n'est pas autorisé.

i. Le droit de demander la présence des parents ou d'autres personnes importantes pour l'enfant

Selon les cas, l'assistance juridique du mineur peut être combinée avec - ou, dans certains pays, remplacée par (par exemple quand il s'agit de motifs mineurs ou d'enfants plus jeunes) - la présence :

- de ses parents ou d'autres personnes ayant sa garde;
- de ses professeurs d'école;
- de membres d'organisations sociales;
- de religieux;
- de toute autre personne indépendante.

La présence des parents ou d'autres personnes importantes pour le mineur peut aussi être organisée d'office, sans que l'enfant ne doive nécessairement la demander. Elle peut même être obligatoire, par exemple lors de l'interrogatoire. Elle peut par exemple faciliter la libération immédiate de l'enfant (par exemple lorsque les parents promettent de prendre en charge le suivi et la surveillance de leur enfant) ou assurer une meilleure protection des droits de l'enfant (voir également chapitre 5).

2.3. Le droit de contester la légalité et les modalités de la privation de liberté

a. Le principe

Nous avons vu plus haut qu'une mesure privative de liberté doit être prévue dans la loi et que la décision, ainsi que sa mise en œuvre, doivent être en conformité avec la loi. Le mineur doit avoir le droit de contester une éventuelle illégalité. La possibilité de contester la légalité de la privation de liberté devant une autorité indépendante et impartiale est souvent appelée le «*habeas corpus*».

Notre étude nous montre cependant que le respect de ce principe fait défaut dans un grand nombre de pays. Les raisons sont diverses. Parmi elles, nous pensons par exemple aux problèmes abordés précédemment du manque d'information quant à la possibilité d'une telle démarche et de l'absence d'une assistance juridique efficace. Voici encore quelques exemples de raisons pour lesquelles la possibilité de contester la légalité peut être limitée :

- cette possibilité n'est pas toujours prévue par la loi. Dans certains cas par exemple, une privation de liberté décidée par une autorité administrative ne peut pas faire l'objet d'un recours. Cela peut être le cas également de certaines décisions judiciaires. Quelques pays ont à ce sujet émis une réserve à l'article 40.2 CDE (voir chapitre 3);
- la longueur et la complexité de la procédure dissuadent d'entreprendre des démarches; il se peut en effet que la procédure de recours prenne tant de temps que l'enfant est libéré avant qu'elle n'aboutisse;
- l'absence d'un procès ou d'une autre procédure sujette à un contrôle extérieur. Par exemple, des enfants sont arrêtés par la police puis relâchés sans être amenés devant un tribunal. Il arrive également que la police envoie des jeunes suspectés de délit mineur directement dans des centres spécialisés, sans en informer le juge, ni le procureur. Ces enfants risquent d'être «*oubliés*» par la suite;
- contester la légalité de la privation de liberté peut être encore plus difficile, voire impossible, lorsqu'elle est décidée par des autorités militaires, par des services de sécurité d'État ou dans le contexte d'un état d'urgence.

Enfin, même lorsque la possibilité de contester la légalité de la privation de liberté existe, la démarche peut avoir des limites et il n'est pas garanti qu'elle aboutira. A titre d'illustration, nous pensons par exemple au cas de l'ONG Casa Alianza qui, en deux ans et dans un seul pays, a introduit près de cent procédures d''habeas corpus» pour contester la légalité et/ou le caractère arbitraire de la détention d'enfants et qui rapporte qu'une seule de ces procédures a abouti au cours de ces deux ans.

b. Qui peut contester la légalité?

Le droit de contester la légalité peut être exercé par :

- le mineur;
- les parents ou autres personnes en charge de l'autorité parentale;
- le ministère public (dans l'intérêt de l'enfant).

Il est plutôt exceptionnel que le mineur puisse lui-même contester la légalité de la mesure de privation de liberté ou de la mise en œuvre de celle-ci, ce qui s'explique principalement par l'incapacité juridique (l'impossibilité d'exercer ses droits d'une façon autonome) qui caractérise très souvent le statut juridique des enfants. Cependant, dans quelques pays, nous avons trouvé des exemples dans lesquels le mineur peut lui-même en prendre l'initiative, le plus souvent à partir d'un certain âge (par exemple 12 ans dans plusieurs d'entre eux).

c. Auprès de qui?

L'autorité auprès de laquelle la légalité d'une mesure de privation de liberté ou de sa mise en œuvre peut être contestée varie. La première instance sera très souvent l'autorité qui a pris la décision initiale ou une autorité supérieure à celle-ci.

Les plaintes individuelles peuvent aussi être communiquées à des instances de recours administratives, telles que des conseils de plaintes. Ces conseils sont généralement composés de personnes ayant une expérience particulière dans le contact avec les jeunes et qui de par leur formation ou leur profession sont qualifiées pour cette fonction.

d. Une compensation en cas de privation de liberté illégale

Bien que cela soit exceptionnel, il existe des pays dans lesquels un mineur qui a été illégalement privé de liberté a droit à une compensation (financière). Les enfants victimes (ou leurs représentants) doivent généralement réclamer la compensation qui n'est pas attribuée de façon automatique.

Ce droit à la compensation vaut en général pour toute erreur commise par une autorité judiciaire ou administrative.

3. La possibilité de porter plainte

3.1. Le principe

Nous venons de le voir, les enfants ont le droit de contester la légalité de la privation de liberté dont ils sont l'objet. Ils ont également, de même que leurs représentants, celui de présenter à des autorités compétentes, indépendantes et impartiales des requêtes ou des plaintes concernant toute violation de leurs droits.

Selon les cas, les possibilités de plainte peuvent aussi bien porter sur n'importe quelle violation que sur certaines en particulier, précisées par avance dans la loi. Les plaintes peuvent être déposées auprès de personnes responsables au sein de l'établissement - généralement le directeur - ou auprès d'autorités extérieures, telles que le juge en charge de l'exécution de la peine, des inspecteurs en visite, un avocat, un ombudsman ou encore une instance gouvernementale (par exemple le ministre de la Justice). Certaines lois nationales - parfois la Constitution - précisent que la victime a le droit à ce que sa plainte soit examinée rapidement et à ce que la violation soit réparée, par exemple par le biais d'une compensation. D'autres ajoutent que l'accès à la procédure de plainte doit être illimité.

Les personnes qui ont un contact régulier avec le mineur - ses parents, son avocat, l'agent de probation, le service social, l'éducateur, etc.- peuvent jouer un rôle important en soutenant l'enfant dans ses démarches, en les entreprenant à sa place ou en transmettant la plainte.

Dans certains pays il n'existe malheureusement pas de possibilité de plainte du tout.

3.2. Des obstacles qui rendent les procédures de plaintes inutiles ou inefficaces

Malgré l'existence de procédures de plainte dans certains établissements fermés, la majorité des violations des droits de l'enfant sont cependant subies en silence et les responsables s'en tirent en toute impunité.

A titre d'information... Une enquête auprès d'un nombre important d'établissements correctionnels ou de détention a révélé plus de recours à la force excessive et au harcèlement psychologique dans les rapports avec les jeunes que dans ceux avec les adultes. Les jeunes, beaucoup plus que les adultes, acceptent ces mauvais traitements comme faisant partie de leur traitement. Les adultes introduisent plus facilement une plainte. Les jeunes cependant sont victimes de mauvaises conditions de vie dans les établissements mais ne déposent pas de plaintes. (Rowan, J.R., 1992, p. 7.)

En effet, la possibilité de porter plainte, lorsqu'elle existe, n'est pas toujours utilisée par les victimes. Elle l'est même relativement rarement au regard de l'étendue des violations. De plus, lorsqu'une plainte est déposée, il n'est pas sûr qu'elle aboutisse à une réparation équitable. Il y a de nombreuses raisons à cet état de fait, dont les principales sont mentionnées ci-dessous.

a. Les enfants ne connaissent pas leurs droits et/ou les procédures

Lorsque la poursuite des responsables dépend de l'action légale entreprise par la victime, comme c'est souvent le cas, rien ne se passera si l'enfant ou ses représentants ne portent pas plainte. Cependant, ceux-ci ignorent parfois cette possibilité. Ils ne connaissent pas les procédures, qui ne sont pas toujours clairement expliquées et ne savent pas comment procéder. Les enfants ne savent même pas toujours que les actes dont ils sont victimes sont interdits par la loi. Voire, ils ignorent qu'ils ont des droits.

A l'inverse, ces procédures sont dans certains cas consignées par écrit, par exemple dans un code de conduite de l'établissement accessible à tous, et expliquées aux enfants dès l'admission.

b. Les enfants n'ont pas toujours accès à une assistance juridique efficace

Nous l'avons vu précédemment, les enfants n'ont pas toujours accès à un conseil qui pourrait les informer des possibilités de porter plainte et faire en sorte qu'ils reçoivent gain de cause. Les enfants de la rue en particulier n'ont souvent pas d'adultes pour les assister dans une telle démarche et il est très difficile pour eux d'en porter seuls le fardeau. Cette assistance est pourtant souvent indispensable étant donné la complexité des procédures.

c. Les enfants doivent passer par un intermédiaire

Les enfants ne peuvent parfois pas porter plainte eux mêmes mais doivent passer par un intermédiaire, par exemple leurs parents, un éducateur, un gardien, le directeur de l'établissement. Le dépôt de la plainte devant une instance administrative ou judiciaire dépend alors de la présence et de la bonne volonté de ces tierces personnes, qui ne sont pas forcément disposées à agir. De nombreux mineurs ont rapporté avoir transmis des plaintes écrites à des surveillants, qui les ont déchirées ou ont omis de les transmettre à la personne responsable. Ces personnes peuvent d'ailleurs faire elles-mêmes l'objet de la plainte, ce qui bien sûr rend son aboutissement fort aléatoire.

d. Le manque de matériel nécessaire pour porter plainte

Ce qui peut sembler un détail revêt en réalité une grande importance : il se peut que les plaintes doivent être déposées par écrit et que les enfants qui ne possèdent ni papier, ni crayon ne soient pas en mesure de le faire.

e. La crainte des représailles

Les mineurs dont les droits ont été violés craignent souvent des représailles de la part des responsables de ces actes ou de leurs collègues et renoncent alors à les dénoncer. Ceci est d'autant plus vrai que les seules personnes auprès de qui un enfant peut se plaindre dans l'établissement sont parfois les coupables eux-mêmes. Pour ces mêmes raisons, les enfants ne racontent pas à leurs parents les violences subies, par crainte que ceux-ci n'entament une procédure.

A ce sujet, nous avons trouvé un exemple dans lequel un programme diffusé à la télévision et consacré à la délinquance juvénile et au rôle la police a permis d'attirer l'attention des parents sur le fait qu'ils ont pour devoir de protéger et d'aider leurs enfants et qu'ils ne doivent pas craindre que le signalement des cas de brutalité policière ait des répercussions préjudiciables pour leurs enfants. Bien sûr, il est important que les parents reçoivent la garantie qu'il n'y aura effectivement pas de représailles. De plus, il est utile d'encourager la mise en place de tels programmes à l'attention des enfants.

L'inquiétude des enfants est légitime : il est vrai que les plaintes donnent parfois lieu à des sanctions contre les victimes. Par exemple, il arrive que, suite à une plainte contre un policier, celui-ci et ses collègues arrêtent à nouveau l'enfant sur de fausses allégations et le détiennent plusieurs semaines ou mois afin de l'intimider ou de l'empêcher de se rendre au tribunal pour témoigner. Des enfants racontent qu'ils sont sévèrement punis s'ils racontent ce qui se passe à l'intérieur de l'établissement à des personnes extérieures. Un mineur raconte qu'après que lui et des camarades aient parlé avec la représentante d'une organisation locale qui visitait les lieux, ils ont été battus et mis en cellule d'isolement. Ils subissent le même traitement s'ils sont surpris en train d'envoyer des lettres de plaintes à l'extérieur. D'après l'une de nos sources, suite à une plainte d'une quarantaine d'enfants d'un orphelinat auprès d'une ONG locale sur les illégalités et irrégularités dont ils étaient victimes, le directeur de l'institution a fait appel à la police qui est venue arrêter plusieurs enfants.

Les membres du personnel hésitent parfois à dénoncer les violations des droits de l'enfant perpétrées par leurs collègues par crainte de perdre leur emploi ou de voir leurs relations de travail se détériorer.

f. Les plaintes ne sont pas prises au sérieux – le problème de l'impartialité

De nombreux enfants dans divers pays affirment qu'à leur sens cela ne sert à rien de porter plainte auprès du personnel de l'établissement.

Témoignage : «*Porter plainte ici est comme une voix dans le désert*» (paroles d'une adolescente)

Lorsque l'autorité recevant la plainte fait partie de l'administration de l'établissement, a elle-même violé les droits de l'enfant placé, a cautionné ces violations ou a intérêt à les dissimuler, il est difficile pour le mineur de s'adresser à elle. Il sera probablement dissuadé de porter plainte par crainte de représailles mais aussi parce qu'il sait qu'il a peu de chances d'obtenir gain de cause. Par exemple, lorsqu'une plainte pour abus de la part d'un policier doit être déposée auprès de la police elle-même, l'effet dissuasif sur les enfants est forcément énorme. La plainte a d'autant moins de chances d'aboutir dans un tel cas qu'il se peut que ce soit à des fonctionnaires de police de déterminer s'il y a lieu de lancer une accusation à l'égard de leur collègue incriminé.

C'est parfois l'administration de l'établissement ou des employés du même poste de police que celui où ont eu lieu les violations qui mènent l'enquête, ce qui risque bien sûr de fortement hypothéquer son déroulement impartial. Cela ne veut pas dire que les enquêteurs n'essayeront jamais d'être impartiaux mais qu'il y a des risques pour que la pression institutionnelle soit trop grande. Il arrive aussi que les autorités judiciaires refusent de mener une enquête suite à des violations des droits de l'enfant par des agents de l'État. Les responsables, même lorsqu'ils ont été identifiés, échappent alors à toute poursuite et gardent leur poste.

Les systèmes judiciaires sont souvent surchargés et n'accordent pas toujours l'importance due aux violations des droits des enfants, et ce d'autant plus lorsqu'ils sont privés de liberté. Parfois, des enquêtes sont entamées mais n'aboutissent pas. Par exemple, les responsables sont couverts par leurs supérieurs, ou le tribunal, après de premières investigations superficielles, estime que les preuves sont insuffisantes et abandonne l'affaire.

Il faut savoir qu'une autorité indépendante de l'établissement ne garantit cependant pas pour autant l'impartialité, et ce d'autant plus que les plaintes vers l'extérieur doivent parfois aussi passer par un intermédiaire partial, comme l'administration de l'établissement. Les employés de l'autorité extérieure peuvent également céder à la corruption et dissimuler certains cas.

Les dirigeants gouvernementaux aussi font parfois preuve d'indifférence face aux diverses violations des droits des enfants privés de liberté. Ceci est d'autant plus problématique lorsque la loi demande l'approbation de ces dirigeants pour pouvoir poursuivre les personnes en charge de l'application de la loi.

g. La sanction envers l'auteur des violations n'est pas proportionnée à la gravité du délit

Certaines lois nationales caractérisent de crime le non-respect de l'obligation de protéger la vie et la santé des enfants par les personnes qui en ont la charge - et en particulier par le personnel des établissements.

Nous l'avons vu, des dispositions nationales prévoient des sanctions à l'égard de ceux qui ont porté atteinte à l'intégrité physique et morale de mineurs, ainsi que de ceux qui se sont rendus responsables de détentions illégales ou d'autres violations.

Des sanctions fermes peuvent par exemple être le licenciement de la personne, un emprisonnement ferme de plusieurs années ou le retrait à l'établissement de son autorisation d'exercer. Des sanctions sont parfois également prévues à l'égard des supérieurs de la personne responsable. La sévérité de la sanction peut dépendre de l'âge de l'enfant ou de la gravité de l'acte et de ses conséquences.

Il arrive cependant trop souvent que les suspects soient reconnus coupables mais que la sentence ne soit pas proportionnée au délit commis, voire même qu'elle soit uniquement symbolique. Il peut par exemple s'agir d'une amende ou éventuellement de courtes peines d'emprisonnement, mais souvent sans qu'il n'y aie de limites inférieures à la somme à verser ou à la période d'incarcération, ce qui signifie que l'une et l'autre peuvent être dérisoires.

Souvent, les responsables ne sont pas démis de leurs fonctions et ils sont parfois tout simplement transférés dans un autre établissement.

h. La victime a peu de chances de recevoir une compensation/ indemnisation

Des législations nationales prévoient le droit à une compensation pour des dommages, matériels ou non, consécutifs à l'action illégale ou incorrecte d'un agent de l'État en fonction, d'une agence étatique ou d'une organisation remplissant des fonctions publiques.

Malgré que l'on trouve donc effectivement des exemples de dommages et intérêts alloués à des enfants suite à des violations de leurs droits dans un établissement fermé, les différents obstacles que nous venons de passer en revue font comprendre à quel point il peut être difficile pour le mineur d'obtenir une indemnisation.

4. La révision du placement

Chaque enfant privé de liberté a le droit à un examen périodique de son traitement et de toutes autres circonstances relatives à son placement.

L'objectif d'une révision du placement peut, selon les lois et règlements nationaux et à titre d'exemple, être de s'assurer que l'enfant reçoit le traitement, les soins, la protection, l'éducation auxquels il a droit, de vérifier si les conditions qui avaient conduit au placement sont toujours présentes ou d'estimer si les conditions du placement ne sont pas contraires à son intérêt supérieur ou à sa réintégration sociale. Le résultat de la révision peut être la modification de la mesure ou de sa durée, sa substitution à une autre ou son annulation.

Cette révision peut se faire à des intervalles très différents d'une situation à l'autre. Ils varient par exemple entre tous les trois mois et tous les trois ans. L'intervalle peut être plus ou moins long selon l'âge de l'enfant ou la raison du placement. La révision peut aussi avoir lieu dans certains cas sur demande du mineur, du tribunal ou du directeur. Certaines lois demandent même à ce que cette révision soit faite de manière continuelle.

Les autorités qui procèdent à la révision peuvent être celles qui ont décidé le placement, celles qui sont responsables de l'exécution de la peine, le directeur de l'établissement, l'agent de probation ou des commissions ou comités publics ou indépendants créés spécialement à cet effet. Il peut aussi s'agir d'un responsable politique (au niveau local ou national). Nous avons en effet trouvé un exemple dans lequel le ministre des affaires sociales peut enlever un enfant ou un jeune, y compris un jeune délinquant, à la garde d'une personne qualifiée ou d'un établissement agréé, soit complètement soit selon les conditions qu'il aura fixées. Bien qu'une telle mesure puisse faciliter la réadaptation de ces enfants et leur réinsertion dans la société, aucune directive ne réglemente l'exercice de ce pouvoir. En outre, aucun organisme ou agent spécifique n'est chargé de suivre ces enfants ou d'adresser des recommandations au ministre.

Il se peut aussi qu'aucune disposition légale ne prévoie un examen périodique du placement et de ses conditions ou que cette révision soit effectuée de manière irrégulière seulement. L'absence de révision ou son inefficacité ont – pour des raisons évidentes - des conséquences particulièrement néfastes pour les enfants qui sont privés de liberté pour une durée indéterminée. Lorsque ce droit à un examen périodique du traitement n'est pas respecté, celui à ce que la période de privation de liberté soit la plus brève possible ne l'est pas non plus.

La présence d'une révision et sa régularité peuvent dépendre de différents facteurs, dont les suivants :

- les moyens humains et matériels à disposition de l'autorité de révision;
- la bonne volonté de l'autorité de révision. Parfois, la loi stipule que cette autorité peut entreprendre une révision, sans qu'elle n'y soit absolument tenue;
- la raison pour laquelle l'enfant est placé. Les enfants bénéficiant d'une révision du placement peuvent être, selon les pays, uniquement ceux qui sont placés à des fins de soins ou de protection, ou uniquement ceux placés par une autorité judiciaire.

Chapitre 9.
- Le droit à l'éducation et à la récréation.
- Le travail

1. Le droit à l'éducation et à la formation

1.1. Le principe

Comme tous les enfants, ceux qui sont privés de liberté ont droit à une éducation primaire obligatoire et gratuite et doivent avoir accès à différentes formes d'enseignement secondaire, tant général que professionnel, ainsi qu'à l'enseignement supérieur en fonction de leurs capacités.

Même s'il est difficile de trouver de l'information à ce sujet, il semble que nombre d'enfants privés de liberté présentent des problèmes scolaires : ils ont du retard, sont en décrochage scolaire et n'ont assez souvent bénéficié que d'une éducation sommaire avant d'arriver dans l'établissement. Ces difficultés sont souvent dues au caractère inadapté du système scolaire. En vue d'augmenter les chances d'intégration de l'enfant dans sa communauté, et dans la société en général, il est capital qu'une éducation adaptée soit dispensée pendant la période de privation de liberté.

Les lois nationales concernées ou les règlements internes des institutions pour mineurs demandent régulièrement à ce que des arrangements soient faits au sein des établissements pour assurer l'éducation des enfants et pour leur donner une formation professionnelle. Le droit des enfants privés de liberté à l'éducation est spécifiquement reconnu dans certaines législations. Il est précisé dans certains cas que cette éducation doit pouvoir se poursuivre sans interruption et tenir compte de l'âge de l'enfant et de ses capacités.

Les établissements dans lesquels des mineurs sont privés de liberté peuvent proposer un enseignement scolaire, plus ou moins régulier. Plus rares sont ceux qui offrent un enseignement secondaire. Les cours peuvent être organisés par l'administration bien sûr mais aussi par des ONG, des volontaires, ou être donnés par des prisonniers adultes. De même, des ateliers de formation peuvent être mis en place, tels que la menuiserie, la peinture, la maçonnerie, la cordonnerie, le tissage, la serrurerie, la couture, la mécanique, la coiffure, l'électricité, la cuisine ou d'autres encore.

Il arrive cependant que ces possibilités de scolarisation et de formation soient inefficaces, irrégulières ou incomplètes, et soumises à diverses contraintes et conditions. Il est utile de rappeler que la qualité de l'éducation dans les établissements peut également dépendre de celle de l'enseignement dans le pays en général.

1.2. L'absence d'éducation et de formation

Des mineurs privés de liberté ne reçoivent aucune éducation ni formation. Certaines catégories de mineurs sont particulièrement vulnérables à des violations de leur droit à l'éducation et à une interruption de leur scolarité ou formation. C'est le cas par exemple des enfants qui ne parlent pas la langue officielle ou des enfants détenus pour de courtes périodes.

De manière générale, on peut dire que le droit à l'éducation est plus fréquemment violé dans les établissements de détention préventive, les postes de police et les prisons pour adultes, alors qu'il est plus probable de trouver des cours scolaires ou professionnels dans les centres (de rééducation ou autres) pour mineurs, bien que cela ne soit pas toujours le cas. Les possibilités d'éducation et de formation sont effectivement en général plus réduites lors de la détention préventive puisque les lieux prévus à cet effet ne sont sensés accueillir des mineurs que pour de courtes périodes uniquement. Par conséquent, il y a de fortes chances que ni l'infrastructure nécessaire ni des services éducatifs ne soient en place. Il ne faut cependant pas négliger le fait que, comme nous l'avons vu dans la première partie, les enfants peuvent passer plusieurs mois - voire plusieurs années - dans ces lieux, avec une importante interruption de leur scolarité ou formation en conséquence. Pour remédier à ce problème, certains pays décident par exemple de créer des maisons de détention provisoire spéciales pour mineurs dans lesquelles ils ont accès à un programme de formation.

Dans les prisons pour adultes, il se peut que rien ne soit prévu pour l'éducation des détenus en général mais il est possible aussi que les mineurs n'aient pas accès à l'infrastructure ou aux services existants, réservés aux adultes. La raison peut être par exemple l'absence d'un budget séparé pour les services aux mineurs ou la nécessité de ne pas les mettre en contact avec les adultes, au quel cas les enfants n'auront pas accès aux ateliers de formation par exemple.

Les enfants ne reçoivent en général pas de formation non plus pendant les périodes d'isolement.

1.3. Autres violations du droit à l'éducation et à la formation

Le droit à l'éducation et à la formation de l'enfant privé de liberté est encore violé dans diverses situations dont voici des exemples :

- les cours ne sont pas adaptés à l'âge et au niveau des enfants; la continuité de l'éducation ne peut pas être garantie;
- l'enseignement n'est donné qu'à certains degrés seulement;
- les enfants ne peuvent pas suivre les cours dans leur propre langue;
- Il n'y a pas de suivi scolaire après les cours;
- les enfants ne sont pas encouragés à suivre les cours;
- les modalités de l'enseignement ou de la formation n'encouragent pas la motivation des jeunes;
- les jeunes ne peuvent pas choisir leur domaine de formation parmi les différentes possibilités;
- les moyens matériels manquent : insuffisance des locaux, des livres et autre matériel éducatif, ainsi que des outils ou machines nécessaires à la formation professionnelle. Cette situation est à mettre en rapport avec celle dans le pays entier : il est possible que de manière générale l'accès à l'éducation et à la formation pour tous les enfants soit un problème. En plus de cela, le financement de l'éducation des mineurs privés de liberté peut être encore plus difficile à trouver que pour les autres enfants, à cause de la faible cote de popularité dont ils bénéficient en général;
- les enseignants et le personnel éducatif formés ne sont pas assez nombreux. Il arrive que des prisonniers adultes jouent temporairement ce rôle auprès des mineurs, qui voient alors la réalisation d'une partie de leur droit conditionnée à la présence ou non d'adultes volontaires et capables de leur enseigner certaines matières;

- l'accès à l'éducation ou à la formation peut encore dépendre :
  - d'un paiement: les mineurs qui n'ont pas suffisamment d'argent pour payer se verront exclus du bénéfice de ce droit;
  - d'un bon comportement : l'éducation peut être considérée comme un privilège pour ceux qui se comportent bien. Dans certains pays, la loi elle-même autorise la privation de formation à titre de mesure disciplinaire;
  - de l'aide extérieure d'organisations locales, de la communauté internationale ou de la disponibilité de volontaires. Le jour où cette aide ne vient plus, le droit n'est plus réalisé.

1.4. L'efficacité de l'enseignement

L'enseignement dispensé aux enfants enfermés n'est pas toujours efficace et les connaissances acquises pendant leur séjour n'ont pas toujours de valeur pour eux. Il se peut que la plupart des enfants aient de la peine à étudier ou aient perdu tout intérêt pour les études. Bien sûr, cette situation n'est pas forcément unique aux enfants privés de liberté.

Afin d'améliorer l'efficacité de la prise en charge éducative, des initiatives sont prises, dont voici quelques exemples :

- un projet pédagogique, qui organise la semaine des enfants de manière très structurée, avec une formation professionnelle (bois, peinture, électricité, activités d'ergothérapie, fabrication d'objets et rénovation des meubles) et une «*récupération scolaire*»;
- répondant à des demandes individuelles, les élèves peuvent s'inscrire, s'ils le désirent, à certains des programmes faisant partie du cycle obligatoire. Dans d'autres cas, une partie de l'enseignement est obligatoire (par exemple la langue maternelle et les mathématiques), alors que les autres sont facultatives selon les intérêts;
- certaines expériences d'enseignement informatique sont entreprises de façon à rompre avec les méthodes traditionnelles rejetées par certains jeunes.

1.5. L'éducation ne doit pas entraîner une prolongation de la durée de détention

Selon le cadre normatif international, les études ou la formation ne doivent pas entraîner la prolongation de la durée de la détention ou du placement. Pourtant, afin d'achever la formation professionnelle qu'ils ont entreprise, des jeunes restent dans certains cas dans l'établissement au-delà de la durée déterminée par le juge ou au-delà de l'âge de dix-huit ans si telle était la limite convenue. Cela peut se faire automatiquement si la formation n'est pas terminée ou, selon les cas, le mineur peut en faire lui-même la requête, ainsi que son éducateur, par exemple.

Il arrive en effet que des mineurs choisissent de rester plus longtemps dans l'établissement afin de pouvoir achever leur éducation. Cependant, ce choix en dit peut être plus sur leur qualité de vie à l'extérieur que sur celle de la vie à l'intérieur. Dans certains cas, l'enseignement offert dans les établissements fermés est de meilleure qualité que celui dispensé dans les écoles en général. Cette différence peut être la conséquence d'un enseignement trop peu intégré au système éducatif national.

1.6. Un enseignement intégré au système éducatif du pays

Un premier pas vers un enseignement intégré est de garantir que l'éducation au sein de l'établissement soit fournie par des enseignants qualifiés dans le cadre de programmes intégrés au système éducatif du pays. Dans les exemples que nous avons trouvés, il peut s'agir d'enseignants qui travaillent en parallèle dans des écoles ordinaires et qui sont donc issus du système scolaire normal.

Les enfants peuvent avoir également la possibilité d'aller dans des écoles ou de suivre une formation professionnelle à l'extérieur de l'établissement, dans les établissements fréquentés par les enfants et jeunes de la communauté. Cela peut être le cas en particulier lorsque aucune éducation n'est donnée dans l'établissement fermé ou lorsqu'elle s'arrête à un certain niveau.

L'autorisation d'étudier ou de suivre une formation en dehors de l'établissement est souvent soumise à certaines conditions, telles que :

- les aptitudes de l'enfant;
- son comportement;
- l'estimation qu'il ne représente pas de danger;
- la durée de son séjour au sein de l'établissement.

Ces conditions peuvent être, plus ou moins, soumises à une décision ou estimation arbitraire de la part du personnel ou des responsables de l'établissement. Le problème est particulièrement délicat lorsqu'il n'y a pas de possibilités d'éducation à l'intérieur de l'établissement et que seuls certains privilégiés peuvent aller à l'extérieur.

1.7. La formation professionnelle

L'éducation et la formation dispensées aux mineurs pendant leur privation de liberté doivent entre autres les aider à préparer leur retour dans la société et à jouer un rôle constructif au sein de celle-ci. Pour répondre à cette exigence, certains établissements manifestent le souci de former les mineurs dans des disciplines répondant à la demande du marché et proposent par exemple des postes d'apprentissage débouchant sur une qualification. D'un autre côté, certains enfants se plaignent de ce que les cours de formation professionnelle ne les préparent pas assez pour entrer dans le monde du travail, entre autres de par leur contenu et leur fréquence très peu intense.

La frontière entre la formation professionnelle et l'exploitation du travail des enfants peut être assez fragile. Dans le cadre de leur formation, les enfants doivent en effet souvent fabriquer des produits qui seront vendus par la suite et pour lesquels ils ne sont pas ou presque pas rémunérés. Une prétendue formation peut en réalité couvrir une véritable exploitation (voir chapitre 7).

2. La récréation

2.1. Le droit au repos

Le droit au repos des enfants privés de liberté est particulièrement violé lorsqu'ils vivent des situations d'exploitation au travail, telles qu'un travail obligatoire sept jour sur sept et un repos hebdomadaire exceptionnel comme cela arrive parfois.

2.2. Le droit aux loisirs

Les mineurs privés de liberté peuvent bénéficier - mais pas forcément de manière régulière - d'activités sportives, culturelles et récréatives. Ces activités peuvent par exemple être, en plus des différents sports, de la photographie, de la peinture, des cours de musique, de la radio, de l'informatique, de l'artisanat, des activités artistiques en ateliers, etc. Dans certains établissements, les enfants ont leur propre station de radio, préparent et présentent eux-mêmes les programmes. Parfois, les activités récréatives sont prises en charge par des organisations locales, voire même n'existent que grâce à leur présence. Ces activités sont dans certains cas proposées à l'extérieur de l'établissement.

Cependant, le désœuvrement et l'inactivité sont aussi souvent le lot de ces enfants et nombreux sont les établissements dans lesquels aucune activité ne leur est proposée. L'absence de matériel et d'un endroit réservé à cet effet ou l'interdiction à titre de sanction de les pratiquer sont des obstacles à la réalisation de ce droit. Le problème est particulièrement aigu dans les établissements légalement prévus pour des séjours de durée limitée, comme des cellules d'arrestation ou des centres de détention préventive, ainsi que pour les jeunes placés à l'isolement.

Chaque établissement doit mettre à disposition des enfants une bibliothèque qui soit suffisamment pourvue de livres instructifs et récréatifs. Il peut cependant être très difficile pour les enfants privés de liberté d'obtenir de la lecture. De telles bibliothèques sont régulièrement inexistantes et, dans certains cas, les livres et journaux sont interdits dans les établissements, en particulier lors de la détention préventive. Certaines dispositions légales vont jusqu'à prévoir la privation de lecture comme punition.

2.3. L'exercice et l'éducation physiques

Les enfants privés de liberté ont droit à un nombre d'heures approprié d'exercice libre par jour, en plein air si le temps le permet, au cours desquelles ils reçoivent normalement une éducation physique et récréative. En dépit de ces exigences du cadre normatif international, des enfants peuvent rester pendant une très grande partie de la journée enfermés dans leur cellule, parfois 23 heures sur 24, voire même 24 heures sur 24. Le désœuvrement des enfants est un problème important dans de nombreux établissements.

Un terrain, des installations et l'équipement nécessaires doivent être prévus pour les exercices et l'éducation physique. L'absence de telles installations et d'équipement est une raison importante à la violation de ce droit, mais il se peut aussi qu'ils existent et que les mineurs n'y aient pas accès, à titre de mesure disciplinaire ou lorsque cela impliquerait un contact avec les adultes, par exemple. Ils peuvent également dépendre de la bonne volonté du personnel. Des enfants ont par exemple raconté à l'une de nos sources qu'ils passaient souvent toute l'heure de récréation assis dans la salle de gymnastique sans rien faire.

A l'inverse, il arrive aussi que des activités sportives de toute sorte soient prévues et que l'établissement offre des terrains de basket, de volley, de handball, un gymnase, un mur d'escalade ou une salle de musculation. Parfois, les activités récréatives sont prises en charge par des organisations locales.

3. Le travail

3.1. Le type de travail

Le travail effectué par des enfants dans les établissements dans lesquels ils sont privés de liberté - plus ou moins pénible - peut être ordonné par décision de justice (travail forcé), par la direction, par le personnel ou par les codétenus, adultes ou plus âgés qui profitent de la vulnérabilité des mineurs. Les enfants doivent souvent effectuer des corvées quotidiennes telles que le nettoyage des locaux, le coupage de l'herbe ou du bois, la collecte de l'eau ou les travaux des champs. Mais les mineurs peuvent aussi être placés dans des camps de travail, les travaux effectués étant qualifiés dans certains cas d'importants et pénibles par des enfants eux-mêmes.

Mais le travail pendant la privation de liberté n'est pas nécessairement dans tous les cas perçu comme étant exclusivement négatif. Afin d'améliorer leurs chances de trouver un emploi lors de leur retour dans la communauté et de les préparer à une vie professionnelle normale, des jeunes ont l'opportunité d'exercer pendant leur détention un emploi qui complète leur formation. Il se peut que les mineurs aient la permission d'aller travailler à l'extérieur de l'établissement pendant la journée et de rentrer le soir, ce qui leur permet aussi de se réhabituer progressivement à la liberté. L'autorisation d'aller travailler hors de l'établissement peut être assortie des mêmes conditions que celles concernant l'autorisation de suivre une formation ou des cours à l'extérieur.

3.2. L'objectif du travail et les travaux interdits

Le travail doit toujours être considéré comme un instrument d'éducation et un moyen d'inculquer au mineur le respect de lui-même afin de le préparer au retour dans sa communauté. Plusieurs types de travaux effectués par des enfants privés de liberté sont cependant en totale opposition avec cet objectif. Les exemples parmi les plus frappants sont le travail forcé et l'exploitation économique (voir chapitre 7).

D'autres types de travaux peuvent être interdits parce qu'ils représentent une menace pour les codétenus davantage que pour le mineur qui en est lui-même investi. Nous faisons ici référence en particulier aux fonctions disciplinaires. En effet, bien que selon le cadre normatif international aucun mineur ne puisse être chargé de telles fonctions au sein de l'établissement, il n'est pas rare que certains enfants soient responsables de la discipline dans leur cellule ou dortoir. Ces jeunes portent dans certains cas des matraques pour maîtriser les autres et sont généralement mieux lotis que le reste des détenus (ils ont par exemple un lit pour eux seuls ou des toiles tendues qui leur font un abri privé au sein du dortoir). Ce statut leur donne donc un prestige particulier et divers avantages, qui peuvent être sources d'abus sur les autres et de traitements discriminatoires.

Le travail ne doit pas être imposé comme sanction disciplinaire. Pourtant, il l'est parfois. Les tâches infligées à titre de punition peuvent être des corvées quotidiennes ou des tâches plus éprouvantes.

3.3. Le mineur doit être rémunéré pour son travail

L'enfant qui accomplit un travail a droit à une rémunération équitable et ses intérêts ne doivent pas être subordonnés à un objectif de profit pour l'établissement ou un tiers.

Certaines lois nationales allant dans ce sens prévoient en effet que les mineurs privés de liberté soient payés pour le travail qu'ils font. Les enfants détenus travaillent parfois dans des champs ou confectionnent des objets qui sont vendus par la suite (tables, chaises, grillages, briques, draps, etc.) et pour lesquels ils sont sous-payés ou ne reçoivent aucune compensation. Parfois, ils touchent une partie du bénéfice, alors que l'autre est versée à l'établissement.

Il arrive que la rémunération ne soit versée que si le travail est considéré comme méritoire, critère qui comporte un risque important d'arbitraire.

Chapitre 10. - D'autres éléments relatifs aux conditions de détention

Introduction

Nous avons regroupé dans ce chapitre plusieurs éléments qui concernent la situation des enfants privés de liberté mais qui ne sont pas expressément réglés dans la Convention relative aux droits de l'enfant ou sont plus difficiles à classer dans les différentes catégories qui constituent cette troisième partie.

Un accent particulier est mis dans ce chapitre sur la séparation entre enfants et adultes que prévoit l'article 37.c de la Convention.

1. Le personnel des établissements

Le personnel des établissements dans lesquels des mineurs sont privés de liberté, ainsi que tous les autres professionnels qui les entourent, jouent un rôle très important dans la réalisation de l'objectif de réhabilitation et de réintégration sociale. Si, par manque de formation, de moyens ou de volonté, ce personnel n'est pas en mesure de contribuer de manière constructive dans la préparation de l'enfant à son retour chez lui et dans la société alors le processus de réhabilitation et de réintégration sera fortement hypothéqué.

Voici ci-dessous un aperçu des problèmes qui peuvent se présenter à cet égard. Ces différents éléments entraînent le risque que le personnel ne joue pas le rôle éducatif qui devrait être le sien et qu'il se limite à celui de gardien.

1.1. Le personnel manque de formation

L'absence de personnel qualifié apparaît dans les chapitres précédents comme un obstacle à la réalisation de certains droits des enfants privés de liberté (droit au meilleur état de santé possible, droit à l'éducation, droit à la protection contre les abus et mauvais traitements, etc.). Selon le cadre normatif international pourtant, le personnel des établissements dans lesquels se trouvent des mineurs doit être choisi avec soin pour ses capacités professionnelles, son intégrité, son humanité, sa capacité de s'occuper de mineurs et son aptitude générale au travail. Il doit avoir suivi, avant d'entrer en service, un cours de formation générale et spéciale, puis se perfectionner par la suite de manière périodique.

Cependant, très souvent encore, les professionnels en charge d'enfants privés de liberté n'ont pas été sensibilisés ni formés au traitement des cas des mineurs, ou du moins pas de manière efficace. Le manque de ressources financières et matérielles peut en être la cause : il n'y a pas de budget disponible pour organiser des formations, pas de spécialistes disposés à le faire, pas d'institutions spécialisées dans la formation ou le perfectionnement des professionnels. Peu semblent connaître la Convention, et ce dans les pays industrialisés comme dans ceux en développement.

De temps en temps même, le personnel n'a pas reçu de formation du tout, qu'elle soit générale ou spécifique. Plusieurs de nos sources mentionnent par exemple le cas de certains policiers totalement illettrés et méconnaissant les lois.

Le Comité des droits de l'enfant des Nations Unies recommande souvent aux États parties qui lui ont soumis leur rapport sur la mise en œuvre de la Convention d'organiser des programmes de formation systématique et périodique du personnel, notamment sur les principes et normes fondamentales contenus dans la Convention et autres normes internationales pertinentes. Il recommande même parfois à l'État concerné de demander une assistance technique pour mener à bien un tel programme. Nous y reviendrons dans le chapitre 13 de cette partie.

Pour tenter de répondre à ce souci ou de l'anticiper, il se peut que des gouvernements, des ONG régionales ou locales, des institutions académiques, la communauté internationale ou des institutions spécialisées dans la formation de certains corps de métiers (police, personnel pénitentiaire, avocats, magistrats, etc.) - pour ne donner que ces exemples-là - organisent des cours de formation en la matière, par le biais de séminaires, de stages, de formations à l'étranger, etc.

Ces cours peuvent porter par exemple sur les domaines suivants :

- le cadre normatif national, régional et international
- le respect des droits fondamentaux des citoyens et des détenus
- la prise en charge constructive et humaine des enfants privés de liberté
- des notions de psychologie et de sociologie
- la prévention et la protection des mineurs
- la réhabilitation du mineur
- comment régler des conflits sans avoir recours à la contrainte physique
- la violence; la drogue; etc.

Ces séances de formation peuvent mener à des échanges instructifs, mettant à jour les doutes de certains professionnels : ils trouvent par exemple les droits de l'enfant «*excessifs*» et les «*empêchant de faire leur travail*»; du point de vue de certains, la reconnaissance de droits dans le chef des enfants semble revenir à les autoriser à ignorer la loi. Il est fort utile que ces réticences puissent s'exprimer et qu'un débat puisse avoir lieu sur la question. C'est de cette manière qu'il est possible petit à petit d'atténuer les préjugés et les craintes.

1.2. Le personnel n'a pas été choisi avec soin

Le choix du personnel n'est pas toujours fait dans l'intérêt des enfants. Par exemple, l'une de nos sources dénonce un programme de réhabilitation pour adultes marginaux et anciens détenus, dans le cadre duquel ces derniers jouent le rôle de gardiens dans des centres pour mineurs. Des enfants se sont plaints de manière répétée d'abus de la part de ces personnes.

Il arrive aussi que des policiers soient placés comme surveillants dans les prisons à titre de sanction. On imagine facilement les conséquences qu'une telle démarche peut avoir sur leur motivation au travail. On peut également constater le manque d'importance accordé au travail auprès des mineurs.

1.3. Le personnel est insuffisant et pas assez diversifié

Il se peut que le nombre de professionnels présents dans l'établissement pour s'occuper des enfants et les surveiller soit trop insuffisant pour être efficace. L'une de nos sources dénonce par exemple un ratio de gardiens par personne détenue de 1 pour 86 dans une maison d'arrêt. Ceci est dû en partie au problème de surpopulation dont nous parlions dans le chapitre 6, ainsi qu'au manque de ressources financières nécessaires pour attirer et employer davantage de monde. Cette situation contribue aussi à expliquer la négligence dont peuvent être victimes les mineurs, le manque de soins à leur attention ou le manque d'activités éducatives ou récréatives qui leur sont proposées, pour ne citer que ces exemples parmi ceux détaillés dans les chapitres précédents.

Les établissements tentent parfois de résoudre ce type de problème avec des dispositions réglementaires stipulant que le groupe de mineurs dont chaque employé a la charge ne doit pas dépasser un chiffre donné, par exemple quinze personnes.

Le personnel doit comprendre un nombre suffisant de spécialistes tels que des éducateurs, des instructeurs, des conseillers, des travailleurs sociaux, des psychiatres et des psychologues qualifiés. Les variations peuvent être importantes d'un établissement à l'autre, allant d'une absence totale de spécialistes à une panoplie variée et complète.

1.4. Le personnel n'est pas employé à titre permanent ni suffisamment rémunéré

Bien que le cadre normatif international demande à ce que les employés des établissements le soient à titre permanent, le personnel est parfois composé d'employés temporaires qui n'ont souvent ni la formation ni la motivation pour remplir leur fonction d'une manière satisfaisante. L'intensité et parfois la difficulté de la fonction ont également souvent pour résultat un changement régulier de personnel. Nombreux sont les éducateurs, ou autres professionnels, qui quittent leur travail pour épuisement.

Afin de diminuer ce risque, certains plaident pour la présence d'un personnel partageant son temps entre le travail dans l'établissement fermé et un autre en dehors de l'établissement. Cette notion du «*professionnel incomplet*» se heurte cependant au principe définit par le cadre normatif international et mentionné ci-dessus. Au-delà de cette opposition, l'idée du «*professionnel incomplet*» est tout de même intéressante.

Les défenseurs du principe du «*professionnel incomplet*» prétendent que la plupart des agents sociaux dans les institutions, à l'exception d'un nombre minimum d'employés administratifs et exécutifs, ne devraient pas y travailler à plein-temps ou de manière permanente. Selon eux, travailler exclusivement avec des enfants placés encourage automatiquement une tendance à une solidarité négative ou une complicité contre-éducative. Avoir des professionnels consacrés exclusivement à «*l'anormalité*» est selon eux absurde[88].

88 Garcia Mendez, E.; 1995, p. 100) (voir également le principe de l'institution incomplète – partie 2).

En outre, le personnel est souvent faiblement rémunéré ce qui peut avoir pour conséquence un désintérêt et un manque de motivation par rapport au travail, ainsi que la corruption et l'embauche d'un personnel sous-qualifié pour la tâche.

1.5. Le personnel adopte une attitude irrespectueuse à l'égard des enfants

Le manque de respect dont témoigne parfois le personnel à l'égard des enfants et de leurs droits peut s'exprimer d'une manière très violente, comme nous l'avons vu dans le chapitre 7, mais aussi d'une façon moins spectaculaire, par une attitude générale faite de mépris et d'indifférence. Les enfants privés de liberté peuvent être considérés dans certains cas par les surveillants comme des voyous uniquement, à qui ils n'accordent que peu de valeur. Ils voient en eux le délinquant avant l'enfant. Les enfants présentent d'ailleurs régulièrement une carence affective et souffrent d'un manque de communication.

Cependant, les relations entre les enfants et les gardiens peuvent aussi être relativement bonnes et représenter beaucoup pour les enfants. Pour certains d'entre eux, le placement est l'occasion de découvrir ou redécouvrir ce que sont l'amitié, l'entraide et la confiance, et ce parfois grâce aux membres du personnel.

Dans un nombre croissant de pays, des codes de conduite sont développés pour le personnel en charge des enfants dans les établissements fermés. Ces codes déterminent par exemple que :

- le personnel doit représenter un mélange des sexes et des cultures présentes dans l'ensemble de la société;
- le respect dû aux enfants et à leurs droits est essentiel;
- le personnel a le devoir de signaler tous les incidents ou préoccupations quant au risque de violations des droits de l'enfant, ainsi que les violations effectives de ces droits;
- les responsabilités de chaque membre du personnel doivent être clairement définies;
- une conscience de soi doit être développée chez le personnel sur tous les aspects de leur propre vie qui peuvent avoir un impact sur leurs décisions professionnelles;
- le personnel doit être conscient des besoins des enfants enfermés et ces besoins doivent être communiqués à tout intervenant, aussi bien pendant la privation de liberté qu'après;

- les enfants doivent être considérés comme capables de participer à part entière aux programmes d'aide et d'assistance.

Le bien-être professionnel et personnel est nécessaire pour une bonne performance professionnelle, et tout doit être fait pour garantir le bien-être du personnel.

2. Le classement et le traitement

2.1. Le principe

Au sein de l'établissement, les enfants doivent être détenus dans des conditions tenant dûment compte de leur statut et de leurs besoins particuliers et qui les protègent des influences néfastes et des situations à risque. Un classement est nécessaire pour éviter le mélange avec les adultes ou les situations de placement dans les mêmes locaux de filles et de garçons, d'enfants de cinq ou dix sept ans, coupables ou innocents, délinquants ou en danger, accusés de viol ou victimes de ce crime.

Lorsque est prise la décision de l'endroit exact où loger le mineur au sein de l'établissement, les considérations suivantes peuvent être prises en compte, selon les lois nationales ou règlements internes :

- le respect de l'intérêt supérieur de l'enfant;
- l'interdiction de le mélanger à d'autres contre son gré;
- des critères de classement tels que l'âge, le sexe, le motif de la privation de liberté, le fait que le mineur soit récidiviste ou non, sa personnalité, son état psychique et physique, son comportement, la durée du traitement, la période passée dans l'établissement, le fait que le mineur désire ou non poursuivre des études, la présence de complices, etc.

Cependant, dans certains établissements, il n'existe aucun classement. Par exemple, dans les prisons pour adultes de certains pays, les jeunes gens ne se voient pas attribuer de cellule et doivent eux-mêmes chercher un lieu où s'installer, suivant un système de vente ou de location de cellules à l'intérieur des lieux de détention.

2.2. Une affectation sur la base de rapports individuels

Lorsqu'un classement est fait, il peut aussi bien être basé sur des critères arbitraires que sur des critères objectifs (par exemple le motif du placement, le sexe, la langue, l'âge, etc.). Il se peut aussi qu'il ne soit procédé à un classement qu'après un examen médico-psycho-social du mineur (et de son environnement), l'objectif étant de déterminer la meilleure affectation possible. Les enfants peuvent aussi passer, après leur admission et dans le même but, quelque temps dans une section d'observation et d'orientation.

2.3. La séparation d'avec les adultes

a. Le principe

Comme nous l'avons souligné au début de cette troisième partie, la présence d'enfants dans des prisons pour adultes a été pendant longtemps la préoccupation principale - ou même unique - dans les discussions sur les enfants privés de liberté.

Le problème du mélange des mineurs et des adultes dans les établissements fermés est un problème universel et complexe. Tous les pays du monde y sont pour ainsi dire confrontés et, s'il est clair dans certains cas qu'une séparation devrait être faite pour le bien-être de l'enfant, il apparaît dans d'autres qu'il peut être dans son intérêt d'être mêlé aux adultes. La Convention n'est d'ailleurs pas catégorique à cet égard et prévoit la possibilité que l'enfant ne soit pas séparé des adultes si l'on estime, dans son intérêt, préférable de ne pas le faire. Les raisons d'une telle décision peuvent être diverses et seront discutées plus loin.

Rappelons qu'à cause du faible nombre relatif des filles privées de liberté et donc de la rareté des centres qui leur sont réservés, elles courent davantage que les garçons le risque d'être confrontées à une situation de mélange.

La question de la séparation se pose dans tous les établissements dans lesquels se trouvent des adultes, et pas uniquement dans les prisons. La ratification de la Convention a par exemple contribué à la prise de conscience de la nécessité de prodiguer les traitements psychiatriques involontaires d'enfants dans des lieux séparés des adultes.

Dans ce qui suit, nous avons jugé opportun de faire une distinction entre le mélange dans le sens d'une privation de liberté dans le même bâtiment mais dans des quartiers séparés, sans contact direct, et celui dans le sens d'une véritable cohabitation dans les même locaux et d'un contact direct.

b. La privation de liberté dans un établissement pour adultes, mais dans des quartiers distincts

Les enfants peuvent être logés dans des quartiers séparés au sein d'établissements pour adultes. Une telle situation n'est en soi pas exclue par le cadre légal international; ce sont plutôt ses conséquences qui peuvent entraîner des violations des droits des enfants.

De manière générale, les conditions dans les prisons pour adultes peuvent être pires, plus répressives et moins orientées vers l'éducation et la réhabilitation, que dans les centres particulièrement réservés aux mineurs. Cette constatation n'est cependant pas catégorique, car aucune étude comparative n'a été mise en œuvre, à notre connaissance, et la comparaison devrait se faire au cas par cas.

Il se peut que, dans les établissements pour adultes, les structures et activités ne soient pas adaptées aux mineurs ou que leur accès soit interdit à ces derniers. Le cas de l'éducation illustre bien le premier cas de figure : en effet, les activités éducatives existantes ne sont souvent pas adaptées aux besoins des enfants. Dans le deuxième cas de figure, il arrive que des activités de formation ou activités sportives existent mais que les mineurs n'y aient pas accès afin d'éviter tout contact avec les adultes dans les différents locaux, ateliers ou salles de sport. En conséquence, ils peuvent être obligés à rester près de 24 heures sur 24 en cellule. Leur situation équivaut alors à une situation d'isolement. L'une de nos sources fait mention d'une adolescente, seule mineure dans une prison pour femmes, mise à l'isolement total pour éviter tout contact. Certains lieux ont résolu ce type de problèmes par un système de rotation entre adultes et mineurs.

En outre, certains de ces établissements n'étant pas prévus pour l'accueil des mineurs, il se peut qu'aucune disposition les concernant ne soit inclue dans le règlement. Par conséquent, ils risquent fortement d'être traités de la même façon que les adultes sans que leurs besoins particuliers ne soient pris en compte. En ce qui concerne les mesures disciplinaires par exemple, certaines d'entre elles qui doivent être interdites ou limitées pour les moins de 18 ans (réduction de nourriture et de visite, mise en isolement, etc.) seront peut-être tout de même appliquées.

c. Le contact direct avec les adultes

Dès lors que des mineurs sont placés dans des établissements mixtes, même dans des quartiers séparés, il est difficile d'exclure tout à fait le contact direct avec les adultes. Par exemple, afin d'éviter le manque d'activités susmentionné, un choix alternatif peut être dans certains cas de mêler adultes et mineurs pendant les activités éducatives ou récréatives. Il se peut aussi qu'ils soient en contact lors des transports.

Dans certains établissements, les enfants sont en permanence en contact avec les détenus adultes. Il arrive qu'ils partagent leur cellule, voire même leur lit, avec eux. Nous avons rencontré dans un même cachot d'une dizaine de mètres carrés des enfants de sept et dix ans détenus parmi une vingtaine d'adultes depuis plusieurs semaines déjà. Dans certains lieux, la non séparation est même devenue la norme. Elle fait l'objet de nombreuses demandes d'intervention et de plaintes déposées par des ONG. Les mauvais traitements, abus et exploitation sont les conséquences principales de cet état de fait sur les enfants (voir chapitre 7). Un cas nous a été rapporté dans lequel plus du quart des enfants qui avaient été forcés à partager leur cellule avec des adultes dans une prison donnée auraient été victimes d'abus sexuels de la part de leurs codétenus.

d. Pour quelles raisons des enfants sont-ils mélangés aux adultes ?

Selon différentes lois nationales et règlements internes, la jurisprudence ou la pratique en vigueur, un enfant pourra par exemple être enfermé avec des adultes pour les raisons suivantes :

- lorsqu'il en va de la propre sécurité du mineur. Par exemple, le rapport d'une commission d'enquête sur les décès de personnes indigènes en détention cité par un État partie dans son rapport initial au Comité des droit de l'enfant révèle qu'il est généralement préférable pour ces enfants d'être détenus en compagnie d'adultes, indigènes également, parce que la présence de l'adulte réduit le risque d'automutilation;
- si cela n'est pas possible de faire autrement;
- si cela s'avère être dans son intérêt;
- s'il a dépassé un certain âge (par exemple quatorze, quinze ou seize ans);
- si selon l'organisation de l'établissement, des jeunes entre dix huit et vingt , vingt et un ou vingt trois ans sont placés avec les moins de dix huit ans;
- s'il accompagne ses parents ou l'un d'entre eux;
- si l'on estime que ces contacts ne les exposent pas à une mauvaise influence;
- si les adultes en question sont en nombre limité et ne sont pas dangereux;
- suite à la négligence des autorités ou à leur manque de formation ou de zèle dans l'application de la loi;
- lorsque des détenus adultes privilégiés sont, moyennant une somme d'argent, placés avec des mineurs pour leur propre sécurité et confort;
- comme résultat d'une volonté d'être plus répressif. Cette volonté peut être plus particulièrement dirigée vers un groupe d'enfants, par exemple ceux accusés de terrorisme ou de délit politique ou les récidivistes;
- dans le but d'intimider les jeunes et de leur faire peur;

- dans le but de les discipliner : par exemple lorsque le personnel estime que les jeunes écouteront plus volontiers leurs codétenus adultes que les surveillants.

Finalement, une raison très importante au mélange avec les adultes est celle des contraintes matérielles qui rendent la séparation impossible. Nous l'avons vu dans le chapitre sur les réserves et déclarations d'interprétation (chapitre 3), certains États parties à la Convention se sont d'ailleurs réservé le droit de ne pas respecter cette obligation lorsqu'il n'existe pas d'installations convenables pour les mineurs. Lorsque des dispositions légales nationales prévoient la séparation «*à moins que celle-ci ne soit impossible*», cela peut être aussi à ces contraintes-là qu'elles font référence. Il faut savoir que les pays industrialisés ne sont pas à l'abri des contraintes d'espace et d'infrastructure.

Les contraintes matérielles favorisant le mélange de mineurs avec des adultes peuvent être les suivantes :

- le manque de place dans les établissements spécifiquement réservés aux mineurs ou l'absence de tels établissements;
- le manque de moyens à l'intérieur des prisons pour adultes pour construire une aile pour mineurs ou pour leur réserver une partie de l'établissement;
- la surpopulation;
- la difficulté de procéder à un classement correct lorsque le mineur n'a pas de papiers et qu'il n'y a pas d'autres moyens pour déterminer son âge.

e. Une séparation est-elle souhaitable dans tous les cas ?

Nous le disions plus haut, l'exigence de séparer les mineurs des adultes n'est pas absolue et la Convention elle-même prévoit d'y déroger s'il est préférable de le faire dans l'intérêt supérieur de l'enfant[89]. A ce propos, plusieurs tensions peuvent émerger entre la nécessité de protéger les enfants

---

89 Un autre exemple, plus explicite encore est celui de l'Ensemble des règles minima pour le traitement des détenus adopté par le Conseil de l'Europe. Ces règles n'exigent pas non plus la séparation des enfants et des adultes au cours de la détention. Les règles stipulent seulement que les jeunes détenus doivent être incarcérés dans des conditions qui les protègent contre toute influence néfaste et bénéficier d'un régime qui tienne compte des besoins particuliers de leur âge, se limitant à faire de l'âge un facteur à prendre en considération parmi d'autres au moment de la répartition des prisonniers entre différentes institutions.

contre les mauvais traitements occasionnés par les adultes d'une part, et celle de respecter d'autres droits, tels que le contact avec la famille, la participation à des activités éducatives et récréatives, la prise en compte de l'opinion de l'enfant ou d'autres éléments importants pour le bien-être du mineur d'autre part. Idéalement bien sûr, les enfants devraient être placés dans des établissements permettant le respect de chacun de ces droits. Cependant, la réalité étant ce qu'elle est, il faut composer avec et prendre ces tensions en compte. Celles-ci devront donc être résolues au cas par cas en soupesant les divers éléments en jeu. L'opinion de l'enfant à ce sujet devra toujours et pleinement être prise en considération.

- ***tension entre l'obligation de séparer les mineurs des adultes et l'éloignement du domicile familial***

Est-il préférable pour l'enfant d'être placé dans un établissement pour adultes près du domicile familial ou dans un centre pour mineurs loin de chez lui ? A cause du manque de moyens ou du petit nombre d'enfants privés de liberté, les établissements réservés aux mineurs, lorsqu'ils existent, sont généralement peu nombreux dans un pays donné. Par conséquent, le placement se fait plutôt dans des lieux centralisés et il peut être difficile de placer l'enfant près de chez lui.

Cet éloignement peut avoir des conséquences néfastes sur le lien qu'entretient l'enfant avec sa famille et sa communauté, à commencer par la fréquence des visites, et donc indirectement sur sa réinsertion ultérieure. Ce problème a été abordé plus en détail dans le chapitre 5.

- ***tension entre l'obligation de séparer les mineurs des adultes et la disponibilité d'activités et d'un traitement***

Est-il préférable pour l'enfant d'être mélangé aux adultes ou d'être privé des activités et traitements proposés dans l'établissement pour adultes ?

Plus haut dans ce chapitre, nous avons mentionné l'implication que peut avoir l'obligation de garder les mineurs séparément des adultes sur l'accès des premiers aux diverses activités proposées. Le même raisonnement peut s'appliquer aux séances de thérapie et autres traitements disponibles. Dans un tel cas ne vaudrait-il pas mieux autoriser un contact, sous surveillance, pour que chacun ait accès à une formation, à un traitement et à des activités récréatives et sportives ?

De même, les activités peuvent être dans certains cas plus variées et mieux développées dans les établissements pour adultes (par exemple la formation professionnelle), au quel cas la même question se pose de savoir s'il est préférable pour l'enfant d'y être placé plutôt que dans un lieu réservé aux mineurs mais n'offrant pas de services. En tous cas, la disponibilité d'un traitement, d'une formation et d'autres activités doit être prise en compte lors du choix de l'établissement, au même titre que les risques d'abus par des codétenus adultes.

- ***tension entre l'obligation de séparer les mineurs des adultes et une situation d'isolement***

Est-il préférable pour l'enfant d'être mélangé aux adultes ou d'être mis à l'isolement pour éviter tout contact ?

Cette tension est liée à la précédente : lorsque tout contact entre adultes et mineurs est interdit, ces derniers risquent d'être exclus des activités au sein de l'établissement. Confinés seuls dans leur cellule, sans occasions d'en sortir, les mineurs peuvent alors se trouver en situation d'isolement, avec des contacts humains très limités.

L'obligation de séparer les enfants des adultes peut donc impliquer une «*privation sensorielle*» qui semble avoir dans certains cas un impact sur les taux de suicide. Un taux de suicide beaucoup plus élevé chez ces enfants (quatre fois dans l'un des exemples que nous avons trouvés) a en effet été constaté dans certains pays, comparé à celui concernant les enfants placés dans des centres de détention dans lesquels ils étaient moins isolés.

- ***tension entre l'obligation de séparer les mineurs des adultes et la compagnie parfois bénéfique de ceux-ci***

La compagnie d'adultes ne pourrait-elle pas dans certains cas être bénéfique pour l'enfant ?

Les adultes peuvent en effet jouer un rôle protecteur envers des enfants. Rappelons ici l'exemple cité plus haut d'enfants indigènes pour qui, selon une étude, la présence à leurs côtés d'adultes de la même origine réduit les risques d'automutilation. On entend parfois aussi que les adultes détenus peuvent être dans certains cas les mieux placés pour convaincre le jeune de «*revenir sur le droit chemin*».

Il pourrait aussi être profitable à l'enfant (bien que cela ne soit pas systématiquement le cas) de rester avec ses parents, des membres de sa famille ou d'autres personnes qu'il connaît et apprécie lorsque ceux-ci sont également privés de liberté.

Soulignons que le caractère bénéfique de la compagnie d'adulte doit être perçu avant tout par l'enfant lui-même et non pas seulement par les responsables de l'établissement.

- ***tension entre l'obligation de séparer les mineurs des adultes et la volonté du mineur***

Un enfant peut-il être mélangé à des adultes s'il le désire ?

Il arrive en effet que les mineurs eux-mêmes demandent à être mélangés aux adultes. Ceux-ci sont parfois considérés plus calmes et moins menaçants par les enfants que leurs compagnons de cellules mineurs. Il faut cependant veiller à ce qu'une telle demande ne soit pas influencée par des manipulations et fausses promesses de détenus adultes désireux d'attirer les enfants.

De même, les jeunes affirment parfois préférer les établissements pour adultes dans lesquels ils peuvent avoir davantage de libertés (regarder la télévision, fumer des cigarettes, etc.) et dans lesquels ils sont surtout moins sollicités.

2.4. La séparation entre prévenus et condamnés

Parce qu'ils sont présumés innocents et doivent être traités comme tels, les mineurs en état d'arrestation ou en attente de jugement devraient être séparés des mineurs condamnés, ce qui n'est pas toujours le cas. A nouveau, des contraintes matérielles peuvent rendre cette séparation impossible.

Il arrive régulièrement que certaines activités (scolaires, professionnelles, récréatives, etc.) ne soient pas disponibles en détention provisoire, comme nous l'avons vu précédemment. Etant donné les longues périodes parfois passées en préventive, il peut alors être plus bénéfique pour l'enfant prévenu de se joindre aux mineurs condamnés. Dans ce cas également, la tension entre les différents intérêts devra être traitée au cas par cas, au regard des différents éléments en jeu.

2.5. La séparation sur base des motifs de privation de liberté

Les jeunes coupables de délits graves devraient être séparés de ceux qui n'ont commis que des infractions mineures, et a fortiori, des enfants qui n'ont pas commis de délit du tout. Cette volonté de séparation a pour objectif d'atténuer autant que possible le phénomène de stigmatisation et de protéger l'intégrité physique, morale et mentale, ainsi que le bien-être de chacun. Dans ce but, certaines lois nationales interdisent le placement d'enfants à des fins de protection dans des lieux de détention pour mineurs délinquants.

Cependant, cette séparation sur la base des motifs n'est pas toujours effectuée. Comme dans le cas du mélange avec les adultes, cette situation peut devenir très dangereuse pour les enfants plus vulnérables, susceptibles d'être soumis aux abus et exploitations de toutes sortes (voir chapitre 7). Si au mélange des enfants victimes de mauvais traitements avec des mineurs dangereux s'ajoute un mélange des âges, on peut se retrouver dans une situation, déjà citée précédemment, dans laquelle un enfant de dix ans placé après avoir été violé se trouve dans la même cellule qu'un adolescent de dix sept ans accusé de cette infraction.

Les causes du mélange sur base des motifs peuvent inclure les situations suivantes :

- l'établissement n'a pas été averti par le tribunal, ou autre organe de décision, de la raison pour laquelle l'enfant est privé de liberté;
- la séparation pourrait signifier l'isolement et l'exclusion des activités pour certains.

Selon certains, il importe peu que les différentes catégories d'enfants soient mélangées ou non du fait que tous ont finalement besoin d'aide et de protection.

Chapitre 11. - Les enfants en situation particulière

Introduction

Au-delà des droits et de la protection dévolus à tous les enfants sans exception, la Convention relative aux droits de l'enfant identifie différents groupes qui se distinguent de par leur vulnérabilité particulière et qui ont droit à une protection supplémentaire. Il s'agit des enfants réfugiés, handicapés, issus de minorités ou de peuples autochtones, consommateurs de stupéfiants et substances psychotropes, en conflit armé et en conflit avec la loi.

Par rapport au sujet qui nous intéresse ici, leur vulnérabilité particulière peut s'exprimer de deux manières différentes :

- ces enfants sont davantage que les autres susceptibles d'être privés de liberté;
- ces enfants forment une population plus vulnérable à l'intérieur des établissements fermés.

1. Ces enfants sont davantage que les autres susceptibles d'être privés de liberté

Ces groupes d'enfants sont en effet souvent parmi les premiers à être menacés d'une privation de liberté ou à être confrontés à elle. Il suffit de rappeler ici l'éventail des raisons qui peuvent mener à une privation de liberté, et que nous avons synthétisées dans la première partie du livre.

Les enfants réfugiés peuvent être privés de liberté dans le pays où ils sont arrivés, en attendant qu'une décision soit prise quant à leur statut ou dans des camps dans lesquels ils attendent de pouvoir retourner chez eux. Les enfants handicapés quant à eux sont fréquemment placés dans des institutions et même dans certains cas, et en l'absence d'institutions spécialisées, dans des établissements pour délinquants, voire des prisons. En ce qui concerne les enfants autochtones ou appartenant à une minorité, les mesures discriminatoires dont ils peuvent faire l'objet les mènent parfois en prison ou dans d'autres établissements fermés.

Dans le cas des enfants qui font usage de stupéfiants ou de substances psychotropes, il est aisé de comprendre comment ils risquent de se retrouver privés de liberté, que cela soit dans des centres de désintoxication ou en prison. Dans certains pays, l'emprisonnement systématique de jeunes consommateurs de drogue est la raison principale de l'augmentation du taux d'incarcération et de la surpopulation dans les établissements fermés.

Les enfants en conflits armés susceptibles d'être privés de liberté sont aussi bien ceux qui sont enrôlés dans les groupes armés que ceux qui ne prennent pas part au conflit. Pour les premiers, l'armée peut déjà en elle-même constituer une privation de liberté lorsqu'ils ne l'ont pas rejointe de leur plein gré. Ensuite, pendant les hostilités, il n'est pas rare qu'ils soient utilisés en première ligne comme «*chair à canon*» ou comme espions, ce qui les soumet d'autant plus au risque d'être pris en otage ou faits prisonniers de guerre. Ils peuvent être enfermés dans des camps militaires. Les enfants dans la population civile, qui ne participent d'aucune manière aux hostilités, ne sont pas épargnés : ils sont parfois eux aussi capturés par l'ennemi et traités comme des prisonniers de guerre.

Enfin, pour ce qui est des enfants en conflit avec la loi, la manière dont la justice (pénale) pour mineurs est administrée la rend responsable d'une proportion très grande des privations de liberté d'enfants, raison pour laquelle nous avons choisi dans ce livre de considérer ce domaine comme exemplaire dans la discussion sur la situation des enfants privés de liberté dans son ensemble.

2. Ces enfants forment une population plus vulnérable à l'intérieur des établissements fermés

Les nombreuses violations des droits de l'enfant que nous constatons au cours de cette troisième partie concernent ces enfants autant que tout autre mineur privé de liberté. Cependant, de par leurs différences, les traumatismes qu'ils ont subis ou leur état de santé, et donc de par leurs besoins particuliers, ces groupes y sont parfois encore davantage exposés. Certains peuvent courir un plus grand risque que les autres d'être pris comme boucs émissaires et de subir toutes sortes de mauvais traitements. Le chapitre 4 de cette partie a révélé quelles pouvaient être les mesures discriminatoires à l'égard de certains de ces groupes. Accentuant encore la difficulté de leur situation, il se peut qu'ils ne reçoivent pas la protection, l'assistance ou les traitements particuliers auxquels ils ont droit.

Dans le cas des enfants handicapés par exemple, ils peuvent être placés dans des lieux dans lesquels le traitement et les activités disponibles ne sont pas adaptés à leurs besoins, tels que des prisons ou des centres pour délinquants. Dans ces établissements, dans lesquels leur accueil n'est pas toujours prévu, les jeunes handicapés ne bénéficient souvent d'aucune attention particulière, ni des soins spéciaux auxquels ils ont droit. L'accès à l'éducation, à la formation, aux soins de santé et aux activités récréatives peut être particulièrement problématique pour eux. Il est vrai que les conditions dans les institutions spécialisées pour enfants handicapés ne sont pas forcément meilleures. Traités dans certains cas extrêmes de manière inhumaine, il arrive qu'ils traînent nus ou attachés deux par deux, entourés d'une grande négligence, et que cette situation soit loin de garantir leur dignité et de leur permettre de mener une vie décente comme l'exige le cadre normatif international.

Pour les enfants réfugiés, qui souvent ne parlent pas la langue du pays où ils se trouvent, il est difficile d'avoir accès à l'éducation ou à une assistance juridique, pour ne prendre que ces exemples-là.

En conclusion, la privation de liberté n'est souvent pas en mesure d'apporter à ces groupes d'enfants particulièrement vulnérables la protection à laquelle ils ont droit. Au contraire, elle peut même dans certains cas accentuer cette vulnérabilité.

3. La drogue, un problème particulier

Il est mentionné à plusieurs reprises dans nos sources que des produits stupéfiants et autres substances psychotropes circulent dans des établissements où des mineurs sont privés de liberté. Cela semble particulièrement vrai dans les prisons pour adultes. La drogue peut alors transiter par le quartier des mineurs, où une «*commission*» est prélevée au passage. Il arrive aussi que s'organisent des trafics d'alcool et de produits de substitution tels que des médicaments combinés. Dans une école spéciale de rééducation, visitée par l'une de nos sources, les enfants se droguent avec des médicaments qui sont censés leur donner «*de beaux rêves*».

Dans nombre d'établissements fermés, aucun traitement n'est prévu pour les jeunes qui abusent de ces produits et substances. L'absence de suivi psychologique ou de médicaments de substitution peut par exemple expliquer dans certains cas le comportement violent de ces jeunes une fois enfermés.

L'abus dans l'administration de médicaments peut également être le fait du personnel de l'établissement, qui les utilise parfois comme moyen de contrainte (voir chapitre 7) ou pour «*calmer*» les enfants. Dans ce contexte, nous a été rapporté le cas d'un centre pour enfants soldats démobilisés dans lequel tous recevaient des calmants car, selon les dires du directeur, un psychiatre, «*tous étaient traumatisés et avaient besoin d'un traitement psychiatrique*».

Chapitre 12. - Le suivi et la surveillance sur le plan structurel

Introduction

Quand un État prend un jeune sous sa garde en le plaçant dans un établissement fermé, il a l'obligation d'assurer sa protection et le respect de ses droits (article 20, CDE). Cette obligation implique celle pour chaque État de contrôler l'application du cadre normatif en vigueur sur son territoire. En ce qui concerne la situation des enfants privés de liberté qui nous intéresse ici, il doit veiller à ce que les dispositions prévues à leur égard dans les règles nationales ou internationales soient respectées dans tous les lieux où ils se trouvent (prisons, centres pour mineurs, commissariats de police, etc.).

Le suivi et la surveillance du respect des droits des enfants privés de liberté et de leurs conditions de vie peuvent se faire à des niveaux différents et de manières diverses. Ils peuvent être pris en charge par l'État mais également par des instances impartiales et indépendantes qui jouent à cet égard un rôle tout aussi important. Nous ne développerons pas ici la contribution dans cette tâche des médias et du monde académique (par l'intermédiaire de la recherche scientifique par exemple). Cependant, comme la bibliographie en annexe en témoigne, nous nous sommes aussi basés pour la rédaction de ce livre sur de telles sources.

Le suivi sur le plan structurel se distingue du suivi sur le plan individuel (voir chapitre 8) principalement par son objectif. Les moyens utilisés ne sont pas forcément différents. Le suivi et la surveillance sur le plan structurel visent à surveiller pour l'ensemble des enfants concernés leurs conditions de vie et le respect de leurs droits, à signaler les défaillances globales et à proposer des solutions structurelles.

Il va de soi que le suivi de chaque enfant individuellement et les plaintes individuelles déposées par des enfants (ou par des tiers en leur nom) ont également leur importance sur le plan structurel. Des difficultés ou préoccupations revenant régulièrement dans des cas individuels peuvent en effet être l'indication d'un problème plus structurel. Ainsi, la violence dénoncée à plusieurs reprises par les jeunes privés de liberté ne devrait pas mener à une remise en question de leurs propos mais plutôt à une réflexion sur les établissements générateurs de violence.

1. Quelle surveillance et par qui ?

Introduction

La surveillance des conditions dans les établissements fermés peut s'effectuer sur quatre niveaux différents et être prise en charge, pour chacun d'entre eux, par un autre type d'instance ou d'organisation. A chaque niveau, l'objet du contrôle peut être différent. Ces quatre niveaux sont :

- la surveillance interne;
- la surveillance par l'autorité décisionnelle;
- la surveillance gouvernementale;
- la surveillance indépendante.

1.1. La surveillance interne

Les responsables d'établissement surveillent parfois rigoureusement les conditions de détention qui règnent à l'intérieur et en particulier l'application du règlement interne pour tous les enfants dans l'établissement. Plusieurs moyens peuvent être utilisés à cette fin tels que les différentes procédures de plaintes internes ou des entretiens réguliers avec les enfants, soit directement soit par l'intermédiaire d'éducateurs (ou autres membres du personnel) ou des parents. Dans certains établissements de véritables conseils d'enfants représentant les intérêts de tous les mineurs de l'établissement ont été mis en place (voir également chapitre 4).

La nécessité de cette surveillance interne n'est malheureusement pas toujours et partout prise aussi au sérieux. L'objectif de la direction est en effet parfois uniquement le maintien de l'ordre et du contrôle sur les enfants placés.

D'une telle perspective, le statut de ces enfants peut être comparé à celui d'objets «*laissés en consigne*».

1.2. La surveillance par les autorités décisionnelles

Les autorités judiciaires et administratives peuvent quant à elles surveiller la mise en œuvre de leurs décisions pour tous les enfants placés par elles. Elles restent donc en quelque sorte responsables des enfants qu'elles ont décidé de priver de liberté. Dans certains pays, cette supervision peut même durer au-delà de la période pendant laquelle l'enfant est placé ou détenu : après sa libération, même lorsque celle-ci était inconditionnelle ou après qu'il ait purgé sa peine, les autorités maintiennent une surveillance, par exemple jusqu'à la majorité du mineur. Cette possibilité est particulièrement vraie dans le cadre de la justice (pénale) pour mineurs.

La surveillance par les autorités décisionnelles peut être effectuée par les autorités elles-mêmes ou être déléguée par exemple à un service social ou un service de probation.

Cette surveillance peut par exemple consister en visites régulières dans les établissements, avec des entretiens avec les enfants et leurs parents, ou être effectuée par l'intermédiaire d'un système de soumission régulière de rapports sur la situation de chaque mineur par les responsables de l'établissement .

Dans cette démarche, les autorités décisionnelles partent, il est vrai, de situations individuelles mais la récurrence des cas auxquels elles ont affaire leur permet d'avoir une vision globale de la situation au niveau structurel.

1.3. L'inspection administrative

Les autorités gouvernementales et leurs administrations peuvent surveiller l'application des lois et règlements en la matière, dans l'ensemble des établissements sous leur compétence (conditions, personnel, traitements des mineurs, programmes, gestion, utilisation des allocations budgétaires, etc.). Des inspecteurs, experts juridiques, commissions, divisions et autres instances sont mandatés pour visiter les établissements, faire des rapports et des recommandations.

Les inspections peuvent aussi être conduites par des «*comités de vigilance*» ou autres «*comités de visiteurs*» créés par le gouvernement. Il peut s'agir d'alternatives intéressantes aux inspections administratives à proprement parler, en particulier dans les cas où des inspections régulières sont difficiles (par exemple lorsque les établissements sont difficiles d'accès ou le nombre d'inspecteurs insuffisant).

Les «*visiteurs*» sont nommés par les autorités gouvernementales. Ils peuvent enquêter à tout moment sur tout aspect de la situation de toute personne privée de liberté. Ils se rendent sur place plus ou moins régulièrement. Ils ont libre accès aux bâtiments à chaque moment et peuvent s'entretenir en privé avec toutes les personnes enfermées. Ils informent les autorités de leurs observations et propositions.

Il se peut également que la surveillance soit mise en œuvre à un niveau élevé du pouvoir gouvernemental. Ainsi, un Comité interministériel peut être créé, par exemple à la suite de plusieurs dénonciations d'établissements bafouant de manière systématique les droits de l'enfant. Dans l'un des cas portés à notre attention, tous les départements concernés sont représentés dans le Comité ainsi que des experts indépendants et des représentants de la communauté non gouvernementale. Le Comité travaille d'une manière indépendante. Il visite tous les établissements du pays, présente un rapport public à la fin de ses travaux et fait des recommandations concrètes.

L'inspection peut être très détaillée, s'étendre par exemple à l'ensemble des locaux, ainsi qu'à la vérification des dossiers individuels. Dans certains cas, chaque enfant fait l'objet d'un examen; les conditions d'hygiène et de salubrité sont vérifiées, ainsi que les réserves de médicaments et d'aliments; le personnel (directeur compris) est soumis à une inspection sanitaire et à un test psychologique.

Les inspections peuvent mener dans certains cas à la réduction ou à la suspension des allocations budgétaires et même à la fermeture des établissements. Lorsque des infractions pénales sont constatées, les autorités judiciaires peuvent être informées et des mesures autres que strictement disciplinaires peuvent être prises contre les responsables.

Cependant, malgré ces efforts, il arrive que les inspections ne soient pas régulières. Des rapports d'ONG parlent en effet parfois de la surveillance comme d'une pratique peu effective et méconnue et de visites trop irrégulières pour être efficaces.

Un autre moyen que peut avoir le gouvernement pour contrôler les conditions de détention des mineurs est d'agir en amont, par exemple en subordonnant l'ouverture d'établissements à une autorisation préalable et au respect de normes minimales concernant le personnel, le nombre maximal d'enfants, les locaux, la gestion, etc.

La surveillance administrative présente l'inconvénient de ne pas être indépendante. Le risque subsiste donc que certains problèmes ne soient pas dénoncés afin de ne pas nuire aux autorités ou de ne pas mettre en cause les responsables politiques. De plus, les inspections sont alors souvent annoncées suffisamment en avance pour pouvoir préparer le terrain et éventuellement camoufler certaines situations problématiques. Les inspecteurs sont dans certains cas aveuglés par le versement de pots-de-vin, un accueil digne d'un haut dignitaire ou des spectacles d'enfants utilisés comme des marionnettes.

Les moyens humains, financiers et matériels manquent parfois pour mettre en place un contrôle efficace. L'une de nos sources raconte par exemple un cas dans lequel l'unité chargée de veiller à ce que les enfants soient détenus séparément des adultes n'emploie qu'une personne sans véhicule, qui dépend donc des informations que lui donne par téléphone le personnel sur place. L'efficacité de l'inspection peut dépendre également de la disponibilité au sein des établissements d'un système bien organisé de dossiers individuels, d'un registre des entrées et de sorties, d'un registre des plaintes, etc.

Dans certains pays, faute de moyens, de personnel qualifié ou de législation, une telle surveillance peut même être totalement inexistante.

1.4. Une surveillance indépendante

Introduction

Il se peut que des entités indépendantes surveillent le respect des droits de tous les enfants ou des enfants privés de liberté spécifiquement. Nous pouvons distinguer dans cette catégorie différentes entités à différents niveaux : le Comité des droits de l'enfant des Nations Unies, les médiateurs (ou ombudsmen) pour enfants et les organisations non gouvernementales.

a. Le Comité des droits de l'enfant des Nations Unies

Le Comité, dont le rôle est d'examiner les progrès accomplis par les États parties dans l'exécution des obligations contractées par eux en vertu de la Convention relative aux droits de l'enfant, surveille le respect des droits de l'enfant en général dans les États parties. Pour ce faire, il examine les rapports que lui soumettent les États sur l'application de la Convention sur leur territoire et fait des recommandations à cet égard. Chaque État partie est tenu de soumettre des rapports, le premier deux ans après la ratification de la Convention, puis les suivants tous les cinq ans.

La justice (pénale) pour mineurs et la privation de liberté des enfants sont des sujets qui retiennent particulièrement l'attention du Comité. Nous y reviendrons plus en détail dans le chapitre suivant, dans lequel nous développons le rôle de suivi et de surveillance de l'ensemble de la communauté internationale dans ce domaine.

b. Les médiateurs (ombudsman)

Certains pays ont nommé un médiateur (ou ombudsman), ou un service équivalent, chargé de la protection des droits de l'homme en général ou même des droits de l'enfant en particulier. Le médiateur peut, en toute indépendance, recevoir des plaintes formulées par les enfants privés de liberté, faire une enquête à ce sujet et entreprendre des actions relatives à ces plaintes. Il peut être autorisé à visiter les établissements à n'importe quel moment et avoir un accès illimité à tous les dossiers d'enfants, aux bâtiments, aux membres du personnel et à tous les enfants.

Plusieurs médiateurs pour enfants ont déjà soulevé le problème des enfants privés de liberté et du non respect de leurs droits.

c. Les organisations non gouvernementales (ONG)

Des ONG actives dans le domaine des droits de l'enfant en général ou dans celui des enfants privés de liberté en particulier effectuent elles aussi des visites dans les établissements, produisent des rapports dénonçant les violations ou font pression au niveau international.

Cette pression peut par exemple se faire sous la forme d'appels urgents. Plusieurs ONG internationales (l'OMCT, Casa Alianza, Amnesty International et d'autres) pratiquent en effet cette méthode qui a porté ses fruits : il s'agit de porter à la connaissance des communautés nationale et internationale les violations des droits des enfants dans un lieu donné et de solliciter de leur part une réaction rapide auprès des autorités responsables.

Une autre stratégie de certaines ONG locales peut être de donner des cartes d'identification aux enfants de la rue qui sont en contact avec elles, de manière à être averties par la police lorsque l'un d'entre eux est arrêté mais aussi à faire comprendre aux policiers que l'arrestation illégale de l'enfant et les éventuels mauvais traitements à son égard seront communiqués à une organisation et ne passeront donc pas sous silence. Malheureusement, le système des cartes a parfois des difficultés à fonctionner, par exemple parce que tous les policiers ne le respectent pas et tous les enfants ne l'utilisent pas.

1.5. Les recours devant des instances judiciaires nationales et internationales

Introduction

Déposer un recours devant un tribunal est également un moyen de surveiller les conditions de détention des mineurs au niveau structurel (voir le chapitre 8) pour les recours judiciaires dans des cas individuels).

La distinction entre un recours individuel ou structurel peut être assez floue. En effet, les recours individuels constituent souvent une base nécessaire pour évoquer les problèmes au niveau structurel et un recours individuel devant la justice nationale ou internationale peut créer une jurisprudence en faveur du respect des droits des enfants en général, pouvant être invoquée par la suite dans n'importe quel cas similaire.

Nous avons dans ce qui suit fait une distinction entre les recours au niveau national et ceux au niveau international.

a. Le recours au niveau national

Dans de nombreux pays, tout individu ou organisation peut déposer un recours devant un tribunal contre des procédures menant à une privation de liberté qu'il ou elle juge ne pas être en conformité avec la loi, ainsi que contre des conditions de détention illégales.

Les recours peuvent porter sur des violations de tous les droits des enfants privés de liberté. Ceux sur lesquels nous avons trouvé de l'information dénoncent par exemple la surpopulation au sein de l'établissement, les mesures disciplinaires, un environnement dangereux et peu hygiénique, des pratiques discriminatoires, des violations du droit à l'éducation, le manque de chauffage, l'inadéquation des installations sanitaires ou des services éducatifs, le manque de sécurité, l'insuffisance des services médicaux et psychiatriques.

Il est important de souligner ici le rôle important que les organisations non gouvernementales en général et les services de défense juridique de l'enfant en particulier peuvent jouer à cet égard. Les unes et les autres sont en effet très souvent à l'origine des recours. Dans certains cas, ils peuvent même se constituer partie civile pour les enfants concernés.

Il arrive que l'intervention du tribunal amène de véritables améliorations aux conditions de vie dans l'établissement incriminé. L'une de nos sources rapporte par exemple que la population d'un établissement montré du doigt ne dépasse plus la capacité officielle depuis le dépôt d'une plainte concernant sa surpopulation et que, dans un établissement condamné pour violation du droit à l'éducation, chaque enfant doit désormais subir une évaluation dès son entrée et commencer un programme éducatif dans les trois jours après son arrivée. Dans un autre cas, une ONG qui avait porté plainte et l'établissement concerné sont parvenus à un accord et ont établi une trentaine de conditions devant être maintenues dans le centre en question. Cet accord a été accepté par le juge et incorporé dans un arrêt de la cour.

Voici ci-dessous un exemple du rôle important que les autorités judiciaires peuvent jouer dans le suivi et la surveillance des conditions de détention, confirmé par la Cour suprême du pays concerné. Cette dernière s'est exprimée en faveur des obligations suivantes :

- chaque tribunal compétent doit régulièrement visiter les lieux où des jeunes sont détenus;
- des avocats doivent être présents lors de ces visites;
- chacun des enfants doit être interrogé directement; un rapport sur l'état de l'établissement, les services et activités disponibles doit être préparé;
- chaque tribunal compétent doit soumettre chaque année à la Cour suprême un rapport contenant un compte rendu détaillé de toutes les affaires impliquant des jeunes ayant été privés de liberté pendant l'année.

b. Le recours au niveau international

Lorsque les voies de recours nationales ont été épuisées et que l'individu ou l'organisation n'a pas obtenu satisfaction, l'affaire peut être menée devant un tribunal régional, tel que la Cour interaméricaine des droits de l'homme ou la Cour européenne des droits de l'homme.

Voici ci-dessous deux exemples détaillés d'une telle démarche :

- ***recours auprès de la Cour interaméricaine des droits de l'homme***

Casa Alianza, une ONG active en Amérique Centrale, apporte une assistance aux enfants de la rue et lutte pour leur défense (juridique) devant les autorités policières, judiciaires et politiques.

L'un des problèmes majeurs auxquels les enfants de la rue sont confrontés est la privation de liberté, décidée très souvent d'une manière illégale et arbitraire. Nous avons vu dans les chapitres précédents quels pouvaient être les mauvais traitements, brutalités et abus à leur égard, parfois jusqu'à la mort, ainsi que les méthodes d'interrogation inhumaines et dégradantes auxquelles ils sont parfois soumis.

Casa Alianza s'efforce d'aider ces mineurs individuellement en garantissant des possibilités d'accueil et de réinsertion sociale mais également en luttant pour le respect de leurs droits devant la justice. Par exemple, en deux ans et dans un seul pays, l'organisation a introduit près de cent procédures de «*habeas corpus*» pour contester la légalité et/ou le caractère arbitraire de la détention d'enfants.

L'organisation ne se limite cependant pas à la défense de cas individuels mais cherche aussi à défendre les intérêts des enfants de la rue en tant que groupe. Dans ce cadre-là, nous avons résumé ci-dessous le chemin suivi par l'organisation dans un pays en particulier pour faire valoir le droit des enfants à ne pas être enfermés avec des adultes. Cette démarche a été entreprise suite à une décision de la Cour Suprême selon laquelle les juges pouvaient placer des mineurs en prison avec des adultes au cas où la peine applicable pour les faits commis par le mineur aurait été supérieure à cinq ans d'emprisonnement pour un adulte responsable des même faits, et ce malgré l'interdiction explicite de cette pratique par la Constitution nationale.

Afin de réagir à cette décision inconstitutionnelle et après avoir épuisé sans succès les voies de recours au niveau national, Casa Alianza a introduit un recours devant la Commission interaméricaine des droits de l'homme demandant l'annulation de la décision de la Cour suprême et l'abandon de la pratique consistant à enfermer des mineurs avec des adultes.

Sous la pression de la communauté internationale, puis à l'invitation de la Commission interaméricaine faite aux deux parties de trouver une solution à l'amiable, la Cour Suprême a annulé sa décision et le gouvernement a promis des changements (dont la création de centres de détention pour jeunes) en vue de respecter la Constitution. Ces promesses n'ont cependant pas été tenues et une enquête dans plusieurs prisons prouvait que la situation sur place n'avait pas changé. Un jeune trouvait même la mort dans l'une d'entre elles. Suite à ce décès, la Cour Suprême décidait qu'il était désormais possible de prendre des mesures disciplinaires à l'égard des juges qui continuaient à placer des enfants dans des prisons pour adultes.

Ces différentes démarches n'étant pas véritablement suivies d'effets et suite à de nouvelles inquiétudes exprimées par Casa Alianza, la Commission interaméricaine a demandé au gouvernement du pays, dix-sept mois après l'introduction du recours, de prendre des mesures telles que l'interdiction immédiate de la détention de mineurs (condamnés ou en détention préventive) avec des adultes, la protection du droit à l'intégrité de chaque enfant privé de liberté et l'accès à la protection juridique pour tous (y compris l'accès à un avocat).

Malgré que la Commission ait limité ces mesures à une seule prison du pays, les effets de sa décision furent positifs. Le Ministère de la Justice et celui de l'Intérieur décidèrent de produire une directive interdisant aux directeurs de toutes les prisons d'accueillir des mineurs dans leur établissement ce qui, selon une enquête de Casa Alianza, eut un impact positif sur le nombre d'enfants en prison.

Cependant, bien que leur nombre ait baissé, il en reste toujours. La Commission interaméricaine ayant saisi la Cour interaméricaine des droits de l'homme qui doit encore statuer sur le fond du problème et pourrait condamner l'État, l'affaire est à suivre. Entre-temps, la Cour Suprême du pays concerné a tout de même condamné certains juges pour «*infraction à l'administration publique*» après qu'ils aient emprisonné des enfants avec des adultes, ou qu'ils n'aient pas empêché cet emprisonnement. Les juges ont été démis de leurs fonctions.

Malgré les difficultés, cette expérience montre clairement que le recours auprès d'une cour internationale de droits de l'homme peut être une stratégie importante vers un meilleur respect des droits des enfants privés de liberté.

- ***recours auprès de la Cour européenne des droits de l'homme***

La Cour européenne des droits de l'homme s'est également exprimée à plusieurs reprises sur des dossiers concernant des enfants en détention. Un exemple marquant de sa prise de position à ce sujet est l'Arrêt B.

En 1985, le jeune B. avait été placé quinze fois consécutives dans une maison d'arrêt. A l'initiative de quelques avocats, cette pratique avait été portée à l'attention de la Commission et la Cour européennes des droits de l'homme du fait que la législation nationale en vigueur dans le pays concerné semblait l'autoriser. Une disposition légale permettait en effet le placement d'un mineur dans une maison d'arrêt comme mesure provisoire pour quinze jours maximum au cas où il était matériellement impossible de trouver un particulier ou une institution en mesure de l'accueillir sur le champ.

La Cour européenne décidait en 1988 que la simple privation de liberté n'était pas contraire à la Convention européenne des droits de l'homme. L'article 5 de cette Convention prévoit effectivement que : «*toute personne a droit à la liberté et à la sûreté. Nul ne peut être privé de sa liberté, sauf (...) selon les voies légales (...) s'il s'agit de la détention régulière d'un mineur décidée pour son éducation surveillée ou de sa détention régulière afin de le traduire devant l'autorité compétente*».

Cependant, la Cour estimait aussi que plusieurs placements successifs dans une maison d'arrêt ne pouvaient en aucune manière répondre à la nécessité d'une éducation surveillée. Elle ajoutait que chaque procédure menant à une privation de liberté (des mineurs) devait prévoir une défense et un respect de toutes les garanties juridiques. Or, le jeune B. n'avait jamais pu contester la mesure privative de liberté devant une autorité indépendante et impartiale.

Suite à la décision de la Cour, le gouvernement concerné a été contraint à changer sa législation. Depuis 1994, la possibilité de placer des mineurs en maison d'arrêt a été limitée à une seule fois pendant la même procédure devant le tribunal de la jeunesse; seuls les enfants suspects des crimes les plus graves peuvent y être placés et à partir de leur quinzième anniversaire seulement. Le mineur a désormais droit à l'assistance d'un avocat chaque fois qu'il doit comparaître devant un juge ou un tribunal, aussi bien lors de la procédure provisoire que lors de celle menant à une décision sur le fond.

Chapitre 13. - Le sujet des enfants privés de liberté dans les programmes de l'ONU relatifs à la prévention du crime et à la justice pénale, dans les programmes de l'ONU relatifs aux droits de l'homme et dans les observations finales du Comité des droits de l'enfant

Introduction

Pour terminer cette troisième partie du livre, nous avons estimé qu'il était intéressant de signaler plusieurs initiatives concernant directement le sujet de ce livre prises par les Nations Unies après l'adoption de la Convention relative aux droits de l'enfant. Ce dernier chapitre passera donc en revue quelques projets ayant trait aux enfants privés de liberté dans différents programmes des Nations Unies, aussi bien dans le cadre de la promotion et de la protection des droits de l'homme que dans celui de la prévention du crime et de la justice pénale. On trouve en effet de temps à autre la problématique de la privation de liberté d'enfants et du respect de leurs droits à l'ordre du jour de ces différents programmes internationaux.

Avant de voir quels sont ces projets et comment ils traitent de la problématique qui nous intéresse ici, nous allons nous pencher plus attentivement sur les observations finales du Comité des droits de l'enfant des Nations Unies. Ces observations sont formulées par le Comité après examen des rapports – initiaux ou périodiques – que chaque État partie lui soumet. Les conclusions finales du Comité sont une référence utile dans l'évaluation du problème de la privation de liberté des enfants et du respect de leurs droits.

1. Les observations finales du Comité des droits de l'enfant

Introduction

Pour faire ce résumé, nous nous sommes basés sur les conclusions finales (préoccupations et recommandations) formulées par le Comité des droits de l'enfant de la troisième session (janvier 1993)[90] à la dix-huitième session (mai-juin 1998). Elles sont élaborées après examen par le Comité du rapport de l'État membre, après avoir pris en compte l'information de source non gouvernementale lors de la pré-session et après avoir discuté avec la délégation nationale lors de la session.

Il y a lieu de faire à cet égard quatre observations préliminaires.

D'abord, il faut souligner que les conclusions finales dans leur ensemble peuvent concerner les enfants privés de liberté. Toutes les recommandations pour un meilleur respect des droits de l'enfant s'appliquent bien sûr autant à eux qu'à tous les autres.

Deuxièmement, il faut souligner que le domaine de la justice (pénale) pour mineurs retient souvent l'attention du Comité dans ses conclusions. Il est exceptionnel en effet qu'il ne fasse pas de recommandation à ce sujet. Dans le cas de quasiment tous les États passés devant lui, le Comité a exprimé sa préoccupation et/ou a fait une recommandation au sujet de la justice pour mineurs. Il faut observer également ici que c'est dans le contexte de la justice (pénale) pour mineurs que la privation de liberté est le plus souvent considérée comme problématique par le Comité. Nous retrouvons aussi dans ses observations finales plusieurs arguments que nous avons développés dans la première partie de ce livre, et qui expliquent pourquoi la justice (pénale) pour mineurs est un pourvoyeur si important d'enfants privés de liberté.

Troisièmement, il faut relever le caractère de plus en plus standardisé des observations finales du Comité. Trop peu de temps et d'attention semblent

---

90 Rappelons que les deux premières sessions ont été consacrées à la mise au point du mode de travail du Comité et du mécanisme de soumission des rapports.

être consacrés à la formulation d'observations et de recommandations détaillées abordant des problèmes particuliers et proposant des solutions adaptées. Lors de la lecture des conclusions finales, on peut en effet regretter l'utilisation de formulations standardisées qui risquent de gommer les nuances nécessaires pour bien saisir les situations particulières.

Finalement, les conclusions finales du Comité prouvent l'importance, la nécessité même, des contributions des ONG au suivi de l'application de la Convention. Si les difficultés occasionnées par la justice (pénale) pour mineurs et la privation de liberté des enfants sont mentionnées dans les conclusions finales, c'est le plus souvent parce que des ONG ont attiré l'attention du Comité sur elles. En effet, les États membres eux-mêmes en font plus rarement état.

1.1. Les conclusions finales concernant la justice (pénale) pour mineurs

Ci-dessous sont résumées quelques-unes des préoccupations et recommandations du Comité des droits de l'enfant concernant la justice (pénale) pour mineurs en général.

a. Observations générales

Dans la moitié des pays examinés par le Comité, l'ensemble du système de justice (pénale) pour mineurs pose problème. Sont également pris en compte ici les pays qui n'ont pas encore de système de justice pour mineurs et où les jeunes délinquants sont encore sanctionnés dans le cadre de la procédure pénale pour adultes par exemple.

Pour plusieurs pays sur tous les continents, la législation relative à la justice (pénale) pour mineurs n'est pas conforme aux normes internationales.

b. Les âges de la responsabilité et de la majorité pénales

Le Comité regrette le bas âge de la responsabilité pénale dans certains pays, mais aussi parfois le bas âge à partir duquel un enfant peut être poursuivi devant un tribunal pénal pour adultes (indépendamment de son irresponsabilité et/ou de sa minorité).

c. La procédure et la protection juridique

Quelques exemples de situations problématiques relevées par le Comité :

- l'absence totale ou partielle de garanties juridiques
- le caractère vague de certaines bases d'intervention, telles que l'enfant en danger, l'enfant en situation irrégulière, etc.;

- le risque de discrimination de certains groupes d'enfants, tels que les enfants vivant dans la pauvreté, les enfants de groupes minoritaires, etc., par exemple à cause du pouvoir discrétionnaire de certaines instances;
- l'absence d'assistance juridique;
- l'absence de possibilités de porter plainte.

d. Les droits de l'enfant à l'intégrité et à la dignité

Quelques exemples de situations problématiques relevées par le Comité :

- la torture et les traitements dégradants et humiliants;
- les châtiments corporels;
- l'application, ou la possibilité d'appliquer, la peine de mort;
- l'abus et l'exploitation par les fonctionnaires en charge de l'application de la loi.

e. Autres sujets de préoccupation ou de recommandation

- Le manque de formation du personnel;
- Le manque de suivi et de surveillance.

1.2. La journée thématique sur la justice pour mineurs

Conformément à l'article 75 de son règlement intérieur, le Comité des droits de l'enfant consacre une ou plusieurs séances de ses sessions ordinaires à un débat général sur un article particulier de la Convention ou sur un projet connexe, pour favoriser une meilleure compréhension du contenu et des incidences de la Convention.

Dans ce cadre-là, le Comité des droits de l'enfant a organisé le 13 novembre 1995 une discussion générale sur le thème de l' «*Administration de la justice dans le cas des mineurs*».[91]

Le thème de l'administration de justice pour mineurs avait été choisi en raison du fait que, les années précédentes, «*l'examen des différents rapports présentés par les États parties avait révélé que l'application des principes généraux de la Convention relatifs à la protection de l'enfant en conflit avec la loi posait certains problèmes dans la plupart des pays, et ce quel*

91 CRC/C/SR.253 du 24 novembre 1995
CRC/C/SR.254 du 17 novembre 1995
CRC/C/46 du 18 décembre 1995

que soit le système juridique ou institutionnel en place. Ces problèmes ont trait à l'adaptation de la législation nationale à la Convention, aux modalités d'application des dispositions de cet instrument et à l'assistance technique et financière».[92]

Le problème de la privation de liberté a été soulevé à plusieurs reprises lors de la discussion. Voici quelques exemples d'observations ou de propositions qui ont été faites :

«*Tous les pays ayant ratifié la Convention devraient (...) mettre en place une institution indépendante chargée de vérifier les conditions de détention des mineurs en s'assurant qu'ils ne soient pas soumis à la torture. Cette institution serait habilitée à informer les autorités judiciaires compétentes de toute infraction constatée, afin qu'une enquête soit ouverte (...)*».[93]

«*(...) l'usage abusif qui est souvent fait de la détention provisoire fait qu'elle devient une réelle punition avant jugement. Dans ce domaine, l'Association [Internationale des Magistrats de la Jeunesse et de la Famille] recommande de respecter les délais légaux de garde à vue, d'arrêter des critères objectifs pour ordonner la détention provisoire, d'établir des garanties en cas de maintien en détention au-delà de 30 jours, d'imposer l'assistance d'un avocat immédiatement et en tout cas après cinq jours de détention provisoire, de permettre l'accès d'organismes de contrôle indépendants des États aux établissements de détention provisoire et d'imposer la séparation entre enfants et adultes, sauf dans les cas relevant du regroupement familial*».[94]

«*(...) le placement des enfants est une mesure aussi coûteuse qu'inefficace. En effet, les taux de récidive sont élevés, ce qui indique que l'objectif de réinsertion n'est pas atteint (...)*».[95]

«*(...) un nombre croissant d'enfants de plus en plus jeunes sont incarcérés et (...) des ressources sont consacrées à cette fin au lieu d'être utilisées pour des programmes fondés sur la communauté. Des recherches ont démontré que cette approche risquait d'aggraver le problème de la criminalité (...)*».[96]

---

92 CRC/C/SR.253 du 24 novembre 1995, p. 2

93 Idem, pp. 8-9 (proposition faite par l'Organisation Mondiale contre la Torture).

94 Idem, p. 16 (proposition faite par l'Association Internationale des Magistrats de la Jeunesse et de la Famille)

95 Idem, p. 16 (observation faite par Human Rights Watch)

96 Idem, p. 20 (observation faite par le Council of the Children's Rights Development Unit)

Notons que la prochaine journée de débat général organisée par le Comité (22 septembre 2000) portera sur la violence étatique à l'encontre des enfants et que, dans ce contexte, l'accent sera mis sur la violence dans les institutions publiques.

1.3. Les observations finales concernant la privation de liberté

La privation de liberté d'enfants est un sujet qui revient régulièrement dans les observations finales du Comité. Voici un résumé de ses sujets de préoccupations et recommandations :

a. Principe général : le respect des droits de l'enfant

Quelques exemples de situations problématiques relevées par le Comité :

- les conditions de détention et les violations des droits de l'enfant dans les centres de détention en général;
- l'incompatibilité des règlements des institutions pénitentiaires avec les normes internationales;
- l'excès de répression dans certains établissements.

Le Comité souligne par exemple la nécessité :

- de prêter une attention particulière à la protection des droits de l'enfant privé de liberté, par exemple le droit aux loisirs et le droit au contact avec la famille;
- de transférer la responsabilité de tous les établissements à la structure la plus appropriée pour assurer la promotion et la protection des droits de l'enfant.

b. La séparation/le classement

Quelques exemples de situations problématiques relevées par le Comité :

- les enfants ne sont pas séparés des adultes;
- les prévenus ne sont pas séparés des condamnés;
- les enfants délinquants ne sont pas séparés des enfants placés pour d'autres raisons que leur propre comportement.

c. Les motifs

Exemple d'une situation problématique relevée par le Comité :

- la possibilité de priver un enfant de liberté parce qu'il a échappé au contrôle parental, parce qu'il a été abandonné ou parce qu'il travaille dans la rue;

d. La protection juridique

Quelques exemples de situations problématiques relevées par le Comité :

- l'absence d'un seuil d'âge en dessous duquel il est interdit de priver un enfant de liberté;
- la possibilité d'une privation de liberté pour une durée indéterminée et, de manière générale, la durée de cette mesure;
- l'arrestation/la détention arbitraire.

e. La torture – le traitement inhumain et dégradant

Quelques exemples de situations problématiques relevées par le Comité :

- l'application de châtiments corporels dans des établissements où sont placés des enfants;
- l'absence de possibilités de porter plainte devant une instance impartiale et indépendante;
- l'absence de sanctions pour les personnes coupables de torture ou de traitements inhumains et dégradants.

f. Le suivi et la surveillance

Quelques exemples de situations problématiques relevées par le Comité :

- le manque d'attention prêtée à la mise en place d'un système de collecte de données systématique et complet, à la détermination d'indicateurs appropriés et à la création de mécanismes de surveillance pour tous les domaines visés par la Convention, en particulier les enfants placés en institution;
- l'absence ou la faiblesse d'un mécanisme de suivi indépendant. Un tel mécanisme est nécessaire de façon à ce que les violations des droits de l'enfant, y compris quand elles sont commises par des membres des forces armées, des responsables de l'application des lois ou des membres du personnel pénitentiaire, fassent l'objet d'une enquête en bonne et due forme et que l'on puisse suivre la situation des enfants placés en institution ou dans des centres de détention.

g. La formation et l'information du personnel

Exemple d'une situation problématique relevée par le Comité :

- le manque de formation du personnel en charge de l'application de la loi et du personnel pénitentiaire ou travaillant dans les institutions où sont placés des enfants, et sa mauvaise information.

h. Les alternatives

Exemple d'une situation problématique relevée par le Comité :

- l'insuffisance de mesures de substitution à l'emprisonnement.

2. Les programmes de protection et de promotion des droits de l'homme (ONU)

Introduction

La privation de liberté des enfants est un sujet qui revient de temps en temps également dans d'autres programmes des Nations Unies de protection et de promotion des droits de l'homme. Cette simple observation est déjà en soi importante car elle confirme qu'il s'agit bel et bien d'une préoccupation relevant des droits de l'homme en général. Il est important de souligner que le travail de Mme Bautista en tant que Rapporteur spécial sur le sujet de la détention des mineurs (voir chapitre 2) a certainement eu comme conséquence d'attirer une attention accrue sur le problème au sein des Nations Unies.[97]

La Conférence mondiale sur les droits de l'homme (Vienne, 1993) a rappelé dans le paragraphe 21 de sa déclaration finale l'importance du renforcement des mécanismes et programmes nationaux et internationaux pour la défense et la protection des enfants, et en particulier des enfants en détention.

Dans ce qui suit, nous avons surtout décrit les différentes structures au sein desquelles le sujet peut être abordé. L'information de fond relative à la problématique de la privation de liberté en soi a déjà été inclue dans les chapitres précédents (chapitres 4 à 12).

2.1. La Commission des droits de l'homme

La privation de liberté des enfants est, principalement depuis la 49ième session en 1993, un sujet régulièrement traité dans les résolutions adoptées par la Commission des droits de l'homme des Nations Unies lors de ses sessions annuelles.

Dans sa Résolution 1993/80, la Commission soutenait, dans le cadre de ses activités de défense des droits de l'homme, la proposition du Secrétaire

---

97 Pour une synthèse des suites données au rapport Bautista, voir E/CN.4/Sub.2/1996/WG.1/CRP.1

Général[98] d'organiser une réunion d'experts sur le thème de la privation de liberté des enfants et de l'application des normes internationales. Cette réunion s'est tenue à Vienne du 30 octobre au 4 novembre 1994, sur l'initiative du Centre des droits de l'homme des Nations Unies[99] et de la Branche des Nations Unies pour la prévention du crime et la justice pénale[100]. Dans sa résolution 1995/41, la Commission des droits de l'homme exprimait son appréciation pour les recommandations faites lors de cette réunion d'experts[101].

Pendant les sessions en 1995 et en 1996, la problématique de la privation de liberté d'enfants se trouvait à nouveau sur l'agenda de la Commission. Les résolutions 1995/41 et 1996/32[102] réaffirmaient le lien étroit entre la justice (pénale) pour mineurs et le problème de la privation de liberté, et appuyaient les principes fondamentaux reconnus dans les règles internationales. Elles soulignaient également la nécessité d'une assistance technique coordonnée sur le terrain.[103]

Suite aux résolutions adoptées lors de ces sessions, les États membres ont été invités à prendre pleinement en considération les normes internationales dans leur législation et leur pratique nationales et à les diffuser largement. Une autre conséquence a été la demande du Secrétaire Général des Nations Unies aux gouvernements de lui fournir des informations sur la question. Des demandes de renseignements ont été adressées également aux organes compétents de l'ONU, aux institutions spécialisées et aux organisations

---

98 Voir la note du Sécretaire-Général à ce sujet : E/CN.4/Sub.2/1992/20/Add.1

99 Ce centre s'appelle aujourd'hui le Bureau du Haut Commissaire aux droits de l'homme (basé à Genève)

100 Cette branche s'appelle aujourd'hui le Centre pour la prévention internationale du crime ((basé à Vienne). Document relatif à cette réunion : «Children in Trouble. United Nations Expert Group Meeting.', Vienna, Austrian Federal Ministry for Youth and Family, 1995.

101 Voir E/CN.4/1995/100

102 «Human Rights in the administration of justice, in particular of children and juveniles in detention»

103 «[The Commission on Human Rights] urges the High Commissioner for Human Rights to consider favourably requests by States for assistance in the field of the administration of justice and to strenghten system-wide coordination in this field, in particular between the United Nations programme of advisory services and technical assistance in the field of human rights and advisory services of the United Nations crime prevention and criminal justice programme.»

intergouvernementales et non gouvernementales[104]. Ces demandes s'ajoutaient à une requête semblable faite sur la base d'une résolution de 1994 de la Sous-Commission pour la prévention de la discrimination et la protection des minorités (nous y revenons ci-dessous).

Il est intéressant de constater que, lors de ces deux occasions, seul un nombre très limité de gouvernements, d'organisations intergouvernementales et d'ONG ont communiqué des renseignements. Selon nous, il ne faut pas voir là un manque d'intérêt pour le sujet, ni remettre en question l'utilité de l'exercice. Par contre, il se pourrait que la méthode utilisée ne soit pas la plus appropriée. On peut craindre en effet une «*overdose*» de requêtes auprès des États, qui en reçoivent plusieurs, plus ou moins semblables, provenant parfois des mêmes organisations[105], ce qui crée immanquablement une surcharge auprès des instances censées y répondre et qui ne sont pas toujours suffisamment équipées pour le faire. Face à ce problème, on ne peut qu'encourager les efforts visant à rationaliser et à mieux coordonner les demandes de renseignements et l'obligation des États membres de rendre compte des mesures prises pour mettre en œuvre la Convention.

En effet, le rapport soumis au Comité des droits de l'enfant par chaque État partie devrait davantage être considéré comme le document vers lequel doivent converger les efforts de tous les intervenants (gouvernements, organisations non gouvernementales et intergouvernementales) afin d'éviter un gaspillage d'énergie. Ce rapport a l'avantage de devoir être préparé à intervalle régulier[106] et de couvrir tous les domaines des droits de l'enfant d'une manière globale et détaillée.

2.2.La Sous-commission de la promotion et de la protection des droits de l'homme [107]

La Sous-Commission de la promotion et de la protection des droits de l'homme - sous-commission de la Commission des droits de l'homme -

---

104 «*Enfants et jeunes en détention*». Rapport du Secrétaire-Général établi conformément à la résolution 1996/32 de la Commission des droits de l'homme (E/CN.4/1997/26) ; voir également E/CN.4/1996/31 et Add.1

105 Voir par exemple à cet égard le questionnaire envoyé plus au moins en même temps par le Centre des Nations Unies pour la prévention internationale du crime, en ce qui concerne l'application des normes internationales relatives à la justice pour mineurs (voir plus loin).

106 Le rapport initial doit être soumis au Comité deux ans après la ratification de la Convention, en suite de quoi des rapports périodiques sont exigés tous les cinq ans.

reprend également dans ses travaux le thème de la privation de liberté des enfants et de la justice (pénale) pour mineurs. Rappelons par exemple le travail dans ce cadre-là du Rapporteur spécial sur l'application des normes internationales concernant les droits de l'homme des jeunes détenus en 1991 et 1992, dont nous parlions au début de cette partie (chapitre 2).

En 1994, la Sous-Commission a adopté une résolution sur la situation des enfants privés de liberté, comparable aux résolutions adoptées en 1995 et 1996 par la Commission des droits de l'homme (voir plus haut). Suite à cette résolution, les États membres ont été invités, comme nous le mentionnions précédemment, à fournir des renseignements sur le sujet, et un rapport a été préparé[108].

Plus récemment, dans sa Résolution 1997/25, la Sous-Commission a demandé une recherche sur la justice (pénale) pour mineurs. Un rapport a été présenté à la Commission des droits de l'homme lors de la 56ième session en 2000[109].

2.3. Les organes de surveillance des traités

D'autres organes de surveillance des traités que celui des droits de l'enfant peuvent être concernés par la problématique de la privation de liberté d'enfants : parmi eux, par exemple, le Comité des droits de l'homme et celui contre la torture.

Contrairement au Comité des droits de l'enfant, le Comité des droits de l'homme peut recevoir des plaintes individuelles concernant des violations. En considérant la jurisprudence établie par le Comité depuis 1977, on constate que le droit à la liberté et à la sécurité (PIDCP, article 9) et celui d'être traité humainement pendant la privation de liberté (PIDCP, article 10) sont des bases de recours assez fréquemment utilisées[110]. Cependant, ces recours ne concernent que très rarement des enfants, ce qui est fort

---

107 En 1999, le Conseil Economique et Social a changé le nom de la Sous-commission pour la prévention de la discrimination et la protection des minorités en Sous-commission de la promotion et de la protection des droits de l'homme.

108 «*La situation des enfants privés de liberté*». Résolution 1994/9 du 19 août 1994 (E/CN.4/Sub.2/1995/30 et Add.1)

109 «*Human Rights in the administration of justice, in particular of children and juveniles in detention. Report of the Secretary-General submitted pursuant to Commission resolution 198/39.*» United Nations, Commission on Human Rights, 56th Session, 13 January 2000, E/CN.4/2000/54.

110 de Zayas, A.; Möller, J. Th.; Opsahl, T. ; 1994.

regrettable et indique que les enfants (privés de liberté) ne sont pas mis à même de profiter de cette importante instance de suivi et de surveillance.

2.4. Les mandats thématiques

On trouve encore de l'information sur les enfants privés de liberté et le (non) respect de leurs droits dans les travaux des personnes ou groupe suivants :

- le Groupe de travail sur la détention arbitraire;
- le Rapporteur spécial sur la torture et autres peines ou traitements cruels, inhumains ou dégradants (M. N. Rodley);
- le Rapporteur spécial sur les exécutions extrajudiciaires, sommaires ou arbitraires (Mme A. Jahangir);
- le Rapporteur spécial sur la vente d'enfants, la prostitution d'enfants et la pornographie impliquant des enfants (Mme O. Calcetas-Santos);
- le Représentant spécial du Secrétaire général pour la protection des enfants en période de conflit armé (M. O. Otunnu).

2.5. L'assistance technique

Le Bureau du Haut Commissaire aux droits de l'homme est impliqué dans des programmes d'assistance technique, notamment dans le domaine de la justice (pénale) pour mineurs, avec dans certains cas une attention particulière aux enfants privés de liberté. Des programmes d'assistance technique dans le domaine de la justice (pénale) pour mineurs et de la privation de liberté des enfants sont envisagés ou en cours dans plusieurs pays.

L'assistance technique consiste dans la plupart des cas dans l'organisation de cours de formation et dans la mise en œuvre de réformes législatives[111].

---

111 Preliminary survey of technical advice and assistance in the framework of the Convention on the Rights of the Child. Geneva, Office of the High Commissioner for Human Rights, s.d.

3. Le Programme pour la prévention du crime et la justice pénale (ONU)

Introduction

La privation de liberté des enfants est un sujet qui revient régulièrement dans le cadre du Programme des Nations Unies pour la prévention du crime et la justice pénale, et ce particulièrement dans le contexte de la justice (pénale) pour mineurs.

Ce Programme tombe sous l'autorité de la Commission des Nations Unies pour la prévention du crime et la justice pénale, créée en 1992 par le Conseil économique et social des Nations Unies. Le Programme est mis en œuvre par l'intermédiaire du Centre pour la prévention internationale du crime, basé à Vienne.

L'objectif n'est pas ici d'expliquer en détail toutes les initiatives prises en la matière dans le cadre de ce Programme. Pour cette raison, nous nous limiterons à présenter les différents contextes dans lesquels ces initiatives peuvent être prises. Comme nous l'avons dit, ces informations de fond ont déjà été considérées dans les chapitres précédents.

3.1. Le travail normatif

Les Règles pour la protection des mineurs privés de liberté (1990), les Principes directeurs pour la prévention de la délinquance juvénile (1990) et les Règles minima pour l'administration de la justice pour mineurs (1985) ont été préparés dans le cadre des congrès quinquennaux que les Nations Unies organisent sur le thème de la prévention du crime et du traitement des délinquants. Le premier de ces congrès, pendant lequel l'Ensemble de règles minima pour le traitement des détenus a été adopté, s'est tenu en 1955 déjà. Le dixième congrès a eu lieu à Vienne en avril 2000.

Les thèmes de la justice (pénale) pour mineurs et de la privation de liberté des enfants ont surtout été abordés pendant le septième (1985, Milan) et le huitième congrès (1990, La Havane) pendant lesquels les instruments susmentionnés ont été adoptés.

3.2. Le travail de sensibilisation

Le Centre pour la prévention internationale du crime a organisé, avec l'appui du gouvernement autrichien, plusieurs conférences et réunions d'experts sur le thème de la justice (pénale) pour mineurs en général et de la privation de liberté des enfants en particulier. Nous avons déjà mentionné plus haut la réunion d'experts tenue à Vienne du 30 octobre au 4 novembre 1994, organisée en coopération avec le Centre des droits de l'homme des Nations Unies. Une deuxième réunion a été organisée en février1997, avec pour objectif principal l'amélioration de l'assistance technique en matière de justice (pénale) pour mineurs.

3.3. L'assistance technique

Le Centre pour la prévention internationale du crime est également sollicité pour des programmes d'assistance technique dans le domaine de la justice (pénale) pour mineurs. Il s'agit de l'une des instances, avec l'UNICEF et le Bureau du Haut Commissaire aux droits de l'homme, qui sont explicitement mentionnées dans les observations finales du Comité des droits de l'enfant lorsqu'il recommande une assistance technique dans ce domaine et à qui les États concernés peuvent alors s'adresser. Cette assistance technique peut aussi bien se limiter à un cours de formation que couvrir l'ensemble de la réforme du système de justice (pénale) pour mineurs.

Le Centre a également préparé un manuel de formation sur la justice pour mineurs[112].

Afin de mieux coordonner les différents efforts, aussi bien entre les différentes instances des Nations Unies qu'avec les organisations non gouvernementales internationales, le Centre a été l'un des principaux promoteurs de la création d'un Panel de coordination de l'assistance technique et des services de conseil dans le domaine de la justice (pénale) pour mineurs. Aujourd'hui, l'UNICEF assure (provisoirement) le secrétariat de ce Panel. D'autres membres du Panel sont le Centre pour la prévention internationale du crime, le Bureau du Haut-Commissaire aux droits de l'homme, et le Réseau international de justice pour mineurs, qui regroupe des ONG actives dans le domaine[113]. Le Panel s'est réuni deux fois à ce jour (en 1998 et 2000) mais n'est pas encore tout à fait opérationnel.

---

112 «*The United Nations and Juvenile Justice: A Guide to International Standards and Best Practice.*» New York, United Nations, International Review of Criminal Policy, Nos. 49 and 50, 1999.

113 Le Secrétariat de ce Réseau est assuré par le Secrétariat International de Défense des Enfants-International (Genève)

3.4. Le suivi et la surveillance

Le Centre pour la prévention internationale du crime se charge du suivi de l'application des différentes règles adoptées par les Nations Unies dans le domaine de la justice (pénale) pour mineurs. Les congrès quinquennaux sont à cet égard des moments privilégiés pour faire un état de lieu des progrès et des difficultés rencontrées par les États membres dans la mise en œuvre de ces règles.

En 1997[114], un questionnaire très détaillé a été envoyé à tous les États membres des Nations Unies dans le but d'être en mesure de mieux apprécier le respect de ces règles au niveau mondial. Un résumé des réponses de 51 pays a été présenté à la neuvième session de la Commission pour la prévention du crime et la justice pénale[115]. Les principales observations concernant la privation de liberté d'enfants ont été prises en compte dans les chapitres précédents.

4. Le travail de l'UNICEF

A côté de ces programmes, les différentes instances des Nations Unies font également, dans le domaine de la justice pour mineurs et de la privation de liberté d'enfants, un travail sur le terrain. L'UNICEF est l'une d'entre elles et nombreux sont ses bureaux nationaux qui, sollicités par les gouvernements ou sensibilisés par des ONG, mettent en œuvre des projets en la matière. Leur travail consiste par exemple à soutenir l'élaboration et/ou l'adaptation du cadre normatif national conformément aux exigences internationales, à apporter une aide directe aux enfants privés de liberté sous la forme de nourriture, soins de santé ou prise en charge éducative par exemple, à organiser des cours de formation en la matière pour les professionnels concernés et, de manière plus générale, à sensibiliser la communauté autour de la question des droits de l'enfant. L'UNICEF est l'un des membres du Panel de Coordination de l'assistance technique en matière de justice pour mineurs dont nous avons parlé plus haut.

---

114 Sur la base de la Résolution 1995/13 du Conseil économique et social des Nations Unies (24 juillet 1995)

115 «*Use and application of United Nations Standards ans Norms in Juvenile Justice*», E/CN.15/1998/8/Add.1

Conclusion

Concluons en insistant sur la nécessité constante de sensibiliser toutes les instances des Nations Unies sur le thème des droits de l'enfant en général. Il est capital que toutes les instances chargées d'examiner et de surveiller le respect des droits de l'homme dans les domaines de la justice, de la détention ou de la torture, entre autres, n'oublient pas de porter une attention particulière au sort des enfants. La présence de programmes ou organes spécialisés pour les enfants ne doit en aucune manière déresponsabiliser les autres.

Conclusion de la troisième partie

S'il serait exagéré de conclure cette troisième partie du livre en disant que jamais aucun enfant n'a retiré de bénéfices d'une mesure privative de liberté, il ne l'est cependant pas de dire que le respect de tous les droits de l'enfant est difficile, voire même impossible, au sein d'un établissement fermé.

Dès lors, notre conclusion est simple : la privation de liberté n'offre pas un contexte favorable au respect des droits de l'enfant. Ces droits sont facilement violés au sein des établissements fermés, et ce en particulier dans ceux qui ne sont pas adaptés à l'accueil des mineurs, comme les commissariats de police, les cellules d'arrestation ou les prisons pour adultes.

La privation de liberté implique donc pour beaucoup d'enfants davantage qu'une perte d'autonomie : elle leur retire le bénéfice de nombreux droits. Elle transforme aussi régulièrement ces droits en privilèges, en soumettant leur réalisation à la bonne volonté d'autres personnes, à une assistance venant de l'extérieur ou à des raisons thérapeutiques, disciplinaires ou autres. Le fait que la réalisation des droits soit soumise à des conditions - ce qui est incompatible avec la notion même de droit - est un aspect important et récurrent de la privation de liberté d'enfants, qui parcourt cette troisième partie du livre comme un fil rouge.

Confronté aux violations de ses droits, l'enfant est exposé au risque de retrouver la liberté plus traumatisé, plus abîmé et plus révolté encore qu'il ne pouvait l'être lors de son arrivée dans l'établissement. Il repart en outre avec une étiquette de «*marginal*» qui, même si certains jeunes en font un objet de fierté et pensent pouvoir ainsi forcer le respect de leurs pairs, risque de faire peser une nouvelle hypothèque sur son avenir.

Pour ces raisons, nous ne pouvons que partager l'avis selon lequel «*la prison n'a de valeur que tant qu'on y a pas été*». A partir de cette remarque et en la généralisant à tous les établissements fermés, une seule voie s'impose : la recherche d'alternatives.

QUATRIÈME PARTIE

QUELQUES ALTERNATIVES A LA PRIVATION DE LIBERTÉ

Introduction

L'un des objectifs de ce livre est d'offrir des outils à ceux qui travaillent pour un meilleur respect des droits des enfants, et en particulier de ceux qui sont privés de liberté ou qui risquent de l'être. Dans la deuxième partie du livre, un cadre légal international - un premier outil - a été établi, indiquant clairement en quoi consistent les engagements pris par la communauté internationale pour garantir, aux niveaux local et national, une protection juridique aux enfants pendant la privation de liberté. Dans la troisième partie, des exemples concrets de la réalisation, à l'heure actuelle et dans le monde entier, de certains de ces droits ont été présentés, pouvant constituer un outil supplémentaire.

Malgré les bonnes intentions qui peuvent inspirer une mesure privative de liberté et les efforts importants consentis dans certains cas pour respecter l'enfant et ses droits, nous avons conclu la troisième partie avec le constat que la privation de liberté est difficilement compatible avec le respect de tous les droits. Le cadre normatif statue d'ailleurs très clairement et à maintes reprises qu'elle doit toujours être décidée en dernier recours et pour une durée aussi brève que possible.

Devant l'obligation qui nous incombe de respecter les droits de l'enfant, il nous faut un outil de plus : des réponses alternatives aux comportements ou situations qui mènent encore trop souvent à l'enfermement.

Le recours fréquent à la privation de liberté ou à d'autres mesures ou réactions sévères et répressives témoigne sans doute de :

· une angoisse vis-à-vis des problèmes que certains enfants peuvent poser (l'intérêt de la société);

- un souci de protection et d'assistance à l'égard des enfants (l'intérêt de l'enfant).

Le recours à ces mesures extrêmes peut aussi être motivé par une mauvaise connaissance des manifestations qui inquiètent et de leurs causes, mais également par un manque d'information sur les alternatives possibles et donc d'un manque de confiance en ce qu'elles peuvent apporter. Pourtant, ces alternatives existent et fonctionnent.

Pour contribuer à le faire savoir, nous avons rassemblé dans cette quatrième et dernière partie du livre quelques alternatives collectées dans le monde entier. A nouveau, les expériences que nous présentons ont particulièrement trait au domaine de la justice pour mineurs, qui est un important pourvoyeur d'enfants privés de liberté et sur lequel nous nous concentrons principalement dans cet ouvrage.

Dans la sélection, il nous a fallu être vigilants quant au risque de «*mystification par la parole*». En effet, une initiative présentée comme une alternative n'en est pas nécessairement une. Certaines d'entre elles peuvent même avoir, en tant que «*remède*», des conséquences plus néfastes encore que la «*maladie*» qu'elles voudraient guérir. Il est important pour cette raison de définir ce que nous entendons par alternatives à la privation de liberté. La définition englobe-t-elle par exemple le châtiment corporel comme cela est suggéré dans certains pays ? Ou s'agit-il d'autre chose ?

Le recours aux alternatives comporte un autre risque : celui de «*net-widening*» (traduit littéralement : «*élargissement du filet*»). En effet, avec l'introduction d'alternatives constructives, humaines et respectueuses au sein de l'administration de la justice (pénale) pour mineurs uniquement, ce système de contrôle social pourrait devenir un véritable pôle d'attraction. En offrant des réponses aux problèmes vécus et posés par les enfants, il pourrait en effet attirer un nombre toujours croissant de mineurs. Est-ce une bonne chose ?

Pour répondre à cette question, nous nous sommes à nouveau penchés sur le cadre normatif international applicable en la matière. Ce faisant, nous avons identifié plusieurs qualités auxquelles les alternatives mais aussi leur mise en œuvre devraient répondre. Le lecteur trouvera une synthèse de ce cadre normatif international dans le premier chapitre. Face à des problèmes particuliers, une réponse alternative toute faite n'existe pas et les éléments de ce cadre sont à cet égard des principes directeurs extrêmement utiles. Même dans les cas exceptionnels, tels ceux - inquiétant pour plus d'un - des jeunes délinquants multirécidivistes ou ayant commis de très graves délits, il nous faut oser prendre nos responsabilités et soutenir - ou entamer - un processus vers le développement d'alternatives viables. Les quelques critères émanant du cadre normatif international sont dans ces cas-là aussi des guides importants.

Le deuxième chapitre se concentre sur quelques exemples de prétendues alternatives à la privation de liberté qui, malheureusement, sont excessivement - ou même exclusivement -déterminées par des considérations d'ordre public. L'intérêt supérieur de l'enfant est alors absent des préoccupations ou, en tout cas, difficile à percevoir.

Les chapitres 3 à 5 offrent un aperçu de ce que peuvent être ces mesures alternatives. Lors de cette présentation, nous n'entrons pas véritablement dans les détails car, malgré notre conviction quant à l'importance d'une pareille initiative, l'objectif du livre n'est pas l'exhaustivité. Notre volonté est plutôt de donner, à partir de quelques exemples concrets, le sentiment qu'il est possible de faire autrement.

Nous nous sommes pour ce faire principalement basés sur des informations figurant dans des études d'ONG, les rapports présentés au Comité des droits de l'enfant des Nations Unies par les États membres et les réponses à notre propre questionnaire sur le respect des droits de l'enfant pendant la privation de liberté. En outre, nous avons parcouru une partie de la littérature récente afin d'offrir un bon aperçu de ce qui existe déjà.

Les expériences présentées proviennent de diverses régions du monde. Plutôt que de développer des projets particuliers, nous avons dégagé les grandes lignes conductrices de plusieurs initiatives semblables. Dans chaque cas, c'est le principe sous-jacent à la solution alternative qui est important plus que les modalités d'application car ce principe peut être repris partout, indifféremment des différences culturelles ou matérielles.

Comme dans le reste du livre, nous ne mentionnons pas les pays dans lesquels les initiatives ont été identifiées. Nous avons jugé que l'intérêt réside dans le projet lui-même plutôt que dans le lieu où il est mis en œuvre. Nous avons également voulu de cette manière éviter de restreindre l'occurrence de certaines alternatives à tel ou tel pays ou partie du monde. Comme c'est le cas avec les violations des droits de l'enfant, les efforts pour y remédier et pour les prévenir sont très nombreux et présents partout.

Chapitre 1. - Le cadre normatif international

Introduction

Lors de la recherche ou de la mise en œuvre d'alternatives à la privation de liberté, avoir à l'esprit des critères à respecter est extrêmement utile. Ils sont d'abord indispensables pour identifier les véritables alternatives des autres mais aussi, par la suite, pour pouvoir surveiller leur déroulement. Ils peuvent aussi servir à guider les efforts visant à mettre en place des réactions humaines, constructives et respectueuses aux problèmes des jeunes et aux difficultés posées par eux. Il n'est pas toujours souhaitable dans de tels cas de se limiter à répliquer ce qui existe déjà, mais plutôt, à partir de ces critères, de favoriser la créativité de chacun.

Afin de déterminer des critères universellement applicables, contraignants et holistiques, nous avons considéré le cadre normatif international applicable en matière de justice (pénale) pour mineurs. Nous avons pour cela consulté pratiquement les mêmes sources que celles utilisées dans la deuxième partie du livre. Pour une information détaillée sur ces sources, il faut donc se référer au deuxième chapitre de la deuxième partie. La Convention des Nations Unies relative aux droits de l'enfant a été notre point de départ et a servi de base. A cette base se sont ajoutés principalement les Principes directeurs des Nations Unies pour la prévention de la délinquance juvénile (PDJ) et les Règles minima des Nations Unies pour l'administration de la justice pour mineurs (AJM). Nous avons également inclu dans notre analyse les Règles minima pour l'élaboration de mesures non privatives de liberté (MNPL), adoptées en 1990 par l'Assemblée Générale des Nations Unies.

Les critères à respecter dans la mise en place de mesures alternatives se situent sur trois niveaux différents. Le premier niveau, trop souvent oublié ou négligé, est celui de la prévention générale. Le deuxième niveau a trait à toute possibilité de règlement du problème par des voies hors-judiciaires. Le troisième se situe au niveau de l'administration de la justice (pénale) pour mineurs et des possibilités d'alternatives une fois que cette administration a été impliquée. Ces trois niveaux sont étroitement liés les uns aux autres. Par exemple, le recours à des solutions extrajudiciaires (deuxième niveau) peut dépendre des services sociaux, éducatifs et culturels existant au premier niveau. La recherche d'alternatives devrait se faire simultanément sur les trois niveaux.

Le cadre normatif ci-dessous n'est ni exhaustif ni aussi détaillé que celui développé dans la deuxième partie. Pour cette raison, nous tenons à souligner que les enfants sujets à des mesures alternatives ont bien évidemment, comme c'est le cas pour les enfants privés de liberté, droit à tous les droits et que le cadre normatif dans son entier s'applique donc à eux comme aux autres.

1. Le principe-clé : une intervention minimale

Le principe d'intervention minimale (MNPL, article 2.6) doit être central, notamment dans la recherche et l'application d'alternatives : «*dans bien des cas, l'abstention serait la meilleure solution*» (AJM, Exposé des motifs).

Ce principe d'intervention minimale s'explique surtout par le fait que nombre de problèmes dont nous parlons ici sont «*autorégulateurs*». La délinquance juvénile est un bon exemple à cet égard. En effet, dans le monde entier, la plupart des enfants commettent un délit mineur à un moment ou à un autre (par exemple, des petits vols ou des infractions au code de la route). Ces délits ne sont cependant le plus souvent ni connus ni signalés aux instances policières et/ou judiciaires. Pour la plupart de ces enfants, ce type de comportement est passager et adopté au cours de l'adolescence, période pendant laquelle il s'agit d'aller à la découverte des limites sociales. La commission d'une infraction permet de défier ces limites.

Plusieurs études démontrent cependant que si ces jeunes ont «*la malchance*» d'entrer dans les rouages du système de contrôle social et de ne pas en sortir assez vite, cette réaction sociale risque de les marginaliser davantage. Il sera dès lors d'autant plus difficile de remédier à la situation. On pourrait dire en exagérant un peu que le système de contrôle social doit alors chercher à résoudre les problèmes que lui-même a causés plutôt que le problème initial de l'enfant.

Le principe de l'intervention minimale ne s'applique pas uniquement à l'intensité de l'intervention mais invite également à intervenir pour une durée aussi brève que possible. Il existe en effet une certaine tendance à réagir pendant une période prolongée lorsque les problèmes sont jugés importants. Cependant, la durée de l'intervention n'est pas nécessairement une indication de son efficacité. Une très courte réaction peut souvent suffire, pour autant que les conditions ayant mené à la situation problématique soient prises en charge.

2. La prévention générale

2.1. Le principe

Mettre en place des alternatives à la privation de liberté doit consister avant tout à développer une politique globale respectueuse pour tous les enfants et leur famille. Le premier pas dans cette direction est donc la mise en œuvre à part entière de l'ensemble de la Convention relative aux droits de l'enfant.

Les Principes directeurs des Nations Unies pour la prévention de la délinquance juvénile confirment ce principe en soulignant que ces efforts contribueront effectivement à la prévention de difficultés ultérieures (voir PDJ, article 52).

Selon les Principes directeurs, une politique de prévention générale doit se construire sur la base des qualités suivantes :

- elle doit être globale;
- elle doit être pro-active;
- elle doit être ouverte à une participation à part entière des enfants.

2.2. Une politique globale

Une politique de prévention générale doit être globale et donc attentive à chaque domaine social. Elle doit être pluridisciplinaire, coordonnée et issue d'une concertation entre toutes les instances concernées. La concertation et la coordination doivent se faire dans chaque domaine social et ceci aussi bien au niveau local, national, régional et même international. Les instances publiques (gouvernementales) ainsi que les initiatives privées (non gouvernementales), les professionnels aussi bien que les bénévoles doivent être impliqués (PDJ, articles 9 et 10). Les Principes directeurs des Nations Unies pour la prévention de la délinquance juvénile contiennent des recommandations pour tous les partenaires actifs dans l'assistance à la socialisation des enfants : la famille, l'école et la communauté. Selon ces mêmes Principes directeurs, il faut également se concentrer sur la politique sociale générale et des secteurs tels que les médias.

2.3. Une politique pro-active

Une politique de prévention générale doit être pro-active et donc avoir pour cible tous les enfants et pas uniquement ceux qui risquent d'être exposés à des difficultés ou qui le sont déjà. La prévention générale doit plutôt contribuer à éviter l'occurrence de ces situations problématiques et donc à renforcer chaque famille et chaque enfant au sein de sa famille. Elle doit viser à l'amélioration de la qualité de vie de tous plutôt que se limiter à résoudre des situations ponctuelles. La prévention générale a comme objectif premier l'épanouissement du potentiel social qui se trouve dans chaque communauté et en chaque être humain, aussi jeune soit-il. Il faut donc mettre l'accent sur des politiques de prévention propres à faciliter une socialisation et une intégration réussies de tous les enfants, spécialement par le biais de la famille, de la communauté, de groupes de «*pairs*», de l'école, de la formation professionnelle et du monde de travail (PDJ, article 10).

Une approche pro-active implique également une attention pour l'apprentissage des valeurs fondamentales et pour le respect de l'identité et des traditions culturelles de l'enfant, des valeurs du pays dans lequel il vit, des civilisations différentes de la sienne et des droits de l'homme et les libertés fondamentales (PDJ, article 21).

2.4. Une politique «participative»

La troisième qualité d'une politique de prévention générale est l'attention et le respect qu'elle doit porter à l'implication à part entière des enfants eux-mêmes. Si les enfants font partie du problème, ils doivent également faire partie de la recherche de solutions ! Il faudrait qu'ils prennent eux-mêmes part à la conception, à l'élaboration et à l'exécution des plans et des programmes de prévention (PDJ, article 50). Ce principe est déjà évoqué dans les principes fondamentaux des Principes directeurs : «Les jeunes devraient avoir un rôle actif de partenaires dans la société et ne pas être considérés comme de simples objets de socialisation ou de contrôle» (PDJ, article 3).

Voici quelques exemples, sans les citer tous, d'articles issus des Principes directeurs qui reprennent ce principe :

- il faut apporter l'attention voulue à l'épanouissement personnel des jeunes et des enfants qui devraient être intégralement reconnus comme des partenaires égaux dans les processus de socialisation et d'intégration (PDJ, article 10);

- l'école devrait promouvoir des politiques et des règles justes et équitables, et les élèves devraient être représentés dans les organes de décision chargés de la politique scolaire, notamment de la politique en matière de discipline et de prise de décisions (PDJ, article 31);
- les plans de prévention doivent prévoir la participation des jeunes aux politiques et processus de prévention de la délinquance mettant notamment en jeu les ressources communautaires et l'assistance entre jeunes (PDJ, article 9).

2.5. Une attention aux situations particulières

Une politique de prévention générale est donc prioritaire mais elle n'exclut toutefois en rien l'attention nécessaire aux situations spéciales et aux problèmes particuliers. Par exemple :

- il faut que les systèmes éducatifs se préoccupent particulièrement des jeunes en situation de «risque social». Il faut élaborer et pleinement utiliser à cet effet des programmes, approches et outils pédagogiques de prévention spécialement adaptés (PDJ, article 24);
- il faudrait que les organismes publics se chargent plus particulièrement des enfants sans foyer ou vivant dans la rue, et leur assure les services nécessaires; les jeunes devraient pouvoir obtenir sans difficulté des informations sur les équipements, moyens d'hébergement, possibilités d'emploi et autres sources d'assistance au niveau local (PDJ, article 38).

Ces politiques spéciales doivent venir s'ajouter, là où cela s'avère utile ou nécessaire, à la politique de prévention générale, et donc ne pas consister en initiatives isolées. Elles ne doivent en aucune manière être la règle mais plutôt l'exception (temporaire même, de préférence).

3. Les règlements hors-judiciaires

3.1. Les principes généraux

a. Introduction

Un deuxième niveau sur lequel il faut agir pour diminuer le recours à des mesures privatives de liberté est celui du règlement hors-judiciaire des problèmes et conflits. Nous avons en effet déjà relevé à plusieurs reprises que la privation de liberté est très souvent la conséquence d'une intervention du système judiciaire.

L'encouragement à opter pour ce genre de règlement peut s'inspirer, en partant de certaines formes de justice traditionnelle, d'une volonté de ne pas dépersonnaliser le délit ou le problème posé. Il est fort utile, dans la résolution du conflit résultant d'un délit, de partir des ressources, des qualités et du potentiel des personnes concernées (auteur(s) et victime(s)), ainsi que de leur environnement.

Nous développons ci-dessous les critères auxquels un règlement hors-judiciaire doit répondre. Il s'agit ici du règlement avant l'intervention formelle de la police (par exemple par le biais d'un procès-verbal) ou de la justice. Après une telle intervention, le recours à un règlement hors-judiciaire est qualifié de «*déjudiciarisation*». Cet aspect-là sera abordé dans le point suivant.

b. La protection juridique

La mise en œuvre d'alternatives dans le cadre d'interventions hors-judiciaires ne doit se faire qu'à condition qu'une protection juridique à part entière soit garantie et que l'enfant ne coure aucun risque de traitement illégal ou arbitraire.

Le recours à des règlements hors-judiciaires doit ainsi s'inscrire dans les exigences de l'article 40.3 b) de la Convention relative aux droits de l'enfant et qui sont les suivantes : «*les États parties s'efforcent (...) de prendre des mesures, chaque fois que cela est possible et souhaitable, pour traiter ces enfants sans recourir à la procédure judiciaire, étant cependant entendu que les droits de l'homme et les garanties légales doivent être pleinement respectés*».

3.2. La mise en place de programmes communautaires

Il convient de mettre en place des services et des programmes communautaires de prévention de la délinquance juvénile, surtout dans les cas où aucun service de type classique n'a encore été établi, et de n'avoir recours qu'en dernier ressort aux services classiques de contrôle social (PDJ, article 6).

Le recours à des moyens extra-judiciaires dès le début constitue dans certains cas la meilleure décision. Il en est surtout ainsi lorsque le délit (ou le problème) n'est pas de nature grave et lorsque la famille, l'école ou d'autres institutions propres à exercer un contrôle social officieux ont déjà réagi comme il le fallait et de façon constructive ou sont prêtes à le faire (AJM, Exposés des motifs).

3.3. La décriminalisation - la dépénalisation[116]

Encourager le recours à des règlements hors-judiciaires implique en même temps la décriminalisation et la dépénalisation du comportement : «*(...) les actes non considérés comme délictueux ou pénalisés s'ils sont commis par un adulte ne devraient pas être sanctionnés s'ils sont commis par un jeune*» (PDJ, article 56).

La négligence, la consommation de drogues, l'absentéisme scolaire par exemple devraient donc être traités de préférence en dehors du système formel de justice (pénale) pour mineurs. Il faut éviter de criminaliser et de pénaliser tout comportement (y compris un délit) qui ne cause pas de dommages graves à l'évolution de l'enfant et ne porte pas préjudice à autrui (PDJ, article 5).

L'un des motifs repris dans les Principes directeurs à cet égard est que «*le comportement ou la conduite d'un jeune qui n'est pas conforme aux normes et valeurs sociales générales relève souvent du processus de maturation et de croissance et tend à disparaître spontanément chez la plupart des individus avec le passage à l'âge adulte*» et que «d*'après l'opinion prédominante des experts, qualifier un jeune de «déviant», de «délinquant» ou de «prédélinquant» contribue souvent au développement chez ce dernier d'un comportement systématiquement répréhensible*» (PDJ, article 5).

3.4. Le consentement des intéressés

Tout recours à des moyens hors-judiciaires exige le consentement des premiers intéressés, dont celui de la victime et du jeune auteur. Etant donné le rôle que les parents peuvent jouer, leur accord peut également être important (AJM, article 11.3). Conformément à l'article 12 de la Convention, il faut souligner que l'opinion de l'enfant l'est au moins autant.

---

116 La décriminalisation implique qu'un certain acte n'est légalement plus considéré comme un crime. La dépénalisation, quant à elle, signifie que même si l'acte est considéré comme un crime, le système strictement pénal n'est plus en charge de la poursuite et de la sanction.

4. Des qualités pour une administration humaine, constructive et respectueuse

Introduction

Un troisième niveau sur lequel la recherche d'alternatives à la privation de liberté d'enfants doit se concentrer est celui de l'administration de la justice (pénale) pour mineurs, à savoir toute administration formelle sollicitée pour le règlement de conflit ou de problèmes impliquant des enfants délinquants ou des enfants «*à risque*». Il peut s'agir de l'administration de justice pénale ou d'une autre administration générale chargée du maintien de l'ordre public, de la justice (pénale) pour mineurs ou même d'une administration sociale.

Le caractère humain, constructif et respectueux d'une administration ne se mesure pas uniquement lors de la réaction finale (la mesure appliquée) mais également lors de la procédure. Dans le cadre normatif international, nous avons trouvé des qualités à respecter concernant ces deux aspects. Nous en développons quelques-unes ici[117].

Avant cela cependant, il est intéressant de mentionner un principe général qui s'applique aussi bien aux règlements hors-judiciaires que nous avons décrits plus haut qu'à l'administration de la justice.

4.1. Le principe général et les objectifs

Chaque enfant a droit à un traitement qui soit de nature à favoriser son sens de la dignité et de la valeur personnelle, qui renforce son respect pour les droits de l'homme et les libertés fondamentales d'autrui, et qui tienne compte de son âge ainsi que de la nécessité de faciliter sa réintégration dans la société et de lui faire assumer un rôle constructif au sein de celle-ci (CDE, article 40.1).

Dans la Convention, ce principe est reconnu pour «*tout enfant suspecté, accusé ou convaincu d'infraction à la loi pénale*», mais nous pouvons, sans nuire à l'esprit de la Convention, élargir ce droit à tous les enfants qui risquent, pour n'importe quelle raison, d'entrer en contact avec le système de contrôle social, ainsi qu'à ceux auxquels s'appliquent des mesures de protection ou d'aide sociale (AJM, article 3.2.).

---

117 Pour des informations plus complètes et plus détaillées sur les critères pour une justice pour mineurs plus humaine, plus respectueuse et plus constructive, voir Cappelaere, G.; Verhellen, E. ; 1996.

Ce principe ne fait pas explicitement référence au double objectif (intérêt de la société et intérêt de l'enfant) de la justice (pénale) pour mineurs, mais les deux sont tout de même présents. Les Règles minima des Nations Unies pour l'administration de la justice pour mineurs confirment et soutiennent ce double objectif : «*la justice (pénale) pour mineurs (...) contribuant (...), en même temps, à la protection des jeunes et au maintien de la paix et de l'ordre dans la société*» (AJM, article 1.4).

La coexistence de l'intérêt supérieur de l'enfant d'un côté et de l'ordre public ou intérêt de la société de l'autre peut cependant être source de confusion, surtout pour les enfants. En se plaçant de la perspective de ceux qui craignent des troubles de l'ordre public, et considérant la préoccupation croissante de la population en général pour le maintien d'un ordre strict et répressif, on voit «*justifiée*» la fréquence des recours à la privation de liberté. Mais comment convaincre les enfants que cette mesure correspond à leur intérêt supérieur ? Le risque de confusion est d'autant plus réel lorsque, dans le contexte de la protection de la jeunesse ou de la justice (pénale) pour mineurs, l'on prétend que l'intérêt de la société ne joue aucun rôle.

Il nous semble plus serein de reconnaître l'importance de ces différents intérêts. Nous pouvons même d'une certaine manière considérer un renforcement mutuel des intérêts respectifs, comme le fait d'ailleurs l'article 40.1. CDE. Une réaction qui est «*de nature à favoriser le sens de la dignité et de la valeur personnelle de l'enfant, qui renforce son respect pour les droits de l'homme et les libertés fondamentales d'autrui, et qui tienne compte de son âge ainsi que de la nécessité de faciliter sa réintégration dans la société et de lui faire assumer un rôle constructif au sein de celle-ci*» est la meilleure garantie pour à la fois respecter l'intérêt supérieur de l'enfant et maintenir d'une façon efficace l'ordre dans la société.

4.2. Les principes à prendre en compte lors de la procédure

a. Des procédures spéciales

«*Les États parties s'efforcent de promouvoir l'adoption de lois, de procédures et la mise en place d'autorités et d'institutions spécialement conçues pour les enfants suspectés, accusés ou convaincus d'infraction à la loi pénale (...)*» (CDE, article 40.3).

Ici à nouveau nous suggérons d'élargir le champ d'application de ce dispositif à tous les enfants qui entrent en contact avec n'importe quelle partie du système de contrôle social ou qui risquent d'être privés de leur liberté pour n'importe quelle raison.

b. La déjudiciarisation

Nous reprenons ici l'article 40.3 CDE qui encourage à prendre des mesures sans recourir à la procédure judiciaire. Ce principe devrait s'appliquer aussi, dans ce cas, une fois que le mineur est entré en contact avec la police ou le système judiciaire, spécialisé ou non dans le traitement des mineurs[118]. L'objectif est de le sortir de ce système aussi vite que possible. Les mêmes services communautaires peuvent être utilisés lors d'un règlement hors-judiciaire et lors d'une déjudiciarisation.

La déjudiciarisation peut se faire à tous les niveaux de la procédure, avant que le tribunal ne soit saisi sur le fond (donc avant qu'il ne statue, entre autres, sur la réaction la plus appropriée au problème posé). La police, le parquet, les autres services en charge de la justice (pénale) pour mineurs et même les juges, au moment où ils sont saisis pour prendre des mesures provisoires, doivent pouvoir décider d'arrêter la procédure judiciaire et de renvoyer le jeune à des instances extrajudiciaires, sous certaines conditions ou non. Un certain nombre de critères aidant à guider la décision doivent être fixés (MNPL, article 5.1).

On s'efforcera d'organiser des programmes communautaires, notamment de surveillance et d'orientation temporaires, et d'assurer la restitution des biens et l'indemnisation des victimes (AJM, article 11.4).

c. Des garanties juridiques

L'article 40 CDE prévoit toute une série de garanties juridiques qui doivent être respectées à tout instant, lorsqu'une mesure est prise contre l'enfant. Cet article concerne les mineurs suspectés, accusés ou convaincus d'une infraction à la loi pénale. A nouveau, nous proposons, conformément à l'esprit de la Convention, d'élargir son application à tous les enfants sujets à des mesures de protection ou d'aide sociale (AJM, article 3.2).

Les garanties juridiques sont nombreuses. En voici quelques-unes :

- les actions ou omissions qui mènent à une intervention de la justice (pénale) pour mineurs doivent être légalement interdites au moment où elles sont commises (principe de légalité) (CDE, article 40.2);
- l'enfant doit être présumé innocent jusqu'à ce que sa culpabilité soit légalement établie (principe de la présomption d'innocence) (CDE, article 40.2);

---

118 Rappelons que dans le cas des règlements hors-judiciaires dont nous parlions plus haut, le mineur n'avait pas eu de contact préalable avec la police ou le système judiciaire.

- tout au long de la procédure, le mineur a le droit d'être représenté par son conseil ou de demander la désignation d'un avocat d'office lorsque des dispositions prévoyant cette assistance existent dans le pays (AJM, article 15.1);
- l'enfant a le droit à ce que sa cause soit entendue sans retard par une autorité ou une instance judiciaire compétente, indépendante et impartiale, selon une procédure équitable aux termes de la loi, en présence de son conseil juridique ou autre et, à moins que cela ne soit jugé contraire à son intérêt supérieur en raison notamment de son âge ou de sa situation, en présence de ses parents ou représentants légaux (CDE, article 40.2);
- l'enfant a le droit à ce que sa vie privée soit pleinement respectée à tous les stades de la procédure (CDE, article 40.2).

d. Une enquête sociale préalable

Lorsqu'un enfant entre en contact avec le système de la justice (pénale) pour mineurs, une enquête sociale peut être effectuée par un service social interne ou externe. Cette enquête peut contribuer à :

- mieux connaître la personnalité du mineur;
- mieux connaître son environnement social (famille, école, etc.);
- mieux déterminer si une réaction doit s'appliquer ou non;
- mieux adapter la mesure à mettre en œuvre.

Une enquête sociale révèle parfois des problèmes sociaux ou personnels du mineur et de sa famille qui n'avaient pas été identifiés jusque là ou n'avaient pas été pris en charge. Ainsi, les autorités peuvent tenir compte de ces problèmes dans la détermination de la sanction. Cependant, il faut éviter à tout prix que l'enfant soit davantage sanctionné, ou sanctionné plus sévèrement. Il se peut par exemple qu'un jeune ayant commis un délit de moindre importance (par exemple : un petit vol à l'étalage), qui ne devrait mener à rien de plus qu'une réprimande de la part des autorités décisionnelles, fasse l'objet d'une enquête sociale qui, elle, révèle des difficultés d'une telle ampleur (par exemple : la famille vit dans une grande pauvreté) que la décision finale est malgré tout une privation de liberté, ce qui peut représenter une menace pour les droits de l'enfant concerné (voir par exemple MNPL, article 7.1).

e. Le casier judiciaire

Afin de limiter au maximum la stigmatisation et ses effets sur une réintégration sociale réussie, les archives concernant les enfants en contact avec l'administration officielle doivent être considérées comme strictement confidentielles. Il doit être interdit de les communiquer à des tiers.

L'accès à des archives doit être limité aux personnes directement concernées par le jugement de l'affaire ou à d'autres personnes dûment autorisées (par exemple des personnes qui conduisent des recherches) (AJM, article 21.1).

Il ne pourra être fait état des antécédents d'un jeune délinquant dans des poursuites ultérieures impliquant le même délinquant devenu adulte (AJM, article 21.2).

f. Une réaction expéditive

Toute affaire doit, dès le début, être traitée rapidement, sans retard évitable. Au cas contraire, toute solution satisfaisante risque d'être compromise (AJM, article 20).

Si le motif de l'intervention est une situation problématique à laquelle l'enfant est confronté, rien ne peut justifier que la réaction se fasse attendre. Si l'enfant a commis un délit, plus l'attente sera longue et plus il sera difficile, voire impossible, pour lui de lier intellectuellement et psychologiquement la procédure et le jugement au délit.

g. Une décision motivée

Conformément à l'article 17.1 c) AJM, le juge, le tribunal ou toute autre autorité décisionnelle peuvent être invités, par le conseiller juridique de l'enfant par exemple, à motiver expressément et exhaustivement pourquoi une certaine mesure a été prise.

La motivation peut faire expressément partie de la décision et faire ainsi éventuellement l'objet d'un recours.

h. La participation des enfants

Les enfants doivent être impliqués le plus souvent possible dans la mise en œuvre de la sanction qui leur a été imposée. La décision du juge détermine le cadre et les limites de la sanction, mais les enfants doivent pouvoir donner leur opinion sur les modalités de sa mise en œuvre (voir CDE, article 12).

4.3. Des principes à prendre en compte concernant la réaction

a. Une réaction non privative de liberté

Rappelons ici encore une fois le principe selon lequel la privation de liberté doit être une mesure de dernier recours, décidée pour la durée la plus brève possible. Comme nous l'avons souligné à plusieurs reprises, ce principe est confirmé dans plusieurs instruments internationaux (voir par exemple CDE, article 37.b).

Sans vouloir nous exprimer ici sur l'utilité ou la nécessité pour certains enfants d'être placés pendant une courte durée dans un autre foyer que le leur, nous voulons surtout souligner l'importance de la recherche d'alternatives qui garantissent aux enfants, aussi longtemps qu'ils le souhaitent, de grandir auprès de leurs propres parents et famille.

Il est donc important de chercher de quelle manière les services et l'assistance fournis dans les établissements de placement pourraient aussi bien être garantis dans le milieu de vie de l'enfant et de sa famille. Il faut à nouveau signaler à cet égard la nécessité de développer et de garantir d'une façon permanente des services sociaux de base. La présence de ces services est nécessaire pour qu'un travail en milieu ouvert (en dehors d'un cadre résidentiel) puisse être possible et efficace, et pour qu'il soit intégré aux services pour tous, diminuant ainsi le risque de stigmatisation.

b. Le respect de l'intégrité physique et psychique

Nul enfant ne peut être soumis à la torture ni à des peines ou traitements cruels, inhumains ou dégradants (CDE, article 37.a).

La dignité du mineur soumis à des mesures non privatives de liberté doit être protégée à tout moment (MNPL, article 3.9). Les mesures non privatives de liberté ne doivent pas comporter d'expérimentation médicale ou psychologique effectuée sur le délinquant, ni de risque indu de dommage physique ou mental pour celui-ci (MNPL, article 3.8).

c. La participation active de l'enfant et de la communauté

Le jeune doit non seulement être impliqué activement dans la procédure (voir plus haut), mais également lors de la mise en oeuvre concrète de chaque mesure. L'article 12 est à cet égard une base légale importante.

A toutes les étapes de la procédure, il faut s'efforcer d'adresser aux mineurs une assistance en matière de logement, d'éducation et de formation professionnelle, d'emploi ou autre forme d'aide utile et pratique en vue de faciliter la réinsertion (AJM, article 24.1). Des volontaires, organisations bénévoles, institutions locales et autres services communautaires peuvent contribuer efficacement à la réinsertion du mineur dans un cadre communautaire et, autant que possible, à l'intérieur de la cellule familiale (AJM, article 25.1).

Les services voulus doivent être mis en place à différents niveaux pour assurer la liaison entre d'une part les services responsables des mesures non privatives de liberté, les autres secteurs du système de justice pénale, les organismes de développement social et de protection sociale tant publics que privés, dans des domaines tels que la santé, le logement, l'éducation et le travail, et les médias d'autre part (MNPL, article 22.1).

La participation de la collectivité doit être considérée comme une occasion pour ses membres de contribuer à la protection de leur société (MNPL, article 17.2). Les pouvoirs publics, le secteur privé et le grand public doivent être encouragés à seconder les organisations bénévoles qui participent à l'application des mesures non privatives de liberté (MNPL, article 18.1). Il convient de se servir des médias sous toutes leurs formes pour faire adopter au public une attitude constructive débouchant sur des activités propres à favoriser une large application du traitement en milieu libre et l'intégration sociale des délinquants (MNPL, article 18.3).

4.4. La formation

Un recours efficace à des mesures non-résidentielles dépend en grande partie de la disponibilité de services adéquats mais également de la formation appropriée du personnel, aussi bien au niveau décisionnel qu'au niveau exécutif. La nécessité de former les professionnels est mentionnée dans la plupart des instruments internationaux.

A titre d'exemple, l'article 58 des Principes directeurs des Nations Unies pour la prévention de la délinquance juvénile stipule que : «il faudrait donner au personnel des organes chargés de faire respecter la loi et autres organes compétents la formation nécessaire pour qu'ils sachent répondre aux besoins particuliers des jeunes et connaissent et utilisent autant que faire se peut les possibilités et les programmes de prise en charge qui permettent de soustraire les jeunes au système judiciaire».

La formation est une condition nécessaire pour contribuer à mettre en place une culture ouverte aux solutions alternatives, ainsi que pour faire prendre conscience de leur valeur pour l'être humain concerné et de leur efficacité pour la société.

4.5. Le suivi et la surveillance

Le jeune a le droit de déposer auprès de l'autorité judiciaire ou de toute autre autorité indépendante compétente une demande ou une plainte en rapport avec des aspects portant atteinte à ses droits individuels dans l'application des mesures non privatives de liberté (MNPL, article 3.6).

La mise au point de nouvelles mesures non privatives de liberté devrait être suivie de près, et leur application devrait faire l'objet d'une évaluation systématique (MNPL, article 2.4).

Chapitre 2. - Alternatives, vous dites ?

Introduction

Il est des «*alternatives*» dont la valeur, en partant de la perspective des enfants concernés et en considérant le respect de leurs droits, se montre peu convaincante. C'est plus particulièrement le cas dans le contexte des réactions à la délinquance juvénile. Nous pensons par exemple au châtiment corporel utilisé parfois en remplacement de courtes peines privatives de liberté. Cette pratique, réservée en général aux garçons, s'applique effectivement dans plusieurs pays. Dans certaines cultures, elle fait partie des coutumes traditionnelles. Un autre exemple du même ordre est l'humiliation publique.

Est-il acceptable, conformément au cadre normatif international, que le châtiment corporel ou l'humiliation publique soient proposés comme de véritables alternatives ? Bien sûr que non : ces pratiques ne respectent en rien le droit à l'intégrité physique et morale de l'enfant (CDE, article 37.a).

En se référant à la première partie du livre, il est utile de rappeler que la discussion sur la privation de liberté des enfants est souvent concentrée uniquement sur le placement dans certains établissements, tels que les prisons, et qu'elle n'est fréquemment perçue comme problématique que dans ses expressions les plus extrêmes. En effet, pour certains, le placement dans une institution «*éducative*», «*de réhabilitation*», «*de redressement*», «*de type familial*» ou autres représente une véritable alternative. Est-ce vraiment le cas ? Non. Un membre du Comité des droits de l'enfant, lors d'une discussion sur le rapport initial d'un État partie, disait que les institutions, aussi bonnes soient-elles, ne seraient jamais en mesure d'apporter à l'enfant l'environnement familial qui lui est si bénéfique. Quelle que soit sa forme, un placement est toujours difficile à vivre pour l'enfant.

Nous allons, dans ce chapitre, aborder deux autres exemples d'initiatives présentées comme des alternatives, mais qui ne le sont pas nécessairement lorsqu'elles sont considérées à la lumière du cadre normatif international. Il s'agit d'un programme de prévention, nommé «*Scared straight*» (littéralement «*effrayés et remis sur le droit chemin*») et de programmes de réhabilitation, les «*Boot camps*», sortes de camps paramilitaires pour jeunes délinquants. Avant de développer ces exemples, nous allons essayer de cadrer les raisons qui peuvent justifier leur existence. Ils sont en effet l'expression d'un climat qui influence le débat et la recherche d'alternatives à la privation de liberté d'enfants.

1. Un climat défavorable aux alternatives humaines, respectueuses et constructives ?

Nos propos sur la privation de liberté d'enfants et les alternatives sont déterminés par l'approche adoptée dans ce livre : l'enfant et le respect de ses droits comme points de départ. Comme nous l'avons souligné à plusieurs reprises, cette approche, malgré son importance, n'est cependant certainement pas la seule à considérer : le maintien de l'ordre public et la protection de l'intérêt de la société méritent une même attention.

On ne peut négliger le fait que, dans les discussions sur les alternatives à la privation de liberté, la protection de l'intérêt public est une préoccupation fortement présente. La tendance actuelle est à un retour à des réactions plus répressives et une confiance souvent aveugle est placée dans l'efficacité de ce type de réponse. Le recours immédiat à la privation de liberté, dès l'apparition d'un problème de désordre social, en est une preuve. Il est surprenant de voir à quel point cette foi dans la nécessité d'une réaction sévère est profondément ancrée, malgré un manque de résultats aussi bien en ce qui concerne la réhabilitation individuelle que la garantie d'une société plus sûre. Pour mieux faire accepter les solutions alternatives et contrebalancer ces convictions, il s'agit donc de convaincre qu'une intervention minimale peut être au moins aussi valable en termes d'efficacité, aussi bien dans le contexte de la prévention générale dans son ensemble que dans celui de la réhabilitation de l'enfant en particulier (prévention spéciale). En outre, et c'est là un argument de taille pour y recourir, les véritables alternatives offrent incontestablement un terrain plus propice au respect des droits de l'homme.

***A titre d'information**... Une enquête menée en 1994 auprès des juges de la jeunesse dans un pays industrialisé révèle que 93 % des juges étaient en faveur de la prise d'empreintes digitales sur les enfants appréhendés, 91 % approuvaient l'incarcération des jeunes ayant atteint l'âge de la majorité pour des faits commis quand ils étaient mineurs, 85 % voulaient instaurer un casier judiciaire pour des délits commis pendant l'enfance et que ces délits soient pris en considération si la personne était poursuivie à nouveau à sa majorité, 68 % soutenaient l'idée de rendre publiques les sessions des tribunaux de la jeunesse et 41 % approuvaient l'application de la peine de mort pour les mineurs. 55 % des juges de la jeunesse trouvaient leur travail extrêmement chargé.*

Dans les pays occidentaux, les exemples récents d'un passage à des options plus dures («*getting tough on youth*») ne manquent pas. Les parents et la famille sont également la cible de ces nouvelles réactions strictement répressives. Voici quelques exemples de telles initiatives :

- le couvre-feu. Les enfants en dessous d'un certain âge ne sont pas autorisés à se trouver à l'extérieur après une certaine heure, s'ils ne sont pas accompagnés par un adulte responsable d'eux. Le couvre-feu est présenté comme une mesure de prévention;
- la suppression des allocations familiales[119] aux parents d'enfants délinquants récidivistes. Selon les partisans de cette option, les parents sont tout autant responsables des actes de leurs enfants mineurs que les enfants eux-mêmes. Si les enfants continuent dans la voie de la délinquance, c'est parce que les parents ne font pas assez pour les remettre sur le droit chemin. Le moyen choisi pour les responsabiliser est de toucher à un domaine auquel chacun est sensible, celui de l'argent, en leur retirant les allocations familiales;
- les interventions auprès des parents «*responsables du comportement de leur enfant*» peuvent même aller plus loin encore, et mener à la déchéance, partielle ou totale, temporaire ou définitive, de l'autorité

119 Les allocations familiales font partie dans certains pays des mesures de sécurité sociale. Il s'agit d'un montant d'argent attribué par l'Etat aux familles et calculé à partir du nombre d'enfants et de leur âge. Ce sont donc les enfants qui donnent droit aux allocations familiales mais ce sont les parents qui les reçoivent. Ils sont tenus d'utiliser cet argent dans l'intérêt de l'enfant.

parentale (sanction civile) ou à des poursuites pénales (les parents jugés co-responsables étant alors punis pour les actes de leurs enfants);

- le recours de plus en plus fréquent à une procédure pénale prévue pour les adultes. Le public exerce de plus en plus de pression afin que des peines plus sévères soient imposées aux jeunes coupables de crimes graves, en partie parce qu'il a l'impression que les jeunes commettent de plus en plus de crimes avec violence, et que les peines légères contribuent au récidivisme. Les renvois aux tribunaux pour adultes reflètent dans une certaine mesure cette préoccupation. Dans certains pays où cette possibilité n'existe pas, son introduction est envisagée. Dans d'autres qui reconnaissent et appliquent déjà ce principe, une application beaucoup plus large est prévue;
- le principe de la «*tolérance zéro*». Dans certains pays, suite à des actes de violence circonscrits mais parfois graves, les autorités ont introduit une politique de «*tolérance zéro*» impliquant que tout acte en brèche avec la loi sera immédiatement poursuivi et condamné. Ici à nouveau, les jeunes risquent d'être les premiers visés par ces mesures;
- la pratique du «name and shame» (littéralement «*nommer pour faire honte*»). Il s'agit dans ce cas de livrer publiquement les noms des enfants condamnés, «*afin qu'ils éprouvent le poids de la honte*».

Les raisons de ce durcissement peuvent être multiples. Outre la foi persistante dans l'efficacité de mesures sévères, peuvent aussi jouer des facteurs tels que la prétendue augmentation des problèmes posés par les enfants et les jeunes (par exemple la délinquance) mais aussi l'augmentation du sentiment d'insécurité dans la population. Ce sentiment d'insécurité est pourtant davantage lié à des problèmes sociaux comme le chômage, la solitude, la pauvreté, l'immigration, etc. qu'à la criminalité. Ce n'est pas nécessairement le comportement des enfants qui les rend responsables de l'insécurité aux yeux de certains mais plutôt le fait qu'ils sont — avec d'autres groupes vulnérables — des cibles faciles.

La logique qui guide le recours à de telles options n'est de plus pas toujours vérifiée. Ainsi, il faut par exemple relativiser le fait que l'efficacité de la réaction se mesure avant tout à la durée et à la sévérité de la mesure. L'effet peut même être totalement inverse. Etant donné la difficulté pour chacun de supporter une surveillance stricte pendant une période prolongée, une longue mesure peut favoriser des réactions violentes. Le sentiment d'injustice né d'une mesure trop sévère peut même constituer une véritable bombe à retardement, dont l'explosion hypothéquera vraisemblablement toute tentative d'être en meilleure harmonie avec la société. Un traitement humain et une attitude constructive à l'égard des jeunes délinquants constituent sans nul doute l'approche la plus efficace pour réinsérer l'immense majorité d'entre eux. Pour être capable de traiter les autres avec respect il faut sentir que l'on est soi-même respecté.

2. Les camps «*militaires*» : l'exemple des «*Boot camps*»

Nous allons maintenant développer quelques initiatives, plus ou moins récentes, qui sont présentées comme étant des alternatives à la privation de liberté. Pour chacune d'entre elles, nous feront des observations permettant de discuter de leur valeur, d'un point de vue du respect des droits de l'enfant. Des solutions offrant un meilleur respect de ces droits sont présentées dans les chapitres 3 à 5.

Les «*Boot camps*», ou camps d'entraînement militaire, généralement constitués au sein de l'armée, ont inspiré depuis la moitié des années 80 des lieux similaires visant la prise en charge des délinquants. Il s'agit alors d'établissements résidentiels dans lesquels le règlement, la discipline et la structure sont de styles militaires, sans qu'ils ne fassent cependant formellement partie de l'armée. Certains utilisent les concernant le terme d'«*incarcération de choc*».

Selon les termes de leurs défenseurs, les «*Boot camps*» répondent aux exigences suivantes : ils protègent la société; ils réduisent la surpopulation carcérale et permettent des économies en diminuant la période d'incarcération; ils punissent le délinquant en le plaçant dans un environnement difficile, sans les avantages qu'il pourrait obtenir dans certaines prisons; ils réduisent la récidive et dissuadent les comportements criminels; ils réhabilitent le délinquant en lui enseignant l'autodiscipline, en encourageant des attitudes plus sociales et en améliorant sa condition physique.

L'un des arguments derrière le placement de mineurs en «*Boot camp*» est similaire à celui à l'origine des programmes d'enseignement d'aptitudes sociales («*life skills programmes*»), même si la manière de répondre au problème est totalement différente : l'enfant délinquant a des lacunes qu'il s'agit de combler. Suivant cet argument, ces jeunes manquent de certaines aptitudes qu'il faut leur inculquer pour qu'ils adoptent un comportement conforme à la loi : être responsable, travailler dur, savoir se contrôler, etc. Un autre argument est la conviction que ces enfants ont besoin d'un cadre structuré pour pouvoir se développer complètement. L'absence ou la défaillance de structures et de guidance fermes et claires expliquent, selon les défenseurs de ce genre de programme, le comportement déviant.

Les méthodes utilisées varient d'un camp à l'autre. Certains sont critiqués pour utiliser des méthodes abandonnées par les militaires eux-mêmes parce que considérées comme inefficaces et néfastes (traitements dégradants, commandement capricieux, tâches imposées sans raison légitime, etc.). A l'inverse, certains établissements ont un règlement interdisant les traitements ou le langage humiliants.

En plus d'exercices d'entraînement très physiques, les méthodes militaires peuvent inclure le garde à vous en rang; l'obligation de répondre aux questions du chef en hurlant «*oui, monsieur*» ou «*non, monsieur*»; la marche au pas; les punitions sommaires dont les punitions immédiates telles que les pompes ou le travail supplémentaire; les punitions collectives; une journée «*d'accueil*» très difficile (nommée parfois «*journée infernale*» par les responsables eux-mêmes) qui vise à donner aux jeunes un avant-goût de ce qui les attend; la confrontation verbale intense; le logement dans des baraques; le port de l'uniforme militaire; etc.

Les jeunes sont souvent poussés aux limites de leur résistance et de leurs capacités et donc forcément parfois au-delà d'elles, en particulier les enfants plus fragiles ou moins en forme. Les humiliations peuvent être nombreuses.

Les camps pour jeunes mettent généralement davantage que chez les adultes l'accent sur la réhabilitation. En plus des exercices militaires et du travail, certains camps incluent également une formation professionnelle ou une préparation à l'emploi. Parfois, ils proposent aussi des traitements contre la dépendance à la drogue ou à l'alcool et des services de conseil. Certains suivent les jeunes après leur sortie, avec une supervision plus ou moins intensive dans la communauté.

Ces camps s'adressent en principe aux délinquants «*moyens*», c'est-à-dire ceux qui ont échoué dans des sanctions moins dures, telles que la probation, mais qui ne sont pas des criminels endurcis. Les jeunes coupables de violence grave, ainsi que les délinquants sexuels, ne sont généralement pas admis. Dans certains cas, les enfants sont acceptés dès douze-treize ans, voire même dix ans. Ils y restent en général trois ou quatre mois.

Selon un rapport sorti en 1994 dans un pays qui les pratique, il n'y a pas de preuves que les «*Boot camps*» ont réellement un effet sur la récidive.

Quelques observations

Certains enfants affirment retirer des éléments positifs de leur expérience dans un «*Boot Camp*». Par exemple, ils estiment que le camp leur a beaucoup appris, leur a donné des outils pour s'en sortir et qu'ils ont été changés.

Malgré ces réactions, et sans mettre en cause la façon dont certains enfants ont vécu l'expérience, nous remettons en question la valeur de tels programmes. Si l'argument du besoin de structure des jeunes est, il est vrai, tout à fait valable et important, ne serait-il pas plus utile, moins coûteux et plus durable, d'essayer d'établir ce cadre structuré - avec les parents et les enfants - au sein même de leur environnement familial et social ? Pourquoi nécessairement passer par un camp militaire ? Il faut savoir aussi qu'en quittant le camp le jeune sera peut-être replongé dans un environnement familial instable, si aucun travail n'a été fait auprès de la famille dans l'intervalle (voir le chapitre sur la prévention générale pour des propositions en matière de politique familiale).

Une autre critique de ces programmes porte sur les violations du droit à l'intégrité physique et morale auxquelles nous assistons dans la plupart des camps. Pourquoi passer par des attitudes ou des traitements humiliants et dégradants pour faire comprendre aux jeunes comment vivre d'une manière plus conforme aux attentes sociales ? N'y a-t-il vraiment pas d'autres moyens d'atteindre cet objectif ?

Finalement, il faut encore ajouter que, même si l'appellation de «*Boot camp*» ne le laisse pas entendre, il s'agit toujours d'une privation de liberté.

3. «*Scared straight*» : des visites dans les prisons comme mesure de prévention

Dans certains pays, des visites pour des groupes de jeunes (délinquants ou non) sont organisées dans les prisons. L'objectif est de montrer à ces enfants, pendant quelques heures, à quoi ressemble la vie à l'intérieur d'une prison et donc à les détourner de la délinquance. Ces visites sont dans certains cas conduites par des détenus eux-mêmes, généralement par ceux qui purgent de longues peines, soutenus dans cette tâche par des membres du personnel de la prison ou des aumôniers.

Il existe différents types d'approches, plus ou moins «*intensives*» : elles vont de très agressives, dans le but d'effrayer les jeunes, à «*éducatives*». En principe, l'approche la plus agressive s'adresse à des jeunes poursuivis pour avoir commis des délits alors que l'approche «*éducative*» cible des enfants en provenance des écoles ordinaires.

Les enfants visitent les lieux, des cellules aux sanitaires, et suivent généralement une session sur la vie en prison et les conditions à l'intérieur, avec un accent particulier sur la nature brutale et déprimante de cette vie. On leur montre des objets tels que les armes fabriquées par les détenus eux-mêmes ou des pots de chambre. On leur passe des menottes ou on les installe dans des chaises de force. Dans l'approche la plus intensive, généralement réservée aux délinquants (mais pas toujours), les visiteurs sont même parfois injuriés et insultés. Il arrive aussi qu'un détenu mineur menotté soit exhibé devant les jeunes visiteurs et contraint à répondre devant eux aux questions humiliantes et agressives des gardiens.

Quelques observations

Un tel programme ne répond pas non plus aux critères établis par le cadre normatif international. Isolé, c'est-à-dire non accompagné d'autres mesures préventives, il n'aura probablement qu'un effet minimal sur l'intimidation à long terme. Il n'offre rien d'autres aux jeunes que de l'angoisse et place donc tout le poids sur leur dos. En outre, l'image des personnes incarcérées est probablement dévoilée sans les nuances nécessaires, ce qui pourrait aggraver la résistance publique à contribuer à la réinsertion sociale des personnes privées de liberté.

L'approche est strictement négative et se justifie seulement par cette fausse conviction selon laquelle montrer le non respect est la meilleure façon d'inculquer le respect.

4. Une restriction de liberté au lieu d'une privation de liberté

De plus en plus de voix s'élèvent pour demander le remplacement de la privation de liberté par la restriction de liberté. Les propositions à cet égard sont toutefois le plus souvent motivées par la surpopulation des milieux carcéraux plutôt que par le désir de promouvoir une justice plus humaine, plus constructive et plus respectueuse. Quoi qu'il en soit, leurs défenseurs prétendent qu'une forme de privation de liberté de mouvement peut ainsi être réalisée sans entraîner de conséquences majeures sur l'éducation et la vie familiale du mineur.

Voici quelques exemples d'initiatives prises dans ce contexte :

- L'enfermement pendant la nuit, les week-ends ou les vacances scolaires exclusivement

Le mineur peut n'être tenu de rester enfermé que pendant la nuit, les week-ends ou les vacances scolaires, pendant une période déterminée par le juge.

- L'assignation à domicile et/ou l'utilisation du bracelet électronique

L'objectif est d'éviter la désocialisation due à la privation de liberté, tout en restreignant la liberté du mineur. Il reste chez lui mais sa liberté de mouvement est réduite. La surveillance peut être assurée par exemple par des appels téléphoniques réguliers ou par des moyens électroniques, le mineur portant à la cheville ou au poignet un bracelet-émetteur qui déclenche un signal lorsqu'il s'éloigne d'une certaine distance (environ 40 à 50 mètres) de son lieu d'assignation. L'assignation peut également être limitée aux nuits, aux week-ends ou aux vacances scolaires.

Une condition importante pour l'assignation à domicile est la volonté des parents de collaborer à la surveillance de leur enfant et à la réalisation de ses obligations. Les conditions peuvent être discutées préalablement avec l'enfant et ses parents.

Les tâches que le mineur doit accomplir pendant l'assignation à domicile peuvent être des activités quotidiennes comme faire son lit, nettoyer sa chambre ou encore participer au travail domestique. D'autres obligations peuvent s'ajouter, en rapport avec l'emploi de l'enfant ou ses études (des devoirs supplémentaires par exemple). Il peut également être invité à mener une réflexion sur son comportement et rédiger un texte à ce sujet.

Des personnes désignées rendent visite aux enfants et à leur famille, parfois sans avertir.

- Des établissements ouverts et des régimes de semi-détention

Peut être ajouté dans ce contexte tout placement d'enfants ne comprenant pas une privation de liberté au sens strict[120]. Dans le cadre normatif international, se trouvent effectivement des encouragements à créer des établissements ouverts et des régimes de semi-détention. Ces solutions suscitent toutefois un certain sentiment d'ambiguïté puisque, de la perspective des enfants, elles peuvent représenter une véritable privation de liberté.

Les Règles des Nations Unies pour la protection des mineurs privés de liberté définissent les établissements ouverts comme des établissements dans lesquels les mesures matérielles de sécurité sont aussi réduites que possible. Elles ajoutent que, dans de tels établissements, la population doit être assez restreinte pour permettre un traitement individualisé et que les établissements pour mineurs devraient être décentralisés et d'une taille propre à faciliter les contacts entre les mineurs et leurs familles. En particulier, on devrait créer de petits établissements de détention intégrés à l'environnement social, économique et culturel des mineurs et à leur communauté (MPL, article 30).

---

120 Par sens strict nous entendons «*toute forme de détention, d'emprisonnement ou le placement d'une personne dans un établissement public ou privé dont elle n'est pas autorisée à sortir à son gré, ordonnés par une autorité judiciaire, administrative ou autre*» (MPL, article 11).

Les maisons de famille sont un exemple de tels établissements ouverts. Les jeunes y sont placés en alternative à la privation de liberté. Ils y apprennent les aptitudes (sociales, académiques, professionnelles, etc.) qui leur manquent avec l'aide de couples formés pour être des «*parents-enseignants*». Seul un petit nombre de jeunes (6 ou 8 par exemple) vivent dans une maison. Ces maisons de famille sont situées dans leur communauté, ce qui permet aux enfants de garder le contact avec leur propre famille et d'aller à l'école locale. Les parents d'accueil sont formés pour travailler étroitement avec les parents, les professeurs et d'autres membres de la communauté.

Quant aux régimes de semi-détention, les Règles minima concernant l'administration de la justice pour mineurs mentionnent à titre d'exemple des établissements tels que les centres d'accueil intermédiaires, les foyers socio-éducatifs, les externats de formation professionnelle et autres établissements appropriés propres à favoriser la réinsertion sociale des mineurs (AJM, article 29.1).

Quelques observations

Les avantages que les mesures de restriction de liberté peuvent avoir sur un enfermement pur et dur ne sont pas négligeables. Elles offrent en effet de manière générale un terrain plus propice à la réalisation des droits de l'enfant. Par exemple, un enfermement pendant les week-ends seulement peut permettre à celui-ci de suivre l'école appropriée de son choix. De même, un placement dans un établissement ouvert permet généralement des contacts plus intenses et plus nombreux avec sa famille.

Cependant, ces mesures sont très souvent équivalentes à une privation de liberté aux yeux des enfants eux-mêmes et elles représentent tout de même, malgré les avantages mentionnés plus haut, un obstacle à la pleine réalisation de leurs droits. Il ne faudrait pas que la privation de liberté soit totalement «*dé-problématisée*» une fois ses formes extrêmes écartées.

Il faut veiller à ce que les «*fausses*» alternatives ne brouillent pas le débat. Il serait en effet regrettable de s'en contenter et d'arrêter là toute recherche de solutions plus respectueuses des droits de l'enfant.

Chapitre 3. - La prévention générale

Introduction

L'importance que nous attribuons, dans cette partie, à la prévention générale peut surprendre. Elle est pourtant une conséquence de notre choix de traiter de la privation de liberté en partant de la perspective des droits de l'enfant. Comme nous le disions dans la deuxième partie, l'un des défis que fait naître cette approche est en effet la nécessité d'intervenir dans les structures sociales en faveur des enfants en tant que groupe social.

Un enfermement ne résoudra ni un comportement délinquant, ni des conditions de vie difficiles. Les problèmes doivent être pris en charge là où ils se posent, par exemple dans la famille, l'environnement social ou l'école, et autant que possible en collaboration avec les jeunes. Il n'est pas question d'agir uniquement sur les conséquences des situations qui ont mené les enfants à être en conflit avec la loi mais également, et avant tout, d'agir sur ces situations directement. Par exemple, enfermer les enfants de la rue ne résoud en rien les dynamiques qui les ont amenés à vivre dans la rue. Cette mesure a plutôt comme résultat de déresponsabiliser et détourner chacun d'une remise en question des causes d'un tel phénomène.

Une telle remise en question ne se fait malheureusement trop souvent qu'après l'apparition des situations problématiques. L'appel à la prévention générale est pour cette raison celui à une approche pro-active : il s'agit de prendre les enfants au sérieux à tout moment et pas uniquement après qu'ils nous aient émus avec les difficultés qu'ils rencontrent (en cas d'exploitation ou d'abus par exemple) ou dérangés avec les problèmes qu'ils causent (en cas de délinquance juvénile par exemple).

La prévention générale implique la mise en place d'une société respectueuse de ses enfants. Il s'agit là d'une condition nécessaire si l'on veut éviter les situations à risque. La prévention générale peut contribuer à la diminution du recours à la privation de liberté, en renforçant le potentiel des enfants et de leur environnement familial et social mais également en diminuant peu à peu les charges que la société fait peser sur eux en termes de réussite sociale, de survie, de pression économique, de rendement, etc. Elle peut contribuer à anticiper aux motifs qui mènent à la privation de liberté d'enfants. Prenons l'exemple des enfants qui sont enfermés parce qu'ils refusent d'aller à l'école. Dans le cadre de la prévention générale, chaque société est cependant invitée à créer les structures scolaires les mieux adaptées, d'abord et avant tout, aux enfants, de manière à ce qu'elle soit la plus attractive possible à leurs yeux. A cet égard, l'avis des enfants, y compris de ceux qui ont peu ou pas accès à l'école ou de ceux pour qui l'enseignement ordinaire est problématique, doit être sollicité et pris en compte.

Dans ce chapitre, nous allons développer quelques pistes, autours desquelles la prévention générale devrait être axée. Il s'agit du soutien à la famille, du niveau de vie, de l'éducation, de l'intégrité physique et morale, de l'information, de la protection juridique et des loisirs.

1. Le droit de grandir dans sa famille : quelques initiatives préventives

Il est de plus en plus largement reconnu que les programmes qui séparent les enfants de leur famille, de leur environnement social et de tous les réseaux de soutien qu'ils peuvent avoir, sont voués à l'échec. Les programmes qui cherchent à renforcer l'environnement social de l'enfant ont, en revanche, une bien meilleure garantie de succès à long terme.

1.1. Elever un enfant ne va pas de soi

Chaque enfant a le droit de grandir dans sa famille. La Convention relative aux droits de l'enfant le souligne déjà en préambule : «*(...) la famille, unité fondamentale de la société et milieu naturel pour la croissance et le bien-être de tous ses membres, et en particulier des enfants, doit recevoir la protection et l'assistance dont elle a besoin pour pouvoir jouer pleinement son rôle dans la communauté*».

Ce paragraphe reconnaît implicitement qu'élever un enfant ne va pas de soi. Chaque famille peut, de temps à autre, avoir besoin d'une assistance ou du soutien de tiers et il n'y a rien de mal ou d'étrange à cela. Ces tiers peuvent d'abord être des membres de la famille, comme par exemple des grands-parents, des oncles ou tantes ou des amis. Une telle aide n'est cependant pas forcément disponible à tous et, dans certains cas, une assistance plus spécialisée peut être utile. Il arrive que les parents, mais aussi le monde extérieur, considèrent à tort cette demande d'assistance comme un aveu d'échec.

Le soutien à la famille doit être inconditionnel et octroyé indépendamment d'une situation «*à risque*» dans laquelle elle pourrait se trouver. Chaque famille qui le sollicite doit pouvoir en bénéficier.

En plus de ses effets préventifs bénéfiques, le renforcement de la cellule familiale a également son importance dans le contexte de la recherche de réactions constructives, humaines et respectueuses aux difficultés que les enfants peuvent poser. Les services d'assistance aux familles peuvent donc contribuer à prévenir mais également à remédier à ces difficultés. Ainsi, le recours à ces services peut être encouragé dans le contexte de mesures telles que la liberté surveillée, les mesures probatoires ou la libération anticipée. Nous y reviendrons plus tard.

1.2. «*Il faut un village pour élever un enfant*»[121]

Dans plusieurs pays, des programmes existent visant à renforcer la famille en tant que premier lieu responsable du bien-être de l'enfant, ainsi qu'à développer des réseaux de soutien dans le voisinage, afin d'éviter que les enfants soient placés hors de chez eux. Le principe de départ, inspiré par l'organisation de certaines cultures indigènes ou passées - mais pas nécessairement très anciennes -, est que chaque membre de la communauté a une responsabilité envers les autres membres. Ces programmes ciblent avant tout les enfants et les familles considérées «*à risque*», pour lesquelles un placement de l'enfant hors de chez lui est envisagé. Les difficultés de ces familles peuvent être variées : relations difficiles entre les parents ou entre les parents et les enfants, problèmes financiers, comportement difficile des enfants, difficultés scolaires, manque d'accès à des services sociaux, etc.

Les équipes responsables des programmes peuvent être multidisciplinaires et composées aussi bien de professionnels que de bénévoles en provenance de la communauté. Ces programmes peuvent prendre des formes variées.

---

121 Proverbe africain

Il s'agit, par exemple, d'apporter un soutien à la famille d'une manière intensive pendant 24 heures en cas de crise, afin d'éviter le placement du jeune. La flexibilité est très importante dans ce cas-là, car l'équipe doit pouvoir intervenir même en dehors des «*heures de bureaux*». On essaie surtout, malgré les problèmes, de partir des qualités et des capacités de la famille. Certaines aptitudes nouvelles ou différentes peuvent être développées en vue d'être mieux «*armé*» pour faire face aux difficultés.

Des services peuvent aussi être proposés pour venir en aide aux familles s'occupant à domicile d'un enfant, par exemple des services de stimulation des enfants en bas âge, de travailleurs spécialisés dans l'aide aux familles et autres services spéciaux qui aident les parents à répondre chez eux aux besoins particuliers de leur enfant.

Certains membres de la communauté peuvent être désignés comme des «*mentors*» pour les enfants, les jeunes ou les familles «*à risque*». Leur rôle alors est de parrainer les enfants et les familles sous leur «*responsabilité*». Nous y reviendrons plus tard.

1.3. Le droit de grandir dans sa famille

Dans le contexte de la prévention générale et de l'importance du droit de l'enfant de grandir dans sa famille, mentionnons encore les efforts consentis parfois pour faciliter la combinaison entre le travail des parents et leur rôle auprès des enfants. Ces efforts peuvent contribuer - d'une façon indirecte - à une meilleure socialisation des enfants.

Les politiques du travail qui permettent aux parents à la fois d'avoir un revenu et de s'occuper de leurs enfants sont essentielles. Cela peut impliquer des changements dans les pratiques professionnelles afin de permettre des congés de maternité ou de paternité, le partage du travail entre père et mère, l'introduction d'horaires flexibles pendant la semaine ou l'existence d'un droit des parents à ne pas être forcés de travailler pendant les week-ends.

2. Le droit à un niveau de vie suffisant : quelques initiatives préventives

2.1. Le droit à un revenu suffisant

Les enfants et leurs parents ont droit à un niveau de vie suffisant. Pour cela les familles doivent recevoir un revenu minimum qui leur permette de satisfaire aux besoins de base de tous leurs membres. Lorsque les membres de la famille ne parviennent pas à générer un revenu suffisant par leur travail ou autre moyen légal, l'État prévoit dans certains pays un soutien, par exemple une assistance aux personnes au chômage ou à la recherche d'un emploi. Une aide peut également être octroyée par le biais des allocations familiales. De tels arrangements devraient être administrés d'une manière non stigmatisante pour l'enfant, de façon à ce qu'il ne soit pas forcé de dévoiler en public qu'il reçoit de l'aide (comme cela peut par exemple arriver avec un système de bons pour des habits ou des repas gratuits à l'école), ce qui pourrait mener à sa marginalisation par ses pairs.

2.2. L'accès au monde de travail pour les jeunes

Un autre aspect à ne pas négliger dans ce contexte de prévention générale est la garantie pour chaque jeune d'avoir accès à un emploi approprié après avoir terminé ses études (compte tenu des âges minima d'admission à l'emploi, voir partie 2). Certains jeunes qui ne trouvent pas d'emploi ni de possibilités de formation les intégrant au monde du travail, risquent rapidement de se déconnecter de la réalité et éventuellement de se réfugier dans la délinquance. Pour éviter cette situation, dans certains pays, a été instaurée avec succès une coopération entre les écoles et l'industrie locale ou le commerce, afin d'offrir des possibilités d'emploi aux jeunes et de leur donner l'opportunité d'acquérir une expérience professionnelle.

2.3. Des services pour les familles à bas revenu

Il existe parfois des services pour les familles à bas revenu. Par exemple, l'objectif de certaines initiatives est d'offrir une formation et un petit capital aux familles pour leur permettre de créer leurs propres activités génératrices de revenu. Ce soutien économique peut aller de pair avec d'autres formes d'assistance, telles que :

- mettre en place un système éducatif comprenant des programmes flexibles pour les enfants des rues et les enfants travailleurs;
- apprendre à rendre la vie de famille plus agréable;
- donner aux jeunes et aux parents des opportunités d'acquérir une estime personnelle et des aptitudes sociales de base;
- expliquer les principes des droits de l'homme et des droits de l'enfant aux dirigeants de la communauté et aux personnes en charge de l'application des lois.

Ces projets illustrent une approche compréhensive et intégrée. Le défi de départ est bien de garantir une indépendance économique aux familles mais, au travers de telles activités, ces dernières sont en plus encouragées et assistées dans des domaines connexes de la vie familiale. La famille est peut-être d'autant plus disposée à améliorer ces autres aspects de sa vie dès lors que l'une de ses préoccupations principales – le revenu - est prise en charge.

3. Le droit à l'intégrité physique et morale : quelques initiatives préventives

3.1. L'abolition des châtiments corporels

On assiste à la mise en œuvre d'un nombre croissant d'initiatives ayant trait à la promotion de la non-violence et à la prévention des violations de l'intégrité physique des enfants. L'importance de ces initiatives est capitale car elles contribuent à briser le cercle vicieux de la violence. On observe en effet souvent que les jeunes auteurs de violence sont, ou ont été, eux-mêmes victimes de négligence et d'abus.

Il est intéressant dans ce contexte-là de voir porter une attention accrue à l'abolition du châtiment corporel des enfants, y compris au sein de la famille.

Remettre en cause le châtiment corporel, dont la légitimité est une évidence pour certains, est certainement une première et importante démarche pour rompre avec la transmission de comportements violents de générations en générations. Les enfants élevés dans la conviction que de tels châtiments sont inappropriés n'y auront probablement pas recours en tant que parents. On ne peut mieux apprendre aux enfants le respect d'autrui qu'en respectant soi-même leur intégrité dans la vie de tous les jours.

Certains États ont à cet égard adopté des lois rendant illégal le châtiment corporel, aussi bien dans des lieux publics comme les établissements scolaires, que dans un contexte privé, au sein de la famille.

3.2. Changer l'attitude des enfants vis-à-vis de la violence

Existent aussi des initiatives qui visent à changer l'attitude des enfants face à la violence, à leur apprendre à gérer les conflits de manière constructive et à les encourager à influencer le comportement de leurs parents.

Il s'agit par exemple de programmes de résolution de conflit dans les écoles primaires. On apprend alors aux enfants à exprimer clairement ce qu'ils ressentent, à écouter les autres, à les comprendre, à vaincre leur timidité et à oser revendiquer leurs droits, à respecter les droits des autres, à contrôler leurs impulsions et autres comportements «irrationnels', à savoir fonctionner chacun son tour, partager, faire des compromis et prendre leurs responsabilités. Un matériel varié, créatif et interactif est dans certains cas produit à cette fin et les enseignants peuvent recevoir une formation particulière pour mener à bien ces cours. Dans les salles de classe peut être installée une table autour de laquelle les enfants se retrouvent pour résoudre leurs conflits.

Les programmes dans les écoles peuvent également être accompagnés et soutenus par des expositions, des concours ou des spectacles culturels. Chaque année, une journée de la paix à l'école peut aussi être organisée et une récompense attribuée aux enfants qui ont favorisé la paix en classe.

4. Le droit aux loisirs : quelques initiatives préventives

L'intégration des familles dans la communauté peut être favorisée par la présence de centres de sports et de loisirs qui ne soient pas seulement voués à la recherche de l'exploit mais qui offrent également des opportunités pour les parents et les enfants de s'amuser ensemble.

Par exemple, les centres sportifs et culturels peuvent organiser des week-ends pendant lesquels parents et enfants peuvent se livrer ensemble à toutes sortes d'activités sportives et récréatives. Les piscines peuvent organiser des horaires strictement réservés aux familles; les clubs sportifs prévoir des espaces réservés lors des compétitions, de manière à ce que les parents et les petits enfants puissent y assister ensemble en toute sécurité.

Les activités visant particulièrement à détourner les jeunes de la délinquance devront prendre en compte certaines caractéristiques propres à cette tranche d'âge, telles que l'importance du groupe pour les adolescents et leur besoin de stimulation et d'excitation.

Dans cet esprit, les programmes en groupe, qui font appel à l'esprit d'équipe et qui proposent des activités excitantes (par exemple celles qui auraient été illégales dans d'autres circonstances) sont généralement très efficaces. Par exemple, l'organisation de courses de voiture ou de moto sur des circuits fermés, permettant aux jeunes en dessous de l'âge légal de conduire, s'est montrée dans certains cas très utile pour réduire la conduite illégale de véhicules à moteur.

Afin d'être accessible à tous les jeunes et à toutes les familles, ce type d'activités devrait idéalement être gratuit.

5. Le droit à l'éducation : quelques initiatives préventives

Chaque enfant a droit à une éducation appropriée. Cependant, il arrive de temps en temps que les structures scolaires traditionnelles échouent pour certains élèves et n'atteignent pas leurs objectifs éducatifs en ce qui les concernent. Dans une telle situation, des programmes alternatifs d'éducation peuvent prendre le relais et réaliser le droit à l'éducation de ces enfants, grâce à l'introduction dans le milieu scolaire de changements institutionnels qui le rende plus adapté à eux. Il est important en effet que les structures de l'enseignement s'adaptent autant aux enfants et à leurs besoins que les enfants sont censés s'adapter à elles.

Ces programmes alternatifs, qui peuvent physiquement être situés soit au sein de bâtiments scolaires traditionnels soit dans d'autres lieux, permettent dans certains cas d'apporter aux élèves, en les associant à des activités non traditionnelles, un sens de leur valeur propre et de leur compétence.

Les activités couvertes par ces programmes alternatifs incluent :

- le développement de programmes et de matériel éducatif qui intéressent vraiment les enfants en les faisant correspondre le plus possible à leurs intérêts et à leur culture;
- l'adaptation du programme scolaire au marché du travail, en particulier pour les élèves qui ne feront pas d'études supérieures;
- la mise en place de moyens de générer puis de maintenir l'engagement des jeunes vis-à-vis du système éducatif et des standards de comportement de la communauté, en les associant par exemple à la planification et aux prises de décision au sein de l'école;
- l'identification et la réintégration des élèves qui sont en échec ou se comportent mal, tout en évitant d'étiqueter ces enfants comme incapables d'apprendre;
- l'établissement d'une étroite coopération et coordination entre l'école, la famille et la communauté.

En général, les programmes alternatifs d'éducation qui donnent de bons résultats partagent un certain nombre de caractéristiques :

- un enseignement individualisé avec des programmes taillés à la mesure des besoins et intérêts des élèves, des objectifs d'apprentissage clairs et un rythme d'apprentissage adapté à chacun;
- des récompenses claires pour les progrès scolaires individuels;
- un petit nombre d'élèves par programme et par classe.

6. Le droit à l'information et à une protection juridique : quelques initiatives préventives

D'autres mesures de prévention générale – par ailleurs fréquemment oubliées - sont l'information sur les droits et la protection juridique. Il est en effet capital que chaque enfant sache quels sont ses droits et leurs limites. Connaître ses droits donne la possibilité d'agir en citoyen responsable et aide à canaliser les revendications que chacun peut avoir. Par exemple, des jeunes qui savent qu'ils ont droit à un lieu convenable réservé pour leurs loisirs pourront entreprendre des démarches d'une manière informée et responsable pour que ce droit soit respecté, plutôt que d'être tentés d'exprimer leur mécontentement d'une manière violente.

Pour illustrer les programmes allant dans ce sens, on pourrait citer la création dans plusieurs pays de «*centres de ressource pour les jeunes*» au niveau régional, qui servent de points focals pour les activités de la jeunesse et l'information à son attention. Ils peuvent être accompagnés d'un réseau de centres d'accueil qui aident à disperser les activités et les informations dans toute la région. Les activités prévues comprennent par exemple des loisirs en dehors des heures scolaires, du théâtre, des cours de renforcement des aptitudes sociales, des services de conseil ou la mise à disposition de toute sorte d'informations, par exemple en matière d'orientation professionnelle. Les centres ne créent généralement pas de nouvelles activités mais se basent sur les ressources existantes en tentant de les rendre plus accessibles aux jeunes.

Etre informé est également une pré-condition pour pouvoir contester une violation. Chaque enfant doit avoir la possibilité d'être soutenu chaque fois qu'il juge que ses droits sont bafoués.

Des centres de défense juridique et sociale ont été créés à cet effet dans plusieurs pays. Ces initiatives, facilement accessibles aux enfants, peuvent offrir une permanence téléphonique mais aussi un accueil sur place, dans des locaux ouverts en dehors des horaires scolaires. Les enfants peuvent garder leur anonymat et toute assistance est gratuite.

L'assistance consiste d'abord à informer l'enfant. Tout un éventail de brochures facilement compréhensibles peut être préparé à cet effet. Souvent, les personnes en charge des centres se rendent dans les écoles ou dans d'autres lieux appropriés pour rencontrer les enfants et de les informer de leurs droits.

Quand l'enfant, suite à un problème particulier (dans n'importe quel domaine ou pour n'importe quelle raison), prend contact avec ce genre de centre de défense juridique et sociale, il est dûment écouté et une solution est recherchée avec lui, en favorisant avant tout la discussion et la négociation. D'après des responsables, l'enfant reste maître de son dossier, mais doit en même temps avoir le sentiment de ne pas être seul.

Si des démarches officielles, par exemple auprès d'un tribunal, s'avèrent nécessaires, elles sont discutées avec l'enfant pour qu'il puisse prendre une décision informée et motivée. Il est aidé à formuler son opinion le plus clairement et précisément possible. Dans certains cas et si nécessaire, un avocat peut être mis à sa disposition gratuitement. Ce dernier assistera l'enfant lors des démarches officielles, administratives et judiciaires.

Dans un nombre toujours croissant de pays, il existe même des associations d'avocats qui ont pour but de défendre gratuitement les enfants devant les tribunaux. Le centre de défense juridique et sociale peut aussi suggérer au jeune de prendre contact avec d'autres services plus spécialisés, par exemple dans le domaine de l'aide sociale.

Les parents ne sont pas exclus de ce processus mais l'enfant en est le point de départ, ses droits la référence et la défense de ses intérêts et de ses droits l'objectif.

Ces centres de défense ne limitent pas nécessairement leur travail à une assistance individuelle. A partir de leur expérience pratique et surtout du vécu des enfants rencontrés, ils peuvent aussi sensibiliser et solliciter les autorités législatives, juridiques et administratives, les associations concernées ainsi que le grand public pour envisager ensemble les mesures nécessaires et utiles en vue d'améliorer la position sociale et juridique de tous les enfants.

Pour les enfants privés de liberté plus spécifiquement, les centres de défense juridique peuvent :

- avoir accès aux prisons et autres lieux de détention pour identifier les enfants privés de liberté;
- prendre connaissance des dossiers des enfants concernés, assurer leur défense, vérifier la légalité des mesures prises à leur encontre, étudier avec les autorités judiciaires ou administratives les possibilités d'une action non privative de liberté (voir également la partie 3, chapitre 8).

Chapitre 4. - Les règlements hors-judiciaires et la déjudiciarisation

Introduction

Entre les efforts de prévention générale dont nous venons de parler et le moment auquel le mineur entre en contact avec le système de contrôle social ou de protection de l'enfance, il est un niveau sur lequel il est extrêmement important d'investir afin de réduire autant que possible la privation de liberté des enfants : celui du règlement hors-judiciaire des conflits, au sein de la communauté. Le règlement hors-judiciaire peut se faire avant même que les autorités officielles soient en charge du cas, ou après. Dans ce deuxième cas, on parle plutôt de déjudiciarisation.

Les règlements hors-judiciaires peuvent s'inspirer du règlement des conflits dans certaines cultures traditionnelles, comme par exemple la conciliation ou la médiation entre l'enfant et la ou les victime(s), avec l'aide du chef du village.

Il existe un mouvement de plus en plus important qui réclame une nouvelle justice pour mineurs, qui serait non plus basée sur le principe de la rétribution (comme l'est le droit pénal) ni sur celui de réhabilitation (comme l'est la justice (pénale) pour mineurs) mais sur la réparation du dommage matériel et moral causé par le délit. Ce modèle est connu sous le nom de «*justice réparatrice*».

Le recours à la déjudiciarisation ou aux règlements hors-judiciaires peut contribuer à réduire le recours à la privation de liberté des enfants. Cependant, en se référant au cadre normatif international, il y a deux avertissements à faire :

- il faut garantir que ce recours à la déjudiciarisation ou à un règlement hors-judiciaire ne signifie pas une protection juridique moindre. Il arrive en effet que, dans l'enthousiasme autour de ces mesures, les garanties juridiques telles qu'elles sont prévues dans l'article 40 de la Convention relative aux droits de l'enfant soient négligées;
- il faut à tout prix éviter que l'existence d'alternatives visant la déjudiciarisation nuise au principe de l'intervention minimale. Cet avertissement peut sembler superflu mais il ne l'est pas. L'enthousiasme autour des alternatives et de leur effet potentiellement bénéfique sur beaucoup d'enfants peut conduire à ce qu'un nombre croissant d'entre eux soit mis en contact avec l'administration de la justice (bien que d'une manière limitée seulement puisque l'affaire est déjudiciarisée par la suite) alors que leur cas aurait peut-être été classé si l'alternative n'avait pas été disponible[122].

Avant d'en venir aux exemples concrets, nous donnons ci-dessous un supplément d'information sur les concepts de déjudiciarisation (aussi appelée diversion) et de justice réparatrice. La mise en œuvre de ces concepts varie d'un cas à l'autre. Ils présentent toutefois quelques caractéristiques plus ou moins universelles.

1. La déjudiciarisation (ou diversion)

1.1. L'objectif

La déjudiciarisation, comme son nom l'indique, vise à ce que le règlement d'un conflit ou d'un problème pour lequel l'administration de la justice a été sollicitée se fasse en dehors du système judiciaire (ou diversion : dévier du système judiciaire). La déjudiciarisation est surtout appliquée dans le contexte des réactions à la délinquance juvénile.

Elle peut être décidée à tout moment lors de la procédure (arrestation, détention préventive, inculpation, saisine, etc.) et par toutes les instances concernées (police, magistrats du parquet, juges, etc.).

---

122 Voir également à ce sujet notre introduction sur la justice (pénale) pour mineurs dans la première partie du livre.

1.2. Une solution extra-judiciaire

La solution est recherchée auprès de services extra-judiciaires, comme par exemple l'école, des services d'aide sociale, des services thérapeutiques, d'assistance éducative, de médiation, de traitement des problèmes de dépendance, des organisations sportives ou culturelles, etc. Le choix peut se faire en concertation avec l'enfant. Il ne dépendra pas seulement du délit mais également des observations sociales et psychologiques à son sujet et au sujet de son environnement de vie.

La famille peut être impliquée dans la mise en œuvre des mesures et être sollicitée pour assister l'enfant ou surveiller les conditions imposées. Elle peut également faire partie, avec l'enfant, de la mesure de diversion et donc devoir recourir elle aussi aux différents services susmentionnés.

1.3. L'aveu de l'enfant : une condition préalable

Pour pouvoir bénéficier d'une procédure de diversion l'enfant doit avoir admis le délit. Cette condition est indispensable car on ne peut prendre le risque d'imposer une mesure à un innocent. Elle représente cependant des risques. En effet, il faut une gestion scrupuleuse du cas et une certaine formation pour éviter toute coercion à l'égard du jeune et veiller à ce que ses droits à un procès équitable, tels que celui à la présomption d'innocence et celui de garder le silence, soient respectés. Il est donc nécessaire d'expliquer très clairement à l'enfant quelles seront les implications et conséquences de son aveu. Il doit être clairement établi qu'en endossant la responsabilité du délit il pourra bénéficier de la procédure de diversion mais que si, au contraire, il n'est pas coupable, il est préférable que la justice se charge du dossier afin qu'il ait la possibilité de prouver son innocence à l'issue d'un procès.

1.4. Des directives - un contrat

La mise en place de directives est importante pour veiller à ce que l'usage de la diversion soit juste et cohérent et à ce que le mineur bénéficie d'une protection juridique le mettant à l'abri de mesures arbitraires. Ces directives doivent tout de même garder une certaine souplesse.

Dans certains pays, les engagements pris par les parties au conflit lors de la procédure de diversion sont consignés dans un contrat, signé par chacune d'entre elles. Le contrat doit inclure une description des devoirs du jeune (par exemple, suivre régulièrement des cours ou commencer un traitement), la durée du contrat, la supervision qui sera mise en place (les parents peuvent être sollicités à cet égard, par exemple pour garantir que l'enfant parte tous les matins à temps pour l'école), ainsi que les conséquences d'un non respect des obligations ou d'une récidive pendant la période contractuelle. Selon le moment de la procédure auquel la déjudiciarisation a été proposée, le mineur peut tout de même être poursuivi ou être l'objet d'une sanction «*pénale*» dans le cas du non respect de ses obligations.

Un tel contrat prend en compte les souhaits et la situation du jeune, tout en favorisant autant que possible une approche coordonnée entre les parties.

1.5. Le recours à la justice traditionnelle

Dans certaines cultures, le règlement des affaires sans gravité concernant des enfants se fait par le biais d'un recours aux systèmes traditionnels. Les affaires en général (civiles et pénales) sont alors réglées de façon officieuse par la collectivité.

Dans certains cas, le droit des peuples indigènes d'utiliser, au sein de leur communauté, leur propre système de justice, leurs propres institutions pour la résolution des conflits, leurs processus pour établir la paix et autres législations et pratiques coutumières est légalement reconnu. Ils le sont d'ailleurs aussi par la communauté internationale, pour autant qu'ils soient compatibles avec les législations nationales et les droits de l'homme.

Dans plusieurs pays, il a été proposé que les «*tribunaux*» de village jouent le rôle de juridictions de première instance pour certaines infractions mineures (voies de fait simples, vols, etc.). Les moyens utilisés, comme l'indemnisation ou la conciliation, sont alors ceux auxquels on a traditionnellement recours pour résoudre les différends entre membres de la communauté. Afin d'inciter la collectivité à s'intéresser aux enfants et à s'occuper d'eux, la responsabilité de les suivre, de les surveiller et de les aider est parfois confiée à une personne désignée par le «*tribunal*» du village. Une autre raison pour faire appel à des «*tribunaux*» de village peut être la difficulté d'obtenir promptement justice auprès des tribunaux ordinaires, souvent très éloignés du lieu de vie de la communauté.

1.6. Un avertissement important

Le plaidoyer, au sein du cadre normatif international, pour des règlements hors-judiciaires a été inspiré par et a donné lieu à la mise en place de systèmes administratifs de justice pour mineurs. Cependant, dans la réalité, une prise en charge par un système administratif n'est malheureusement pas toujours la garantie d'un recours moindre à la privation de liberté.

Des commissions, conseils, comités et autres instances établies dans certains pays pour se substituer aux tribunaux dans les interventions envers des jeunes délinquants ou défavorisés sont souvent responsables d'un nombre tout aussi élevé de placements que le sont les juges et les tribunaux.

2. La justice réparatrice

La perspective de la justice réparatrice perçoit le délit sous l'angle d'un conflit entre deux parties et part du principe qu'un équilibre social a été rompu par la commission du délit. Selon cette conception, le délinquant a la responsabilité sociale de réparer, la réparation étant considérée comme un pas symbolique vers la réconciliation. Afin de rétablir l'équilibre rompu, la justice réparatrice vise donc à réparer le délit plutôt qu'à le réprimer, et à réconcilier les deux parties plutôt qu'à condamner. L'idée même de la résolution de conflit - en opposition à la sanction - est un défi à la vision traditionnelle du système de justice pénale, ou justice répressive.

Ce modèle interactif - un conflit entre deux parties - n'explique certes pas toutes les manifestations délictueuses, mais fonctionne dans une majorité des cas considérés par les tribunaux, plus particulièrement en ce qui concerne la délinquance juvénile. Selon ce modèle, l'intérêt ne doit pas se concentrer sur une violation abstraite de la loi, aux frais de l'État, mais plutôt sur les personnes directement concernées : la victime et le délinquant. L'accent sur le caractère conflictuel des actes criminels amène à regarder le crime d'une manière qui correspond au jugement de la victime : le crime comme un comportement qui blesse.

La procédure pénale traditionnelle est parfois critiquée pour victimiser une nouvelle fois ceux qui ont été lésés ou, dans le meilleur des cas, les réduire à un rôle mineur. Le système judiciaire n'oriente sa réponse que vers le délinquant. Cependant, lorsqu'il y a une ou des victimes individuelle(s) la délinquance est bien un événement interpersonnel. Par conséquent, pour répondre à cette préoccupation, les programmes dans le cadre de la justice réparatrice incluent ce moment interactif dans la réaction au crime. Les deux parties ont des rôles moins stigmatisants que ceux de n'être que «*victime*» ou «*agresseur*». La justice réparatrice répond à l'appel pour une participation active de la victime et une meilleure responsabilisation de l'agresseur. Elle ne stigmatise pas le délinquant mais lui offre une possibilité de se racheter. Elle ne dénonce pas le jeune mais le délit.

Les sanctions traditionnelles qui sont infligées aux délinquants ne semblent souvent qu'augmenter la passivité de l'agresseur et son indifférence à l'égard de la victime, ce qui ne l'encourage pas à admettre sa responsabilité. Dans les procédures de réconciliation par contre, le délinquant est plus à même de prendre conscience de sa responsabilité envers la société, grâce à une discussion active et un face à face avec sa victime au sujet de l'acte et de ses conséquences. Un lien direct est fait entre le délit et ses conséquences, alors que dans le cadre de la justice répressive traditionnelle, ce lien reste parfois trop abstrait pour avoir un quelconque effet sur le jeune.

Cette approche ne signifie pas que le crime soit exclusivement une affaire privée entre les parties concernées : nuire à autrui viole des normes sociales, va à l'encontre de l'attente générale de la communauté ou de la société. Dans ce concept de justice réparatrice, l'acceptation individuelle et générale des normes sociales ne passe par un code abstrait de règles à respecter ni par la menace d'une répression mais plutôt par l'apprentissage et l'expérience personnelle de chaque individu dans le contexte social. Le mécanisme de contrôle social démontre ce que signifient les normes et facilite leur reconnaissance au moyen de mesures positives.

En donnant les rôles principaux à la victime et au délinquant, en les plaçant face à face et en leur permettant d'exprimer leurs sentiments respectifs vis-à-vis du délit, les programmes de réconciliation et les conférences familiales décrits plus loin illustrent cette perspective de justice réparatrice.

3. Des mesures de diversion au niveau de la police : l'admonestation policière

Dans certains pays, la police a le choix discrétionnaire d'entamer ou non des poursuites judiciaires à l'égard d'un jeune qui avoue ou dont il est établi qu'il a commis un délit. Au lieu de dresser un procès-verbal ou de le traduire devant la justice, la police peut donner un avertissement à l'enfant. Cela peut se passer directement dans la rue de manière informelle, mais aussi plus formellement au domicile du jeune en présence de ses parents, ou au poste de police. L'avertissement formel (admonestation) peut être oral ou écrit. Alors qu'il n'est pas nécessaire de verbaliser dans le cas d'un avertissement informel, cela doit généralement être fait pour un avertissement formel.

Un bon usage des admonestations requiert une formation spécialisée dont chaque policier ne dispose pas toujours. Si tel est le cas, le policier qui a eu connaissance du délit peut dans certains pays référer l'enfant à un bureau spécialisé au sein de la police, avec un rapport décrivant les faits. Un tel bureau est par exemple une section qui s'occupe exclusivement des dossiers des mineurs et dans laquelle non seulement des policiers mais aussi des assistants sociaux peuvent travailler.

Préalablement à l'admonestation formelle, des informations sur l'enfant peuvent être rassemblées auprès des services sociaux, de l'école ou de toute autre instance qui pourrait en avoir. Une personne, éventuellement du bureau spécialisé de la police ou d'un service social, peut aussi se rendre au domicile de l'enfant. Sur la base de ces informations, une décision est prise par la police quant à l'action la plus appropriée à entreprendre : la poursuite judiciaire, l'avertissement formel (admonestation) ou aucune action.

Les critères pour administrer un avertissement formel sont par exemple les suivants :

- les preuves disponibles doivent être suffisantes;
- le jeune doit reconnaître le délit et admettre qu'il a mal agit;
- les parents du jeune doivent accepter qu'il reçoive un avertissement au lieu de devoir comparaître au tribunal;
- la victime doit consentir à un règlement hors-judiciaire de l'affaire.

Dans certains pays, l'accord préalable du ministère public est nécessaire

4. Les programmes de réconciliation entre victime(s) et délinquant

Les programmes de réconciliation entre victime(s) et délinquant s'inscrivent dans l'approche de la justice réparatrice décrite plus haut. Il s'agit donc de mettre face à face le délinquant et sa ou ses victime(s) pour discuter ensemble, avec l'aide d'un médiateur, de l'acte et de ses conséquences et pour se mettre d'accord sur un moyen de réparation. Les programmes de réconciliation entre délinquant et victime(s) peuvent s'appliquer à chaque niveau de la procédure policière et judiciaire.

La question est parfois soulevée de savoir si la rencontre entre la victime et le délinquant devrait être rendue obligatoire. Que faire dans le cas où l'un ou l'autre refuserait la confrontation ? Le médiateur devrait-il alors faire la navette entre les deux parties et tenter d'arriver à un compromis de cette manière ? Il semble qu'une telle solution ne serait pas souhaitable car l'on perdrait alors ce qui constitue l'essence même de ces programmes et fait toute leur spécificité : le face à face. Toutefois, il est vrai aussi qu'il est important de respecter la décision de la victime ou du délinquant de ne pas se rencontrer, non seulement pour des raisons légales, mais aussi parce que la liberté de choix est essentielle pour la réussite du processus. Un processus dynamique de résolution de conflit ne peut pas être obligatoire. Dans le cas du délinquant, le rôle d'un médiateur est d'informer le jeune des risques et des avantages de la procédure pénale ainsi que de ceux de la procédure de réconciliation.

En ce qui concerne la victime, une participation volontaire est indispensable. Même si l'on peut penser dans certains cas à une pression morale (*«si je ne participe pas le jeune sera puni plus sévèrement»*), ce problème devrait être neutralisé par une information détaillée donnée par le médiateur. Pour la mettre à l'aise, il est très important que le médiateur crée dès le premier contact une atmosphère de sécurité et de confiance mutuelle avec la victime (par exemple en la rencontrant personnellement plutôt qu'en lui laissant un message téléphonique).

Il se peut que les médiateurs soient des bénévoles. Cette démarche, en plus de réduire les coûts, symbolise l'inclusion de la communauté et un sentiment de responsabilité de sa part, ce qui favorise un accueil favorable de ce genre de programmes par le public.

Le médiateur organise aussi vite que possible une rencontre avec les différentes parties dans le but de parvenir à un accord, tel que le versement d'une compensation par le mineur, qui peut être par exemple financière ou en prestation au travail. Souvent, il surveille aussi l'exécution de l'accord, maintient la communication avec le système judiciaire et est en charge des relations publiques. Si la médiation n'a pas abouti à un accord ou si l'accord n'a pas été respecté, l'affaire peut être poursuivie devant un tribunal.

Une approche équilibrée des parties est très importante. Le médiateur devrait soutenir plus particulièrement les personnes qui ont des problèmes à communiquer ou rééquilibrer d'autres formes d'inégalités (verbales, sociales, etc.) afin de favoriser l'égalité des chances. De plus, ses idées et impulsions créatives dans le cas où la conversation s'empêtrerait peuvent permettre de sortir de l'impasse. Cette tâche de médiateur demande donc beaucoup et une sélection méticuleuse, une formation approfondie et un engagement sérieux sont des conditions cruciales à un bon fonctionnement tout au long de la procédure.

5. Les conférences familiales («*Family Group Conferencing*»)

5.1. Les objectifs

Un autre programme de réconciliation entre auteur et victime, toujours dans le cadre de la justice réparatrice, est celui des conférences familiales («*Family Group Conferencing*»). Le principe est pratiquement le même que celui des programmes de réconciliation dont nous venons de parler, à la différence principale que ces conférences familiales impliquent un plus grand nombre de personnes dans le processus. Il s'agit en effet de réunions qui rassemblent la ou les victime(s) entourée(s) par des personnes de son/leur choix et le ou les délinquant(s), accompagné(s) de membres de sa/leur famille. Sont aussi présents, suivant les cas, la police, le ou les avocat(s), des travailleurs sociaux, et éventuellement d'autres personnes susceptibles de jouer un rôle significatif dans le processus. L'objectif est de discuter du délit en présence d'un médiateur, et de chercher ensemble un moyen de le réparer. Les parties doivent s'entendre sur un plan qui, s'il est appliqué correctement par le délinquant, annule les charges contre lui.

Un objectif supplémentaire important de ces conférences est de renforcer l'unité familiale. La victime et la famille du délinquant (ou d'autres personnes qui comptent pour lui) sont les plus à même d'avoir un impact sur lui, afin qu'il endosse la responsabilité de ses actes et de tenter d'éviter la récidive.

Ce système de conférences est né en Nouvelle-Zélande à la fin des années 80. Il est basé sur les techniques de résolution de conflits des populations Maoris.

5.2. La procédure

La décision d'organiser une conférence familiale peut être prise à deux moments différents :

- au moment de la saisine : la saisine peut être suspendue jusqu'à ce que le plan issu de la conférence ait été appliqué avec succès. La conférence peut même en partie remplacer le procureur dans la responsabilité de décider si oui ou non le cas du mineur doit être poursuivi devant le tribunal ou si une solution extrajudiciaire est plus appropriée;
- au moment du jugement : dans certains pays, en particulier pour les cas les plus sérieux et ceux dans lesquels le jeune n'accepte pas la responsabilité du délit, la conférence familiale n'intervient qu'après le procès, dans le but de déterminer une peine appropriée. Les différences principales avec le premier système sont que dans ce cas le travail de

responsabilisation du jeune ne se fait pas dans le cadre de la conférence et que le délit est porté à son casier judiciaire. Il ne s'agit donc pas d'une mesure de déjudiciarisation.

5.3. Pour quels mineurs et pour quels délits ?

Il existe un débat sur ce point, particulièrement autour de la question de la gravité du délit. Pour certains en effet, les délinquants ayant commis les délits les plus graves ne devraient pas être déviés du système judiciaire. Pour d'autres, au contraire, les conférences familiales sont moins appropriées pour les délits mineurs, en raison du faible ratio entre l'efficacité et le coût. Selon nous, il peut s'agir a priori dans les deux cas d'une alternative constructive et efficace.

5.4. Le déroulement des conférences

La conférence est convoquée et animée par un médiateur, qui est soutenu par une administration dans les tâches relatives à l'organisation. La conférence doit être tenue en un lieu et à un moment qui soient les plus pratiques possible pour tous les participants. Elle dure généralement entre 2 et 4 heures, mais il est important que le délinquant et sa famille disposent du temps nécessaire pour arriver à un plan.Elle se déroule en trois phases, chacune revêtant la même importance dans le succès du processus : une phase de préparation, une phase de médiation et une phase de suivi.

a. La phase de préparation

Avant la conférence, se déroule toute une phase de préparation de chaque participant (le délinquant et sa famille, la victime et les personnes qui la soutiennent, la police, l'avocat, etc.). Le travail préparatoire est effectué par le médiateur, qui rend visite aux différentes parties. Cette phase de préparation est capitale car le succès du processus dépend en grande partie d'elle. Elle a deux objectifs : informer les participants et obtenir de l'information de leur part sur le jeune, la famille, les relations entre chacun, etc.

b. La phase de médiation

Cette phase est divisée en trois parties :

- le partage d'information

L'objectif de cette partie est d'introduire le concept de la conférence et de préparer chacun au processus qui va suivre. Chacun se présente et le médiateur explique les règles (confidentialité, langage non violent, une seule personne a la parole à la fois, le médiateur est en charge du bon déroulement du processus, etc.), ainsi que les buts et le déroulement.

Si la conférence se déroule dans le contexte d'une mesure de diversion, la police commence par lire les charges contre le jeune. Celui-ci a alors la possibilité d'avouer ou non le délit. Dans le cas ou il se déclare non coupable, l'affaire est renvoyée au tribunal. Cette étape est très importante car, comme toute option de diversion, la conférence familiale comporte un certain risque de coercion : le jeune pourrait être mis sous pression pour avouer un délit qu'il n'a pas commis. Il est important de créer un climat dans lequel il se sente à l'aise et de bien lui expliquer les enjeux de son éventuel aveu.

La victime fait ensuite part de ses sentiments à propos de ce qui s'est passé, ce qu'elle a alors ressenti et ce qu'elle ressent aujourd'hui encore. Le jeune délinquant et sa famille ont aussi la possibilité de discuter des faits et de leurs sentiments. Ce dialogue doit être aussi ouvert et honnête que possible.

- la délibération en famille et l'établissement d'un plan

Le délinquant et sa famille se réunissent ensuite pour établir avec l'aide du médiateur un plan d'action visant à réparer le mal fait à la victime et à la société, ainsi que le tort causé par le jeune à sa famille. Le plan doit aussi chercher à prévenir la récidive.

- la finalisation du plan

La famille fait part du plan au reste des participants. Chacun peut faire des commentaires et des suggestions. Un mécanisme de suivi est organisé et les délais définitifs décidés. Le plan est ensuite mis par écrit et distribué à tous les participants. Si une ou plusieurs personnes présentes ne sont pas d'accord avec le plan, il est envoyé au procureur ou au magistrat qui peut soit l'accepter, soit convoquer une nouvelle conférence.

Dans le cas où la conférence s'est tenue après que le jeune ait été reconnu coupable par le tribunal, le cas est renvoyé à la cour avec le plan recommandé par la conférence. C'est alors au magistrat que revient la décision finale de l'accepter ou non.

c. La phase de suivi

C'est généralement à un membre responsable de la famille que revient le rôle central dans la surveillance de la mise en œuvre du plan. De cette manière, on redonne son rôle à la famille, en lui offrant l'opportunité de prendre ses responsabilités. S'il s'agit des parents, cela peut contribuer à restaurer leur autorité, si besoin est. Cette personne doit faire un rapport de suivi au médiateur par exemple toutes les deux semaines, généralement par téléphone. La fréquence des échos doit cependant être en rapport avec les ressources de la famille et son fonctionnement (par exemple, il se peut qu'elle n'aie pas le téléphone). Le médiateur peut rendre visite à la famille pendant la mise en œuvre du plan, à titre d'encouragement. Les visites seront plus fréquentes si le jeune semble avoir des difficultés à l'appliquer.

Toutes les personnes ayant assisté à la conférence doivent être informées du déroulement du plan. Si le jeune n'exécute pas le plan sur lequel tous s'étaient mis d'accord, son cas peut être renvoyé au tribunal.

A titre d'exemple…

Voici une illustration ce qui vient d'être dit qui aide à saisir la dynamique en jeu.

Sur ordre du procureur, une conférence familiale doit se tenir suite à l'arrestation d'une jeune fille de seize ans, pour vol dans un grand magasin. Personnifiant la victime, un représentant du magasin est présent. L'adolescente est accompagnée par son oncle, une nièce, son frère et la femme de celui-ci.

La victime commence par expliquer de quelle manière le vol à l'étalage affecte le magasin. La jeune fille raconte qu'elle a pris les habits parce qu'elle en avait besoin et n'avait pas l'argent pour les payer. Elle avoue qu'elle n'a pas du tout mesuré les conséquences de son acte. Elle demande pardon à sa famille pour lui avoir fait honte, ajoutant qu'elle n'avait pas réalisé que son délit leur ferait du mal. La famille discute ensuite d'un plan pour réparer le délit et il est décidé que la jeune fille présentera des excuses écrites au magasin. Son frère, sculpteur, suggère de surcroît qu'elle fasse une sculpture qu'elle donnera au magasin, dans le but de l'occuper et d'éventuellement éveiller en elle une vocation pour l'avenir. Il est aussi convenu qu'elle accomplira un travail d'intérêt général dans une clinique locale et qu'elle vendra des friandises à l'école afin de gagner de l'argent de poche pour satisfaire à ses besoins. Finalement, la famille et la jeune fille décident qu'elle déménagera de chez son oncle pour aller chez son frère, où la femme de celui-ci sera en mesure de garder un œil sur elle.

Cette conférence a été considérée par ses organisateurs et les participants comme extrêmement efficace pour plusieurs raisons : d'abord la famille s'est beaucoup investie dans la recherche d'un plan créatif pour la jeune fille; deuxièmement, la victime a aussi participé activement, donnant même des suggestions pour le plan; troisièmement, la conférence a donné conscience à la jeune fille des conséquences de son acte, à la fois sur la victime et sur sa famille; finalement, la rencontre a permis à la victime de mieux comprendre les raisons du délit.

Chapitre 5. - Les alternatives au niveau de la détention préventive, du jugement et de la libération anticipée

Introduction

Lorsque l'on parle d'alternatives à la privation de liberté, la discussion et les efforts sont souvent concentrés au niveau du jugement ou de la libération anticipée, conditionnelle ou non. Comme nous allons le constater plus bas, le travail du législateur international n'échappe lui-même pas à cette observation. Cette concentration d'efforts «*à la fin du parcours*» serait regrettable si elle signifiait une absence de projets aux niveaux de la prévention générale et de la déjudiciarisation; les initiatives que nous avons présentées dans les chapitres précédents ont démontré que tel n'était pas nécessairement le cas.

Dans ce dernier chapitre, nous allons présenter plusieurs alternatives auxquelles il est possible de recourir au moment du jugement ou d'une libération anticipée, et d'autres applicables dans le contexte de l'arrestation et de la détention préventive. Dans un premier temps, nous avons résumé les initiatives recommandées à cet égard par le législateur international.

A nouveau, nous n'avons pas ici l'ambition d'être exhaustifs. Dans les pages qui suivent, nous n'abordons que quelques programmes alternatifs, et de surcroît sans aller dans les détails. Plusieurs de ces alternatives peuvent être appliquées également dans le contexte de la déjudiciarisation ou du règlement hors-judiciaire.

1. Les quelques alternatives mentionnées dans le cadre normatif international

L'article 40.4 de la Convention relative aux droits de l'enfant mentionne un certain nombre de réactions alternatives à la privation de liberté (dans le cadre de la justice (pénale) pour mineurs) : «*Toute une gamme de dispositions relatives notamment aux soins, à l'orientation et à la supervision, aux conseils, à la probation, au placement familial, aux programmes d'éducation générale et professionnelle et aux solutions autres qu'institutionnelles [doivent être] prévues en vue d'assurer aux enfants un traitement conforme à leur bien-être et proportionné à leur situation et à l'infraction*».

L'article 18.1 des Règles minima des Nations Unies sur l'administration de la justice pour mineurs encourage l'exécution du jugement sous des formes diverses, en maintenant une grande souplesse pour éviter autant que possible le placement dans une institution.

En plus de ce qui est mentionné dans la Convention, on retrouve dans cet article des propositions telles que la possibilité d'ordonner «*l'intervention des services communautaires*», «*des amendes, une indemnisation et une restitution*», «*un régime intermédiaire ou autre*» ou encore «*la participation à des groupes d'orientation et à d'autres activités analogues*» (voir également les articles 8.2 et 9.2 MNPL).

Ces mêmes Règles précisent encore que «*autant que faire se peut, la détention préventive doit être remplacée par d'autres mesures telles que la surveillance étroite, une aide très attentive ou le placement dans une famille ou dans un établissement ou un foyer éducatif*» (AJM, article 13.2). Notez dans cet article à nouveau l'ambiguïté du législateur international qui propose le placement comme une alternative à la privation de liberté.

2. Les alternatives : des mesures économiques

Quel que soit le pays où l'on se trouve, la privation de liberté coûte très cher. Le coût du placement d'un enfant en établissement fermé représente nettement plus que le revenu moyen quotidien. A titre informatif et pour donner un ordre d'idée, ce coût est selon différentes sources par exemple d'environ 10 US$ par jour et par enfant dans un pays en voie de développement et de 60 à 130 US$ dans un pays industrialisé.

En outre, dans la plupart des pays, le budget alloué aux mesures privatives de liberté constitue une très grande partie des dépenses réservées à l'ensemble des mesures appliquées, par exemple dans le cadre de la justice (pénale) pour mineurs. Il n'est pas exceptionnel que le budget pour les mesures de privation de liberté représente les trois-quarts, ou même plus, du budget total.

Recourir à des alternatives permet donc souvent de faire des économies, ce qui augmente encore leur caractère attractif.

Une étude économique menée dans un pays industrialisé à la fin des années 80, à l'issue d'une politique de diminution des placements (introduction entre autres du travail d'intérêt général), démontre que l'augmentation des libérations sous caution et la diminution des incarcérations en faveur du travail d'intérêt général faisaient épargner au gouvernement environ 400 000 dollars US sur une période de six mois[123]. Ce montant a été calculé après déduction des frais qu'impliquent les alternatives ou la mise à disposition de travailleurs sociaux dans les quartiers de provenance de la plupart des enfants.

3. Le travail d'intérêt général

3.1. Qu'est-ce que le travail d'intérêt général ?

Le travail d'intérêt général consiste pour le jeune à accomplir, pendant une période définie et si possible pendant son temps de loisir, certaines tâches constructives et utiles à la communauté. L'impact pédagogique sera d'autant plus grand si la nature et le contenu de ces activités sont liés au délit et/ou au dommage occasionné.

Le travail d'intérêt général est une mesure qui peut être décidée pour toutes sortes de délits et pour tous les jeunes qui entrent en conflit avec la loi. Elle peut être imposée aux délinquants primaires aussi bien qu'aux récidivistes. Les tâches assignées au jeune peuvent inclure par exemple du travail de réparation et d'entretien dans des écoles, des clubs de jeunesse, des centres de quartier; du travail de cuisine ou de nettoyage dans des hôpitaux, des maisons pour personnes âgées, des institutions pour handicapés; du travail d'entretien dans des parcs, des forêts; du bénévolat dans des associations caritatives; la réparation de dommages occasionnés sur les bâtiments publics, les transports en commun ou des propriétés privées, etc.

---

123 Kids in Justice, 1991, p. 266.

3.2. La procédure

Le travail d'intérêt général est une sanction, comprenant une restriction du temps libre de l'enfant. Il est donc fortement recommandable que l'application de cette sanction ne puisse être décidée qu'au niveau judiciaire (dans un jugement), de manière à garantir la meilleure protection juridique possible. Cependant, la police, les magistrats du parquet et des autorités administratives, y compris les directions des établissements fermés, y recourent également. Pour les premiers il peut s'agir d'une condition au renoncement de la poursuite; pour les derniers, d'une mesure disciplinaire.

Le travail d'intérêt général ne devrait pas être imposé à un jeune qui aurait bénéficié d'un non-lieu si cette mesure n'était pas disponible. Cette condition vise à éviter le risque de «*net widening*» («*élargissement du filet*») que nous avons déjà mentionné. En effet, l'introduction de sanctions alternatives ne doit en aucun cas conduire à l'augmentation du nombre de jeunes pris en charge par le système judiciaire. Pour cette raison, dans certains pays, le travail d'intérêt général ne peut être décidé que dans des cas de crimes graves punissables d'une privation de liberté.

Afin d'éviter que cette mesure ne soit qualifiée de travail forcé et afin de garantir une efficacité maximale, la possibilité d'un travail d'intérêt général comme sanction pour le délit doit bien sûr rester dans le cadre de la législation nationale et internationale en vigueur, mais aussi être discutée préalablement avec l'enfant. Le juge, un service social, le conseil du jeune ou l'organisation responsable de la mise en œuvre de la sanction alternative peuvent se charger de cette tâche. La durée d'une telle mesure varie selon les délits et les pays, par exemple entre dix et deux cents quarante heures de travail. Si les tâches imposées n'ont pas été accomplies correctement, les autorités judiciaires, ou le cas échéant les autres autorités qui ont décidé de la mesure, doivent immédiatement en être informées. Dans un tel cas, une sanction pénale traditionnelle peut être appliquée.

3.3. Les objectifs principaux

L'un des objectifs derrière le recours au travail d'intérêt général est celui de promouvoir un système de justice pour mineurs qui parvienne à une plus grande responsabilisation des jeunes délinquants. Afin d'atteindre cet objectif, il s'agit d'un côté de restreindre le recours aux sanctions pénales traditionnelles, et particulièrement à la privation de liberté, dans le but entre autres d'éviter la stigmatisation, la séparation d'avec la famille et l'absence de stimulants positifs; de l'autre côté, il s'agit de mettre l'accent sur plusieurs aspects positifs, tels ceux mentionnés ci-dessous :

- les jeunes sont ainsi rendus personnellement responsables de leurs actes. Il n'est plus simplement question du paiement d'une amende par un tiers (les parents par exemple) ou d'une privation de liberté. Les mineurs doivent eux-mêmes accomplir certaines tâches utiles pour les autres et pour la société. Un véritable engagement est demandé et le non respect des obligations peut entraîner des sanctions plus traditionnelles et sans conditions;
- chaque fois que cela s'avère possible, les jeunes sont confrontés - d'une façon plus ou moins symbolique - au mal ou au dommage qu'ils ont causé. Par exemple, un mineur coupable d'agression peut être sollicité pour travailler pendant quelques week-ends aux urgences d'un centre hospitalier. Un autre, responsable d'actes de vandalisme dans des lieux publics, pourrait travailler pendant ses vacances dans les parcs. Ces enfants doivent rembourser leur dette envers la société en accomplissant une tâche utile pour elle. De cette manière, une certaine compensation s'opère;
- les jeunes font des expériences nouvelles. Ils apprennent à respecter les rendez-vous, à avoir des responsabilités, à travailler en équipe, à rencontrer des gens provenant d'autres milieux sociaux, à être appréciés pour leur travail. En outre, ils peuvent par la même occasion acquérir dans certains cas une expérience professionnelle.

3.4. Les aspects organisationnels

L'organisation pratique des travaux d'intérêt général peut passer par des services sociaux existants ou des services exclusivement établis à cet effet. Ceux-ci sont alors chargés de discuter avec le jeune et de chercher des établissements ou services acceptant de l'accueillir. Dans certains cas, ils établissent un contrat déterminant les modalités et engagements respectifs, et font un rapport sur le déroulement de la mesure aux autorités qui l'ont décidée.

4. Les mesures de liberté surveillée, la probation et la libération conditionnelle

4.1. Le cadre

En lieu et place de la privation de liberté, le juge peut décider d'appliquer une mesure de liberté surveillée. Il s'agit alors de maintenir l'enfant dans son environnement social tout en le surveillant pendant un certain temps.

Le maintien de l'enfant dans son environnement social est dans un tel cas toujours assorti de conditions. Au minimum, il doit s'engager à ne pas commettre de nouveaux délits, mais il arrive très souvent que des conditions supplémentaires soient imposées. L'enfant peut par exemple être invité à respecter certaines obligations telles que celle d'aller à l'école ou de s'impliquer dans des activités sportives et culturelles. Il peut aussi devoir se soumettre à des interdictions, par exemple celle de consommer de la drogue ou de l'alcool.

Le respect des conditions sera surveillé par un service de probation, un service social du tribunal ou un autre service approprié.

La probation est l'une des mesures de liberté surveillée pouvant être décidées par le juge. Elle est généralement appliquée dans le contexte d'une procédure pénale (pour adultes), à laquelle, nous l'avons vu, les jeunes sont aussi parfois soumis. Une mesure de probation n'est pas une sanction en soi : elle peut par exemple accompagner une décision de sursis[124] ou de suspension[125].

Lorsque l'enfant a été privé de liberté, il peut, après une période déterminée par la loi, bénéficier d'une libération anticipée, conditionnelle ou non. De même, lors de la révision périodique de la mesure, le tribunal peut décider de remettre le mineur en liberté.

Dans ces deux cas, il se peut que le mineur soit mis à l'épreuve une fois libéré. Cette mise à l'épreuve peut être assortie des mêmes conditions et de la même surveillance que celles en vigueur lors d'une mesure de liberté surveillée. La libération est alors conditionnelle.

Une mesure de liberté surveillée peut aussi servir d'alternative à la détention préventive. Elle vise alors un objectif supplémentaire, celui d'assurer la disponibilité et les garanties de représentation du jeune inculpé devant les autorités chargées de l'investigation, jusqu'à sa comparution devant le tribunal.

---

124 *Le sursis*. Le jeune est déclaré coupable et une peine de privation de liberté est décidée à son encontre mais le juge décide d'accorder un sursis à l'exécution de cette peine, dans son ensemble ou en partie. Le tribunal détermine la durée du sursis et peut émettre plusieurs conditions. Le mineur est tenu de ne plus commettre de délits pendant la période de sursis.

125 *La suspension*. Le mineur a été déclaré coupable par le tribunal, qui n'a cependant pas décidé de sanction. Le tribunal décidera dans ce cas également d'accompagner ou non cette décision de conditions. Un avantage considérable de la suspension est que la décision du juge n'apparaîtra pas dans le casier judiciaire.

4.2. Le rôle du «surveillant»

Le service ou la personne en charge de la surveillance doit rester en contact avec le délinquant, sa famille, l'école et/ou son employeur afin de vérifier le respect des conditions imposées, de juger des progrès et, plus généralement, de faire preuve d'intérêt et d'exprimer une préoccupation à l'égard du jeune. Cette supervision devrait représenter davantage qu'une simple «*menace*» : si elle est bien appliquée, elle peut aider le délinquant à comprendre quelles sont ses responsabilités et ce que la société attend de lui, de manière à ce qu'il ne répète pas les erreurs du passé.

4.3. Les maisons de transition («Halfway houses») et les logements sous surveillance

Deux autres exemples de mesures de liberté surveillée sont les maisons de transition et les logements sous surveillance. Dans ces deux cas, l'enfant ne se trouve pas dans son environnement familial mais vit seul ou avec des pairs.

Les maisons de transition («*Halfway houses*») ont été conçues à l'origine pour aider les anciens prisonniers adultes à faire la transition entre la prison et la liberté. Elles ont ensuite aussi été considérées comme des solutions intermédiaires entre le contrôle institutionnel des mineurs et le retour à la communauté.

Ces maisons de transition sont des logements ordinaires. Un nombre limité de jeunes y réside à la fois, et pour une courte durée. Les jeunes y reçoivent des conseils individualisés et participent à des sessions en groupe. Ils portent des vêtements de tous les jours, suivent l'école ou travaillent dans la communauté et gagnent graduellement plus de liberté, sous la forme de congés et d'excursions, jusqu'à ce qu'ils soient finalement autorisés à quitter définitivement les lieux. Ils y retournent dans certains cas de temps à autre pour des rencontres, avec plus ou moins de fréquence suivant les progrès individuels et la décision du tribunal.

Un autre exemple intéressant à cet égard sont des programmes de logement sous surveillance. Un jeune au-dessus d'un certain âge (par exemple seize ans) susceptible d'être condamné à la détention ou qui pourrait demeurer en institution par manque d'habitation convenable peut ainsi se voir offrir l'opportunité d'habiter seul (sur ordonnance judiciaire ou administrative). Un soutien lui est proposé, tout en favorisant son autonomie. De tels programmes peuvent s'adresser également aux jeunes qui connaissent des difficultés dans leurs rapports avec leurs parents.

4.4. Les programmes de confrontation à des défis extrêmes

Dans le cadre d'une mesure de liberté surveillée, différents programmes peuvent être proposés aux mineurs, dont les programmes de confrontation à des défis extrêmes sont un exemple. Ces derniers offrent à des jeunes délinquants ou en difficulté une expérience intense et de courte durée, généralement dans la nature, où l'on attend d'eux qu'ils se dépassent, dans le but de rehausser leur image de soi, de les aider à se maîtriser, de développer leurs capacités physiques et leurs aptitudes sociales (fonctionnement en groupe). Cette mesure répond aux besoins développementaux et culturels qu'ont les adolescents en général de faire preuve de courage. Il peut s'agir par exemple d'escalade à la montagne, mais aussi d'activités en milieu urbain.

5. L'assistance d'un «*tuteur*» volontaire («*coach*»)

5.1. Le cadre

Dans le contexte de la liberté surveillée, de la probation ou de la libération conditionnelle, le jeune peut être assisté par un adulte volontaire («tuteur» ou «*coach*») dans la réalisation des conditions qui lui ont été imposées. Le «*tuteur*»[126] peut aussi offrir ses services pendant la procédure qui mène à ces mesures.

Le «*tuteur*» peut également être utile pour accélérer la libération (conditionnelle ou non) d'un jeune en se portant garant de son suivi, pour l'assister lors de sa libération ou par exemple dans les cas où le juge décide qu'un mineur qui s'apprête à aller vivre seul plutôt que d'être privé de liberté a besoin d'assistance dans ce processus.

L'assistance d'un tuteur peut également être prévue en dehors du contexte de la justice (pénale) pour mineurs. Par exemple, dans certains pays, ces «*tuteurs*» volontaires sont associés à des organisations sociales actives dans le domaine de l'enfance. Ils peuvent alors être consultés et sollicités d'une façon inconditionnelle par n'importe quel jeune ayant besoin d'un appui (voir le chapitre 3 sur la prévention générale).

---

126 Nous mettons ici le mot «*tuteur*» entre guillemets car il fait référence non pas une tutelle légale ou juridique mais une tutelle de fait.

5.2. L'objectif

Des recherches démontrent que le comportement problématique ou «*antisocial*» de certains jeunes est dû à une déficience de leurs aptitudes ou compétences sociales dans la vie de tous les jours.
Dès lors, l'objectif du «*tuteur*» est d'apprendre au jeune à vivre de manière indépendante. A côté d'activités formatrices, le jeune et son «*tuteur*» passent ensemble des moments moins formels (loisirs, sport, etc.). Pour plus d'efficacité, les aptitudes à développer doivent avoir trait au fonctionnement du jeune dans la vie de tous les jours. Les «*tuteurs*», qui ne sont pas des professionnels, sont d'ailleurs en quelque sorte la personnification de cette vie de tous les jours.

5.3. Le rôle du «tuteur»

Le «*tuteur*» s'occupe généralement d'un seul jeune à la fois et entre en contact avec lui environ une fois par semaine, généralement à son domicile ou à celui de l'enfant. Leurs activités se concentrent sur les différents aspects de la vie quotidienne. Le coach donne des conseils et des informations, explique comment tel ou tel problème pourrait être résolu et motive le jeune à agir.

5.4. Les situations dans lesquelles l'intervention d'un « tuteur » peut être souhaitable

Les jeunes concernés sont généralement ceux qui ont besoin d'une attention plus particulière que celle offerte par les services sociaux habituels. Ils n'ont souvent pas d'occupation, peu ou pas d'amis ou de famille, des loisirs «*déstructurés*», et ne parviennent généralement pas à gérer leur vie. En bref, ils ont de la difficulté à être autonomes et courent le risque de mal tourner. Il est alors important pour ceux qui en ressentent le besoin d'avoir quelqu'un vers qui se tourner, avant que de véritables problèmes n'apparaissent et qu'une privation de liberté ne soit envisagée. Le «tuteur» a beaucoup à offrir à ces jeunes car il a du temps à disposition et une plus grande flexibilité que les services sociaux. Sa disponibilité ne se limite par exemple pas aux heures de bureau.

5.5. Le recrutement, la formation et la supervision des «tuteurs»

Les «*tuteurs*» sont des volontaires. Ils peuvent par exemple être recrutés par le biais d'annonces dans les journaux. Pour être sélectionnée, la personne doit être ouverte dans ses rapports avec les jeunes, savoir les écouter et ne pas trop s'imposer, être consciente de leur potentiel, être capable de penser et de parler en termes de vie quotidienne, être réaliste par rapport à l'impact parfois limité du travail de «*tuteur*», etc.

Dans certains cas, les «*tuteurs*» peuvent avoir eux-mêmes été confrontés au système judiciaire dans le passé. Cette situation peut avoir plusieurs avantages : le «*tuteur*» trouvera dans son travail une façon importante de se valoriser lui-même, il pourra mieux comprendre une situation qu'il a lui-même vécue et le jeune respectera et écoutera peut-être davantage quelqu'un ayant connu le même type d'expérience.

Les «*tuteurs*» sélectionnés doivent ensuite suivre une courte formation, au cours de laquelle ils sont familiarisés avec les principes et la pratique de la «*tutelle*».

Périodiquement (par exemple toutes les trois semaines), chaque «*tuteur*» rend des comptes sur les progrès du jeune au tribunal ou au service social. Ils regardent ensemble, de manière systématique, ce qu'il reste à lui apprendre. Cette supervision est un élément essentiel du projet dans le sens qu'elle permet au «*tuteur*» de suivre des directives claires et de voir son travail intégré, le cas échéant, à l'ensemble des interventions à l'égard du jeune.

A titre d'exemple…

Un jeune âgé de 16 ans, est retourné chez sa mère après avoir vécu un certain temps en institution. Cette situation est difficile pour lui, car il appréhende cette cohabitation et, à cause de sa période d'absence, n'a plus d'amis. Il risque à nouveau d'être privé de liberté. Dès sa première semaine chez lui, une «*tutrice*» lui est présentée. Cela correspond à son souhait, mais aussi à celui de sa mère qui se sent alors moins seule dans son rôle d'éducatrice. La supervision démarre très lentement car le jeune manque plusieurs rendez-vous. Cependant, grâce à la persévérance de la «*tutrice*», ils finissent par se rencontrer régulièrement.

Puisqu'il s'ennuie pendant ses loisirs, c'est le premier aspect de sa vie que sa «*tutrice*» l'aide à prendre en charge. Etant donné que le jeune aime beaucoup le football, ils cherchent ensemble un club dans lequel il pourrait s'inscrire. Ils discutent également des manières de se rapprocher des autres jeunes. En conséquence, il commence à voir d'autres jeunes joueurs en dehors du club. Au fur et à mesure qu'il commence à sortir avec ses nouveaux copains, de nouveaux problèmes apparaissent à la maison, à propos des heures de sortie par exemple. Sa «*tutrice*» lui apprend à mieux comprendre le point de vue de sa mère (qui est parfois aussi son point de vue à elle, puisqu'elle a des enfants) et ils cherchent comment cette situation pourrait être gérée. Après environ une année et demi, le jeune s'est habitué à sa nouvelle maison et à la vie avec sa mère et la période de «*tutelle*» arrive à son terme.

---

6. Le traitement intermédiaire («*Intermediate treatment*»)

Le traitement intermédiaire, qui est aussi un type de mesure surveillée, repose sur le postulat selon lequel l'assistance dont ont besoin certains jeunes délinquants doit être apportée de préférence en milieu ouvert. Les jeunes sont donc pris en charge tout en étant maintenus dans leur famille et environnement habituel.

Le traitement intermédiaire est un programme éducatif adapté au jeune (à sa personnalité, à son comportement, à son milieu familial et social, etc.) et accepté par celui-ci, qui peut prendre diverses formes plus ou moins intensives. Le traitement intermédiaire met l'accent sur le travail en groupe et peut notamment viser à l'éducation sociale du délinquant (lui permettant d'acquérir des connaissances minimales du droit, de la vie en société, etc.), à une plus grande motivation, à de meilleurs résultats scolaires ou professionnels ou à une meilleure occupation de ses loisirs. Cette mesure couvre en effet aussi bien des programmes bien structurés pendant la journée, le soir ou le week-end, que des activités de loisirs du type de celles proposées dans les centres ou clubs pour jeunes. L'approche adoptée dépend de chaque situation individuelle : plus ou moins intensive suivant la dangerosité du jeune, sa situation familiale, ses besoins éducatifs, etc.

Les programmes à haute intensité sont ceux qui nous intéressent le plus dans le contexte de ce livre car ce sont ceux qui s'adressent à des jeunes susceptibles d'être privés de liberté. La possibilité d'assister à un programme dans le cadre d'un traitement intermédiaire leur est offerte en échange. Les programmes à haute intensité sont les plus structurés. Les jeunes doivent alors généralement se rendre tous les jours sur le lieu du traitement.

Il est important de souligner que le cadre décrit ci-dessus est assez large pour permettre toutes sortes de variations et que les programmes dans ce contexte peuvent par conséquent prendre des formes extrêmement diverses.

A titre d'illustration, nous résumons ci-dessous l'une de ces possibilités, qu'il ne faut donc surtout pas considérer comme la seule modalité relevant du traitement intermédiaire possible.

Un traitement intermédiaire peut être composé des étapes suivantes, comprenant une période pendant laquelle l'on cherche à comprendre pourquoi le jeune se comporte surtout de manière négative et comment ce comportement pourrait être changé. La théorie prétend que la personne la mieux placée pour identifier les causes du délit est le jeune lui-même. La méthode utilisée peut être la suivante : on demande au jeune de dessiner la séquence des événements relatifs au délit, séquence qui est ensuite utilisée comme scénario lors d'un jeu de rôle. Le jeune reproduit donc devant d'autres la manière dont s'est déroulée la commission du délit, ainsi que les moments le précédant et le suivant. Cette scène est filmée et diffusée au groupe, qui doit collectivement identifier les instants auxquels un comportement alternatif aurait pu être adopté et quel aurait pu être ce comportement. Le jeune doit ensuite mettre par écrit les avantages et les inconvénients d'avoir commis le délit, ainsi que ceux de ne pas le commettre, ce qui l'aide à peser les «*pour*» et les «*contre*» du comportement délinquant d'une manière rationnelle.

Conclusion de la quatrième partie

Les alternatives à la privation de liberté existent et d'importants efforts sont faits pour les appliquer. Voici une encourageante conclusion à cette dernière partie du livre !

Nous l'avions entamée par un aperçu du cadre normatif international et des critères qu'il prévoit pour que toute réaction sociale à l'égard des enfants en conflit avec la loi soit constructive et humaine. L'existence de ces critères permet de ne pas se limiter, lors de la recherche d'alternatives, à ce qui existe déjà mais incite plutôt à faire appel à la créativité de chacun dans l'élaboration de nouvelles options. Une justice constructive, humaine et respectueuse des droits de l'enfant ne se mesure pas à l'éventail des sanctions à disposition mais bel et bien aux qualités auxquelles ces solutions répondent.

Nous l'avons vu, les alternatives peuvent être mises en œuvre sur différents niveaux : prévention – règlement hors-judiciaire/déjudiciarisation – décision finale/libération. L'objectif d'intégration sociale de tous les citoyens invite avant tout à considérer le recours à des initiatives intégrées à la communauté, dans le contexte de la prévention générale, au premier niveau. Pour cette raison, des services de base doivent être disponibles pour tous.

S'ils ne le sont pas, une dynamique regrettable risque de se mettre en marche. Leur absence peut en effet impliquer «un système de prime pour le délit', c'est-à-dire la possibilité de n'avoir accès à des services qu'une fois les difficultés apparues. Par exemple, un jeune délinquant, après avoir été appréhendé, peut se voir offrir - à juste titre - une formation pour améliorer ses aptitudes sociales. Cette même formation n'est cependant dans certains cas pas disponible pour les enfants qui ne sont pas en contact avec l'administration de la justice et qui en ont tout autant besoin. Une situation semblable se produit lorsque des services d'assistance éducative sont prévus pour les enfants maltraités et leur famille, alors que ce n'est pas le cas pour celles qui ont des rapports difficiles mais pour qui l'on ne peut toutefois (pas encore) parler d'abus.

Pour éviter de tomber dans ce piège et pour que les alternatives ne deviennent pas des pôles d'attraction, il est impératif qu'elles s'inscrivent dans une approche globale de l'enfant dans la société. Nous sommes en effet convaincus que le problème de la privation de liberté ne peut être proprement atténué que si l'on se concentre en priorité sur l'amélioration de la position sociale de l'enfant et de la famille. Une attention accrue pour les politiques de prévention générale doit pour cela être prioritaire, visant à la fois à renforcer la position de l'enfant et de la famille et à diminuer les charges que la société fait peser sur eux.

Toujours dans la perspective de diminuer le recours à la privation de liberté, il est important, en plus de la prévention, d'encourager les efforts visant à empêcher le mineur d'avoir un contact - ou du moins un contact trop long - avec les instances officielles chargées de l'application de la loi. Nous l'avons vu, le principe de l'intervention minimale de ces instances incite à chercher des règlements hors-judiciaires.

La recherche d'alternatives «à la fin du parcours', au dernier niveau, n'est pas à négliger non plus. Mais pour être efficaces, ces alternatives à la privation de liberté au sens strict doivent pouvoir majoritairement se baser sur la communauté et les services mis à la disposition de tout citoyen. Une mesure de liberté surveillée par exemple n'est applicable que si des services existent pour aider le mineur (et sa famille) à respecter les conditions qui lui ont été imposées. Autoriser le jeune à rester dans son environnement en l'obligeant, par exemple, à suivre régulièrement sa scolarité implique nécessairement la disponibilité d'un enseignement adapté au jeune et à ses besoins.

Pour certains groupes d'enfants, une assistance plus spécialisée est indispensable. Ces enfants, souvent pris dans une «spirale négative» depuis des années, qu'on a parfois tendance à considérer à jamais perdus pour la société, ont pourtant eux aussi un potentiel. Pour le découvrir et lui permettre de s'épanouir, il faut fournir des efforts supplémentaires. Le milieu institutionnel n'est cependant, pour cela non plus, pas l'endroit le plus approprié.

Finalement, la mise en place et le recours à des alternatives requiert aussi une culture ouverte à d'autres façons de réagir aux problèmes sociaux que la manière répressive, que celle-ci soit intentionnellement masquée derrière des objectifs de protection ou non. Une telle culture a besoin de temps pour s'imposer, petit à petit. Nous espérons que ce livre pourra contribuer, ne serait-ce que modestement, à faire un pas supplémentaire vers son épanouissement.

Conclusion générale

Avant d'être des délinquants, des enfants en danger, réfugiés ou handicapés, les enfants privés de liberté sont des êtres humains. Comme tous les êtres humains sans exception ils ont des droits, qui sont les mêmes pour tous. Quel que soit leur statut ou leur situation personnelle, quels que soient les actes qu'ils ont commis, ces droits ne peuvent être abolis. Ils sont inhérents à la nature humaine et ne sont liés à aucune autre considération. Leur jouissance ne peut être assortie d'aucune condition.

Puisque les droits impliquent forcément des obligations, les États sont tenus de les respecter tels qu'ils sont consignés dans les différents instruments légaux en la matière. Plus précisément, en ratifiant la Convention relative aux droits de l'enfant, l'immense majorité des États du monde ont contracté l'obligation d'appliquer ses dispositions en faveur de tous les enfants sous leur juridiction. Dès lors, réaliser les droits de tous les enfants, dont ceux qui sont privés de liberté, n'est plus une faveur octroyée au gré de la bonne volonté ou de la disponibilité des ressources, mais bel et bien une obligation légale.

Aborder comme nous l'avons fait la problématique de la privation de liberté d'enfants de cette perspective des droits de l'homme représente, en plus d'une nouveauté, plusieurs avantages considérables.

Premièrement, cette approche permet facilement, à partir de la référence que constitue le cadre normatif international, d'identifier les difficultés et de mettre les violations en exergue. Nous avons vu que le recours à l'enfermement d'enfants est fréquent malgré les exigences internationales – plus d'un million d'enfants sont concernés à travers le monde -, que cette mesure n'était souvent pas nécessaire et que, au sein des établissements, les droits sont bafoués d'une manière si fréquente et régulière que l'on peut conclure à une très difficile compatibilité entre une situation de privation de liberté et le respect de tous les droits de l'enfant.

Adopter une perspective des droits de l'enfant favorise aussi une vision holistique de l'enfant et de son environnement. Ces droits forment un tout interdépendant et aucun ne peut être négligé. Des liens de cause à effet les lient les uns aux autres et une violation de l'un entraîne forcément une violation de l'autre. Grâce à cette approche globale, tous les éléments qui entrent en compte dans la réalisation des droits de l'enfant peuvent être pris en compte. Il est aussi plus aisé de cette manière d'identifier les obstacles au plein bénéfice des droits et donc de s'atteler à les faire disparaître.

Ceci nous mène à un deuxième avantage important qu'il y a à aborder la problématique sous l'angle des droits de l'homme. Une fois les difficultés identifiées, cette approche permet de poser clairement les objectifs vers lesquels tendre pour atteindre un plein respect des droits des enfants privés de liberté. Les droits prévus par le cadre normatif international – de la même manière que les dispositions nationales en la matière – sont autant de lignes directrices à suivre pour améliorer la situation et atteindre ce but. L'article 37 c. de la Convention stipule que «*tout enfant privé de liberté (doit être) traité avec humanité et avec le respect dû à la dignité de la personne humaine*». Etre traité avec humanité et respect veut dire avant tout avoir ses droits réalisés.

Enfin, l'approche des droits de l'homme permet encore - et c'est là un troisième avantage capital - d'agir en amont, avant que les difficultés n'apparaissent, et ce à l'égard de tous les enfants. En effet, le respect des droits de chaque membre de la société, qu'ils soient civils, politiques, économiques, sociaux ou culturels, n'est-il pas finalement la meilleure garantie pour prévenir les problèmes sociaux ?

Le non respect de certains de leurs droits est, il est vrai, à l'origine des situations dans lesquelles se sont trouvés nombre d'enfants privés de liberté (violation du droit à l'intégrité ou violation du droit à un niveau de vie décent par exemple). Plus spécifiquement, les comportements délinquants sont souvent une réaction à des carences, violations ou privations. Le non respect des droits de l'homme de l'enfant se situe donc au tout début d'une chaîne de causes à effets dont l'issue peut être la privation de liberté. Agir sur ce point reviendrait certainement à prévenir en proportion importante l'enfermement d'enfants.

Le respect à l'égard de l'enfant passe également par l'espace qu'il a pour s'exprimer – de la manière qui lui est propre - et par l'écoute qu'il reçoit.

La prise en compte de son opinion est une condition nécessaire à la reconnaissance de l'enfant en tant que personne à part entière, ainsi que de ses qualités et de son potentiel. C'est aussi une manière de favoriser sa réintégration, si l'on considère que savoir s'exprimer est une qualité qui s'apprend en s'exerçant et qui revêt une grande importance dans le développement social de chacun. De plus, cette attitude est indispensable lorsqu'on attend de l'enfant qu'il respecte l'opinion d'autrui.

En offrant un cadre de référence, l'approche des droits de l'homme nous permet par conséquent de mettre le doigt sur les points problématiques. En proposant une ligne directrice, elle nous met en position d'agir directement sur ces difficultés et de prévenir leur apparition. Elle identifie le mal et, à la fois, propose le remède.

Bien évidemment, la réalisation de tous leurs droits pour tous les enfants est un objectif qui peut sembler bien lointain. Il est vrai que les défis à relever sont énormes, et que cette réalisation est difficile. Cependant, elle est fondamentale pour l'humanité dans son ensemble. En ce qui concerne le contexte qui nous intéresse ici, il s'agit de remettre en question la privation de liberté des enfants et de ne plus la considérer comme incontournable. Puisque le respect des droits de l'enfant est difficilement compatible avec elle, et puisque les gouvernements sont légalement tenus de mettre en œuvre les droits humains, le but à terme devrait être une suppression totale du recours à cette mesure. C'est un processus qui bien sûr demandera du temps, parce qu'il implique un changement profond de mentalité, lié non seulement à la position sociale des enfants en général mais aussi au manque de popularité particulier dont souffrent précisément ceux dont nous parlons ici.

Nombreux sont ceux qui, au nom de l'ordre public, vont certainement bondir à cette évocation. Nous l'avons vu cependant, des prises en charge alternatives existent et offrent une réponse plus humaine, plus efficace et moins coûteuse que l'enfermement. Il est donc possible de faire autrement, même pour ceux qui ont commis les délits les plus graves. Pour cette raison, nos aspirations ne sont pas utopiques : il s'agit de faire de ce qui est aujourd'hui encore trop souvent une exception, la règle de demain.

Pour commencer dès à présent à œuvrer dans cette direction, deux types de démarches peuvent déjà être entamées, et ce sur deux niveaux complémentaires :

a) il faudrait éviter de prendre des mesures allant à l'encontre de l'objectif final. Par exemple, il faudrait s'abstenir de construire de nouveaux établissements (fermés) et d'adopter de nouvelles dispositions légales élargissant les possibilités de privation de liberté;

b) il faudrait encourager et promouvoir la mise en place d'alternatives et le recours à des solutions non-résidentielles, y compris l'élaboration de politiques de prévention générale.

Plusieurs stratégies peuvent être utilisées dans ces démarches. En voici quelques-unes, qui peuvent sembler si simples qu'elles sont parfois négligées. Il est important de savoir qu'elles ont démontré, dans plusieurs pays, qu'elles étaient réalisables et efficaces.

Encourager au niveau local, national et international une sensibilisation et un débat public autour de la problématique de la privation de liberté d'enfants et du respect de leur droits. Cette sensibilisation et ce débat nécessitent une information correcte, un climat serein et une approche constructive à l'égard des enfants privés de liberté. Pour cela il est indispensable de porter une attention prioritaire à leurs capacités et leur potentiel plutôt que de considérer d'abord leurs faiblesses et les problèmes qu'ils peuvent causer. Un accent particulier doit être mis sur le débat avec les enfants eux-mêmes.

Développer et renforcer une collecte d'information sur les enfants privés de liberté et le respect de leur droits aux niveaux national et international qui soit complète, systématique et permanente. Les rapports qui doivent être soumis dans le contexte du suivi de la Convention relative aux droits de l'enfant offrent peut-être le meilleur cadre à cet égard. Le vécu des enfants eux-mêmes doit faire partie intégrante de cette information.

Encourager une information et une formation permanente sur les droits de l'enfant en général. Une attention particulière doit être attribuée à la reconversion du personnel des établissements fermés. Leur expérience et expertise devraient s'avérer très utiles dans le travail en milieu ouvert. Une information sur leurs droits doit être à tout moment accessible à tous les enfants.

Garantir, à tous les niveaux, un suivi et une surveillance permanente de la mise en œuvre des droits des enfants privés de liberté, qui soient intégrés dans un ensemble d'efforts garantissant aussi bien la protection juridique des enfants en tant que groupe social que les droits et intérêts de chaque enfant individuel.

ANNEXES

1. Convention des Nations Unies relative aux droits de l'enfant

2. Règles des Nations Unies pour la protection des mineurs privés de liberté

3. Questionnaire pour les études nationales

4. Liste des partenaires nationaux

5. Liste des rapports des États parties soumis au Comité des droits de l'enfant des Nations Unies examinés dans cet ouvrage

Annexe 1. - Convention des Nations Unies relative aux droits de l'enfant (1989)

adoptée par l'assemblée générale des Nations-Unies le 20 novembre 1989 et entrée en vigueur le 2 septembre 1990

Première partie

Article premier.

Au sens de la présente Convention, un enfant s'entend de tout être humain âgé de moins de dix-huit ans, sauf si la majorité est atteinte plus tôt en vertu de la législation qui lui est applicable.

Article 2. -

1. - Les Etats parties s'engagent à respecter les droits qui sont énoncés dans la présente Convention et à les garantir à tout enfant relevant de leur juridiction, sans distinction aucune, indépendamment de toute considération de race, de couleur, de sexe, de langue, de religion, d'opinion politique ou autre de l'enfant ou de ses parents ou représentants légaux, de leur origine nationale, ethnique ou sociale, de leur situation de fortune, de leur incapacité, de leur naissance ou de toute autre situation.

2. - Les Etats parties prennent toutes les mesures appropriées pour que l'enfant soit effectivement protégé contre toutes formes de discrimination ou de sanction motivées par la situation juridique, les activités, les opinions déclarées ou les convictions de ses parents, de ses représentants légaux ou des membres de sa famille.

Article 3.

1. - Dans toutes les décisions qui concernent les enfants, qu'elles soient le fait des institutions publiques ou privées de protection sociale, des tribunaux, des autorités administratives ou des organes législatifs, l'intérêt supérieur de l'enfant doit être une considération primordiale.

2. - Les Etats parties s'engagent à assurer à l'enfant la protection et les soins nécessaires à son bien-être, compte tenu des droits et des devoirs de ses parents, de ses tuteurs ou des autres personnes légalement responsables de lui, et ils prennent à cette fin toutes les mesures législatives et administratives appropriées.

3. - Les Etats parties veillent à ce que le fonctionnement des institutions, services et établissements qui ont la charge des enfants et assurent leur protection soit conforme aux normes fixées par les autorités compétentes, particulièrement dans le domaine de la sécurité et de la santé et en ce qui concerne le nombre et la compétence de leur personnel ainsi que l'existence d'un contrôle approprié.

Article 4

Les Etats parties s'engagent à prendre toutes les mesures législatives, administratives et autres qui sont nécessaires pour mettre en oeuvre les droits reconnus dans la présente Convention. Dans le cas des droits économiques, sociaux et culturels, ils prennent ces mesures dans toutes les limites des ressources dont ils disposent et, s'il y a lieu, dans le cadre de la coopération internationale.

Article 5

Les Etats parties respectent la responsabilité, le droit et le devoir qu'ont les parents ou, le cas échéant, les membres de la famille élargie ou de la communauté, comme prévu par la coutume locale, les tuteurs ou autres personnes légalement responsables de l'enfant, de donner à celui-ci, d'une manière qui corresponde au développement de ses capacités, l'orientation et les conseils appropriés à l'exercice des droits que lui reconnaît la présente Convention.

Article 6

1. - Les Etats parties reconnaissent que tout enfant a un droit inhérent à la vie.

2. - Les Etats parties assurent dans toute la mesure possible la survie et le développement de l'enfant.

Article 7

1. - L'enfant est enregistré aussitôt sa naissance et a dès celle-ci le droit à un nom, le droit d'acquérir une nationalité et, dans la mesure du possible, le droit de connaître ses parents et d'être élevé par eux.

2.- Les Etats parties veillent à mettre ces droits en oeuvre conformément à leur législation nationale et aux obligations que leur imposent les instruments internationaux applicables en la matière, en particulier dans les cas où faute de cela l'enfant se trouverait apatride.

Article 8

1. - Les Etats parties s'engagent à respecter le droit de l'enfant de préserver son identité, y compris sa nationalité, son nom et ses relations familiales, tels qu'ils sont reconnus par loi, sans ingérence illégale.

2.- Si un enfant est illégalement privé des éléments constitutifs de son identité ou de certains d'entre eux, les Etats parties doivent lui accorder une assistance et une protection appropriées, pour que son identité soit rétablie aussi rapidement que possible.

Article 9

1. - Les Etats parties veillent à ce que l'enfant ne soit pas séparé de ses parents contre leur gré, à moins que les autorités compétentes ne décident, sous réserve de révision judiciaire et conformément aux lois et procédures applicables, que cette séparation est nécessaire dans l'intérêt supérieur de l'enfant. Une décision en ce sens peut être nécessaire dans certains cas particuliers, par exemple lorsque les parents maltraitent ou négligent l'enfant, ou lorsqu'ils vivent séparément et qu'une décision doit être prise au sujet du lieu de résidence de l'enfant.

2. - Dans tous les cas prévus au paragraphe 1er du présent article, toutes les parties intéressées doivent avoir la possibilité de participer aux délibérations et de faire connaître leurs vues.

3. - Les Etats parties respectent le droit de l'enfant séparé de ses deux parents ou de l'un d'eux d'entretenir régulièrement des relations personnelles et des contacts directs avec ses deux parents, sauf si cela est contraire à l'intérêt supérieur de l'enfant.

4.- Lorsque la séparation résulte de mesures prises par un Etat partie, telles que la détention, l'emprisonnement, l'exil, l'expulsion ou la mort (y compris la mort, quelle qu'en soit la cause, survenue en cours de détention) des deux parents ou de l'un d'eux, ou de l'enfant, l'Etat partie donne sur demande aux parents, à l'enfant ou, s'il y a lieu, à un autre membre de la famille les renseignements essentiels sur le lieu où se trouve le membre ou les membres de la famille, à moins que la divulgation de ces renseignements ne soit préjudiciables au bien-être de l'enfant. Les Etats parties veillent en outre à ce que la présentation d'une telle demande n'entraîne pas en elle-même de conséquences fâcheuses pour la personne ou les personnes intéressées.

Article 10

1. - Conformément à l'obligation incombant aux Etats parties en vertu du paragraphe 1 de l'article 9, toute demande faite par un enfant ou ses parents en vue d'entrer dans un Etat

partie ou de le quitter aux fins de réunification familiale est considérée par les Etats parties, dans un esprit positif, avec humanité et diligence. Les Etats parties veillent en outre à ce que la présentation d'une telle demande n'entraîne pas de conséquences fâcheuses pour les auteurs de la demande et les membres de leur famille.

2. - Un enfant dont les parents résident dans des Etats différents a le droit d'entretenir, sauf circonstances exceptionnelles, des relations personnelles et des contacts directs réguliers avec ses deux parents. A cette fin, et conformément à l'obligation incombant aux Etats parties en vertu du paragraphe 2 de l'article 9, les Etats parties respectent le droit qu'ont l'enfant et ses parents de quitter tout pays, y compris le leur, et de revenir dans leur propre pays. Le droit de quitter tout pays ne peut faire l'objet que des restrictions prescrites par la loi qui sont nécessaires pour protéger la sécurité nationale, l'ordre public, la santé ou la moralité publiques, ou les droits et libertés d'autrui, et qui sont compatibles avec les autres droits reconnus dans la présente Convention.

Article 11

1. - Les Etats parties prennent des mesures pour lutter contre les déplacements et les non-retours illicites d'enfants à l'étranger.

2. - A cette fin, les Etats parties favorisent la conclusion d'accords bilatéraux ou multilatéraux ou l'adhésion aux accords existants.

Article 12

1. - Les Etats parties garantissent à l'enfant qui est capable de discernement le droit d'exprimer librement son opinion sur toute question l'intéressant, les opinions de l'enfant étant dûment prises en considération eu égard à son âge et à son degré de maturité.

2. - A cette fin, on donnera notamment à l'enfant la possibilité d'être entendu dans toute procédure judiciaire ou administrative l'intéressant, soit directement, soit par l'intermédiaire d'un représentant ou d'un organisme approprié, de façon compatible avec les règles de procédure de la législation nationale.

Article 13

1. - L'enfant a droit à la liberté d'expression. Ce droit comprend la liberté de rechercher, de recevoir et de répandre des informations et des idées de toute espèce, sans considération de frontières, sous une forme orale, écrite, imprimée ou artistique, ou par tout autre moyen du choix de l'enfant.

2. - L'exercice de ce droit ne peut faire l'objet que des seules restrictions qui sont prescrites par la loi et qui sont nécessaires :

a) - Au respect des droits ou de la réputation d'autrui; ou

b) - A la sauvegarde de la sécurité nationale, de l'ordre public, de la santé ou de la moralité publiques.

Article 14

1- . Les Etats parties respectent le droit de l'enfant à la liberté de pensée, de conscience et de religion.

2. - Les Etats parties respectent le droit et le devoir des parents ou, le cas échéant, des représentants légaux de l'enfant, de guider celui-ci dans l'exercice du droit susmentionné d'une manière qui corresponde au développement de ses capacités.

3. - La liberté de manifester sa religion ou ses convictions ne peut être soumise qu'aux seules restrictions qui sont prescrites par la loi et qui sont nécessaires pour préserver la sûreté publique, l'ordre public, la santé et la moralité publiques, ou les libertés et droits fondamentaux d'autrui.

Article 15

1. - Les Etats parties reconnaissent les droits de l'enfant à la liberté d'association et à la liberté de réunion pacifique.

2. - L'exercice de ces droits ne peut faire l'objet que des seules restrictions qui sont prescrites par la loi et qui sont nécessaires dans une société démocratique, dans l'intérêt de la sécurité nationale, de la sûreté publique ou de l'ordre public, ou pour protéger la santé ou la moralité publiques, ou les droits et libertés d'autrui.

Article 16

1. - Nul enfant ne fera l'objet d'immixtions arbitraires ou illégales dans sa vie privée, sa famille, son domicile ou sa correspondance, ni d'atteintes illégales à son honneur et à sa réputation.

2.- L'enfant a droit à la protection de la loi contre de telles immixtions ou de telles atteintes.

Article 17

Les Etats parties reconnaissent l'importance de la fonction remplie par les médias et veillent à ce que l'enfant ait accès à une information et à des matériels provenant de sources nationales et internationales diverses, notamment ceux qui visent à promouvoir son bien-être social, spirituel et moral ainsi que sa santé physique et mentale. A cette fin, les Etats parties :

a) - Encouragent les médias à diffuser une information et des matériels qui présentent une utilité sociale et culturelle pour l'enfant et répondent à l'esprit de l'article 29;

b)- Encouragent la coopération internationale en vue de produire, d'échanger et de diffuser une information et des matériels de ce type provenant de différentes sources culturelles, nationales et internationales;

c) - Encouragent la production et la diffusion de livres pour enfants;

d) - Encouragent les médias à tenir particulièrement compte des besoins linguistiques des enfants autochtones ou appartenant à un groupe minoritaire;

e) - Favorisent l'élaboration de principes directeurs appropriés destinés à protéger l'enfant contre l'information et les matériels qui nuisent à son bien-être, compte tenu des dispositions des articles 13 et 18.

Article 18

1.- Les Etats parties s'emploient de leur mieux à assurer la reconnaissance du principe selon lequel les deux parents ont une responsabilité commune pour ce qui est d'élever l'enfant et d'assurer son développement. La responsabilité d'élever l'enfant et d'assurer son développement incombe au premier chef aux parents ou, le cas échéant, à ses représentants légaux. Ceux-ci doivent être guidés avant tout par l'intérêt supérieur de l'enfant.

2. - Pour garantir et promouvoir les droits énoncés dans la présente Convention, les Etats parties accordent l'aide appropriée aux parents et aux représentants légaux de l'enfant dans l'exercice de la responsabilité qui leur incombe d'élever l'enfant et assurent la mise en place d'institutions, d'établissements et de services chargés de veiller au bien-être des enfants.

3. - Les Etats parties prennent toutes les mesures appropriées pour assurer aux enfants dont les parents travaillent le droit de bénéficier des services et établissements de garde d'enfants pour lesquels ils remplissent les conditions requises.

Article 19

1. - Les Etats parties prennent toutes les mesures législatives, administratives, sociales et éducatives appropriées pour protéger l'enfant contre toute forme de violence, d'atteinte ou de brutalités physiques ou mentales, d'abandon ou de négligence, de mauvais traitements

ou d'exploitation, y compris la violence sexuelle, pendant qu'il est sous la garde des ses parents ou de l'un d'eux, de son ou ses représentants légaux ou de toute autre personne à qui il est confié.

2. - Ces mesures de protection comprendront, selon qu'il conviendra, des procédures efficaces pour l'établissement de programmes sociaux visant à fournir l'appui nécessaire à l'enfant et à ceux à qui il est confié, ainsi que pour d'autres formes de prévention, et aux fins d'identification, de rapport, de renvoi, d'enquête, de traitemens et de suivi pour les cas de mauvais traitements de l'enfant décrits ci-dessus, et comprendre également, selon qu'il conviendra, des procédures d'intervention judiciaire.

Article 20

1. - Tout enfant qui est temporairement ou définitivement privé de son milieu familial, ou qui dans son propre intérêt ne peut être laissé dans ce milieu, a droit à une protection et une aide spéciales de l'Etat.

2. - Les Etats parties prévoient pour cet enfant une protection de remplacement conforme à leur législation nationale.

3. - Cette protection de remplacement peut notamment avoir la forme du placement dans une famille, de la «*kafalah*» de droit islamique, de l'adoption ou, en cas de nécessité, du placement dans un établissement pour enfants approprié. Dans le choix entre ces solutions, il est dûment tenu compte de la nécessité d'une certaine continuité dans l'éducation de l'enfant, ainsi que de son origine ethnique, religieuse, culturelle et linguistique.

Article 21

Les Etats parties qui admettent et/ou autorisent l'adoption s'assurent que l'intérêt supérieur de l'enfant est la considération primordiale en la matière, et :

a) - Veillent à ce que l'adoption d'un enfant ne soit autorisée que par les autorités compétentes, qui vérifient, conformément à la loi et aux procédures applicables et sur la base de tous les renseignements fiables relatifs au cas considéré, que l'adoption peut avoir lieu eu égard à la situation de l'enfant par rapport à ses père et mère, parents et représentants légaux et que, le cas échéant, les personnes intéressées ont donné leur consentement à l'adoption en connaissance de cause, après s'être entourées des avis nécessaires;

b) - Reconnaissent que l'adoption à l'étranger peut être envisagée comme un autre moyen d'assurer les soins nécessaires à l'enfant, si celui-ci ne peut, dans son pays d'origine, être placé dans une famille nourricière ou adoptive ou être convenablement élevé;

c) - Veillent, en cas d'adoption à l'étranger, à ce que l'enfant ait le bénéfice de garanties et de normes équivalant à celles existant en cas d'adoption nationale;

d) - Prennent toutes les mesures appropriées pour veiller à ce que, en cas d'adoption à l'étranger, le placement de l'enfant ne se traduise pas par un profit matériel indu pour les personnes qui en sont responsables;

e)- Poursuivent les objectifs du présent article en concluant des arrangements ou des accords bilatéraux ou multilatéraux, selon les cas, et s'efforcent dans ce cadre de veiller à ce que les placements d'enfants à l'étranger soient effectués par des autorités ou des organes compétents.

Article 22

1. - Les Etats parties prennent les mesures appropriées pour qu'un enfant qui cherche à obtenir le statut de réfugié ou qui est considéré comme réfugié en vertu des règles et

procédures du droit international ou national applicable, qu'il soit seul ou accompagné de ses père et mère ou de toute autre personne, bénéficie de la protection et de l'assistance humanitaire voulues pour lui permettre de jouir des droits que lui reconnaissent la présente Convention et les autres instruments internationaux relatifs aux droits de l'homme ou de caractère humanitaire auxquels lesdits Etats sont parties.

2. - A cette fin, les Etats parties collaborent, selon qu'ils le jugent nécessaire, à tous les efforts faits par l'Organisation des Nations Unies et les autres organisations intergouvernementales ou non gouvernementales compétentes collaborant avec l'Organisation des Nations Unies pour protéger et aider les enfants qui se trouvent en pareille situation et pour rechercher les père et mère ou autres membres de la famille de tout enfant réfugié en vue d'obtenir les renseignements nécessaires pour le réunir à sa famille. Lorsque ni le père, ni la mère, ni aucun autre membre de la famille ne peut être retrouvé, l'enfant se voit accorder, selon les principes énoncés dans la présente Convention, la même protection que tout autre enfant définitivement ou temporairement privé de son milieu familial pour quelque raison que ce soit.

Article 23

1. - Les Etats parties reconnaissent que les enfants mentalement ou physiquement handicapés doivent mener une vie pleine et décente, dans des conditions qui garantissent leur dignité, favorisent leur autonomie et facilitent leur participation active à la vie de la collectivité.

2. - Les Etats parties reconnaissent le droit des enfants handicapés de bénéficier de soins spéciaux et encouragent et assurent, dans la mesure des ressources disponibles, l'octroi, sur demande, aux enfants handicapés remplissant les conditions requises et à ceux qui en ont la charge, d'une aide adaptée à l'état de l'enfant et à la situation de ses parents ou de ceux à qui il est confié.

3. - Eu égard aux besoins particuliers des enfants handicapés, l'aide fournie conformément au paragraphe 2 est gratuite chaque fois qu'il est possible, compte tenu des ressources financières de leurs parents ou de ceux à qui l'enfant est confié, et elle est conçue de telle sorte que les enfants handicapés aient effectivement accès à l'éducation, à la formation, aux soins de santé, à la rééducation, à la préparation à l'emploi et aux activités récréatives, et bénéficient de ces services de façon à assurer une intégration sociale aussi complète que possible et leur épanouissement personnel, y compris dans le domaine culturel et spirituel.

4. - Dans un esprit de coopération internationale, les Etats parties favorisent l'échange d'informations pertinentes dans le domaine des soins de santé préventifs et du traitement médical, psychologique et fonctionnel des enfants handicapés, y compris par la diffusion d'informations concernant les méthodes de rééducation et les services de formation professionnelle, ainsi que l'accès à ces données, en vue de permettre aux Etats parties d'améliorer leurs capacités et leurs compétences et d'élargir leur expérience dans ces domaines. A cet égard, il est tenu particulièrement compte des besoins des pays en développement.

Article 24

1. - Les Etats parties reconnaissent le droit de l'enfant de jouir du meilleur état de santé possible et de bénéficier de services médicaux et de rééducation. Ils s'efforcent de garantir qu'aucun enfant ne soit privé du droit d'avoir accès à ces services.

2. - Les Etats parties s'efforcent d'assurer la réalisation intégrale du droit susmentionné et, en particulier, prennent les mesures appropriées pour :

a) - Réduire la mortalité parmi les nourrissons et les enfants;

b) - Assurer à tous les enfants l'assistance médicale et les soins de santé nécessaires, l'accent étant mis sur le développement des soins de santé primaire;

c) - Lutter contre la maladie et la malnutrition, y compris dans le cadre des soins de santé primaires, grâce notamment à l'utilisation de techniques aisément disponibles et à la fourniture d'aliments nutritifs et d'eau potable, compte tenu des dangers et des risques de pollution du milieu naturel;

d) - Assurer aux mères des soins prénatals et postnatals appropriés;

e) - Faire en sorte que tous les groupes de la société, en particulier les parents et les enfants, reçoivent une information sur la santé et la nutrition de l'enfant, les avantages de l'allaitement au sein, l'hygiène et la salubrité de l'environnement et la prévention des accidents, et bénéficient d'une aide leur permettant de mettre à profit cette information;

f) - Développer les soins de santé préventifs, les conseils aux parents et l'éducation et les services en matière de planification familiale.

3. - Les Etats parties prennent toutes les mesures efficaces appropriées en vue d'abolir les pratiques traditionnelles préjudiciables à la santé des enfants.

4. - Les Etats parties s'engagent à favoriser et à encourager la coopération internationale en vue d'assurer progressivement la pleine réalisation du droit reconnu dans le présent article. A cet égard, il est tenu particulièrement compte des besoins des pays en développement.

Article 25

Les Etats parties reconnaissent à l'enfant qui a été placé par les autorités compétentes pour recevoir des soins, une protection ou un traitement physique ou mental, le droit à un examen périodique dudit traitement et de toute autre circonstance relative à son placement.

Article 26

1. - Les Etats parties reconnaissent à tout enfant le droit de bénéficier de la sécurité sociale, y compris les assurances sociales, et prennent les mesures nécessaires pour assurer la pleine réalisation de ce droit en conformité avec leur législation nationale.

2. - Les prestations doivent, lorsqu'il y a lieu, être accordées compte tenu des ressources et de la situation de l'enfant et des personnes responsables de son entretien, ainsi que de toute autre considération applicable à la demande de prestation faite par l'enfant ou en son nom.

Article 27

1. - Les Etats parties reconnaissent le droit de tout enfant à un niveau de vie suffisant pour permettre son développement physique, mental, spirituel, moral et social.

2. - C'est aux parents ou autres personnes ayant la charge de l'enfant qu'incombe au premier chef la responsabilité d'assurer, dans les limites de leurs possibilités et de leurs moyens financiers, les conditions de vie nécessaires au développement de l'enfant.

3. - Les Etats parties adoptent les mesures appropriées, compte tenu des conditions nationales et dans la mesure de leurs moyens, pour aider les parents et autres personnes ayant la charge de l'enfant à mettre en oeuvre ce droit et offrent, en cas de besoin, une assistance matérielle et des programmes d'appui, notamment en ce qui concerne l'alimentation, le vêtement et le logement.

4.- Les Etats parties prennent toutes les mesures appropriées en vue d'assurer le recouvrement de la pension alimentaire de l'enfant auprès de ses parents ou des autres personnes ayant une responsabilité financière à son égard, que ce soit sur leur territoire ou à l'étranger. En particulier, pour tenir compte des cas où la personne qui a une responsabilité financière à l'égard de l'enfant vit dans un Etat autre que celui de l'enfant, les Etats parties favorisent l'adhésion à des accords internationaux ou la conclusion de tels accords ainsi que l'adoption de tous autres arrangements appropriés.

Article 28

1. - Les Etats parties reconnaissent le droit de l'enfant à l'éducation, et en particulier , en vue d'assurer l'exercice de ce droit progressivement et sur la base de l'égalité des chances :

a) - Ils rendent l'enseignement primaire obligatoire et gratuit pour tous;

b) - Ils encouragent l'organisation de différentes formes d'enseignement secondaire, tant général que professionnel, les rendent ouvertes et accessibles à tout enfant, et prennent des mesures appropriées, telles que l'instauration de la gratuité de l'enseignement et l'offre d'une aide financière en cas de besoin;

c) - Ils assurent à tous l'accès à l'enseignement supérieur, en fonction des capacités de chacun, par tous les moyens appropriés;

d) - Ils rendent ouvertes et accessibles à tout enfant l'information et l'orientation scolaires et professionnelles;

e)- Ils prennent des mesures pour encourager la régularité de la fréquentation scolaire et la réduction des taux d'abandon scolaire.

2. - Les Etats parties prennent toutes les mesures appropriées pour veiller à ce que la discipline scolaire soit appliquée d'une manière compatible avec la dignité de l'enfant en tant qu'être humain et conformément à la présente Convention.

3. - Les Etats parties favorisent et encouragent la coopération internationale dans le domaine de l'éducation, en vue notamment de contribuer à éliminer l'ignorance et l'analphabétisme dans le monde, et de faciliter l'accès aux connaissances scientifiques et techniques et aux méthodes d'enseignement modernes. A cet égard, il est tenu particulièrement compte des besoins des pays en développement.

Article 29

1. - Les Etats parties conviennent que l'éducation de l'enfant doit viser à :

a) - Favoriser l'épanouissement de la personnalité de l'enfant et le développement de ses dons et de ses aptitudes mentales et physiques, dans toute la mesure de leurs potentialités;

b) - Inculquer à l'enfant le respect des droits de l'homme et des libertés fondamentales, et des principes consacrés dans la Charte des Nations Unies;

c) - Inculquer à l'enfant le respect de ses parents, de son identité, de sa langue et des ses valeurs culturelles, ainsi que le respect des valeurs nationales du pays dans lequel il vit, du pays duquel il peut être originaire et des civilisations différentes de la sienne;

d) - Préparer l'enfant à assumer les responsabilités de la vie dans une société libre, dans un esprit de compréhension, de paix, de tolérance, d'égalité entre les sexes et d'amitié entre tous les peuples et groupes ethniques, nationaux et religieux, et avec les personnes d'origine autochtone;

e) - Inculquer à l'enfant le respect du milieu naturel.

2. - Aucune disposition du présent article ou de l'article 28 ne sera interprétée d'une manière qui porte atteinte à la liberté des personnes physiques ou morales de créer et de diriger des établissements d'enseignement, à condition que les principes énoncés au paragraphe 1er du présent article soient respectés et que l'éducation dispensée dans ces établissements soit conforme aux normes minimales que l'Etat aura prescrites.

1. Convention des Nations Unies relative aux droits de l'enfant (1989)

Article 30

Dans les Etats où il existe des minorités ethniques, religieuses ou linguistiques ou des personnes d'origine autochtone, un enfant autochtone ou appartenant à une de ces minorités ne peut être privé du droit d'avoir sa propre vie culturelle, de professer et de pratiquer sa propre religion ou d'employer sa propre langue en commun avec les autres membres de son groupe.

Article 31

1. - Les Etats parties reconnaissent à l'enfant le droit au repos et aux loisirs, de se livrer au jeu et à des activités récréatives propres à son âge, et de participer librement à la vie culturelle et artistique.

2.- Les Etats parties respectent et favorisent le droit de l'enfant de participer pleinement à la vie culturelle et artistique, et encouragent l'organisation à son intention de moyens appropriés de loisirs et d'activités récréatives, artistiques et culturelles, dans des conditions d'égalité.

Article 32

1. - Les Etats parties reconnaissent le droit de l'enfant d'être protégé contre l'exploitation économique et de n'être astreint à aucun travail comportant des risques ou susceptibles de compromettre son éducation ou de nuire à sa santé ou à son développement physique, mental, spirituel, moral ou social.

2. - Les Etats parties prennent des mesures législatives, administratives, sociales et éducatives pour assurer l'application du présent article. A cette fin, et compte tenu des dispositions pertinentes des autres instruments internationaux, les Etats parties, en particulier :

a) - Fixent un âge minimum ou des âges minimums d'admission à l'emploi;

b) - Prévoient une réglementation appropriée des horaires de travail et des conditions d'emploi;

c) - Prévoient des peines ou autres sanctions appropriées pour assurer l'application effective du présent article.

Article 33

Les Etats parties prennent toutes les mesures appropriées, y compris des mesures législatives, administratives, sociales et éducatives, pour protéger les enfants contre l'usage illicite de stupéfiants et de substances psychotropes, tels que les définissent les conventions internationales pertinentes, et pour empêcher que des enfants ne soient utilisés pour la production et le trafic illicites de ces substances.

Article 34

Les Etats parties s'engagent à protéger l'enfant contre toutes les formes d'exploitation sexuelle et de violence sexuelle. A cette fin, les Etats prennent en particulier toutes les mesures appropriées sur les plans national, bilatéral et multilatéral pour empêcher :

a) - Que des enfants ne soient incités ou contraints à se livrer à une activité sexuelle illégale;

b)- Que des enfants ne soient exploités à des fins de prostitution ou autres pratiques sexuelles illégales;

c) - Que des enfants ne soient exploités aux fins de la production de spectacles ou de matériel de caractère pornographique.

Article 35

Les Etats parties prennent toutes les mesures appropriées sur les plans national, bilatéral et multilatéral pour empêcher l'enlèvement, la vente ou la traite d'enfants à quelque fin que ce soit et sous quelque forme que ce soit.

Article 36

Les Etats parties protègent l'enfant contre toutes autres formes d'exploitation préjudiciables à tout aspect de son bien-être.

Article 37

Les Etats parties veillent à ce que :

a) - Nul enfant ne soit soumis à la torture ni à des peines ou traitements cruels, inhumains ou dégradants. Ni la peine capitale ni l'emprisonnement à vie sans possibilité de libération ne doivent être prononcés pour les infractions commises par des personnes âgées de moins de dix-huit ans;

b) - Nul enfant ne soit privé de liberté de façon illégale ou arbitraire. L'arrestation, la détention ou l'emprisonnement d'un enfant doit être en conformité avec la loi, n'être qu'une mesure de dernier ressort, et être d'une durée aussi brève que possible;

c) - Tout enfant privé de liberté soit traité avec humanité et avec le respect dû à la dignité de la personne humaine, et d'une manière tenant compte des besoins des personnes de son âge . En particulier, tout enfant privé de liberté sera séparé des adultes, à moins que l'on estime préférable de ne pas le faire dans l'intérêt supérieur de l'enfant, et il a le droit de rester en contact avec sa famille par la correspondance et par des visites, sauf circonstances exceptionnelles;

d) - Les enfants privés de liberté aient le droit d'avoir rapidement accès à l'assistance juridique ou à toute autre assistance appropriée, ainsi que le droit de contester la légalité de leur privation de liberté devant un tribunal ou une autre autorité compétente, indépendante et impartiale, et à ce qu'une décision rapide soit prise en la matière.

Article 38

1. - Les Etats parties s'engagent à respecter et à faire respecter les règles du droit humanitaire international qui leur sont applicables en cas de conflit armé et dont la protection s'étend aux enfants.

2.- Les Etats parties prennent toutes les mesures possibles dans la pratique pour veiller à ce que les personnes n'ayant pas atteint l'âge de quinze ans ne participent pas directement aux hostilités.

3. - Les Etats parties s'abstiennent d'enrôler dans leurs forces armées toute personne n'ayant pas atteint l'âge de quinze ans. Lorsqu'ils incorporent des personnes de plus de quinze ans mais de moins de dix-huit ans, les Etats parties s'efforcent d'enrôler en priorité les plus âgées.

4.- Conformément à l'obligation qui leur incombe en vertu du droit humanitaire international de protéger la population civile en cas de conflit armé, les Etats parties prennent toutes les mesures possibles dans la pratique pour les enfants qui sont touchés par un conflit armé bénéficient d'une protection et de soins.

Article 39

Les Etats parties prennent toutes les mesures appropriées pour faciliter la réadaptation physique et psychologique et la réinsertion sociale de tout enfant victime de toute forme de négligence, d'exploitation ou de sévices, de torture ou de toute autre forme de peines ou traitements cruels, inhumains ou dégradants, ou de conflit armé. Cette réadaptation et cette réinsertion se déroulent dans des conditions qui favorisent la santé, le respect de soi et la dignité de l'enfant.

Article 40

1.- Les Etats parties reconnaissent à tout enfant suspecté, accusé ou convaincu d'infraction à la loi pénale le droit à un traitement qui soit de nature à favoriser son sens de la dignité et de la valeur personnelle, qui renforce son respect pour les droits de l'homme et les libertés fondamentales d'autrui, et qui tienne compte de son âge ainsi que de la nécessité de faciliter sa réintégration dans la société et de lui faire assumer un rôle constructif au sein de celle-ci.

2. - A cette fin, et compte tenu des dispositions pertinentes des instruments internationaux, les Etats parties veillent en particulier :

a)- A ce qu'aucun enfant ne soit suspecté, accusé ou convaincu d'infraction à la loi pénale en raison d'actions ou d'omissions qui n'étaient pas interdites par le droit national ou international au moment où elles ont été commises;

b) - A ce que tout enfant suspecté ou accusé d'infraction à la loi pénale ait au moins le droit aux garanties suivantes :

i) - Etre présumé innocent jusqu'à ce que sa culpabilité ait été légalement établie;

ii) - Etre informé dans le plus court délai et directement des accusations portées contre lui, ou, le cas échéant, par l'intermédiaire de ses parents ou représentants légaux, et bénéficier d'une assistance juridique ou de toute autre assistance appropriée pour la préparation et la présentation de sa défense;

iii) - Que sa cause soit entendue sans retard par une autorité ou une instance judiciaire compétentes, indépendantes et impartiales, selon une procédure équitable aux termes de la loi, en présence de son conseil juridique ou autre et, à moins que cela ne soit jugé contraire à l'intérêt supérieur de l'enfant en raison notamment de son âge ou de sa situation, de ses parents ou représentants légaux;

iv) - Ne pas être contraint de témoigner ou de s'avouer coupable; interroger ou faire interroger les témoins à charge, et obtenir la comparution et l'interrogatoire des témoins à décharge dans des conditions d'égalité;

v) - S'il est reconnu avoir enfreint la loi pénale, faire appel de cette décision et de toute mesure arrêtée en conséquence devant une autorité ou une instance judiciaire supérieure compétentes, indépendantes et impartiales, conformément à la loi;

vi) - Se faire assister gratuitement d'un interprète s'il ne comprend ou ne parle pas la langue utilisée;

vii) - Que sa vie privée soit pleinement respectée à tous les stades de la procédure.

3. - Les Etats parties s'efforcent de promouvoir l'adoption de lois, de procédures, la mise en place d'autorités et d'institutions spécialement conçues pour les enfants suspectés, accusés ou convaincus d'infraction à la loi pénale, et en particulier :

a) - d'établir un âge minimum au-dessous duquel les enfants seront présumés n'avoir pas la capacité d'enfreindre la loi pénale;

b) - de prendre des mesures, chaque fois que cela est possible et souhaitable, pour traiter ces enfants sans recourir à la procédure judiciaire, étant cependant entendu que les droits de l'homme et les garanties légales doivent être pleinement respectés.

4. - Toute une gamme de dispositions, relatives notamment aux soins, à l'orientation et à la supervision, aux conseils, à la probation, au placement familial, aux programmes d'éducation générale et professionnelle et aux solutions autres qu'institutionnelles seront prévues en vue d'assurer aux enfants un traitement conforme à leur bien-être et proportionné à leur situation et à l'infraction.

Article 41

Aucune des dispositions de la présent Convention ne porte atteinte aux dispositions plus propices à la réalisation des droits de l'enfant qui peuvent figurer :

a)- Dans la législation d'un Etat partie ou

b)- Dans le droit international en vigueur pour cet Etat.

Deuxième partie

Article 42

Les Etats parties s'engagent à faire largement connaître les principes et les dispositions de la présente Convention, par des moyens actifs et appropriés, aux adultes comme aux enfants.

Article 43

1. - Aux fins d'examiner les progrès accomplis par les Etats parties dans l'exécution des obligations contractées par eux en vertu de la présente Convention, il est institué un Comité des droits de l'enfant qui s'acquitte des fonctions définies ci-après.

2. - Le Comité se compose de dix experts de haute moralité et possédant une compétence reconnue dans le domaine visé par la présente Convention. Ses membres sont élus par les Etats parties parmi leurs ressortissants et siègent à titre personnel, compte tenu de la nécessité d'assurer une répartition géographique équitable et eu égard aux principaux systèmes juridiques.

3. Les membres du Comité sont élus au scrutin secret sur une liste de personnes désignées par les Etats parties. Chaque Etat partie peut désigner un candidat parmi ses ressortissants.

4. La première élection aura lieu dans les six mois suivant la date d'entrée en vigueur de la présente Convention. Les élections auront lieu ensuite tous les deux ans. Quatre mois au moins avant la date de chaque élection, le Secrétaire général de l'Organisation des Nations Unies invitera par écrit les Etats parties à proposer leurs candidats dans un délai de deux mois. Le Secrétaire général dressera ensuite la liste alphabétique des candidats ainsi désignés, en indiquant les Etats parties qui les ont désignés, et la communiquera aux Etats parties à la présente Convention.

5. Les élections ont lieu lors des réunions des Etats parties, convoquées par le Secrétaire général au siège de l'Organisation des Nations Unies. A ces réunions, pour lesquelles le quorum est constitué par les deux tiers des Etats parties, les candidats élus au Comité sont ceux qui obtiennent le plus grand nombre de voix et la majorité absolue des voix des représentants des Etats parties présents et votants.

6. Les membres du Comité sont élus pour quatre ans. Ils sont rééligibles si leur candidature est présentée à nouveau. Le mandat de cinq des membres élus lors de la première élection prend fin au bout de deux ans. Les noms des cinq membres seront tirés au sort par le président de la réunion immédiatement après la première élection.

7. En cas de décès ou de démission d'un membre du Comité, ou si, pour toute autre raison, un membre déclare ne plus pouvoir exercer ses fonctions au sein du Comité, l'Etat partie qui avait présenté sa candidature nomme un autre expert parmi ses ressortissants pour pourvoir le poste ainsi vacant jusqu'à l'expiration du mandat correspondant, sous réserve de l'approbation du Comité.

8. Le Comité adopte son règlement intérieur.

9. Le Comité élit son bureau pour une période de deux ans.

10. Les réunions du Comité se tiennent normalement au Siège de l'Organisation des Nations

Unies, ou en tout autre lieu approprié déterminé par le Comité. Le Comité se réunit normalement chaque année. La durée de ses sessions est déterminée et modifiée, si nécessaire, par une réunion des Etats parties à la présente Convention, sous réserve de l'approbation de l'Assemblée générale.

11. Le Secrétaire général de l'Organisation des Nations Unies met à la disposition du Comité le personnel et les installations qui lui sont nécessaires pour s'acquitter efficacement des fonctions qui lui sont confiées en vertu de la présente Convention.

12. Les membres du Comité institué en vertu de la présente Convention reçoivent, avec l'approbation de l'Assemblée générale, des émoluments prélevés sur les ressources de l'organisation des Nations Unies dans les conditions et selon les modalités fixées par l'Assemblée générale.

Article 44

1. Les Etats parties s'engagent à soumettre au Comité, par l'entremise du secrétariat général de l'Organisation des Nations Unies, des rapports sur les mesures qu'ils auront adoptées pour donner effet aux droits reconnus dans la présente Convention et sur les progrès réalisés dans la jouissance de ces droits.

   a) Dans les deux ans à compter de la date de l'entrée en vigueur de la présente Convention pour les Etats parties intéressés;

   b) Par la suite, tous les cinq ans.

2. Les rapports établis en application du présent article doivent, le cas échéant, indiquer les facteurs et les difficultés empêchant les Etats parties de s'acquitter pleinement des obligations prévues dans la présente Convention. Ils doivent également contenir des renseignements suffisants pour donner au Comité une idée précise de l'application de la Convention dans le pays considéré.

3. Les Etats parties ayant présenté au Comité un rapport initial complet n'ont pas, dans les rapports qu'ils lui présentent ensuite conformément à l'alinéa b du paragraphe 1er du présent article, à répéter les renseignements de base antérieurement communiqués.

4. Le Comité peut demander aux Etats parties tous renseignements complémentaires relatifs à l'application de la Convention.

5. Le Comité soumet tous les deux ans à l'Assemblée générale, par l'entremise du Conseil économique et social, un rapport sur ses activités.

6. Les Etats parties assurent à leurs rapports une large diffusion dans leur propre pays.

Article 45

Pour promouvoir l'application effective de la Convention et encourager la coopération internationale dans le domaine visé par la Convention :

   a) Les institutions spécialisées, le Fonds des Nations Unies pour l'enfance et d'autres organes des Nations Unies ont le droit de se faire représenter lors de l'examen de l'application des dispositions de la présente Convention qui relèvent de leur mandat. Le Comité peut inviter les institutions spécialisées, le Fonds des Nations Unies pour l'enfance et tous autres organismes compétents qu'il jugera appropriés à donner des avis spécialisés sur l'application de la Convention dans les domaines qui relèvent de leurs mandats respectifs. Il peut inviter les institutions spécialisées, le Fonds des Nations Unies pour l'enfance et d'autres organes des Nations Unies à lui présenter des rapports sur l'application de la Convention dans les secteurs qui relèvent de leur domaine d'activité;

   b) Le Comité transmet, s'il le juge nécessaire, aux institutions spécialisées, au Fonds des Nations Unies pour l'enfance et aux autres organismes compétents tout rapport des

Etats parties contenant une demande ou indiquant un besoin de conseil ou d'assistance techniques, accompagné, le cas échéant, des observations et suggestions du Comité touchant ladite demande ou indication;

c) Le Comité peut recommander à l'Assemblée générale de prier le Secrétaire général de procéder pour le Comité à des études sur des questions spécifiques touchant les droits de l'enfant;

d) Le Comité peut faire des suggestions et des recommandations d'ordre général fondées sur les renseignements reçus en application des articles 44 et 45 de la présente Convention. Ces suggestions et recommandations d'ordre général sont transmises à tout Etat partie intéressé et portées à l'attention de l'Assemblée générale, accompagnées, le cas échéant, des observations des Etats parties.

Troisième partie

Article 46

La présente Convention est ouverte à la signature de tous les Etats.

Article 47

La présente Convention est sujette à ratification. Les instruments de ratification seront déposés auprès du Secrétaire général de l'Organisation des Nations Unies.

Article 48

La présente Convention restera ouverte à l'adhésion de tout Etat. Les instruments d'adhésion seront déposés auprès du Secrétaire général de l'Organisation des Nations Unies.

Article 49

1. La présente Convention entrera en vigueur le trentième jour qui suivra la date du dépôt auprès du Secrétaire général de l'Organisation des Nations Unies du vingtième instrument de ratification ou d'adhésion.

2. Pour chacun des Etats qui ratifieront la présente Convention ou y adhéreront après le dépôt du vingtième instrument de ratification ou d'adhésion, la Convention entrera en vigueur le trentième jour qui suivra le dépôt par cet Etat de son instrument de ratification ou d'adhésion.

Article 50

1. Tout Etat partie peut proposer un amendement et en déposer le texte auprès du Secrétaire général de l'Organisation des Nations Unies. Le Secrétaire général communique alors la proposition d'amendement aux Etats parties, en leur demandant de lui faire savoir s'ils sont favorables à la convocation d'une conférence des Etats parties en vue de l'examen de la proposition et de sa mise aux voix. Si, dans les quatre mois qui suivent la date de cette communication, un tiers au moins des Etats parties se prononcent en faveur de la communication d'une telle conférence, le Secrétaire général convoque la conférence sous les auspices de l'Organisation des Nations Unies. Tout amendement adopté par la majorité des Etats parties présents et votants à la conférence est soumis pour approbation à l'Assemblée générale.

2. Tout amendement adopté conformément aux dispositions du paragraphe 1 du présent article entre en vigueur lorsqu'il a été approuvé par l'Assemblée générale des Nations Unies et accepté par une majorité des deux tiers des Etats parties.

3. Lorsqu'un amendement entre en vigueur, il a force obligatoire pour les Etats parties qui l'ont accepté, les autres Etats parties demeurant liés par les dispositions de la présente Convention et par tous amendements antérieurs acceptés par eux.

Article 51

1. Le Secrétaire général de l'Organisation des Nations Unies recevra et communiquera à tous les Etats le texte des réserves qui auront été faites par les Etats au moment de la ratification ou de l'adhésion.

2. Aucune réserve incompatible avec l'objet et le but de la présente Convention n'est autorisée.

3. Les réserves peuvent être retirées à tout moment par notification adressée au Secrétaire général de l'Organisation des Nations Unies, lequel en informe tous les Etats parties à la Convention. La notification prend effet à la date à laquelle elle est reçue par le Secrétaire général.

Article 52

Tout Etat partie peut dénoncer la présente Convention par notification écrite adressée au Secrétaire général de l'Organisation des Nations Unies. La dénonciation prend effet un an après la date à laquelle la notification a été reçue par le Secrétaire général.

Article 53

Le Secrétaire général de l'Organisation des Nations Unies est désigné comme dépositaire de la présente Convention.

Article 54

L'original de la présente Convention, dont les textes anglais, arabe, chinois, espagnol, français et russe font également foi, sera déposé auprès du Secrétaire général de l'Organisation des Nations Unies.

En foi de quoi les plénipotentiaires soussignés, dûment habilités par leurs gouvernements respectifs, ont signé la présente Convention

Annexe 2. - Règles des Nations Unies pour la protection des mineurs privés de liberté

Adoptées par l'Assemblée générale dans sa résolution 45/113 du 14 décembre 1990

I. Perspectives fondamentales

1. La justice pour mineurs devrait protéger les droits et la sécurité et promouvoir le bien-être physique et moral des mineurs. L'incarcération devrait être une mesure de dernier recours.

2. Les mineurs ne peuvent être privés de leur liberté que conformément aux principes et procédures énoncés dans les présentes Règles et dans l'Ensemble de règles minima des Nations Unies concernant l'administration de la justice pour mineurs (Règles de Beijing). La privation de liberté d'un mineur doit être une mesure prise en dernier recours et pour le minimum de temps nécessaire et être limitée à des cas exceptionnels. La durée de détention doit être définie par les autorités judiciaires, sans que soit écartée la possibilité d'une libération anticipée.

3. Les présentes Règles ont pour objet d'établir, pour la protection des mineurs privés de liberté, sous quelque forme que ce soit, des règles minima acceptées par les Nations Unies qui soient compatibles avec les droits de l'homme et les libertés fondamentales et de parer aux effets néfastes de tout type de détention ainsi que de favoriser l'insertion sociale.

4. Les présentes Règles doivent être appliquées impartialement à tous les mineurs, sans aucune distinction fondée sur la race, la couleur, le sexe, l'âge, la langue, la religion, la nationalité, les opinions politiques ou autres, les convictions ou pratiques culturelles, la fortune, la naissance ou la situation familiale, l'origine ethnique ou sociale, et l'incapacité. Les croyances religieuses, les pratiques culturelles et les préceptes moraux des mineurs doivent être respectés.

5. Les présentes Règles sont destinées à servir de référence facile à consulter et à constituer un encouragement et des directives pour ceux qui participent à l'administration de la justice pour mineurs.

6. Les présentes Règles seront mises à la disposition des personnels de la justice pour mineurs dans leur langue nationale. Tout mineur qui ne parle pas la langue du personnel de l'établissement où il est détenu aura droit, à titre gracieux, aux services d'un interprète lorsque cela sera nécessaire, en particulier au cours des examens médicaux et des procédures disciplinaires.

7. Les Etats doivent, le cas échéant, incorporer les présentes Règles dans leur législation nationale ou modifier celle-ci en conséquence, et prévoir des recours efficaces en cas de violation, y compris des indemnités lorsque des mauvais traitements sont infligés aux mineurs. Les Etats doivent aussi contrôler l'application desdites Règles.

8. Les pouvoirs publics doivent s'efforcer de susciter dans le public une prise de conscience accrue du fait que le traitement des mineurs privés de liberté et leur préparation au retour dans la société représentent un service social de grande importance; à cet effet, des mesures actives devraient être prises en vue de favoriser les contacts directs entre les mineurs et la collectivité locale.

9. Aucune disposition des présentes Règles ne saurait être interprétée comme excluant l'application des normes et instruments pertinents des Nations Unies relatifs aux droits de l'homme et reconnus par la communauté internationale, dans un sens plus favorable aux droits, au traitement et à la protection des mineurs, des enfants et de tous les jeunes.

10. Au cas où l'application pratique de certaines règles contenues dans les sections II à V incluses présenterait une incompatibilité quelconque avec celle des règles énoncées dans la présente section, c'est l'obligation d'appliquer ces dernières qui primera.

II. Portée et application des Règles

11. Aux fins des présentes Règles, les définitions ci-après sont applicables:

a) Par mineur, on entend toute personne âgée de moins de 18 ans. L'âge au-dessous duquel il est interdit de priver un enfant de liberté est fixé par la loi;

b) Par privation de liberté, on entend toute forme de détention, d'emprisonnement ou le placement d'une personne dans un établissement public ou privé dont elle n'est pas autorisée à sortir à son gré, ordonnés par une autorité judiciaire, administrative ou autre.

12. La privation de liberté doit avoir lieu dans des conditions et des circonstances garantissant le respect des droits de l'homme des mineurs. Les mineurs détenus doivent pouvoir exercer une activité intéressante et suivre des programmes qui maintiennent et renforcent leur santé et leur respect de soi, favorisent leur sens des responsabilités et les encouragent à adopter des attitudes et à acquérir des connaissances qui les aideront à s'épanouir comme membres de la société.

13. Les mineurs privés de liberté ne pourront être, en raison de leur statut de détenu, privés des droits civils, économiques, politiques, sociaux et culturels dont ils jouissent en vertu de la législation nationale ou du droit international et qui sont compatibles avec une privation de liberté.

14. La protection des droits individuels des mineurs, en particulier en ce qui concerne la légalité de l'exécution des mesures de détention, sera assurée par l'autorité compétente, tandis que des inspections régulières et autres formes de contrôle appliquées, conformément aux normes internationales et aux lois et règlements nationaux, par l'autorité régulièrement constituée habilitée à rendre visite aux mineurs et indépendante de l'administration de l'établissement permettront de garantir la réalisation des objectifs d'intégration sociale.

15. Les présentes Règles sont applicables à tous les établissements ou institutions dans lesquels des jeunes sont privés de liberté. Les sections I, II, IV et V des Règles s'appliquent à tous les établissements et institutions dans lesquels des mineurs sont détenus, tandis que la section III s'applique aux mineurs en état d'arrestation ou en attente de jugement.

16. Il sera tenu compte dans l'application des présentes Règles, de la situation économique, culturelle et sociale particulière à chaque pays.

III. Mineurs en état d'arrestation ou en attente de jugement

17. Les mineurs en état d'arrestation ou en attente de jugement sont présumés innocents et traités comme tels. La détention avant jugement doit être évitée dans la mesure du possible et limitée à des circonstances exceptionnelles. Par conséquent, tout doit être fait pour appliquer d'autres mesures. Si toutefois le mineur est détenu préventivement, les tribunaux pour mineurs et les parquets traiteront de tels cas avec la plus grande diligence pour que la détention soit aussi brève que possible. Les mineurs détenus avant jugement devraient être séparés des mineurs condamnés.

18. Les conditions dans lesquelles un mineur non jugé est détenu doivent être compatibles avec les règles énoncées ci- dessous, sous réserve de dispositions spéciales jugées nécessaires et appropriées en raison de la présomption d'innocence, de la durée de cette détention, de la situation légale du mineur et des circonstances. Ces dispositions seraient les suivantes, sans que cette liste soit nécessairement limitative:

a) Les mineurs doivent avoir droit aux services d'un avocat et pouvoir demander une assistance judiciaire lorsque celle-ci est prévue et communiquer régulièrement avec leur conseil. Le caractère privé et confidentiel de ces communications devra être assuré;

b) Dans la mesure du possible, les mineurs pourront travailler, contre rémunération, étudier ou recevoir une formation, sans y être tenus. Ce travail, ces études ou cette formation ne doivent pas entraîner la prolongation de la détention;

c) Les mineurs pourront recevoir et conserver des matériels de loisir et de récréation compatibles avec les intérêts de l'administration de la justice.

IV. L'administration des établissements pour mineurs

A. Règles applicables aux dossiers

19. Tous les rapports, y compris les dossiers judiciaires, les dossiers médicaux, les dossiers disciplinaires et tous autres documents relatifs à la forme et au contenu du traitement, sont placés dans un dossier individuel confidentiel qui est tenu à jour, qui ne peut être consulté que par les personnes habilitées et qui est classé de manière à pouvoir être aisément consulté. Le mineur doit, dans la mesure du possible, pouvoir contester tout fait ou opinion figurant dans son dossier, de façon à permettre la rectification des mentions inexactes ou sans fondement, et, pour l'exercice de ce droit, seront prévues des procédures permettant à un tiers approprié de consulter le dossier sur demande. A la libération du mineur, son dossier sera scellé et, à une date appropriée, sera détruit.

20. Aucun mineur ne sera admis dans un établissement sans un ordre de détention valide émanant d'une autorité judiciaire, administrative ou autre autorité publique et dont les mentions seront immédiatement consignées dans le registre. Aucun mineur ne sera détenu dans un établissement où un tel registre n'existe pas.

B. Admission, immatriculation, transfèrement et transfert

21. Dans tout lieu où des mineurs sont détenus, il doit être tenu un registre où sont consignés de manière exhaustive et fidèle, pour chaque mineur admis:

a) Des renseignements sur l'identité du mineur;

b) Les motifs de la détention et le texte qui l'autorise;

c) Le jour et l'heure de l'admission, du transfert et de la libération;

d) Des indications détaillées sur les notifications adressées aux parents ou au tuteur légal concernant chaque admission, transfert ou libération du mineur qui était sous leur garde au moment où il a été mis en détention;

e) Des indications détaillées sur les problèmes de santé physique et mentale, y compris l'abus de drogues et d'alcool.

22. Les renseignements concernant l'admission, le lieu de détention, le transfert et la libération doivent être fournis sans délai aux parents, au tuteur légal ou au membre de la famille le plus proche du mineur concerné.

23. Aussitôt que possible après l'admission des rapports détaillés contenant tous les renseignements pertinents sur la situation personnelle et le cas de chaque mineur seront établis et soumis à l'administration.

24. Lors de son admission, chaque mineur doit recevoir un exemplaire du règlement de l'établissement et un exposé écrit de ses droits dans une langue qu'il comprend, avec l'indication de l'adresse des autorités compétentes pour recevoir les plaintes et de celle des organismes publics ou privés qui fournissent une assistance judiciaire. Si le mineur est illettré ou ne lit pas la langue dans laquelle les informations sont données, celles-ci lui seront fournies de manière qu'il puisse les comprendre pleinement.

25. On doit aider chaque mineur à comprendre le règlement régissant l'organisation interne de l'établissement, les objectifs et la méthode du traitement appliqué, les règles disciplinaires, les moyens autorisés pour obtenir des renseignements et formuler des plaintes, et toutes autres questions qu'il peut avoir besoin de connaître pour être en mesure de comprendre pleinement ses droits et ses obligations durant la détention.

26. Le transport des mineurs doit s'effectuer aux frais de l'administration par des moyens comportant une aération et un éclairage suffisants et dans des conditions qui ne leur imposent pas de souffrance et ne portent pas atteinte à leur dignité. Les mineurs ne doivent pas être transférés arbitrairement.

C. Classement et placement

27. Aussitôt que possible après son admission, chaque mineur doit être interrogé, et un rapport psychologique et social indiquant les facteurs pertinents quant au type de traitement et de programme d'éducation et de formation requis doit être établi. Ce rapport ainsi que le rapport établi par le médecin qui a examiné le mineur lors de son admission doivent être communiqués au directeur afin qu'il décide de l'affectation la plus appropriée pour l'intéressé dans l'établissement et du type de traitement et de programme de formation requis. Si un traitement rééducatif est nécessaire, et si la durée de séjour dans l'établissement le permet, un personnel qualifié de cet établissement devrait établir par écrit un plan de traitement individualisé qui spécifie les objectifs du traitement, leur échelonnement dans le temps et les moyens, étapes et phases par lesquels les atteindre.

28. Les mineurs doivent être détenus dans des conditions tenant dûment compte de leur statut et de leurs besoins particuliers en fonction de leur âge, de leur personnalité et de leur sexe, du type de délit ainsi que de leur état physique et mental, et qui les protègent des influences néfastes et des situations à risque. Le principal critère pour le classement des mineurs privés de liberté dans les différentes catégories doit être la nécessité de fournir aux intéressés le type de traitement le mieux adapté à leurs besoins et de protéger leur intégrité physique, morale et mentale ainsi que leur bien-être.

29. Dans tous les établissements, les mineurs doivent être séparés des adultes sauf s'il s'agit de membres de leur famille ou s'ils participent, avec des adultes soigneusement sélectionnés, à un programme spécial de traitement qui présente pour eux des avantages certains.

30. Des établissements ouverts pour mineurs doivent être créés. Les établissements ouverts sont des établissements dans lesquels les mesures matérielles de sécurité sont aussi réduites que possible. Dans de tels établissements, la population doit être assez restreinte pour permettre un traitement individualisé. Les établissements pour mineurs devraient être décentralisés et d'une taille propre à faciliter les contacts entre les mineurs et leurs familles.

En particulier, on devrait créer de petits établissements de détention intégrés à l'environnement social, économique et culturel des mineurs et à leur communauté.

D. Environnement physique et logement

31. Les mineurs détenus doivent être logés dans des locaux répondant à toutes les exigences de l'hygiène et de la dignité humaine.

32. La conception des établissements pour mineurs et l'environnement physique doivent être conformes à l'objectif de réadaptation assigné au traitement des mineurs détenus, compte dûment tenu du besoin d'intimité des mineurs et de leur besoin de stimulants sensoriels, tout en leur offrant des possibilités d'association avec leurs semblables et en leur permettant de se livrer à des activités sportives, d'exercice physique et de loisirs. La conception et la structure des installations pour mineur doivent réduire au minimum le risque d'incendie et permettre d'assurer, dans la sécurité, l'évacuation des locaux. L'établissement doit être doté d'un système d'alarme efficace en cas d'incendie, avec instructions écrites et exercices d'alerte pour assurer la sécurité des mineurs. Les installations ne seront pas placées dans des se cteurs qui présentent des risques connus pour la santé ou d'autres dangers.

33. Normalement, les mineurs doivent dormir dans de petits dortoirs ou des chambres individuelles, tout en tenant compte des normes locales. Les locaux où dorment les détenus - chambres individuelles ou dortoirs - doivent être soumis, la nuit, à une surveillance régulière et discrète, afin d'assurer la protection de chacun des mineurs. Chaque mineur doit disposer, en conformité avec les usages locaux ou nationaux, d'une literie individuelle suffisante qui doit être propre au moment où elle est délivrée, entretenue convenablement et renouvelée de façon à en assurer la propreté.

34. Les installations sanitaires doivent se trouver à des emplacements convenablement choisis et répondre à des normes suffisantes pour permettre à tout mineur de satisfaire les besoins naturels au moment voulu, d'une manière propre et décente.

35. La possession d'effets personnels est un élément fondamental du droit à la vie privée et est essentielle au bien- être psychologique du mineur. En conséquence, doivent être pleinement reconnus et respectés le droit du mineur de conserver en sa possession ses effets personnels et celui d'avoir la possibilité d'entreposer ces effets dans des conditions satisfaisantes. Les effets personnels que le mineur décide de ne pas conserver ou qui sont confisqués seront placés en lieu sûr. Un inventaire en sera dressé, qui sera signé par le mineur. Des mesures doivent être prises pour conserver ces objets en bon état. Ces objets et l'argent doivent être rendus au mineur à sa libération, à l'exception de l'argent qu'il a été autorisé à dépenser ou de l'argent ou des objets qu'il a pu envoyer à l'exté ;rieur. Si le mineur reçoit des médicaments ou si on en trouve en sa possession, le médecin décidera de l'usage à en faire.

36. Le mineur doit, dans la mesure du possible, avoir le droit de porter ses propres vêtements. Les établissements doivent veiller à ce que chaque mineur ait des vêtements personnels appropriés au climat et suffisants pour le maintenir en bonne santé; ces vêtements ne doivent en aucune manière être dégradants ou humiliants. Les mineurs qui quittent l'établissement ou sont autorisés à en sortir pour quelque raison que ce soit doivent avoir la permission de porter leurs vêtements personnels.

37. Tout établissement doit veiller à ce que le mineur reçoive une alimentation convenablement préparée et présentée aux heures usuelles des repas, et satisfaisant, en qualité et en quantité, aux normes de la diététique et de l'hygiène, compte tenu de sa santé et de ses activités, et, dans la mesure du possible, des exigences de sa religion et de sa culture. Chaque mineur doit disposer en permanence d'eau potable.

E. Education, formation professionnelle et travail

38. Tout mineur d'âge scolaire a le droit de recevoir une éducation adaptée à ses besoins et aptitudes, et propre à préparer son retour dans la société. Cette éducation doit autant que possible être dispensée hors de l'établissement pénitentiaire dans des écoles communautaires et, en tout état de cause, par des enseignants qualifiés dans le cadre de programmes intégrés au système éducatif du pays afin que les mineurs puissent poursuivre sans difficulté leurs études après leur libération. L'administration de l'établissement doit accorder une attention particulière à l'éducation des mineurs d'origine étrangère ou présentant des besoins particuliers d'ordre culturel ou ethnique. Un enseignement spécial doit être dispensé aux mineurs illettrés ou ayant des difficult&e acute;s d'apprentissage.

39. Les mineurs qui ont dépassé l'âge de la scolarité obligatoire et qui souhaitent continuer leurs études doivent être autorisés et encouragés à le faire; tout doit être mis en oeuvre pour leur ouvrir l'accès aux programmes appropriés d'enseignement.

40. Les diplômes ou certificats d'études décernés à un mineur en détention ne doivent en aucune manière indiquer que l'intéressé a été détenu.

41. Chaque établissement doit mettre à disposition une bibliothèque suffisamment pourvue de livres instructifs et récréatifs adaptés aux mineurs; ceux-ci doivent être encouragés à l'utiliser le plus possible et mis à même de le faire.

42. Tout mineur doit avoir le droit de recevoir une formation professionnelle susceptible de le préparer à la vie active.

43. Dans les limites compatibles avec une sélection professionnelle appropriée et avec les nécessités de l'administration et de la discipline des établissements, les mineurs doivent être en mesure de choisir le type de travail qu'ils désirent accomplir.

44. Toutes les normes nationales et internationales de protection applicables au travail des enfants et aux jeunes travailleurs sont applicables aux mineurs privés de liberté.

45. Afin d'améliorer leurs chances de trouver un emploi lorsqu'ils retourneront dans leur communauté, les mineurs doivent, autant que possible, pouvoir exercer un emploi rémunéré qui complète la formation professionnelle qui leur est dispensée, si possible au sein de la communauté locale. Le type de travail prévu doit assurer une formation appropriée du mineur en vue de sa libération. L'organisation et les méthodes de travail offertes dans les établissements doivent ressembler autant que possible à celles d'un travail analogue dans la communauté, afin que les mineurs soient préparés aux conditions d'une vie professionnelle normale.

46. Tout mineur qui accomplit un travail a droit à une rémunération équitable. Les intérêts des mineurs et de leur formation professionnelle ne doivent pas être subordonnés à un objectif de profit pour l'établissement ou un tiers. Une partie de la rémunération doit normalement être réservée à la constitution d'un pécule qui sera remis au mineur au moment de sa libération. Le mineur doit être autorisé à utiliser le reste de sa rémunération pour acheter des objets destinés à son usage personnel ou pour indemniser la victime de l'infraction qu'il a commise, ou à l'envoyer à sa famille ou à d'autres personnes hors de l'établissement.

F. Loisirs

47. Tout mineur doit avoir droit à un nombre d'heures approprié d'exercice libre par jour, en plein air si le temps le permet, au cours desquelles il reçoit normalement une éducation physique et récréative. Le terrain, les installations et l'équipement nécessaires doivent être prévus pour ces activités. Tout mineur doit disposer chaque jour d'un nombre d'heures additionnel pour ses loisirs, dont une partie sera consacrée, si le mineur le souhaite, à la formation à une activité artistique ou artisanale. L'établissement doit veiller à ce que le mineur soit physiquement apte à participer aux programmes d'éducation physique qui lui sont offerts. Une éducation physique et une thérapie correctives doivent être dispensées sous surveillance médicale, aux mineurs qui en ont besoin.

G. Religion

48. Tout mineur doit être autorisé à satisfaire aux exigences de sa vie religieuse et spirituelle, notamment en participant aux services ou réunions organisés dans l'établissement ou en entrant en relation avec les représentants de sa confession et en ayant en sa possession les livres ou articles de pratique et d'instruction religieuses de sa confession. Si un établissement compte un nombre suffisant de mineurs appartenant à une certaine religion, un ou plusieurs représentants qualifiés de cette religion doivent être nommés ou agréés et autorisés à organiser régulièrement des services religieux et à rendre des visites pastorales en privé aux mineurs qui en font la demande. Chaque mineur doit avoir le droit de recevoir des visites d'un représentant qualifié d'une religion de son choix, ainsi que celui de ne pas prendre part à des services religieux et de refuser librement de recevoir une éducation, des conseils ou un endoctrinement dans ce domaine.

H. Soins médicaux

49. Tout mineur a le droit de recevoir des soins médicaux, tant préventifs que curatifs, y compris des soins dentaires, ophtalmologiques et psychiatriques, ainsi que celui d'obtenir les médicaments et de suivre le régime alimentaire que le médecin peut lui prescrire. Tous ces soins médicaux doivent, dans la mesure du possible, être dispensés aux mineurs en détention par les services de santé appropriés de la communauté où est situé l'établissement, afin d'empêcher toute stigmatisation du mineur et de favoriser le respect de soi et l'intégration dans la communauté.

50. Dès son admission dans un établissement pour mineurs, chaque mineur a le droit d'être examiné par un médecin afin que celui-ci constate toute trace éventuelle de mauvais traitement et décèle tout état physique ou mental justifiant des soins médicaux.

51. Les services médicaux offerts aux mineurs doivent viser à déceler et traiter toute affection ou maladie physique, mentale ou autre, ou abus de certaines substances qui pourrait entraver l'insertion du mineur dans la société. Tout établissement pour mineur doit pouvoir accéder immédiatement à des moyens et équipements médicaux adaptés au nombre et aux besoins de ses résidents et être doté d'un personnel formé aux soins de médecine préventive et au traitement des urgences médicales. Tout mineur qui est ou se dit malade, ou qui présente des symptômes de troubles physiques ou mentaux doit être examiné sans délai par un médecin.

52. Tout médecin qui a des motifs de croire que la santé physique ou mentale d'un mineur est ou sera affectée par une détention prolongée, une grève de la faim ou une modalité quelconque de la détention doit en informer immédiatement le directeur de l'établissement ainsi que l'autorité indépendante chargée de la protection du mineur.

53. Tout mineur atteint d'une maladie mentale doit être traité dans un établissement spécialisé doté d'une direction médicale indépendante. Des mesures doivent être prises, aux termes d'un arrangement avec les organismes appropriés, pour assurer, le cas échéant, la poursuite du traitement psychiatrique après la libération.

54. Les établissements pour mineurs doivent adopter des programmes de prévention de l'abus des drogues et de réadaptation gérés par un personnel qualifié et adaptés à l'âge, au sexe et aux besoins de leur population; des services de désintoxication dotés d'un personnel qualifié doivent être à la disposition des mineurs toxicomanes ou alcooliques.

55. Il ne doit être administré de médicaments qu'en cas de traitement nécessaire pour des raisons médicales et, si possible, après obtention du consentement averti du mineur en cause. Les médicaments ne doivent pas être administrés en vue d'obtenir des renseignements ou des aveux, à titre de sanction ou comme moyen de coercition. Les mineurs ne doivent jamais être utilisés comme sujets de traitements expérimentaux ou pour essayer de nouveaux médicaments. L'administration de tout médicament doit toujours être autorisée et effectuée par un personnel médical qualifié.

I. Notification de maladie, d'accident ou de décès

56. La famille ou le tuteur du mineur et toute autre personne désignée par celui-ci ont le droit d'être informés de l'état de santé du mineur, sur leur demande, ainsi que dans le cas de modifications importantes de cet état de santé. Le directeur de l'établissement doit aviser immédiatement la famille ou le tuteur du mineur en cause, ou toute autre personne désignée, en cas de décès du mineur ou en cas de maladie ou d'accident exigeant le transfert du mineur dans un établissement médical extérieur à l'établissement, ou si l'état de santé du mineur nécessite qu'il soit traité à l'infirmerie de l'établissement pendant plus de 48 heures. Les autorités consulaires du pays dont un mineur étranger est ressortissant doivent aussi être informées.

57. En cas de décès d'un mineur en détention, le parent le plus proche doit avoir le droit d'examiner le certificat de décès, de voir le corps et de décider s'il doit être inhumé ou incinéré. Lorsqu'un mineur décède en détention, une enquête indépendante doit être effectuée sur les causes du décès et le plus proche parent du mineur doit avoir accès au rapport de l'enquête. Une enquête doit également être effectuée si le décès du mineur se produit dans les six mois de sa libération et que l'on a des raisons de croire que le décès est lié à la période de détention.

58. Tout mineur doit être avisé dans les plus brefs délais en cas de décès, de maladie ou d'accident grave d'un parent proche. Il doit avoir la possibilité d'assister aux obsèques d'un parent décédé ou de se rendre au chevet d'un parent gravement malade.

J. Contacts avec l'extérieur

59. Tout doit être mis en oeuvre pour que les mineurs aient suffisamment de contacts avec le monde extérieur car ceci fait partie intégrante du droit d'être traité humainement et est indispensable pour préparer les mineurs au retour dans la société. Les mineurs doivent être autorisés à communiquer avec leurs familles, ainsi qu'avec des membres ou représentants d'organisations extérieures de bonne réputation, à sortir de l'établissement pour se rendre dans leurs foyers et leurs familles et à obtenir des autorisations de sortie spéciales pour des motifs importants d'ordre éducatif, professionnel ou autre. Si le mineur accomplit une peine, le temps passé hors de l'établissement doit être imputé sur la durée de cette peine.

60. Tout mineur doit avoir le droit de recevoir des visites régulières et fréquentes de membres de sa famille, en principe une fois par semaine et pas moins d'une fois par mois, dans des conditions tenant compte du besoin du mineur de parler sans témoin, d'avoir des contacts et de communiquer sans restriction avec les membres de sa famille et ses défenseurs.

61. Tout mineur doit avoir le droit de communiquer par écrit ou par téléphone au moins deux fois par semaine avec la personne de son choix, sauf interdiction légale, et, le cas échéant, recevoir une assistance afin de pouvoir jouir effectivement de ce droit. Tout mineur doit avoir le droit de recevoir de la correspondance.

62. Les mineurs doivent avoir la possibilité de se tenir régulièrement au courant de l'actualité par la lecture de journaux quotidiens, de périodiques ou d'autres publications, par l'accès à des émissions radiodiffusées ou télévisées et à des projections de films, ainsi qu'en recevant des visites de représentants des clubs ou organisations licites auxquels ils s'intéressent.

K. Mesures de contrainte physique et recours à la force

63. L'emploi d'instruments de contrainte, quelle qu'en soit la raison, est interdit, sauf dans les cas visés à la règle 64 ci- dessous.

64. Les moyens et instruments de contrainte ne peuvent être utilisés que dans des cas exceptionnels et lorsque les autres moyens de contrôle ont été inopérants et s'ils sont expressément autorisés et définis par les lois et règlements; ils ne doivent pas être humiliants et ne peuvent être utilisés que pour la durée la plus brève possible et sur ordre du directeur, si les autres moyens de maîtriser le mineur ont échoué, afin d'empêcher le mineur de causer des dommages corporels à lui-même ou à autrui, ou de graves dommages matériels. En pareil cas, le directeur doit consulter d'urgence le médecin et faire rapport à l'autorité administrative supérieure.

65. Le port et l'usage d'armes par le personnel doivent être interdits dans tout établissement accueillant des mineurs.

L. Procédures disciplinaires

66. Toute mesure ou procédure disciplinaire doit assurer le maintien de la sécurité et le bon ordre de la vie communautaire et être compatible avec le respect de la dignité inhérente du mineur et l'objectif fondamental du traitement en établissement, à savoir inculquer le sens de la justice, le respect de soi-même et le respect des droits fondamentaux de chacun.

67. Toutes les mesures disciplinaires qui constituent un traitement cruel, inhumain ou dégradant, telles que les châtiments corporels, la réclusion dans une cellule obscure, dans un cachot ou en isolement, et toute punition qui peut être préjudiciable à la santé physique ou mentale d'un mineur doivent être interdites. La réduction de nourriture et les restrictions ou l'interdiction des contacts avec la famille doivent être exclues, quelle qu'en soit la raison. Le travail doit toujours être considéré comme un instrument d'éducation et un moyen d'inculquer au mineur le respect de soi- même pour le préparer au retour dans sa communauté, et ne doit pas être imposé comme une sanction disciplinaire. Aucun mineur ne peut être puni plus d'une fois pour la même infraction à la discipline. Les sanctions collectives doivent être interdites .

68. Les lois ou règlements adoptés par l'autorité administrative compétente doivent fixer des normes concernant les éléments ci-après, en tenant pleinement compte des caractéristiques, des besoins et des droits fondamentaux des mineurs:

a) Conduite constituant une infraction à la discipline;

b) Nature et durée des sanctions disciplinaires qui peuvent être infligées;

c) Autorité habilitée à prononcer ces sanctions;

d) Autorité habilitée à examiner les recours.

69. Tout rapport pour mauvaise conduite doit être promptement présenté à l'autorité compétente qui doit trancher dans des délais raisonnables. L'autorité compétente doit examiner le cas de manière approfondie.

70. Un mineur ne peut faire l'objet d'une sanction disciplinaire que dans les strictes limites des dispositions légales ou réglementaires en vigueur. Aucun mineur ne peut être puni sans avoir été informé d'une manière qui lui soit totalement compréhensible de l'infraction qu'on lui reproche et sans avoir eu l'occasion de présenter sa défense et en particulier de faire appel devant une autorité impartiale compétente. Tout ce qui concerne des mesures disciplinaires doit être consigné par écrit.

71. Aucun mineur ne peut être chargé de fonctions disciplinaires sauf dans le cadre du contrôle de certaines activités sociales, éducatives, sportives ou de programmes de prise en charge des mineurs par eux-mêmes.

M. Procédures de réclamation et inspections

72. Des inspecteurs qualifiés ou une autorité équivalente dûment constituée et n'appartenant pas à l'administration doivent être habilités à procéder à des inspections régulières et à entreprendre de leur propre initiative des inspections non annoncées et doivent jouir de toutes les garanties d'indépendance dans l'exercice de cette fonction. Les inspecteurs doivent avoir accès sans restriction à toutes les personnes employées ou travaillant dans tout établissement où des mineurs sont ou peuvent être privés de leur liberté, à tous les mineurs et à tous les dossiers de ces établissements.

73. Des médecins qualifiés relevant de l'autorité chargée des inspections ou de l'administration de la santé publique doivent participer aux inspections, en évaluant le respect des règles concernant l'environnement physique, l'hygiène, les locaux de détention, l'alimentation, l'exercice physique et les services médicaux ainsi que tout autre aspect de la vie en établissement qui affecte la santé physique et mentale des mineurs. Les mineurs doivent avoir le droit de s'entretenir confidentiellement avec tout inspecteur.

74. Après chaque inspection, les inspecteurs doivent présenter un rapport sur leurs constatations. Le rapport comprend une évaluation de la mesure dans laquelle l'établissement se conforme aux présentes Règles et aux dispositions de la législation nationale et des recommandations relatives à toutes mesures jugées nécessaires pour assurer l'application de ces règles et dispositions. Tout fait découvert par un inspecteur qui semble indiquer qu'une violation des dispositions légales concernant les droits des mineurs ou le fonctionnement d'un établissement pour mineurs s'est produite, doit être signalé aux autorités compétentes pour enquête et poursuites.

75. Tout mineur doit avoir l'occasion de présenter des requêtes ou des plaintes au directeur de l'établissement ou à son représentant autorisé.

76. Tout mineur doit avoir le droit d'adresser par la voie prescrite, sans censure quant au fond, une requête ou une plainte à l'administration centrale des établissements pour mineurs, à l'autorité judiciaire ou à d'autres autorités compétentes, et d'être informé sans délai de leur réponse.

77. Il convient de s'efforcer de créer un service ou nommer un ombudsman qui puisse, en toute indépendance, recevoir les plaintes formulées par les mineurs privés de liberté, enquêter sur elles et aider à la mise au point de règlements équitables.

78. Tout mineur doit avoir le droit de demander assistance à des membres de sa famille, à des conseillers juridiques, à des groupes humanitaires ou autres là où cela est possible, en vue de formuler sa plainte. Les mineurs illettrés doivent pouvoir utiliser les services d'organismes publics ou privés qui fournissent une assistance judiciaire ou sont habilités à recevoir les plaintes.

2. Règles des Nations Unies pour la protection des mineurs privés de liberté (1990)

N. Retour dans la communauté

79. Tout mineur doit bénéficier de dispositions visant à faciliter son retour dans la société, dans sa famille, dans le milieu scolaire ou dans la vie active après sa libération. Des procédures, notamment la libération anticipée, et des stages doivent être spécialement conçus à cette fin.

80. Les autorités compétentes doivent fournir ou assurer des services visant à aider les mineurs libérés à retrouver leur place dans la société, ainsi qu'à réduire les préjugés à l'égard de ces mineurs. Ces services doivent veiller, dans la mesure où cela est nécessaire, à ce que le mineur obtienne un logis, du travail et des vêtements convenables ainsi que des moyens suffisants pour vivre au cours de la période qui suit sa libération de façon à faciliter sa réinsertion dans de bonnes conditions. Les représentants des organismes qui dispensent de tels services doivent avoir accès à l'établissement et aux mineurs et doivent être consultés pendant la détention en ce qui concerne l'aide à apporter au mineur à son retour dans la collectivité.

V. Personnel

81. Le personnel doit comprendre un nombre suffisant de spécialistes tels que des éducateurs, des instructeurs, des conseillers, des travailleurs sociaux, des psychiatres et des psychologues qualifiés. Ces personnes et les autres spécialistes doivent normalement être employés à titre permanent, ce qui n'empêche pas d'employer des auxiliaires à temps partiel ou bénévoles si l'appui et la formation qu'ils peuvent donner sont adéquats et bénéfiques. L'établissement doit avoir recours à toutes les sources et formes d'assistance curative, scolaire, morale, spirituelle et autre qui sont indiquées et disponibles et doit s'efforcer de les employer selon les besoins et les problèmes individuels de traitement des mineurs.

82. L'administration doit choisir avec soin le personnel de tout grade et de toute catégorie, car c'est de son intégrité, de son humanité, de sa capacité de s'occuper de mineurs, de ses capacités professionnelles et de son aptitude générale au travail en question que dépend une bonne gestion des établissements pour mineurs.

83. Afin que les buts précités puissent être atteints, les membres du personnel doivent être recrutés comme fonctionnaires et convenablement rémunérés pour qu'on puisse retenir des hommes et des femmes capables. Le personnel des établissements pour mineurs doit être continuellement encouragé à exercer ses fonctions avec humanité, dévouement et efficacité, et à se conduire, à tout moment, de manière à mériter le respect des mineurs et à leur donner l'exemple d'un comportement et de perspectives positifs.

84. L'administration doit instaurer des formes d'organisation et de gestion propres à faciliter les communications entre les diverses catégories de personnel dans chaque établissement afin d'assurer la coopération entre les divers services qui s'occupent des mineurs, ainsi qu'entre le personnel et l'administration, de manière à ce que le personnel directement en contact avec les mineurs soit en mesure de travailler dans des conditions favorables à l'exercice efficace de ses fonctions.

85. Le personnel doit recevoir une formation qui lui permette de s'acquitter de manière efficace de ses tâches en matière de réadaptation, et qui comporte, en particulier, une formation dans les domaines de la psychologie de l'enfant, de la protection de l'enfance et des normes internationales relatives aux droits de l'homme et aux droits de l'enfant, notamment les présentes Règles. Tout au long de sa carrière, le personnel devra maintenir et perfectionner ses connaissances et sa capacité professionnelle en suivant des cours de perfectionnement qui seront organisés périodiquement.

86. Le directeur de l'établissement doit être suffisamment qualifié pour sa tâche: il doit avoir les capacités administratives, la formation et l'expérience voulues et doit consacrer tout son temps à sa fonction.

87. Dans l'exercice de ses fonctions, le personnel de l'établissement doit respecter et protéger la dignité humaine et les droits individuels fondamentaux de tous les mineurs. En particulier:

a) Sous aucun prétexte et en aucun cas, un membre du personnel de l'établissement ne peut infliger, provoquer ou tolérer une mesure disciplinaire ou punitive, un acte de torture, une peine ou des traitements cruels, inhumains ou dégradants;

b) Le personnel de l'établissement doit s'opposer rigoureusement à tout acte de corruption, combattre tous actes de ce genre et les signaler sans délai aux autorités compétentes;

c) Le personnel de l'établissement est tenu de respecter les présentes Règles. Tout agent qui a des raisons de penser qu'une violation des présentes Règles s'est produite ou est sur le point de se produire doit la signaler aux autorités supérieures et, le cas échéant, à d'autres autorités ou organes appropriés dotés du pouvoir d'examen ou de sanction;

d) Le personnel de l'établissement doit assurer la protection intégrale de la santé physique et mentale des mineurs, notamment la protection contre les abus et l'exploitation sexuels, physiques et émotionnels, et prendre immédiatement des mesures pour qu'ils bénéficient de soins médicaux chaque fois que cela est nécessaire;

e) Le personnel de l'établissement doit respecter le droit du mineur à la vie privée et doit en particulier préserver la confidentialité de tout ce qu'il a appris dans l'exercice de ses fonctions au sujet des mineurs et de leur famille;

f) Le personnel de l'établissement doit s'efforcer de réduire au minimum les différences entre la vie à l'intérieur et à l'extérieur de l'établissement qui tendent à être préjudiciables au respect de la dignité des mineurs en tant qu'êtres humains.

Annexe 3. - Questionnaire pour les études nationales

INTRODUCTION

Ce questionnaire a été préparé dans le cadre du livre sur la privation de liberté d'enfants et les alternatives à la privation de liberté. Ce livre sera publié à l'occasion du 10ème anniversaire de l'adoption de la Convention des Nations Unies relative aux droits de l'enfant (1989) en 1999.

Pourquoi un livre sur les droits des enfants privés de liberté

La réalité à laquelle les enfants doivent faire face aujourd'hui est à la fois sombre et prometteuse. Sombre d'une part, parce que la reconnaissance des droits de l'enfant permet de découvrir peu à peu à quel point les enfants en tant que groupe social - et l'enfant en tant qu'individu - sont encore trop peu respectés et leurs droits trop souvent violés. Prometteuse d'autre part, parce que les droits de l'enfant offrent un outil contraignant à la société en général, et aux enfants en particulier, pour mieux prévenir et changer cet état de fait.

Dans le monde entier, des centaines de milliers d'enfants sont privés de leur liberté. Les droits de ces enfants sont particulièrement ignorés. Leur situation ou comportement, souvent considérés comme une «*déviance sociale*», sont parfois même utilisés comme prétexte pour remettre en cause le respect de ces enfants en tant qu'êtres humains et sujets de droits.

Dix ans après l'adoption de la Convention des Nations Unies relative aux droits de l'enfant par l'Assemblée Générale des Nations Unies, et face à sa ratification quasi-universelle, le livre se propose d'évaluer dans quelle mesure les droits des enfants privés de liberté dans le monde sont respectés, et surtout d'identifier différentes façons de mieux garantir ces droits.

La privation de liberté en établissement fermé

Le placement d'un enfant peut prendre diverses formes. Un enfant peut être placé par exemple dans une institution ouverte d'où il ou elle peut sortir librement pour suivre une formation ou des activités de loisir, par exemple. Le placement peut cependant aussi être effectué dans un établissement fermé d'où le mineur ne peut sortir de son plein gré. Il peut s'agir d'une cellule d'arrestation, d'un centre de détention, d'une prison ou de toute autre institution fermée. Le choix d'un établissement fermé est généralement motivé, implicitement ou explicitement, par des raisons de sécurité ou d'ordre publics. Il se peut cependant que cet objectif soit accompagné - ou même caché - par un autre but: celui de rééduquer et réhabiliter l'enfant. Des lieux appelés «*centres de rééducation*» peuvent aussi être des prisons.

Bien que toute forme de privation de liberté puisse en soi poser un problème, ce livre se limite aux situations de privation de liberté en établissement fermé (voir définitions plus bas).

Les droits des enfants privés de liberté

La Convention des Nations Unies relative aux droits de l'enfant énonce les droits qui doivent être garantis à toute personne en dessous de 18 ans sans distinction aucune et indépendamment de la situation dans laquelle il ou elle se trouve.

Ainsi, le postulat de base suivi tout au long du livre sera que les enfants privés de leur liberté ont des droits et qu'ils doivent pouvoir les exercer. La lettre c) de l'article 37 de la Convention des Nations Unies relative aux droits de l'enfant rappelle d'ailleurs que «*tout enfant privé de liberté (doit être) traité avec humanité et avec le respect dû à la dignité de la personne humaine*». Être traité avec humanité et respect veut dire voir ses droits respectés.

Plan du livre

La première partie du livre dressera un état des lieux du respect des droits des enfants privés de liberté en établissement fermé au moyen d'un passage en revue des divers rapports et études existants en la matière, d'une analyse des travaux du Comité des droits de l'enfant des Nations Unies, ainsi que par le biais d'études nationales dans une vingtaine de pays. L'objectif de cette recherche n'est pas la dénonciation à tout prix des conditions de détention des jeunes mais plutôt une description générale de la situation depuis l'adoption de la Convention en 1989, comme point de départ pour la recherche d'alternatives à la privation de liberté.

Les informations fournies par les études nationales permettront d'ouvrir le débat vers la recherche de solutions constructives aux violations des droits des enfants privés de liberté en établissement fermé, ainsi que d'alternatives à cette privation de liberté. L'article 37 de la Convention, mais d'autres normes internationales également, présentent en effet la privation de liberté comme une mesure de dernier recours. Respecter les droits de l'enfant invite donc tout d'abord à chercher à éviter la privation de liberté ou à la remplacer le plus tôt possible par des alternatives. Cette recherche constituera la deuxième partie du livre.

Le livre s'inscrira dans un esprit positif de coopération internationale et d'assistance mutuelle dans le domaine de la promotion et de la protection des droits de l'enfant.

Les études nationales et le questionnaire

Les études nationales qui serviront à établir l'état des lieux dans les quelque vingt pays seront basées sur le questionnaire ci-joint. Les questionnaires seront remplis dans chaque pays par des partenaires locaux.

Nous avons choisi d'établir cet état des lieux en partant des droits de l'enfant et de la mesure dans laquelle ces droits sont respectés. A cet effet, nous avons dégagé quatre droits de la Convention à titre d'exemples: le droit à l'éducation, le droit au contact avec la famille, le droit à la protection contre la violence et la négligence et le droit à la protection juridique.

Nous avons veillé à ce que les droits sélectionnés couvrent aussi bien la **protection** dont doivent bénéficier les enfants de par leur vulnérabilité (le droit à la protection contre la violence) que les **prestations** auxquelles ils ont droit (le droit à l'éducation et le droit à un contact avec la famille) et la **participation** qu'il faut leur garantir (droit à la protection juridique).

3. Questionnaire pour les études nationales

Il faut cependant garder à l'esprit que la Convention doit être abordée d'une manière globale et qu'aucun droit ne devrait être considéré isolément, car tous sont interdépendants. Les conclusions tirées de la vérification de l'application de ces quatre droits dans les établissements fermés ne serviront qu'à donner des exemples de ce que peut être la situation d'ensemble.

Définitions

Enfant: tout être humain de moins de 18 ans (Article 1 de la Convention et Règle 11 des Règles des Nations Unies pour la protection des mineurs privés de liberté).

Privation de liberté: toute forme de détention, d'emprisonnement ou le placement d'une personne dans un établissement public ou privé dont elle n'est pas autorisée à sortir à son gré, ordonnés par une autorité judiciaire, administrative ou autre (Règle 11, Règles des Nations Unies pour la protection des mineurs privés de liberté).

Établissement fermé: cellule d'arrestation, centre de détention, prison ou toute autre institution fermée selon les définitions ci-dessous.

Cellule d'arrestation: lieu dans lequel des personnes sont détenues, principalement au sein des services de police, avant qu'un mandat d'arrêt ou une mesure provisoire ne soit délivré(e) par une autorité judiciaire ou administrative.

Centre de détention: lieu dans lequel des personnes sont détenues après qu'un mandat d'arrêt ou une mesure provisoire ait été délivré(e) par une autorité judiciaire ou administrative, mais avant qu'un jugement sur le fond de l'affaire n'ait été prononcé.

Prison: institution dans laquelle des personnes sont emprisonnées après qu'un jugement sur le fond de l'affaire ait été prononcé.

Autre institution fermée: toute autre institution, publique ou privée, dans laquelle des personnes sont placées sur ordre d'une autorité judiciaire, administrative ou autre et de laquelle elles ne peuvent sortir de leur gré. Exemples: centres de rééducation fermés, institutions psychiatriques, etc.

La Convention: Convention des Nations Unies relative aux droits de l'enfant (1989).

Structure du Questionnaire

Le questionnaire comporte six chapitres. Le premier chapitre cherche à récolter des données générales sur la privation de liberté des enfants en établissement fermé dans les pays choisis. Les chapitres deux à cinq visent à dresser un état des lieux des conditions de privation de liberté dans les différents établissements fermés, en partant des droits des enfants. Le dernier chapitre est consacré aux alternatives à la privation de liberté d'enfants.

Pour certaines des questions, vous trouverez sur la page de gauche des précisions quant à l'information recherchée, ainsi que des articles de la Convention des Nations Unies relative aux droits de l'enfant qui vous aideront à définir les droits à l'éducation, au contact avec la famille, à la protection contre la violence et la négligence et à la protection juridique.

En annexe, nous avons joint des articles tirés des Règles des Nations Unies pour la protection des mineurs privés de liberté qui vous aideront à identifier les aspects sur lesquels porter particulièrement votre attention lors de l'évaluation de l'application des droits en question (Chapitres 2 à 5).

Nous recommandons également de consulter le rapport initial (ou périodique) présenté par votre pays au Comité des droits de l'enfant des Nations Unies, si cela a déjà été fait.

Cas des États dans lesquels plusieurs lois concernant la privation de liberté d'enfants sont en vigueur

Certains pays, comme les États fédéraux, ont des lois/administrations concernant la privation de liberté d'enfants qui diffèrent d'une région/état/canton/etc. à l'autre. Si cela est le cas dans votre pays, nous vous invitons à ne considérer la situation que dans une seule entité (région/état/canton/etc.) tout en examinant toutefois également la législation/administration applicable/compétente dans le pays entier. Merci d'indiquer clairement quelle région/état/canton/etc. est couvert(e).

Nous vous remercions d'être le plus complet possible dans vos réponses. Nous vous remercions aussi de joindre tout document et renseignement utiles à la recherche. Merci de mentionner les références bibliographiques d'études récentes sur le sujet dans votre pays, s'il en existe. Si possible, nous aimerions recevoir les documents entiers.

Merci pour votre collaboration.

Geert Cappelaere/Anne Grandjean

Chapitre 1 : DONNEES GENERALES

1. Dans votre pays, les enfants peuvent-ils être privés de liberté dans des établissements fermés tels que:

a) des cellules d'arrestation ?

b) des centres de détention ?

c) des prisons ?

d) d'autres institutions fermées ?

Merci de nous donner des précisions sur les institutions comprises sous le point d.

A. Législation

a. Âges

2. Quel est l'âge/sont les âges de la responsabilité pénale dans votre pays ? Merci de spécifier si différents âges minima sont en vigueur (p.ex. selon la gravité du délit).

3. Quel est l'âge de la majorité civile ?

4. Quel est l'âge/sont les âges à partir duquel/desquels un enfant peut être poursuivi devant un tribunal pour adultes ? Merci de spécifier si différents âges minima sont en vigueur (p.ex. selon la gravité du délit).

5. Quel est l'âge/sont les âges à partir duquel/desquels un enfant peut être privé de liberté en établissement fermé ? Merci de spécifier si différents âges minima sont en vigueur (p.ex. selon la gravité du délit).

Si nécessaire, merci de spécifier pour:

cellules d'arrestation

centres de détention

prisons
autres institutions fermées

b. Bases légales/causes de la privation de liberté

6. Quelles sont les causes/bases légales applicables dans votre pays qui peuvent permettre de priver un enfant de sa liberté dans un établissement fermé ?

7. Existe-t-il des situations de privation de liberté d'enfants en établissement fermé sans base légale ? merci de bien vouloir expliquer.

c. Procédure de décision et assistance légale

8. Quelles sont les autorités (administratives et judiciaires) qui dans votre pays ont le pouvoir de décider de priver un enfant de sa liberté dans un établissement fermé ?

9. Ces autorités ont-elles reçu une formation spécialisée dans le traitement des dossiers d'enfants ? ont-elles reçu une formation sur les droits de l'enfant ? merci de bien vouloir expliquer.

10. La législation prévoit-elle la possibilité de l'assistance d'un avocat - ou autre assistance légale - lorsqu'une décision de privation de liberté d'un enfant en établissement fermé est prise ? merci de bien vouloir expliquer.

11. Cette assistance légale est-elle obligatoire ? merci de bien vouloir expliquer.

12. Cette assistance légale est-elle gratuite ? merci de bien vouloir expliquer.

13. Les personnes en charge de l'assistance légale des enfants ont-elles reçu une formation spécialisée dans le traitement des dossiers d'enfants ? ont-elles reçu une formation sur les droits de l'enfant ? merci de bien vouloir expliquer.

14. La législation prévoit-elle des possibilités de recours contre une décision de privation de liberté d'un enfant en établissement fermé ? merci de bien vouloir expliquer.

Voir le principe énoncé dans l'article 40.2. b) v) de la Convention.

15. La législation prévoit-elle une révision périodique du placement ? merci de bien vouloir expliquer.

Voir le principe énoncé dans l'article 25 de la Convention.

d. Durée maximale de la privation de liberté/Mesure de dernier recours

16. La législation exprime-t-elle explicitement l'obligation de ne choisir la privation de liberté d'un enfant dans un établissement fermé qu'en dernier recours uniquement ? Merci d'expliquer.

Voir le principe énoncé dans l'article 37 b) de la Convention.

17. Quelle est la durée initiale maximale d'une mesure privative de liberté prévue par la législation pour un enfant en établissement fermé ?

Si nécessaire, merci de spécifier pour:

cellules d'arrestation
centres de détention
prisons
autres institutions fermées

18. La mesure de privation de liberté d'un enfant en établissement fermé peut-elle être prolongée au-delà de la durée initiale maximale ? merci d'expliquer pour combien de temps et pour quelles raisons.

Si nécessaire, merci de spécifier pour:

cellules d'arrestation

centres de détention

prisons

autres institutions fermées

19. La privation de liberté d'un enfant en institution fermée est-elle vraiment utilisée par les autorités administratives et judiciaires pour la période la plus brève possible ? merci d'expliquer.

e. Intégration des dispositions de la Convention dans la législation nationale

20. La législation nationale réglant la privation de liberté d'enfants en établissement fermé a-t-elle été:

i) révisée suite à la ratification par votre pays de la Convention ? merci de bien vouloir expliquer.

ii) adaptée suite à la ratification par votre pays de la Convention ? merci de bien vouloir expliquer.

21. L'opinion des enfants eux-mêmes a-t-elle été d'une manière ou d'une autre prise en compte lors de ces changements législatifs ? si oui, comment ?

f. Appréciation personnelle

22. Quels sont pour vous les aspects positifs de la législation réglant la privation de liberté d'enfants en établissement fermé en vigueur dans votre pays ? merci d'utiliser la Convention relative aux droits de l'enfant comme référence.

23. Quels sont pour vous les aspects négatifs de la législation réglant la privation de liberté d'enfants en établissement fermé en vigueur dans votre pays ? merci d'utiliser la Convention relative aux droits de l'enfant comme référence.

B. Information sur les enfants privés de liberté

24. Combien d'enfants par année sont-ils privés de leur liberté dans un établissement fermé dans votre pays ?

Merci de spécifier le total d'enfants pour :

les cellules d'arrestation
les centres de détention
les prisons
les autres institutions fermées

25. Merci de classer le total d'enfants par :

sexe
nationalité
âge
motif de la privation de liberté (pour les causes de privation de liberté voir question 6)

durée moyenne du séjour en établissement fermé

Si un tel classement n'est pas possible merci de préciser pourquoi.

26. Quel pourcentage le nombre total d'enfants privés de liberté dans les établissements fermés représente-t-il dans la population totale d'enfants du pays (personnes de moins de 18 ans) ?

27. Comment évaluez vous les données que vous avez récoltées (fiabilité, exhaustivité, diversité, etc.) ?

C. Budget

28. Existe-t-il une étude sur le budget alloué chaque année à la privation de liberté d'enfants dans des établissements fermés (au niveau national ou régional/cantonal/etc.) ? si c'est le cas merci d'en résumer les conclusions et nous fournir l'information utile.

Chapitre 2: LE DROIT A L'EDUCATION

A. Législation et règlements internes

29. La législation nationale et les règlements internes des établissements fermés garantissent-ils aux enfants privés de liberté en établissement fermé les droits énoncés dans l'article 28 de la Convention ?

Si nécessaire, merci de spécifier pour: cellules d'arrestation, centres de détention, prisons ou autres institutions fermées. Merci de citer dans chaque cas la disposition concernée dans la législation nationale et/ou les règlements internes.

B. Le droit à l'éducation pendant la privation de liberté

30. Pouvez-vous donner deux exemples **positifs** et **constructifs** (aussi détaillés que possibles) de mesures concrètes visant à réaliser le droit à l'éducation pendant la privation de liberté d'enfants en établissement fermé ou à aider les enfants à faire valoir ce droit ?

Merci de préciser si nécessaire le type d'établissement (cellules d'arrestation, centres de détention, prisons, autres institutions fermées)

31. Pouvez-vous donner deux exemples (aussi détaillés que possible) de **violation** du droit à l'éducation pendant la privation de liberté d'enfants en établissement fermé ?

Merci de préciser si nécessaire le type d'établissement (cellules d'arrestation, centres de détention, prisons, autres institutions fermées)

32. Quels sont les **obstacles** principaux à la réalisation du droit à l'éducation pendant la privation de liberté d'enfants en établissement fermé ? Pouvez-vous nous donner des exemples concrets (aussi détaillés que possible) ?

Merci de préciser si nécessaire le type d'établissement (cellules d'arrestation, centres de détention, prisons, autres institutions fermées)

C. Surveillance/Prise en compte de l'opinion de l'enfant

33. Existe-t-il un mécanisme d'inspection interne (à l'intérieur de l'établissement) et/ou externe (incluant des organes indépendants) qui surveille la mise en oeuvre du droit à l'éducation dans les établissements fermés ? Pouvez-vous nous donner des exemples concrets (aussi détaillés que possible) ?
Merci de préciser si nécessaire le type d'établissement (cellules d'arrestation, centres de détention, prisons, autres institutions fermées)

34. Quelles sont les possibilités pour les enfants eux-mêmes de porter plainte - à l'intérieur ou à l'extérieur de l'établissement - contre des violations de leur droit à l'éducation pendant la privation de liberté ? merci de bien vouloir expliquer.
Merci de préciser si nécessaire le type d'établissement (cellules d'arrestation, centres de détention, prisons, autres institutions fermées)

Chapitre 3: LE DROIT AU CONTACT AVEC LA FAMILLE

A. Législation et règlements internes

35. La législation nationale et les règlements internes des établissements fermés garantissent-ils aux enfants privés de liberté en établissement fermé les droits énoncés dans l'article 9 de la Convention ? Si nécessaire, merci de spécifier pour: cellules d'arrestation, centres de détention, prisons ou autres institutions fermées. Merci de citer dans chaque cas la disposition concernée dans la législation nationale et/ou les règlements internes des établissements fermés.

B. Le droit au contact avec la famille pendant la privation de liberté

36. Pouvez-vous donner deux exemples **positifs** et **constructifs** (aussi détaillés que possibles) de mesures concrètes visant à réaliser le droit au contact avec la famille pendant la privation de liberté d'enfants en établissement fermé ou à aider les enfants à faire valoir ce droit ?
Merci de préciser si nécessaire le type d'établissement (cellules d'arrestation, centres de détention, prisons, autres institutions fermées)

37. Pouvez-vous donner deux exemples (aussi détaillés que possible) de **violation** du droit au contact avec la famille pendant la privation de liberté d'enfants en établissement fermé ?
Merci de préciser si nécessaire le type d'établissement (cellules d'arrestation, centres de détention, prisons, autres institutions fermées)

38. Quels sont les **obstacles** principaux à la réalisation du droit au contact avec la famille pendant la privation de liberté d'enfants en établissement fermé ? Pouvez-vous nous donner des exemples concrets (aussi détaillés que possible) ?
Merci de préciser si nécessaire le type d'établissement (cellules d'arrestation, centres de détention, prisons, autres institutions fermées)

C. Surveillance/Prise en compte de l'opinion de l'enfant

39. Existe-t-il un mécanisme d'inspection interne (à l'intérieur de l'établissement) et/ou externe (incluant des organes indépendants) qui surveille la mise en oeuvre du droit au contact avec la famille dans les établissements fermés ? Pouvez-vous nous donner des exemples concrets (aussi détaillés que possible) ?

Merci de préciser si nécessaire le type d'établissement (cellules d'arrestation, centres de détention, prisons, autres institutions fermées)

40. Quelles sont les possibilités pour les enfants eux-mêmes de porter plainte - à l'intérieur ou à l'extérieur de l'établissement - contre des violations de leur droit au contact avec la famille pendant la privation de liberté ? merci de bien vouloir expliquer.
Merci de préciser si nécessaire le type d'établissement (cellules d'arrestation, centres de détention, prisons, autres institutions fermées)

Chapitre 4: LE DROIT A LA PROTECTION CONTRE LA VIOLENCE ET LA NEGLIGENCE

Remarque: «violence» est ici considéré comme un terme général couvrant toutes les situations d'abus , d'exploitation et de torture. De plus, la violence n'est pas forcément physique, elle peut aussi être morale et verbale. La négligence désigne les situations dans lesquelles les besoins vitaux des enfants ne sont pas pris en charge.

A. Législation et règlements internes

41. La législation nationale et les règlements internes des établissements fermés garantissent-ils aux enfants privés de liberté en établissement fermé les droits énoncés dans les articles 19.1, 32, 34, 35, 36 et 37 a) de la Convention ?
Si nécessaire, merci de spécifier pour: cellules d'arrestation, centres de détention, prisons ou autres institutions fermées.

Merci de citer dans chaque cas la disposition concernée dans la législation nationale et/ou les règlements internes des établissements fermés.

B. Le droit à la protection contre la violence et la négligence pendant la privation de liberté

42. Pouvez-vous donner deux exemples **positifs** et **constructifs** (aussi détaillés que possibles) de mesures concrètes visant à réaliser le droit à la protection contre la violence et la négligence pendant la privation de liberté d'enfants en établissement fermé ou à aider les enfants à faire valoir ce droit ?
Merci de préciser si nécessaire le type d'établissement (cellules d'arrestation, centres de détention, prisons, autres institutions fermées)
43. Pouvez-vous donner deux exemples (aussi détaillés que possible) de **violation** du droit à la protection contre la violence et la négligence pendant la privation de liberté d'enfants en établissement fermé ?

Merci de préciser si nécessaire le type d'établissement (cellules d'arrestation, centres de détention, prisons, autres institutions fermées)

44. Quels sont les **obstacles** principaux à la réalisation du droit à la protection contre la violence et la négligence pendant la privation de liberté d'enfants en établissement fermé ? Pouvez-vous nous donner des exemples concrets (aussi détaillés que possible) ?

Merci de préciser si nécessaire le type d'établissement (cellules d'arrestation, centres de détention, prisons, autres institutions fermées)

C. Surveillance / Prise en compte de l'opinion de l'enfant

45. Existe-t-il un mécanisme d'inspection interne (à l'intérieur de l'établissement) et/ou externe (incluant des organes indépendants) qui surveille la mise en oeuvre du droit à la protection contre la violence et la négligence dans les établissements fermés ? Pouvez-vous nous donner des exemples concrets (aussi détaillés que possible) ?

Merci de préciser si nécessaire le type d'établissement (cellules d'arrestation, centres de détention, prisons, autres institutions fermées)

46. Quelles sont les possibilités pour les enfants eux-mêmes de porter plainte - à l'intérieur ou à l'extérieur de l'établissement - contre des violations de leur droit à la protection contre la violence et la négligence pendant la privation de liberté ? merci de bien vouloir expliquer.

Merci de préciser si nécessaire le type d'établissement (cellules d'arrestation, centres de détention, prisons, autres institutions fermées)

Chapitre 5: LE DROIT A LA PROTECTION JURIDIQUE

A. Législation et règlements internes

47. La législation nationale et les règlements internes des établissements fermés garantissent-ils aux enfants privés de liberté en établissement fermé les droits énoncés dans les articles 37 d) et 40.2 de la Convention ?

Si nécessaire, merci de spécifier pour: cellules d'arrestation, centres de détention, prisons ou autres institutions fermées. Merci de citer dans chaque cas la disposition concernée dans la législation nationale et/ou les règlements internes des établissements fermés.

B. Le droit à la protection juridique pendant la privation de liberté

48. Pouvez-vous donner deux exemples **positifs** et **constructifs** (aussi détaillés que possibles) de mesures concrètes visant à réaliser le droit à la protection juridique pendant la privation de liberté d'enfants en établissement fermé ou à aider les enfants à faire valoir ce droit ?

Merci de préciser si nécessaire le type d'établissement (cellules d'arrestation, centres de détention, prisons, autres institutions fermées)

49. Pouvez-vous donner deux exemples (aussi détaillés que possible) de **violation** du droit à la protection juridique pendant la privation de liberté d'enfants en établissement fermé ?

Merci de préciser si nécessaire le type d'établissement (cellules d'arrestation, centres de détention, prisons, autres institutions fermées)

50. Quels sont les **obstacles** principaux à la réalisation du droit à la protection juridique pendant la privation de liberté d'enfants en établissement fermé ? Pouvez-vous nous donner des exemples concrets (aussi détaillés que possible) ?

Merci de préciser si nécessaire le type d'établissement (cellules d'arrestation, centres de détention, prisons, autres institutions fermées)

C. Surveillance / Prise en compte de l'opinion de l'enfant

51. Existe-t-il un mécanisme d'inspection interne (à l'intérieur de l'établissement) et/ou externe (incluant des organes indépendants) qui surveille la mise en oeuvre du droit à la protection juridique dans les établissements fermés ? Pouvez-vous nous donner des exemples concrets (aussi détaillés que possible) ?

Merci de préciser si nécessaire le type d'établissement (cellules d'arrestation, centres de détention, prisons, autres institutions fermées)

52. Quelles sont les possibilités pour les enfants eux-mêmes de porter plainte - à l'intérieur ou à l'extérieur de l'établissement - contre des violations de leur droit à la protection juridique pendant la privation de liberté ? merci de bien vouloir expliquer.

Merci de préciser si nécessaire le type d'établissement (cellules d'arrestation, centres de détention, prisons, autres institutions fermées)

Chapitre 6: LES ALTERNATIVES A LA PRIVATION DE LIBERTÉ

Bien que cette question soit la dernière du questionnaire, elle est très importante. Nous espérons que vous serez en mesure de nous fournir autant d'informations détaillées que possible !

53. Quelles sont les alternatives à la privation de liberté d'enfants en établissement fermé appliquées dans votre pays ?

Merci de nous fournir l'information la plus complète possible sur les alternatives disponibles (dépliants, rapports d'activité, adresses, etc.)

Voir le principe énoncé par l'article 40.4 de la Convention.

Annexe 4. - Liste des partenaires nationaux

1. Belgique
Mme Anne Graindorge
156, rue de Theux
1040 Bruxelles, Belgique
M. Geert Cappelaere
Kanakkendries 19
B-9660 Brakel, Belgique

2. Biélorussie
UNICEF - Minsk
c/o United Nations Office
Mme Elena Selchonok
Mme Galina Leonova
17 Kirov, 6th Floor
220050 Minsk
Biélorussie

3. Brésil
APSYS Rio
Açao Interprofissional pela Proteçao Judiciaria e Socio-Educativa da Juventude
Mme Solange Rodrigues
Mme Isabela Reinert Thomé
Estrada de Jacarepagua,
7709 s/512
Freguesia, Jacarepagua
CEP 22753-045
Rio de Janeiro, Brésil

4. Espagne
Comité espagnol pour l'UNICEF
Mme Sonsoles Rodriguez Alvarez
Mme Teresa Hernandez Blanco
c/ Mauricio Legendre, 36
28046 Madrid, Espagne

5. Fédération de Russie
EquiLibre
Mme Ana Guertsik
39/41 Izmailovsky Bd.
105264 Moscou
Fédération de Russie

6. Jamaica
Penal Reform International- Carribean/
Latin America Office
Mme Wendy Singh
Edif. Mercantil Plaza
Of. 720
Ave. Ponce de Leon 2
San Juan PR 00918
Puerto Rico

7. Macédoine (FYROM)
UNICEF-Skopje
Mme Irena Stevchevska
Rampo Levkata br.2
P.O. Box 491
Skopje, Macédoine (FYROM)

8. Nicaragua
Casa Alianza-Nicaragua
Mme Evelyn Palma Arraliga
Apartado 15
Managua, Nicaragua

9. Nouvelle Zélande
Institute of Criminology
Victoria University of Wellington
Mme Gabrielle Maxwell
Ms Rae Julian
PO Box 600,
Wellington, Nouvelle Zélande

10. Ouganda
Legal Aid Project
Mme Augustine Bahemuka
Plot 81, Kira Road,
P.O Box 426, Kampala
Ouganda

11. Philippines
Institute of Human Rights
University of the Philippines Law Center
M. José Maria Z. Carpio
Bocobo Hall, Diliman
Quezon City 1101, Philippines

12. République Sud-Africaine
Institute of Criminology
University of Cape Town
Mme Cheryl Frank
Private Bag
Rondebosch
7700, Cape Town
République Sud-Africaine

13. Sri Lanka
Lawyers for Human Rights and Development
M. Kalyananda Tiranagama
225/1 Cotta Road, Borella
Colombo 8, Sri Lanka

14. Suisse
Mme Caroline Bourquin
56, rte d'Ornex
1239 Collex, Suisse
Mme Anne Grandjean
31, rue du Môle
1201 Genève, Suisse

15. Turquie
Youth Reautonomy Foundation of Turkey
Mme Hale Meriç Arslan
Rihtim Cad. Yogurtçu Sükrü Sok.
No 19 - Kadiköy - 81320
Istanbul, Turquie

16. Zambie
UNICEF-Zambie
Mr Stephan Dahlgren
Lusaka, Zambie

Annexe 5. - Rapports des États parties soumis au Comité des droits de l'enfant des Nations Unies examinés dans cet ouvrage

1. Australie
2. Azerbaïdjan
3. Belgique
4. Biélorussie
5. Bolivie
6. Burkina Faso
7. Canada
8. Chypre
9. Costa Rica
10. Croatie
11. Cuba
12. Danemark
13. El Salvador
14. Espagne
15. Fédération de Russie
16. Fiji
17. Finlande
18. Ghana
19. Hong Kong
20. Hongrie
21. Icelande
22. Ile Maurice
23. Irak
24. Jamahiriya arabe libyenne
25. Jamaique
26. Japon
27. Jordanie
28. Maldives
29. Micronésie
30. Mongolie
31. Myanmar
32. Namibie
33. Nicaragua
34. Nigéria
35. Norvège
36. Nouvelle-Zélande
37. Ouganda
38. Panama
39. Paraguay
40. Philippines
41. Pologne
42. Portugal
43. République arabe syrienne
44. République de Corée
45. République démocratique populaire lao
46. République fédérative de Yougoslavie
47. République tchèque
48. Saint-Siège
49. Slovénie
50. Soudan
51. Sri Lanka
52. Suède
53. Togo
54. Trinidad et Tobago
55. Tunisie
56. Ukraine
57. Uruguay
58. Yemen
59. Zimbabwe

BIBLIOGRAPHIE

ALAM, S.; Rapid Survey on Children in Prison. Lahore, UNICEF, 1993.

Australia. Silence on Human Rights: Government responds to «Stolen Children» inquiry. Londres, Amnesty International, 1998.

Betraying the young. Human Rights Violations against Children in the US Justice System. London, Amnesty International, 1998.

BLACK, M.; SMITH, C.; Rights of institutionalised children. Bucharest, Unicef, 1997.

BOL, M.; Leeftijdsgrenzen in het jeugdstrafrecht. Arnhem, Gouda Quint, 1991.

BRANKEN, N. and BATLEY, M.; Family Group Conferences - Putting the wrong right. A Practice Research Study and Implementation Manual. Pretoria, The Family Group Conference Pilot Project of the Inter-Ministerial Committee on Young People at Risk, s.d.

BRON, E., SOTTAS, E.; Exactions et Enfants. Genève, Organisation mondiale contre la torture (OMCT), 1993.

Burma: Children's Rights and the Rule of Law. New York, Human Rights Watch/Asia, 1997.

CADDLE, D.; CRISP, D.; Imprisoned women and mothers. London, Home Office Research Study, 1997, nr. 162.

CAPPELAERE, G; VERHELLEN, E., «Human rights, juvenile justice and children in conflict with the law. Vienna, Austrian Federal Ministry for Youth and Family Affairs, United Nations Center for International Crime Prevention, 1997.

CAPPELAERE, G, e.a.; Les Enfants de la rue en Europe. Strasbourg, Conseil de l'Europe, 1994.

CAPPELAERE, G. , SANTOS PAIS, M.; The observance of human rights in the practical application of juvenile and family justice. In, Young Offenders and their families. The human rights issue, Godesberg, Forum Verlag, 1998, pp. 193-204.

CAPPELAERE, G. , SPIESSCHAERT, F. , VERHELLEN, E.; Le mouvement des droits de l'enfant. In, Journal du Droit des Jeunes, 1988, nr. 9, pp. 1-7.

CAPPELAERE, G. , SPIESSCHAERT, F., VERHELLEN, E.; Effet direct et primauté de la Convention relative aux droits de l'enfant. In, Journal du Droit des Jeunes, 1993, nr. 126, pp. 33-36.

CAPPELAERE, G. , SPIESSCHAERT, F., VERHELLEN, E.; La Convention relative aux droits de l'enfant, son effet direct et son application directe en droit (interne). In, Journal du Droit des Jeunes, 1993, nr. 117, pp. 55-57.

CAPPELAERE, G. , SPIESSCHAERT, F., VERHELLEN, E.; La Convention relative aux droits de l'enfant et la capacité juridique des enfants. In, Journal du Droit des Jeunes, 1993, nr. 128, pp. 16-17.

CAPPELAERE, G.; Des alternatives à l'emprisonnement. In, Projets et Perspectives, 1987, nr. 1, pp. 14-15.

CAPPELAERE, G.; Des sanctions alternatives dans la protection de la jeunesse en Belgique. In, Changement de société et délinquance juvénile, Leuven, Acco, 1987, pp. 59-74.

CAPPELAERE, G.; GRANDJEAN, A.; Juvenile Justice. Moscou, Unicef Country office, 1998.

CAPPELAERE, G.; Juvenile justice and children's rights. In, Transnational Law and Contemporary Problems, Iowa, University of Iowa, 1998.

CAPPELAERE, G.; Juvenile punitive law. In, The future of the juvenile justice system, Amersfoort, Acco, 1990, pp. 275-284.

CAPPELAERE, G.; La petite maison à différents portails. In, Le placement des mineurs en institution psychiatrique, Bruxelles, Publications des Facultés Universitaires de Saint-Louis, 1990, pp. 17-24.

CAPPELAERE, G.; Les enfants et les lois dans une perspective internationale. In, Enfance, 1992, nr. 3, pp. 265-277.

CAPPELAERE, G.; MARY, Ph.; Le programme des Nations Unies pour la prévention du crime et la justice pénale. In, Revue de Droit Pénal et de Criminologie, 1996, nr. 1, pp. 54-79.

CAPPELAERE, G.; Recurrent variations on a youthful theme. In, Beyond the pale, Behind bars. Special Issue of Paedagogica Historica, 1990, XXVI, nr. 2, pp. 247-266.

CAPPELAERE, G.; United Nations Guidelines for the prevention of juvenile delinquency : prevention of juvenile delinquency or promotion of a society respectful for children too ? Genève, Défense des Enfants-Intenational, 1993.

CAPPELAERE, G.; VERHELLEN, E.; Prevention of juvenile delinquency and respect for children's rights. In, International Journal of Children's Rights, 1996, jg. 4, pp. 57-67.

CAPPELAERE, G.; Vers un code pénal de la jeunesse ? La responsabilité de l'enfant comme point de départ. In, Travail d'intérêt général et médiation pénale, Bruxelles, Bruylant, 1998.

Changes in society and juvenile delinquency. Leuven, Acco, 1987.

Children in adult prisons. A situational analysis. Cape Town, University of the Western Cape, Community Law Centre, 1997.

Children in Confinement in Louisiana. New York, Human Rights Watch Children's Rights Project, 1995.

Children in conflict with the law. A survey of the situation in Bangladesh. Stockholm, Rädda Barnen (Swedish Save the Children), 1995.

Children in conflict with the law. A survey of the situation in Ethiopia. Stockholm, Rädda Barnen (Swedish Save the Children), 1996.

Children in conflict with the law. A survey of the situation in El Salvador. Stockholm, Rädda Barnen (Swedish Save the Children), 1997.

Children in conflict with the law. A survey of the situation in Pakistan. Stockholm, Rädda Barnen (Swedish Save the Children), 1995.

Children in conflict with the law. A survey of the situation in Peru. Stockholm, Rädda Barnen (Swedish Save the Children), 1997.

Children in conflict with the law. A survey of the situation in South Africa. Stockholm, Rädda Barnen (Swedish Save the Children), 1996.

Children in conflict with the law. A survey of the situation in South Africa. Stockholm, Rädda Barnen, 1996.

Children in conflict with the law. A survey of the situation in the West Bank. Stockholm, Rädda Barnen (Swedish Save the Children), 1995.

Children in conflict with the law. A survey of the situation in Vietnam. Stockholm, Rädda Barnen (Swedish Save the Children), 1995.

Children in conflict with the law. A survey of the situation in Yemen. Stockholm, Rädda Barnen (Swedish Save the Children), 1997.

Children in conflict with the law. A survey of the situation in Yemen. Stockholm, Rädda Barnen, 1997.

Children in Northern Ireland: Abused by Security Forces and Paramilitaries. New York, Human Rights Watch, 1992.

Children in Prison in South Africa. A Situational Analysis. Cape Town, Community Law Center, University of the Western Cape, 1997.

Children in South Asia. Securing their rights. Londres, Amnesty International, 1998.

Children in Trouble. United Nations Expert Group Meeting. Vienna, Austrian Federal Ministry for Youth and Family, 1995.

Children of Bulgaria: Police Violence and Arbitrary Confinement. New York, Human Rights Watch Children's Rights Project, Human Rights Watch/Helsinski, 1996.

CLARKE, N.; Economic Appraisals of capital Works projects (1989-1990). Sydney, Department of Family and Community services, 1989.

Concerns in Europe July-December 1997. Londres, Amnesty International, 1998.

CRIPPEN, G.L.; The rights of children and the juvenile court. In, SCHWARTZ, I. (ed.); Juvenile justice and public policy. Towards a national agenda. New York, Mac Millan, 1992.

CRONIN R.; Boot Camps for Adult and Juvenile Offenders: Overview and Update. Washington D.C., U.S. Department of Justice, National Institute of Justice, 1994.

DE BOER, W.; GELDMACHER, M.; HAARSMA, L.; LIGTHART, L.; MEUWESE, S. (eds.); Children's Rights and residential care in international perspective. Amsterdam, Defence for Children-International - The Netherlands section, 1996.

DE GOUYON, A.; Enfants en détention. Lorsque la société enferme ses enfants. In, Enfance majuscule, 1997, nr. 38, pp. 8-12.

De la prévention des traitements inhumains et dégradants en France. Lyon, Université catholique de Lyon, les cahiers de l'Institut des droits de l'homme, 1996, cahier no. 2.

DE ZAYAS, A.; MOLLER, J. Th.; OPSAHL, T.; Application of the International Covenant on Civil and Political Rights by the Human Rights Committee. Geneva, Center for Human Rights, 1994.

Death by Default: A Policy of Fatal Neglect in China's State Orphenages. New York, Human Rights Watch/Asia, 1996.

DETRICK, S.; The United Nations Convention on the Rights of the Child. A guide to the Travaux Préparatoires. Amsterdam, Martinus Nijhoff Publishers, 1993.

DROOGLEEVER-FORTUYN, M.; The role of the Children's Rights Shop in monitoring children's rights. In, Monitoring Children's Rights, Den Haag, Kluwer Law International, 1996.

EMPEY, L.T.; The future of childhood and juvenile justice. Charlottesville, University Press of Virginia, 1979.

Enfants en Prison. Rapport d'observation sur les conditions de détention des mineurs dans 51 pays. Lyon, Observatoire International des Prisons, 1998.

Etudes sur les enfants privés de liberté dans 13 pays. Lausanne, Terre des Hommes, 1996.

Final Justice: Police and Death Squad Homicides fo Adolescents in Brazil. New York, Human Rights Watch/Americas, 1994.

FINCKENAUER, J.O., STEVENS, C.C.; Detention/sanctioning and rehabilitation of children in conflict with the law, cité dans, United Nations Crime Prevention and Criminal Justice Branch, Juvenile Delinquency and youth crime : some issues and policy implications. In, Children in Trouble. United Nations Expert Group Meeting.Vienna, Austrian Federal Ministry for Youth and Family, 1995, p. 48.

FOUCAULT, M.; Surveiller et punir. Naissance de la prison.Paris, Editions Gallimard, 1975.

France—Excessive force: A summary of Amnesty International's concerns about shootings and ill-treatment. Londres, Amnesty International, 1998.

FREEMAN, M.; The rights of children when they do « wrong ». In, British Journal for Criminology, 1981, nr. 3, pp. 210-229.

GARCIA MENDEZ, E.; Children and juveniles in detention. In, Children in Trouble. United Nations Expert Group Meeting.Vienna, Austrian Federal Ministry for Youth and Family, 1995, pp. 95-100.

GARCIA MENDEZ, E.; Child rights in Latin America. From irregular situation to full protection. Florence, Unicef, International Child Development Centre, Essay nr. 8, 1998.

GERARD, Ph.; OST, F.; VAN DE KERCHOVE, M.; Droit et intérêt. Bruxelles, Facultés Universitaires Saint-Louis, Volumes 1-3, 1990.

GOFFMAN, E.; Total institutions. London, Holt, Rinehart and Winston Inc., 1961.

Gross violations against children Cases and Statistics to supplement Human Rights Commission proposal (1995-1996). In, SOS-Torture, Organisation mondiale contre la torture (OMCT), 1997, no 62-63, pp. 5-47.

Guatemala's Forgotten Children: Police Violence and Abuses in Detention. New York, Human Rights Watch Children's Rights Project, Human Rights Watch/Americas, 1997.

HACKLER, J.; GARAPON, A.; CHUCK, F.; KNIGHT, K.; Closed custody for juveniles : comparisons between Canada and France. University of Alberta, Centre for Criminological Research, Discussion Paper 7, 1986.

High Country Lockup: Children in Confinement in Colorado. New York, Human Rights Watch Children's Rights Project, 1997.

HODGKIN, R.; NEWELL, P.; Implementation handbook for the Convention on the Rights of the Child. New York, Unicef, 1997.

HUDSON, B.; Justice trough punishment. A critique of the «Justice» Model of Corrections. London, Macmillan, 1987.

India, Manipur: The silencing of youth. Londres, Amnesty International, 1998.

Informations sur les conditions de détention en Angleterre et au Pays de Galles. Genève, Association pour la prévention de la torture, 1994.

Interim Policy Recommendations. Pretoria, Inter-Ministerial Committee on Young People at Risk, 1996.

Investigacion sobre Ninos, Ninas y Adolescentes Privados de Libertad en el Paraguay. Asuncion, Defensa de los Ninos-Internacional, 1998.

JAHANGIR, A. , DOUCET, M.; Children of a lesser God. Child prisoners of Pakistan. Lahore, Vanguard Books, 1993.

Jamaica: Children Improperly Detained in Police Lockups. New York, Human Rights Watch Children's Rights Project, Human Rights Watch/Americas, 1994.

JONCKHEERE, A.; Droits des jeunes en institution. Paroles volées. In, Journal du Droit des Jeunes, 1997, nr. 164, p. 158.

JONES-BROWN, P.; S2.4 billion spent on juvenile corrections. In, Corrections Compendium, 1992, p. 8.

JUNGER-TAS, J., e.a. (eds.); The future of the juvenile justice system. Amersfoort, Acco, 1991.

Justice for the children. No child should be caged. Cape Town, Nicro, 1992.

Justice for the children: No Child Should Be Caged. Cape Town, Community Law Center (University of the Western Cape) NICRO and Lawyers for Human Rights, 1994.

Juvenile Injustice: Police Abuse and Detention of Street Children in Kenya. New York, Human Rights Watch/Africa, Human Rights Watch Children's Rights Project, 1997.

Juvenile judges say : time to get tough. In, The National Law Journal, 1994, nr. 49.

Juvenile justice in international perspective. In, International Review of Criminal Policy, Special double Volume, New York, United Nations, 1990.

Juvenile Justice. Deinstitutionalizing Status Offenders : a record of progress. Washington,

Journal of the Office of Juvenile Justice and Delinquency Prevention, 1995, nr. 2.

Juvenile Justice. Pretoria, South African Law Commission, Issue paper 9, 1997 [unpublished].

Juvenile Justice. Report of a UNICEF training seminar held in Florence from Oct.12 to 22 1997. Florence, UNICEF International Child Development Centre, 1999 [in print].

Juveniles on Remand. Recent trends in the remanding of juveniles to prison service custody. London, Penal Affairs Consortium, 1996.

KAKAMA, P.T.; Children in conflict with the law in Uganda. Kampala, Save the Children, 1997.

KEIMEUL, J.P.; Droits des enfants en institution. Paroles «d'ados'…discours «d'éducs». In, Journal du Droit des Jeunes, 1996, nr. 156, pp. 300-301.

KERSTEN, J.; VON WOLFFERSDORFF-EHLERT, C.; Jugendstrafe. Innenansichten aus dem Knast. Frankfurt am Main, Fischer, 1980.

Kids in justice. A blueprint for the 90's. Australia, New South-Wales, 1990-1991.

LEE, M.; Admonestation policière et justice des mineurs: au mieux des intérêts de qui? In, Déviance et Société, Genève, 1994, Vol.18, No.1, pp. 43-54.

Legislative history of the Convention on the Rights of the Child (1978-1989).Geneva, United Nations Centre for Human Rights, 1995.

Les enfants en prison. In, Les enfants du monde. Revue du Comité français pour l'Unicef, 1996, nr. 129.

Les enfants et la détention . Londres, Amnesty International, 1997.

LLOYD, Ch.; To scare straight or educate? The British experience of day visits to prison for young people. London, Home Office Research and Statistics Department, Research Findings no. 30., 1996.

LOADER, I.; Youth, Policing and Democracy. London, MacMillan Press, 1996.

Lockups in Romania. New York, Human Rights Watch, 1993.

LUCKER-BABEL, M.F.; Les réserves à la Convention des Nations Unies relative aux Droits de l'Enfant et la sauvegarde de l'objet et du but du traité international. In, Journal européen de droit international, 1997, nr. 4, pp. 664-682.

MARY, Ph.; Travail d'intérêt général et médiation pénale. Socialisation du pénal ou pénalisation du social ? Bruxelles, Bruylant, 1997.

Memorandum sur les conditions de détention en Espagne. Genève, Association pour la prévention de la torture, 1993.

Mineurs en prison. Dossier. In, Journal du Droit des Jeunes, 1996, nr. 156.

Modern Capital of Human Rights? Abuses in the State of Georgia. New York, Human Rights Watch, 1996.

MWESIGE, P.; Left at God's mercy at Nagaru remand home. In, Child-Link, 1997, nr. 1, pp. 3-9.

Nothing Unusual: The Torture of Children in Turkey. New York, Human Rights Watch, 1992.

O'DONNELL, D.; The Convention on the Rights of the Child and other international standards concerning juvenile justice. Geneva, Defence for Children International, 1992.

BIBLIOGRAPHIE

Old enough to be a criminal. In, The Progress of Nations, New York, Unicef, 1997, pp. 56-57.

Outline of the Inter-Ministerial Committee and Family Group Conferences. Pretoria, Pilot Programme on Family Group Conferencing of the Inter-Ministerial Committee on Young People at Risk (South Africa), 1997.

PALME, L.; No age of innocence : justice for children. In, The Progress of Nations, New York, Unicef, 1997, pp. 51-55.

PARENT, et al.; Conditions of confinement, a study to evaluate conditions in juvenile detention and correction facilities. Final report submitted to the Office of Juvenile Justice and Delinquency Prevention. Washington D.C., Office of Juvenile Justice and Delinquency Prevention, 1993.

PIAGET, J.; Le jugement moral chez l'enfant. Paris, Presses Universitaires de France, 1973.

PITTS, J.; The politics of juvenile crime. London, Sage Publications, 1988.

Police Abuse and Killings of Street Children in India. New York, Human Rights Watch Children's Rights Project, Human Rights Watch/Asia, 1996.

Prison Conditions in Romania. New York, Human Rights Watch, 1992.

Programme d'assistance juridique des enfants en conflit avec la loi à Bucarest (Roumanie), Rapport d'activité. Lausanne, Terre des Hommes, 1997.

QUELOZ, N.; La détention sous langle des travaux des Nations Unies pour l'administration de la justice pour mineurs. In, Revue Pénale Suisse, 1989, nr. 3, pp. 303-311.

Rapport général des Journées d'étude sur «les enfants en conflit avec la loi et les enfants en difficulté au Cameroun». Genève, Défense des Enfants—International, 1993.

Rapport sur les conditions de détention en Belgique. Genève, Association pour la prévention de la torture, 1993.

Rapport sur les conditions de détention en Hongrie. Genève, Association pour la prévention de la torture, 1994.

Rapport sur les conditions de détention et les mauvais traitements en Italie. Genève, Association pour la prévention de la torture, 1995.

Rapport sur les mauvais traitements et les conditions de détention en Roumanie. Genève, Association pour la prévention de la torture, 1996.

Remarques de l'OMCT/SOS-Torture concernant l'application de la Convention relative aux droits de l'enfant par l'Indonésie/Madagascar/Paraguay. In, SOS-Torture, Organisation mondiale contre la torture (OMCT), 1995, no 49, pp. 10-28.

Report of a Visit to the Youth Wing of the Abu kabir Jail. Jérusalem, Défense des Enfants—International Israël, 1997.

Report of Follow-Up Survey on Children in Jamaican Jails. Kingston, Jamaica Coalition on the Rights of the Child, 1996.

Report of the international seminar on children in prisons with adults. Geneva, Defence for Children International, 1984.

Report on detention conditions in the Republic of Ireland. Genève, Association pour la prévention de la torture, 1993.

Report on Places of safety, Schools of industry and Reform schools. Pretoria, Inter-Ministerial Committee on Young People at Risk, 1996.

Report on the Pilot Projects. Pretoria, Inter-Ministerial Committee on Young People at Risk (South Africa), 1998.

Report on the torture of street children in Guatemala and Honduras, 1990-1997. San José, Costa Rica, Casa Alianza, 1997.

Research on children in police custody. Kampala, Defence for Children-International, s.d.

Research Workshop on Alternatives to Imprisonment. Volume I and II. Rome, United Nations Interregional Crime and Justice Research Institute, 1990.

Rights of the Child in Ethiopia. Genève, Organisation mondiale contre la torture (OMCT), 1997.

Rights of the Child in Ghana. Genève, Organisation mondiale contre la torture (OMCT), 1997.

Rights of the Child in Guatemala. Genève, Organisation mondiale contre la torture (OMCT), 1996.

Rights of the Child in Nepal. Genève, Organisation mondiale contre la torture (OMCT), 1995.

Rights of the Child in Nigeria. Genève, Organisation mondiale contre la torture (OMCT), 1996.

Rights of the Child in Senegal. Genève, Organisation mondiale contre la torture (OMCT), 1995.

Rights of the Child in the Federal Republic of Yugoslavia. Genève, Organisation mondiale contre la torture (OMCT), 1995.

ROBERTSON, A., McCLINTOCK, D.; The Community Based Alternative: Intermediate Treatment for Young Offenders. In, Children and Young People in Conflict with the law, Londres, Jessica Kingsley Publishers Ltd, 1996.

RODLEY, N.; The treatment of prisoners under international law. Oxford, Clarendon Press, 1987.

ROHFRITCH, A.; SATTAR , N.; A critical review of judicial institutions in relation to the rights of the child . Dhaka, Rädda Barnen, 1995.

ROHFRITSCH, A.; A critical review of judicial institutions in relation to the rights of the child.

Romania's Orphans: A Legacy of Repression. New York, Human Rights Watch/Helsinski, 1990.

Romania—A summary of human rights concerns. Londres, Amnesty International, 1998.

ROUMAJON, Y.; Enfants perdus. Enfants punis. Histoire de la jeunesse délinquante en France : huit siècles de controverses. Paris, Editions Robert Laffont, 1989.

ROWAN, J.R.; Let's treat juveniles as good as adult offenders. Injustices in the Juvenile Justice system. In, Corrections Compendium, 1992, pp. 7-8.

RUFIN, M.; Protection de la jeunesse et délinquance juvénile. Paris, s.l., 1996.

SACE, J.; VAN DER VORST, P. (Ed.); Justice et jeunes délinquants. Bruxelles, Bruylant, 1989.

Safe to let out? The current and future use of secure accommodation for children and young people. London, National Children's Bureau, 1995.

SCHULER-SPRINGORUM, H.; Introductory statement. In, Children in Trouble. United Nations Expert Group Meeting.Vienna, Austrian Federal Ministry for Youth and Family, 1995, pp. 30-38.

SCHULER-SPRINGORUM, H.; The United Nations Instruments concerning juvenile delinquency. s.l., s.d.

SHULYAKOVSKAYA, N.; Teenage prisoners. In, The Moscow Times, July 4, 1998, p. 7.

Slipping Through the Cracks: Unaccompanied Children Detained by the U.S. Immigration and Naturalization Service. New York, Human Rights Watch Children's Rights Project, 1997.

SLOTH-NIELSEN, J.; Pre-trial detention of children revisited : amending s29 of the Correctional Services Act. In, South African Criminal Justice Journal, 1996, nr. 9, pp. 60-72.

SOTTAS, E.; Children in conflict with the law. In, SOS-Torture, Organisation mondiale contre la torture (OMCT), 1995, no 55, pp. 18-21.

South Asia. Action for Children: Appeal cases. Londres, Amnesty International, 1998.

Standard Operating Procedures of International Mechanisms Carrying Out Visits to Places of Detention. Geneva, Association for the Prevention of Torture, 1997.

Sudan: In the Name of God. Repression Continues in Northern Sudan. New York, Human Rights Watch/Africa, 1994.

The best interest of the child: Human rights and the juvenile justice system. Londres, Amnesty International, 1998.

TOMASEVSKI, K.; Les enfants placés en institution. Protection ou repression ? In, La Tribune de l'Enfance, 1987, nr. 197, pp. 5-7.

TOMASEVSKI, K.; Des Enfants en prison avec les adultes. Paris, Fayard, 1986 (traduit de l'anglais par Dominique Leveillé).

TOMKIEWICZ, S.; VIVET, P.; Aimer mal, châtier bien. Enquêtes sur les violences dans les institutions pour enfants et adolescents. Paris, Seuil, 1991.

TREMINTIN, J.; De la maltraitance à la «bientraitance» des jeunes en institution. In, Journal du Droit des Jeunes, 1998, nr. 174, pp. 24-25.

TULKENS, F.; Les impasses du discours de la responsabilité dans la repénalisation de la protection de la jeunesse. In, La Criminologie au Prétoire, Gent, Story Scientia, 1985, pp 13-30.

TUTT, N. (ed.); Alternative strategies for coping with crime. Oxford, Basil Blackwell, 1978.

Unicef, the Convention on the Rights of the Child and Juvenile Justice. New York, Unicef, 1997, unedited paper.

United States of America—A macabre assembly line of death. Death penalty developments in 1997. Londres, Amnesty International, 1998.

United States: A World Leader in Executing Juveniles. New York, Human Rights Watch Children's Rights Project, 1995.

VAN BUEREN, G.; Child-oriented justice. An international challenge for Europe. In, International Journal of Law and the Family, 1992, nr. 6, pp. 381-399.

VAN BUEREN, G.; International Law on the Rights of the Child. Deventer, Martinus Nijhoff Publishers, 1994.

VAN DE KERCHOVE, M.; Le droit sans peines. Aspects de la dépénalisation en Belgique et aux Etas-Unis. Bruxelles, Publications des Facultés Universitaires Saint-Louis, 1987.

VAN KALMTHOUT, A.M.; TAK, P.J.P.; Sanctions-systems in the Member-States of the Council of Europe. Deprivation of Liberty, Community service and other substitutes. Deventer, Gouda Quint, 1988.

VAN SLOUN, T.; De schuldvraag in het kinderstrafrecht. Deventer, Kluwer, 1988.

Venezuela. The silent cry: gross human rights violations against children. Londres, Amnesty International, 1997.

Violence against minors in police detention. Jerusalem, The Israeli Information Center for Human Rights in the Occupied Territories, 1990.

WALGRAVE, L.; Restorative Juvenile Justice. A way to Restore Justice in Western European Systems? In, Children and Young People in Conflict with the law, Londres, Jessica Kingsley Publishers Ltd, 1996.

YOUNG, M.; The progress and implications of the Draft Convention on the Rights of the Child.Paper for a Human Rights and Equal Opportunity Commission seminar, Canberra, 1988.

Youth in detention. Issues and challenges. Anationwide survey. Manila, Research Committee of the Philippine Action for Youth Offenders (PAYO), 1996.

LEXIQUE

AJM :	Les Règles minima des Nations Unies concernant l'administration de la justice pour mineurs (ou Règles de Beijing) (1985)
CC :	Le Code de conduite pour les responsables de l'application des lois (1979)
CDE :	La Convention relative aux droits de l'enfant (1989) (ou la Convention)
CTP :	La Convention contre la torture et autres peines ou traitements cruels, inhumains ou dégradants (1984)
MPL :	Les Règles des Nations Unies pour la protection des mineurs privés de liberté (1990)
MNPL :	Les Règles minima des Nations Unies pour l'élaboration de mesures non privatives de liberté (1990)
ONU:	Organisation des Nations Unies
PDJ :	Les Principes directeurs des Nations Unies pour la prévention de la délinquance juvénile (ou Principes de Riyad) (1990)
PIDCP :	Le Pacte international relatif aux droits civils et politiques (1966)
PPDE :	L'Ensemble de principes pour la protection de toutes les personnes soumises à une forme quelconque de détention ou d'emprisonnement (1988)
TD :	L'Ensemble de règles minima pour le traitement des détenus (1955)
UNICEF :	Fonds des Nations Unies pour l'enfance

Table des matières